高等职业教育新能源汽车类
新形态一体化教材

新能源汽车底盘构造与检修

（第2版）

主　编　王旭斌
副主编　贾广辉　贾东明
参　编　王　培　冯顺利　王　正

中国教育出版传媒集团

高等教育出版社·北京

内容简介

本书是高等职业教育新能源汽车类新形态一体化教材。参照相关专业课程标准及院校教学条件，针对新能源汽车底盘典型技术技能，本书按照结构、原理、识别、检查、拆装及维修进行系统介绍，重点培养对部件的认知及拆装能力，对原理的理解及运用能力。本书共包括 5 个项目，涉及新能源汽车底盘认知、常用工量具认知、减速驱动桥检修、混合动力汽车变速器检修、机械转向系统检修、电动助力转向系统检修、车轮与轮胎检修、普通悬架检修、电控悬架检修、车轮定位、盘式制动器检修、鼓式制动器检修、制动液压系统检修、制动助力系统检修、电控制动系统检修、再生制动系统认知、驻车制动系统检修及先进驾驶辅助系统检修共 18 个任务。

本书配有教学课件、动画、微课视频等数字化资源，精选其中具有典型性、实用性的资源在书中以二维码方式标注，供读者即扫即用、拓展练习。具体资源获取方式详见"郑重声明"页的资源服务提示。

本书可作为高等职业院校汽车类专业的教学用书，也可作为汽车维修技术人员的学习、培训用书。授课教师如需本书配套的教学课件等资源，可发送邮件至邮箱 gzjx@pub.hep.cn 获取。

图书在版编目（CIP）数据

新能源汽车底盘构造与检修 / 王旭斌主编. -- 2 版. -- 北京：高等教育出版社，2025.1. -- ISBN 978-7-04-062370-3

Ⅰ. U463.1；U472.41

中国国家版本馆 CIP 数据核字第 2024YD6329 号

XINNENGYUAN QICHE DIPAN GOUZAO YU JIANXIU

策划编辑	姚 远	责任编辑	姚 远	封面设计	赵 阳	版式设计	童 丹
责任绘图	杨伟露	责任校对	刁丽丽	责任印制	耿 轩		

出版发行	高等教育出版社	网　　址	http://www.hep.edu.cn
社　　址	北京市西城区德外大街 4 号		http://www.hep.com.cn
邮政编码	100120	网上订购	http://www.hepmall.com.cn
印　　刷	山东临沂新华印刷物流集团有限责任公司		http://www.hepmall.com
开　　本	787mm×1092mm 1/16		http://www.hepmall.cn
印　　张	17	版　　次	2020 年 7 月第 1 版
字　　数	400 千字		2025 年 1 月第 2 版
购书热线	010-58581118	印　　次	2025 年 1 月第 1 次印刷
咨询电话	400-810-0598	定　　价	48.00 元

本书如有缺页、倒页、脱页等质量问题，请到所购图书销售部门联系调换
版权所有　侵权必究
物　料　号　62370-00

"智慧职教"服务指南

"智慧职教"（www.icve.com.cn）是由高等教育出版社建设和运营的职业教育数字教学资源共建共享平台和在线课程教学服务平台，与教材配套课程相关的部分包括资源库平台、职教云平台和App等。用户通过平台注册，登录即可使用该平台。

● 资源库平台：为学习者提供本教材配套课程及资源的浏览服务。

登录"智慧职教"平台，在首页搜索框中搜索"新能源汽车底盘构造与检修"，找到对应作者主持的课程，加入课程参加学习，即可浏览课程资源。

● 职教云平台：帮助任课教师对本教材配套课程进行引用、修改，再发布为个性化课程（SPOC）。

1. 登录职教云平台，在首页单击"新增课程"按钮，根据提示设置要构建的个性化课程的基本信息。

2. 进入课程编辑页面设置教学班级后，在"教学管理"的"教学设计"中"导入"教材配套课程，可根据教学需要进行修改，再发布为个性化课程。

● App：帮助任课教师和学生基于新构建的个性化课程开展线上线下混合式、智能化教与学。

1. 在应用市场搜索"智慧职教 icve" App，下载安装。

2. 登录App，任课教师指导学生加入个性化课程，并利用App提供的各类功能，开展课前、课中、课后的教学互动，构建智慧课堂。

"智慧职教"使用帮助及常见问题解答请访问 help.icve.com.cn。

配套资源索引

序号	名 称		页码
1	动画	转向原理	8
2	动画	制动原理	15
3	动画	差速器的工作原理	45
4	动画	球笼式万向节	48
5	微课	球笼式万向传动装置的拆装与检修	48
6	微课	十字轴式万向传动装置的拆装与检修	49
7	动画	机械转向系统	80
8	微课	转向操纵机构的拆装与检修	80
9	动画	齿轮齿条式转向器	82
10	微课	转向传动机构的拆装与检修	84
11	微课	齿轮齿条式转向器的拆装与检修	86
12	微课	电动助力转向系统故障检修	100
13	微课	电动助力转向器拆装与检修	101
14	微课	轮胎检查	115
15	微课	轮胎动平衡检测	119
16	微课	更新轮胎	121
17	微课	悬架的认识	124
18	动画	减振器	126
19	动画	独立悬架/非独立悬架	130
20	动画	麦弗逊式独立悬架	131
21	微课	前轮带弹簧的减振器的检查与更换	135
22	微课	车轮定位检查及调整	159
23	动画	浮钳盘式制动器	167
24	动画	盘式制动器回位与调整	170
25	微课	盘式车轮制动器的拆装与检修	171
26	动画	鼓式制动器制动轮缸	178
27	动画	鼓式制动器的类型	179
28	微课	鼓式车轮制动器的拆装与检修	184
29	动画	制动主缸构造与工作原理	188
30	微课	更换制动液	194
31	动画	真空助力器	199
32	微课	真空助力器的就车检查	206
33	微课	制动助力系统传感器故障检修	206
34	动画	滑移率	211
35	动画	ABS 工作原理	217
36	动画	ESP	222
37	动画	驻车制动	239
38	微课	驻车制动器的调整	245

第二版前言

党的二十大报告指出，加快建设制造强国，推动现代服务业同先进制造业深度融合，培养造就大批德才兼备的高素质人才以及优化职业教育类型定位。新能源汽车产业作为国家重要的制造产业，近年来飞速发展，需要大量的制造、销售及检修等方面的技术技能人才，为此，职业院校需要加快提高人才培养质量，以满足岗位要求和人才成长需要。

为适应新能源汽车底盘技术的发展和当前职业院校教学要求，培养更多掌握新能源汽车底盘构造知识和检修技能的高素质技术技能人才，提高社会能力和职业能力，编者对2019年出版的《新能源汽车底盘构造与检修》进行了修订。本次改版基于德技并重的教学目标、项目引领任务驱动的教学理念和理实一体的教学组织，满足"岗、课、赛、证"综合育人的要求，内容的选取、安排及展现主要考虑：

（1）加强课程思政——培养对职业需求的把握及良好的生活态度，强调劳动精神，基本素养，工匠精神，团队、服务及责任意识等的提升。

（2）技术状况及岗位需要——新能源汽车底盘各系统由机械、液压或电控部分组成，传统技术及新技术在不同配置车辆上应用。纯电动汽车传动系统较多采用单速变速器，混合动力汽车采用的变速器相对复杂、类型较多；转向系统大多采用电动助力转向系统；行驶系统较多采用普通悬架，电控悬架有一定应用；行车制动系统采用液压机械制动和再生制动的复合制动，驻车制动系统越来越多采用电子驻车系统；环境感知及线控技术的加入以及车辆智能化使底盘各系统间协调控制的问题更加突出。这就要求机电岗位人员能理解掌握各系统的组成和工作过程，能拆装更换机械及液压部件，能分析判断处理电控系统情况等。

（3）教学实施难点——机械及液压故障场景难以展现；电控系统主要部件集成度高，破坏性拆检不必要；各系统的动态功能检查和诊断场景的道路实训条件暂不具备。

（4）"1+X"证书考核——基于能力培养与考核及职业技能等级标准，突出以学生的学为中心的"阅、练、做、说、写"等。

本书在完成新能源汽车底盘认知和常用工量具认知后，重在介绍各系统机械及液压部件的组成与拆装，电控系统的原理与诊断，共设计5个项目18个任务。考虑到新能源汽车的车型越来越多，各院校新能源汽车和设备配置情况差别较大，书中的项目及任务没有针对某一车型，院校教师需要结合自身实训设备及相关维修资料与本书内容互补开展教学，培养学习新能源汽车底盘技术技能的方法，更好适应当前"1+X"证书考核和学生日后学习的需求。

为方便院校开展理实一体化和信息化教学，书中努力做到目标明确、内容紧凑、层次分明、理实相关、满足需求。每个任务均设有任务引入、任务目标、知识链接、任务实施及习题与思考等栏目。任务引入说明为何要学习该任务，任务目标指明要达到的知识、能力及素养目标，知识链接讲解任务的理论内容，任务实施（过程、工单及评价）进行实操性的部件认识及检修，习题与思考巩固对理实的掌握。同时，本书配套教学课件、动画及微课视频等教学资源。

　　本书由河南交通职业技术学院王旭斌担任主编，河南交通职业技术学院贾广辉、贾东明担任副主编，河南交通职业技术学院王培、冯顺利，河南威通佳源汽车销售服务有限公司技术总监王正参与编写。编写分工如下：王旭斌编写项目2和项目5中的任务5、任务6；贾广辉编写项目1和项目5中的任务2；贾东明编写项目3和项目5中的任务3、任务4；王培编写项目4中的任务1、任务2和项目5中的任务1；冯顺利编写项目4中的任务3、任务4和项目5中的任务7、任务8。王正进行了技术技能分享和参与了内容选定。

　　本书改版过程中，参考了许多相关著作、文献资料及网站内容，在此一并表示感谢。

　　新能源汽车技术仍处于快速发展阶段，各品牌新能源汽车相关技术及配置差异较大，加之作者水平有限，难免会有错漏之处，恳请读者不吝指正。

编者
2024年6月

第一版前言

新能源汽车,特别是电动汽车的发展和使用已经成为时代的标志,各汽车厂商已经向市场推出了众多新能源汽车。目前,新能源汽车教材更多集中在车辆的驱动电机控制技术及电池能量管理方面,针对新能源汽车底盘技术的教材较少。虽然说新能源汽车底盘技术与燃油汽车底盘基本框架和内容相差不大,但部分结构也有较突出的区别。为此,编者尝试编写此书,以帮助相关人员学习掌握新能源汽车底盘的维护检修技能。

本教材的编写基于以下考虑:内容选取上略去过时和意义不大的传统技术,突出新能源汽车底盘使用的新技术;理论与实训上对传统技术简化理论讲解,突出实训的应用性和规范性;对新技术,详细介绍结构与工作原理,实训上突出认识和检修;内容层次上根据各系统相关性,对项目和任务进行划分和排序。

本书由河南交通职业技术学院王旭斌、王顺利主编,河南交通职业技术学院戴建营、和豪涛参与编写,河南交通职业技术学院贾广辉作为主审。本书的视频类数字化资源由南京中邦智慧教育科技有限公司提供。

新能源汽车技术处于快速发展阶段,各品牌汽车相关技术差异较大,某些技术还不成熟,并且技术更新较快,范围较广,加之作者水平有限,难免会有错漏之处,恳请读者不吝指正。在编写本书的过程中,作者参考了相关教材和技术资料,已列于参考文献中,在此向相关人员表示感谢。

编者

2020 年 4 月

目　录

1　项目 1　新能源汽车底盘概述与拆检设备

- 2　任务 1　新能源汽车底盘认知
- 2　　任务引入
- 2　　任务目标
- 2　　知识链接
- 3　　　1.1.1　传动系统
- 8　　　1.1.2　转向系统
- 10　　　1.1.3　行驶系统
- 14　　　1.1.4　制动系统
- 16　　任务实施
- 19　　习题与思考
- 20　任务 2　常用工量具认知
- 20　　任务引入
- 20　　任务目标
- 20　　知识链接
- 20　　　1.2.1　拆装工具
- 26　　　1.2.2　测量工具
- 34　　任务实施
- 35　　习题与思考
- 36　素养课堂
- 36　　安全与环保

37　项目 2　传动系统

- 38　任务 1　减速驱动桥检修
- 38　　任务引入
- 38　　任务目标
- 38　　知识链接
- 39　　　2.1.1　齿轮机构
- 41　　　2.1.2　减速器
- 44　　　2.1.3　差速器
- 47　　　2.1.4　万向传动装置
- 51　　　2.1.5　半轴及轮毂轴承
- 53　　任务实施
- 58　　习题与思考
- 59　任务 2　混合动力汽车变速器检修
- 59　　任务引入
- 59　　任务目标
- 59　　知识链接
- 60　　　2.2.1　类型
- 67　　　2.2.2　主要部件
- 76　　任务实施
- 77　　习题与思考
- 77　素养课堂
- 77　　劳动与责任

79　项目 3　转向系统

- 80　任务 1　机械转向系统检修
- 80　　任务引入
- 80　　任务目标
- 80　　知识链接
- 80　　　3.1.1　转向操纵机构
- 82　　　3.1.2　转向器
- 84　　　3.1.3　转向传动机构
- 84　　任务实施
- 87　　习题与思考
- 88　任务 2　电动助力转向系统检修

88	任务引入	
88	任务目标	
88	知识链接	
89	3.2.1	工作过程
90	3.2.2	主要部件
100	任务实施	
101	习题与思考	
102	**素养课堂**	
102	6S 与工匠精神	

103　项目 4　行驶系统

104　任务 1　车轮与轮胎检修

104	任务引入	
104	任务目标	
104	知识链接	
104	4.1.1	车轮
107	4.1.2	轮胎
113	4.1.3	胎压监控系统
115	任务实施	
122	习题与思考	

123　任务 2　普通悬架检修

123	任务引入	
123	任务目标	
124	知识链接	
124	4.2.1	悬架的组成
130	4.2.2	悬架的类型
134	任务实施	
138	习题与思考	

139　任务 3　电控悬架检修

139	任务引入	
139	任务目标	
139	知识链接	
139	4.3.1	概述
142	4.3.2	主要部件
151	任务实施	
153	习题与思考	

154　任务 4　车轮定位

154	任务引入	
154	任务目标	
154	知识链接	
155	4.4.1	前轮定位
157	4.4.2	后轮定位
158	4.4.3	定位检查
159	任务实施	
162	习题与思考	
163	**素养课堂**	
163	自强与团队	

165　项目 5　制动系统

166　任务 1　盘式制动器检修

166	任务引入	
166	任务目标	
166	知识链接	
166	5.1.1	工作过程
167	5.1.2	组成
170	5.1.3	间隙调整
170	5.1.4	特点
171	任务实施	
174	习题与思考	

174　任务 2　鼓式制动器检修

174	任务引入	
174	任务目标	
175	知识链接	
175	5.2.1	组成
179	5.2.2	类型
182	5.2.3	间隙调整
184	任务实施	
186	习题与思考	

186　任务 3　制动液压系统检修

186	任务引入	
187	任务目标	
187	知识链接	
187	5.3.1	制动管路
188	5.3.2	制动主缸
191	5.3.3	制动液
192	任务实施	

197	习题与思考

198　任务 4　制动助力系统检修
- 198　任务引入
- 198　任务目标
- 198　知识链接
  - 198　5.4.1　真空制动助力系统
  - 201　5.4.2　电动制动助力系统
- 206　任务实施
- 209　习题与思考

210　任务 5　电控制动系统检修
- 210　任务引入
- 210　任务目标
- 210　知识链接
  - 210　5.5.1　制动分析
  - 212　5.5.2　ABS/EBD
  - 219　5.5.3　TCS/ESP
- 225　任务实施
- 227　习题与思考

228　任务 6　再生制动系统认知
- 228　任务引入
- 228　任务目标
- 229　知识链接
  - 229　5.6.1　复合制动系统
  - 234　5.6.2　回馈制动控制
- 236　任务实施
- 238　习题与思考

238　任务 7　驻车制动系统检修
- 238　任务引入
- 239　任务目标
- 239　知识链接
  - 239　5.7.1　机械式
  - 242　5.7.2　电子式
  - 244　5.7.3　自动驻车
- 245　任务实施
- 247　习题与思考

248　任务 8　先进驾驶辅助系统检修
- 248　任务引入
- 248　任务目标
- 248　知识链接
  - 249　5.8.1　定速巡航控制系统
  - 250　5.8.2　自适应巡航控制系统
  - 253　5.8.3　车道保持辅助系统
  - 254　5.8.4　环境感知传感器
- 256　任务实施
- 257　习题与思考

258　素养课堂
- 258　沟通与服务

259　参考文献

项目 1

新能源汽车底盘概述与拆检设备

任务 1　新能源汽车底盘认知

任务引入

汽车加减速及转向行驶表现出的动力性、操纵稳定性、制动性及平顺性等性能状况主要由底盘的四大系统决定，本任务介绍新能源汽车底盘四大系统的基本组成与工作原理或工作过程，为后续学习各系统的构造及检修建立框架和基础。

任务目标

1. 能查阅资料，获取车辆基本信息。
2. 能理解底盘四大系统的作用及基本工作原理或工作过程。
3. 能查找各系统的主要组成部件。
4. 培养主动学习、安全学习及交流学习的意识。

知识链接

按照 GB/T 3730.1—2022《汽车、挂车及汽车列车的术语和定义 第 1 部分：类型》，由动力驱动、具有四个或四个以上车轮的非轨道承载的车辆，包括与电力线相联的车辆称为汽车。该标准将汽车分为乘用车、客车、载货汽车及专用汽车等，给出了各类型汽车的术语和定义。我国实施的《新能源汽车生产企业及产品准入管理规则》指出，新能源汽车是指采用新型动力系统，完全或者主要依靠新型能源驱动的汽车。每辆汽车有唯一的车辆识别代号（Vehicle Identification Number，VIN），通常标示于前风窗玻璃左下角（汽车前进方向）、前车门门框或前机舱内的产品标牌或其他部位，如图 1-1-1 所示。

按照 GB/T 19596—2017《电动汽车术语》，电动汽车包括纯电动汽车（Battery Electric Vehicle，BEV）、混合动力汽车（Hybrid Electric Vehicle，HEV）和燃料电池汽车（Fuel Cell

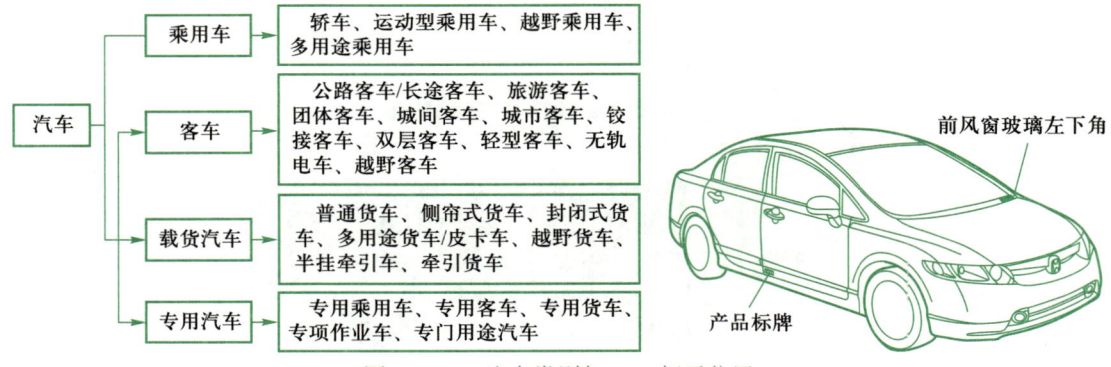

图 1-1-1　汽车类别与 VIN 标示位置

Electric Vehicle，FCEV）。纯电动汽车是指驱动能量完全由电能提供、由电机驱动的汽车，电机的驱动电能来源于车载可充电储能系统或其他能量储存装置。混合动力汽车是指能够至少从下述两类车载储存的能量中获得动力的汽车：一是可消耗的燃料，二是可再充电能/能量储存装置。燃料电池汽车是指以燃料电池作为单一动力源或者是以燃料电池系统与可充电储能系统作为混合动力源的电动汽车。

沿用传统的汽车构造结构划分方式，可将电动汽车分成动力装置、底盘、车身和电气四个部分，底盘又分为传动系统、转向系统、行驶系统和制动系统四个部分。底盘的主要功能是支撑整车的质量，将动力装置产生的动力传给驱动轮，同时还要传递和承受路面作用于车轮的各种力和力矩，并缓和冲击、吸收振动，以保证汽车的舒适性，能够比较轻便和灵活地完成整车的转向及制动等操作。底盘的四个系统在结构上的关联性不强，但对汽车行驶性能影响方面的关联性较强。

1.1.1 传动系统

传动系统的作用是将动力装置（发动机/电机）的转矩按要求传递到驱动轮上，使地面对驱动轮产生驱动力，汽车能够在起步、变速及爬坡等工况下正常行驶，并具有良好的动力性和经济性。

一般的车辆都有前、后两对车轮，其中由动力装置驱动转动，从而拉动或推动汽车前进的车轮就是驱动轮。传动系统布置形式通常有动力装置前置后轮驱动（FR）、动力装置前置前轮驱动（FF）、动力装置后置后轮驱动（RR）和四轮驱动（4WD）等。传动系统的组成因动力装置、安装位置和驱动形式的不同而不同。

1. 纯电动汽车传动系统

根据传动系统组成和布置形式，纯电动汽车分为机械传动型、无变速器型、无差速器型及电动轮型等，如图1-1-2所示。

（1）机械传动型

机械传动型纯电动汽车的结构如图1-1-2（a）所示，它是以燃油汽车发动机前置、后轮驱动的结构为基础发展而来的，保留了燃油汽车传动系统的布置方式，不同之处是将发动机换成了电机。这种结构可以保证纯电动汽车的起动转矩及低速时的后备功率，对驱动电机要求低，所以可选择功率较小的电机。

（2）无变速器型

无变速器型纯电动汽车的一种结构如图1-1-2（b）所示，该结构的最大特点是取消了离合器与变速器，采用固定速比减速器，通过控制电机来实现变速功能。这种结构的优点是机械传动装置的质量轻、体积小，但是对电机的要求比较高，不仅要求具有较高的起动转矩，而且要求具有较大的后备功率，以确保纯电动汽车在起步、爬坡、加速等工况下的动力性能。

无变速器型纯电动汽车的另外一种结构如图1-1-2（c）所示，有电机前置前驱和电机后置后驱之分。它把电机、固定速比减速器以及差速器集成为一个整体，两根半轴连接驱动轮。这种结构在小型纯电动汽车上应用非常普遍。

（3）无差速器型

无差速器型纯电动汽车的结构如图1-1-2（d）所示，这种结构采用两台电机通过固定速比减速器减速来分别驱动两个车轮，能够实现对每个电机转速的独立调节。所以，当汽车

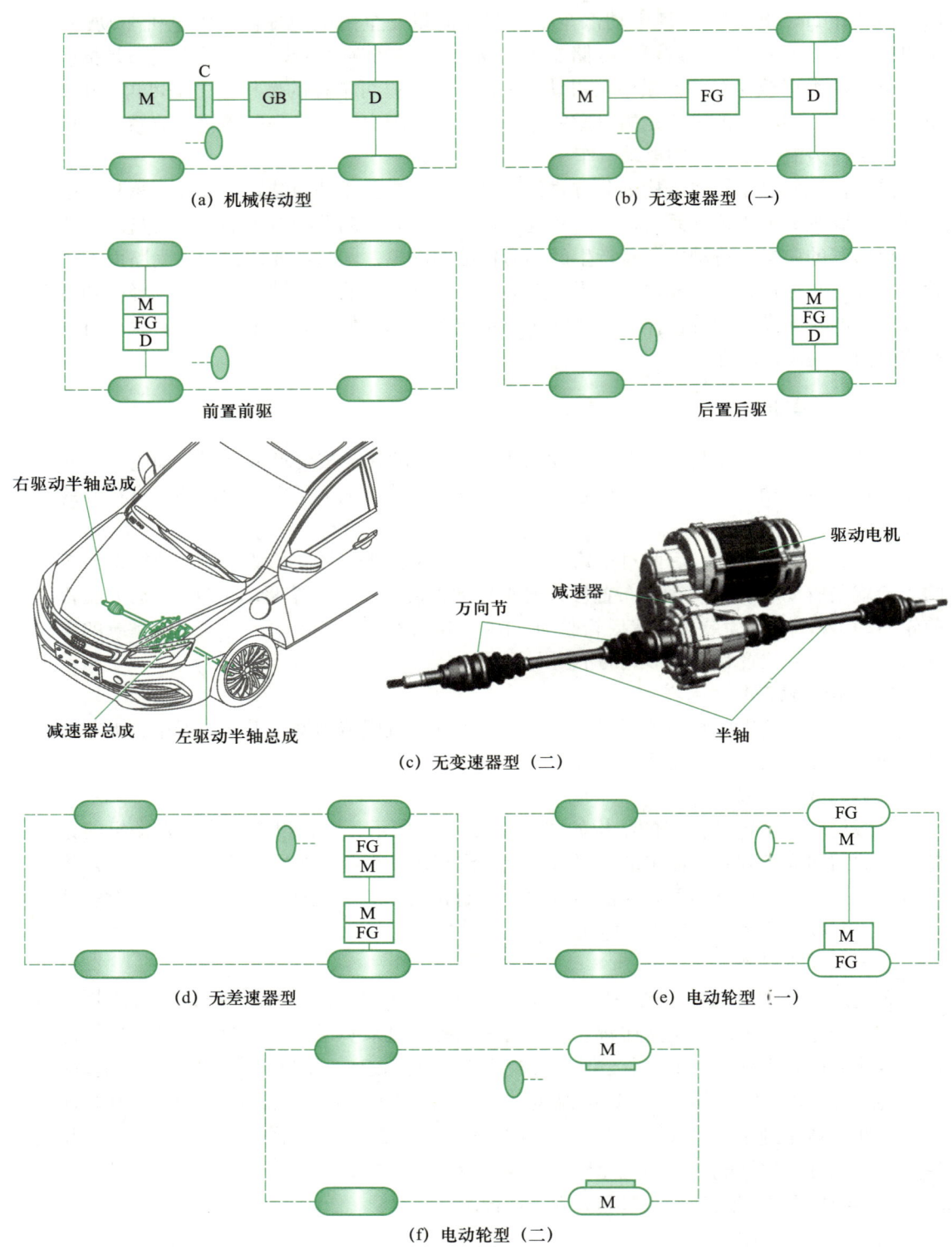

C—离合器；D—差速器；FG—固定速比减速器；GB—变速器；M—电机

图1-1-2 纯电动汽车传动系统的组成和布置形式

转向时，可以通过电机的电子控制系统控制两个车轮的速度差，从而达到转向的目的。但是，这种结构的电机控制系统相对来说非常复杂。

（4）电动轮型

电动轮型纯电动汽车的一种结构如图 1-1-2（e）所示，这种结构将电机直接安装在驱动轮内（也称轮毂电机），可以进一步地缩短电机至驱动车轮之间的动力传递路径，减少能量在传动路径上的损失，但想要实现纯电动汽车的正常工作，还需要添加一个减速比较大的固定速比减速器，将电机的转速降低至理想的车轮转速。

电动轮型纯电动汽车的另一种结构如图 1-1-2（f）所示，这种结构将低速外转子电机的外转子直接安装在车轮的轮缘上，去掉了减速齿轮，所以电机和车辆的驱动轮之间没有任何机械传动装置，无机械传动损失，能量的传递效率高，空间的利用率大。但是这种结构对于电机的性能要求较高，要求其具有很高的起动转矩以及较大的后备功率，以确保车辆可靠工作。

2. 混合动力汽车传动系统

相对于纯电动汽车，混合动力汽车传动系统增加了变速器，与传统燃油汽车传动系统相差不大。混合动力汽车按不同的分类标准可分为多种类型。

（1）按照动力系统结构形式分类

按照动力系统结构形式，混合动力汽车可分为串联式、并联式、混联式三种，如图 1-1-3 所示。

① 串联式（SHEV）。如图 1-1-3（a）所示，串联式混合动力汽车的驱动力只来源于驱动电机，主要由发动机、发电机、动力蓄电池（带变频器）、驱动电机、减速机构和驱动轮等组成。其结构特点是发动机带动发电机发电，电能通过驱动电机控制器输送给驱动电机，由驱动电机驱动汽车行驶。另外，动力蓄电池也可以单独向驱动电机提供电能驱动汽车行驶。串联式混合动力汽车动力系统通常在城市公交车上使用。

② 并联式（PHEV）。如图 1-1-3（b）所示，并联式混合动力汽车的驱动力由驱动电机及发动机同时或单独供给，主要由发动机、动力蓄电池（带变频器）、驱动电机（电动机/发电机）、减速机构、变速器和驱动轮等组成。其结构特点是可以单独使用发动机或驱动电机作为动力源，也可以同时使用驱动电机和发动机作为动力源驱动汽车行驶。并联式混合动力系统结构简单，成本低，适用于多种行驶工况，尤其适用于复杂的路况，所以在轿车上应用较多。

③ 混联式（CHEV）。混联式混合动力汽车同时具有串联式、并联式驱动方式，如图 1-1-3（c）所示。其结构特点是可以在串联混合模式下工作，也可以在并联混合模式下工作，同时兼顾了串联式和并联式的特点。由于混联式混合动力系统可以设计成用发动机驱动前轮，用驱动电机驱动后轮，所以适合应用于四轮驱动的车辆。

（2）按照混合度分类

目前，对混合动力汽车按照混合度进行分类也比较流行。按照我国汽车行业标准中对混合动力汽车的分类和定义，将混合动力汽车按电机峰值功率（电机的瞬间最大功率）占发动机功率的百分比分为微混、轻混、中混和重混四种。

（3）按照能否外接电源进行充电分类

按照能否外接电源进行充电，混合动力汽车可分为插电式混合动力汽车和非插电式混合动力汽车。

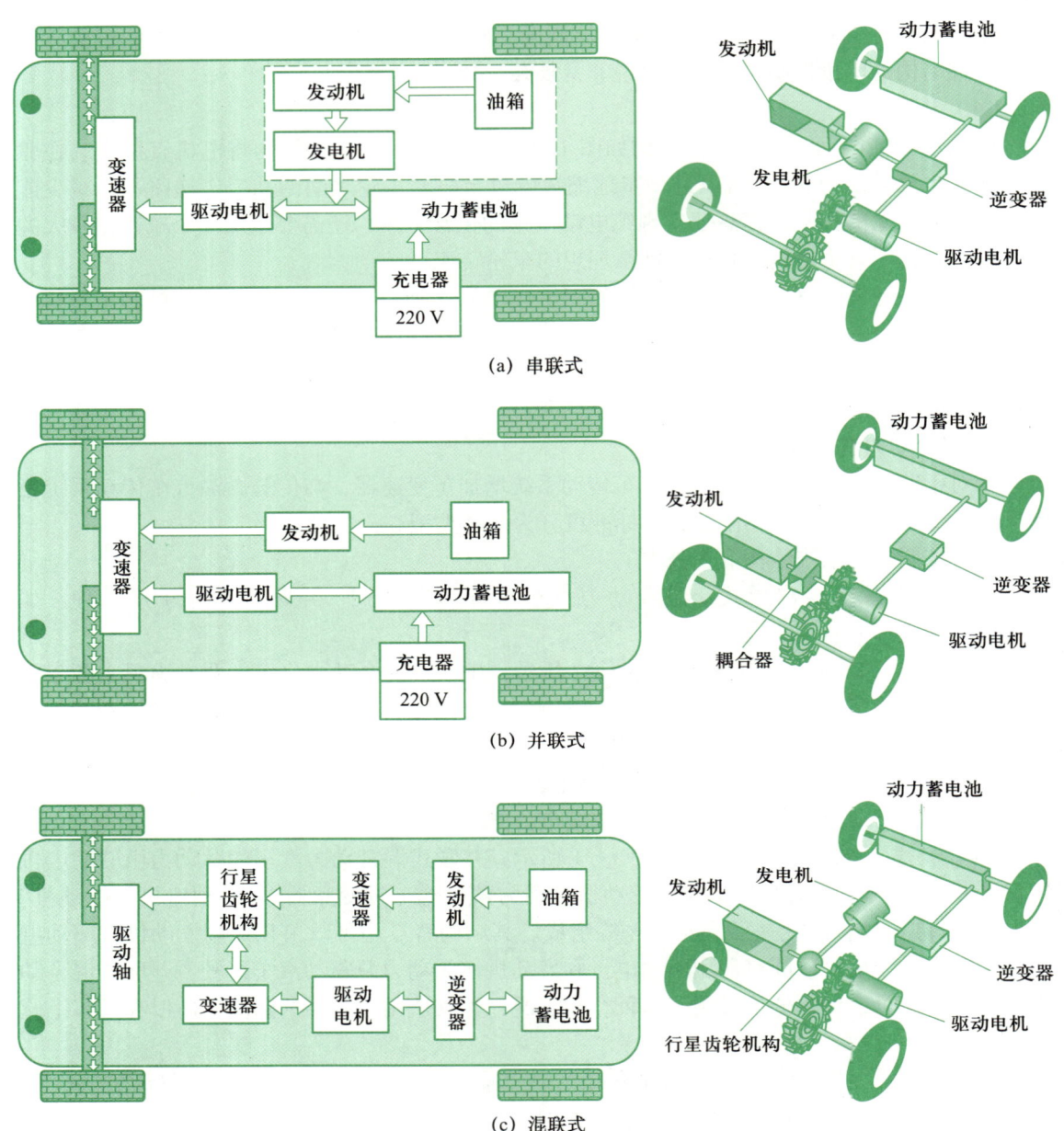

图 1-1-3　混合动力汽车动力系统形式

3. 新型传动系统

新型传动系统，即电动四驱，有单电机配传动轴、双电机或三电机、发动机＋双电机以及发动机＋三电机及轮毂电机等结构，如图 1-1-4 所示。电动四驱的好处就是理论上可以靠电控单元在全时、适时四驱中随时切换，所以在驾驶方面相对比较便捷。对于传统四驱技术来说，基本是硬件决定性能，而对于电动四驱技术来说，则更多的是由软件来决定。

4. 驱动原理

无论是传统燃油汽车还是新能源汽车，其驱动原理是一样的，其行驶时受力如图 1-1-5（a）

(a) 单电机配传动轴　　(b) 双电机
(c) 发动机＋双电机　　(d) 轮毂电机

图 1-1-4　电动四驱类型

(a) 汽车行驶时受力　　(b) 人体地面爬行时受力

图 1-1-5　驱动原理（前驱）

所示。当发动机 / 电机通过传动系统将驱动转矩 T 传给驱动轮时，由于轮胎与地面接触，存在一个接触面，在驱动转矩作用下，接触面上的轮胎边缘对地面产生一个周向力，它的方向与车辆行驶方向相反。根据作用力与反作用力的关系，路面必然对轮胎边缘施加一个反作用力，其与周向力大小相等，方向相反，类似于人用脚蹬地面行走或爬坡时脚与地面间的作用力，如图 1-1-5（b）。该反作用力通过悬架传递至车身，车身及其上安装的部件便可克服阻力前进（如倒挡，驱动转矩反向，则车辆后退）。地面对车辆施加的推动力，即驱动力，本质是轮胎与地面间的摩擦力，地面能够提供的最大摩擦力即为附着力。驱动力最大值受动力装置动力和传动系统影响较大。当驱动力增大到能克服车辆静止状态的最大阻力时，汽车便开始起步。另外，从动轮没有接收到驱动转矩，其旋转前进是由其车轴拉动或推动的。

车辆行驶中受到的阻力包括滚动阻力、加速阻力、坡度阻力、空气阻力。其中，滚动阻力和空气阻力始终作用于行驶的车辆上，坡度阻力和加速阻力仅在爬坡和加速状态下存在。车辆的行驶情况取决于汽车的受力情况，其关系如下：当驱动力等于行驶总阻力时，车辆匀速行驶；当驱动力大于行驶总阻力时，车辆加速行驶；当驱动力小于行驶总阻力时，车辆则减速行驶或无法起步。当传递到驱动轮上的驱动转矩大于地面附着力时，驱动轮将滑转，影响车辆正常行驶。

1.1.2 转向系统

转向系统是指由驾驶人操纵，能实现转向轮偏转和回位的一套机构。

1. 作用与要求

转向系统的作用是按照驾驶人的意愿改变汽车的行驶方向（当汽车需要改变行驶方向时，必须使转向轮绕主销轴线偏转一定角度，直到新的行驶方向符合驾驶人的要求时，再将转向轮恢复到直线行驶的位置）和保持汽车稳定的直线行驶（抗外界干扰）。

对转向系统的要求有：① 良好的操纵性，能够顺利实现转向意图。其中，操纵性中的轻便性和灵敏性是矛盾因素。转向系统角传动比是指转向盘的转角与转向盘同侧的转向轮偏转角的比值。转向系统角传动比越大，增矩作用越大，转向操纵越轻便，但由于转向盘转的圈数过多，导致操纵灵敏性变差，所以转向系统角传动比不能过大。而转向系统角传动比太小又会导致转向沉重，所以转向系统角传动比既要保证转向轻便，又要保证转向灵敏，机械转向系统很难做到这点，所以越来越多的汽车采用动力转向系统。② 合适的路感。路感的含义是驾驶时路面通过车身、座椅及转向盘给驾驶人提供的反馈。路面不平时，路面经转向系统反向传来过大的力使转向盘反转，出现"打手"的情况，很容易使驾驶人的手部受到伤害。③ 良好的回正能力。转向后松开转向盘，转向盘在一定范围内应回到直线行驶状态。④ 防止与悬架运动干涉。

2. 类型

在汽车的发展历程中，转向系统经历了以下阶段：从最初的机械式转向系统（Manual Steering，MS）发展为液压助力转向系统（Hydraulic Power Steering，HPS）和电控液压助力转向系统（Electro Hydraulic Power Steering，EHPS）。为进一步改善转向系统的性能，又出现了电动助力转向系统（Electric Power Steering，EPS）与线控转向系统（Steering By Wire System，SBW）及四轮转向（4 Wheel Steering，4WS）等。常见转向系统如图 1-1-6 所示。

新能源汽车一般采用电动助力转向系统，与现在越来越多采用电动助力转向系统的燃油汽车没有什么差别。电动助力转向系统是在传统机械式转向系统的基础上，根据转向盘上施加的转矩大小和汽车的行驶车速，利用电子控制装置使助力电机产生相应大小和方向的辅助动力，协助驾驶人进行转向操作，它能更好地解决转向轻便性和灵敏性的矛盾，保证良好的回正和阻尼控制，满足车辆高速行驶的需要。

动画
转向原理

3. 工作过程

对于助力转向系统，汽车需要转向时，驾驶人施加力矩转动转向盘，力矩通过转向操纵机构传递给转向器，转向器中有 1~2 级啮合传动副，实现降速

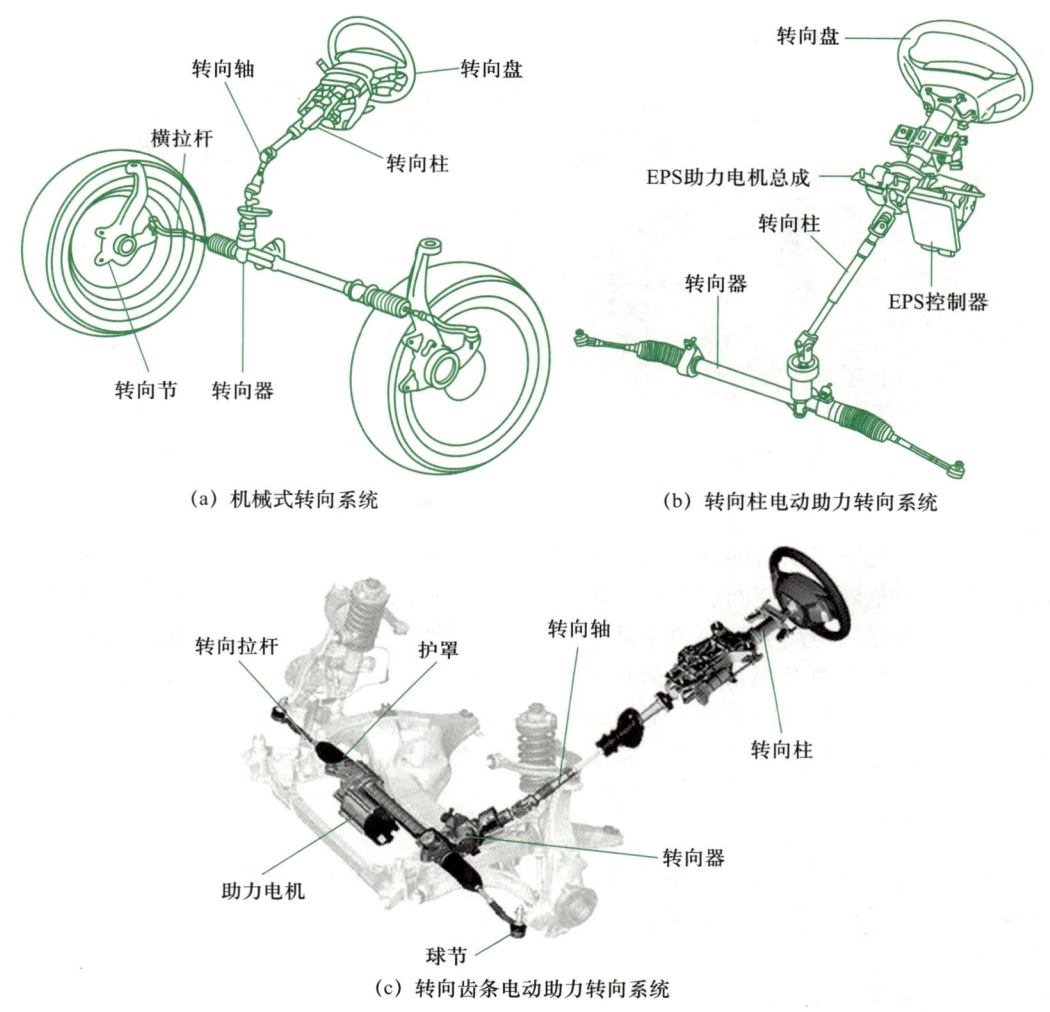

(a) 机械式转向系统

(b) 转向柱电动助力转向系统

(c) 转向齿条电动助力转向系统

图 1-1-6 常见转向系统

增矩,同时,转向助力电机产生的助力施加在转向系统的某一部件处,与驾驶人施加力矩合成,输入转向传动机构,转向传动机构拉动左右转向节克服地面转向阻力,带动转向轮绕主销偏转(自动泊车时,完全依靠电动助力转向)。本质上,转向系统是将转向盘上的力矩传递到转向轮,克服地面转向阻力,使车轮偏转,这时,在地面产生的侧向力作用下实现汽车的转弯,如图 1-1-7(a)所示。如地面光滑或在车速较高时转动转向盘,转向轮可偏转,而汽车无法转弯。

汽车在转向时,要求车轮相对于地面做纯滚动,否则如果有滑动,车轮边滚边滑会导致转向行驶阻力增大,动力损耗增加,也会导致轮胎磨损增加。

汽车转向时,内侧车轮和外侧车轮滚过的距离是不等的。对于有差速器的驱动桥,内外侧车轮能够以不同的转速滚过不同的距离。对于非驱动桥的左、右两侧车轮,要滚过不同的距离,并保证车轮做纯滚动,就要求所有车轮的轴线都交于一点,此交点 O 称为汽车的转向中心,如图 1-1-7(b)所示。此时,内侧转向轮偏转角 β 大于外侧转向轮偏转角 α,且 α 与 β 的关系是

$$\cot \alpha = \cot \beta + B/L$$

式中:B 为两侧主销中心距(可近似认为是转向轮轮距);L 为汽车轴距。

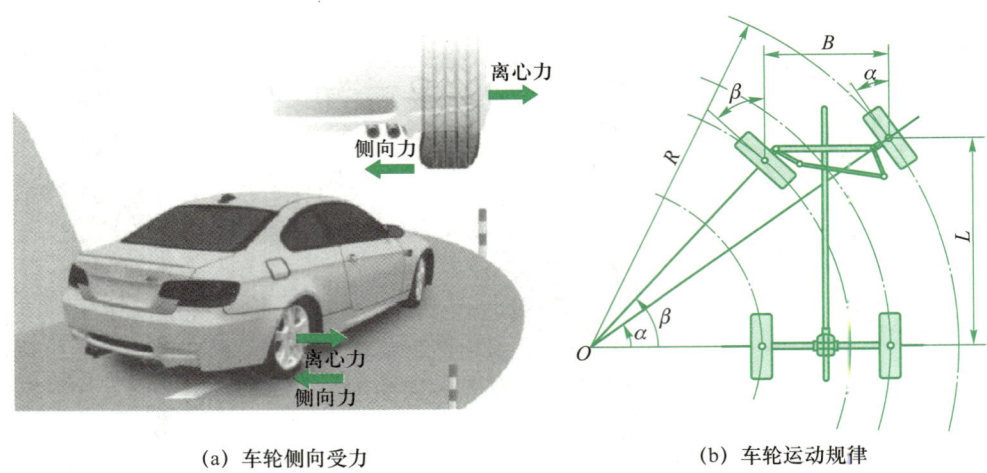

(a) 车轮侧向受力　　　(b) 车轮运动规律

图 1-1-7　转向分析

这一关系结构上是由转向梯形保证的。所有汽车转向梯形的设计实际上都只能保证在一定的车轮偏转角范围内，使两侧车轮偏转角大体上接近以上关系式。从转向中心 O 到外侧转向轮与地面接触点的距离 R 称为汽车转弯半径。转弯半径 R 越小，则汽车转向所需要的空间就越小，汽车的机动性也越好。当外侧转向轮偏转角达到最大值 α_{max} 时，转弯半径 R 最小，即为最小转弯半径，它反映了汽车通过较小半径弯曲道路的能力和在狭窄路面上调头行驶的能力。最小转弯半径与汽车的轴距、轮距及转向轮的极限转角直接相关。

1.1.3　行驶系统

在地面与车身间传递各方向的力及力矩，使得汽车能够正常行驶的系统即为行驶系统。新能源汽车行驶系统与传统燃油汽车没有太大差别。

1. 作用

汽车行驶系统的作用如下。

① 接受传动系统传来的发动机/电机转矩，通过驱动轮与地面间附着作用产生驱动力。

② 承受车辆的总质量，传递并承受路面作用于车轮上各个方向的反力及其转矩。

③ 缓和不平路面对车身造成的冲击和振动，保证车辆行驶平顺。

④ 与转向系统协调配合，控制车辆的行驶方向。

2. 组成

汽车行驶系统的组成主要取决于汽车经常行驶的路面的性质，绝大多数汽车都行驶在比较坚实的路面，因此采用通过车轮与地面接触的轮式行驶系统。轮式行驶系统一般由车架、车桥、车轮和悬架组成。车架是全车装配与支承的基础，它将汽车的各相关总成连接成一个整体并与行驶系统共同支承整车的质量，承受汽车内外的各种载荷；车桥又称车轴，用于传递车架与车轮之间的作用力及其力矩；车轮分别安装在前桥和后桥上，支承着车桥和整车；车桥与车架之间通过弹性悬架进行连接，以便减轻汽车在行驶中受到的各种冲击和振动。

（1）车架

车架是跨接在各车桥之间的桥梁式结构，车架的类型主要有边梁式、中梁式、综合式、承载式车身（没有车架，车架的功能由车身骨架承担）及副车架，如图 1-1-8 所示。副车

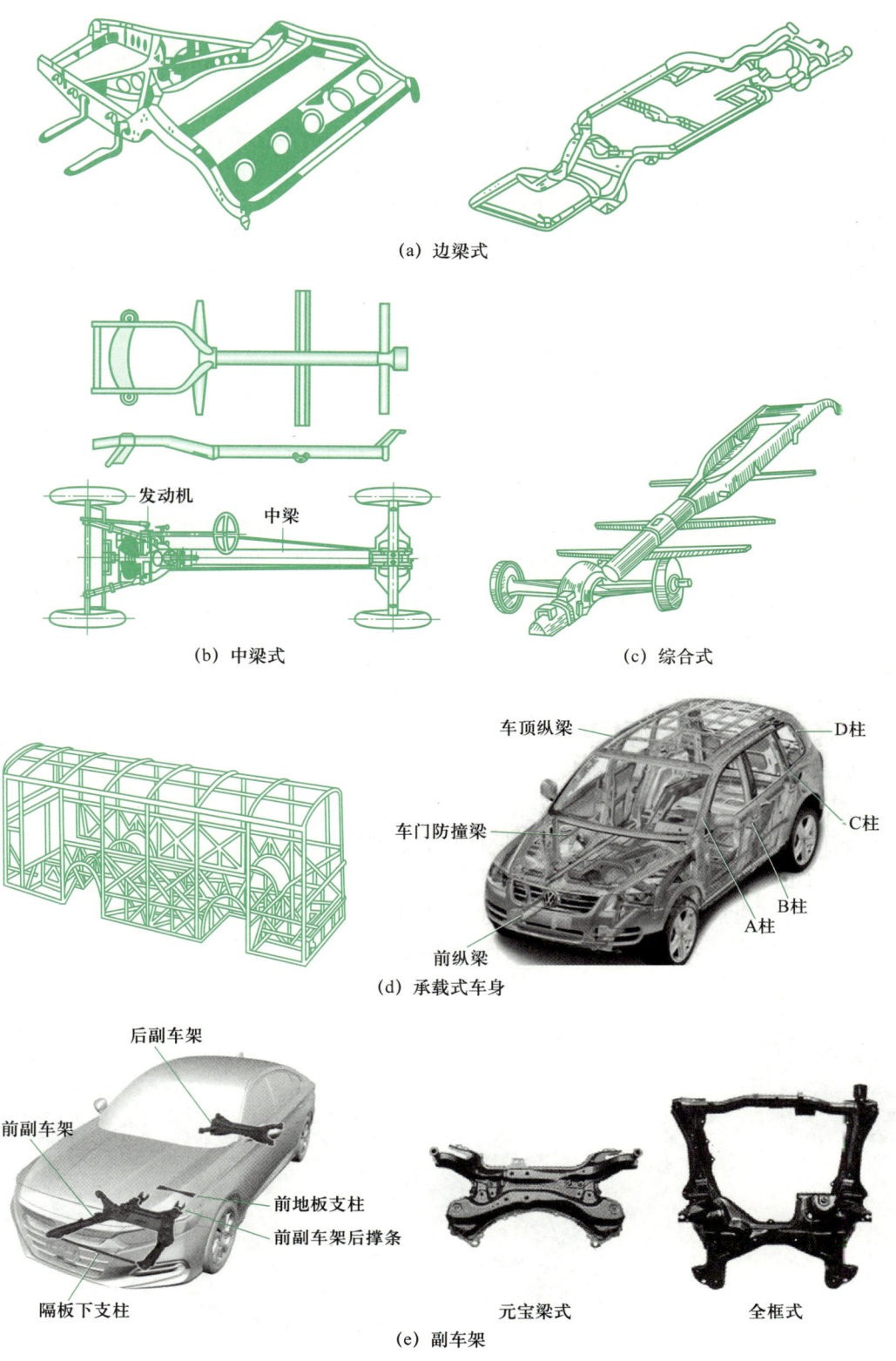

图 1-1-8 车架类型

架并非完整的车架，只是支撑前后车桥、悬架的支架，使车桥和悬架通过它再与"正车架"相连，习惯上称为"副架"。当前，新能源汽车企业越来越多地采用前部或后部一体化压铸技术，可减轻质量和成本，以及提高生产效率。

纯电动汽车由于增加了动力蓄电池，故对于安装动力蓄电池部位的车架的强度必须有所考虑，同时为了方便动力蓄电池的充放电、维护及更换，在确定动力蓄电池的安装方法和位置时也要考虑其方便性。对环境温度有要求的动力蓄电池还需要考虑其散热空间及调温控制。由于纯电动汽车的被动安全性在很大程度上取决于对动力蓄电池的防护程度，所以纯电动汽车的车身除了有与传统汽车同样的对驾乘人员安全性保护外，更为重要的是有对动力蓄电池的防护。为了最大限度地防止在碰撞时对动力蓄电池造成损伤，纯电动汽车的车身必须采用多重防护结构。

（2）车桥

① 作用与类型。

车桥通过悬架与车架（或承载式车身）相连，其两端安装车轮。车桥的作用是传递车架（或承载式车身）与车轮之间各方向的作用力及其产生的力矩。

根据车辆悬架结构和车轮所起作用的不同，车桥有以下两种分类方法。

a. 按悬架结构的不同，车桥可分为整体式和断开式两种。整体式车桥的中部是刚性实心或空心梁，其多配用非独立悬架；断开式车桥为活动关节式结构，其与独立悬架配合使用。

b. 按车轮所起作用的不同，车桥分为转向桥、驱动桥、转向驱动桥和支持桥。在后轮驱动的汽车中，前桥不仅用于承载，还起到转向作用，称为转向桥；后桥不仅用于承载，还起到驱动作用，称为驱动桥。前轮驱动汽车的前桥除了承载和转向的作用外，还兼起驱动的作用，称为转向驱动桥。只起支承作用的车桥称为支持桥。转向桥和支持桥均属于从动桥。

常见车桥类型如图 1-1-9 所示。

② 组成。

a. 转向桥。由转向节、主销、转向拉杆及前轴等组成。

b. 支持桥。主要由车轴及轮毂等组成。

c. 驱动桥。通常由主减速器、差速器、半轴或万向节、桥壳等组成。

d. 转向驱动桥。转向驱动桥具有转向和驱动两种功能，有整体式和断开式之分。其既

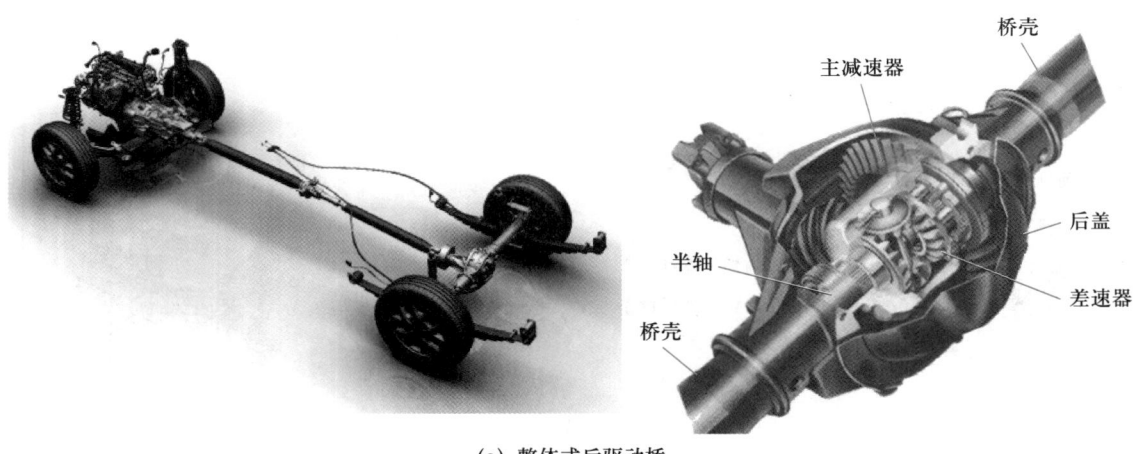

(a) 整体式后驱动桥

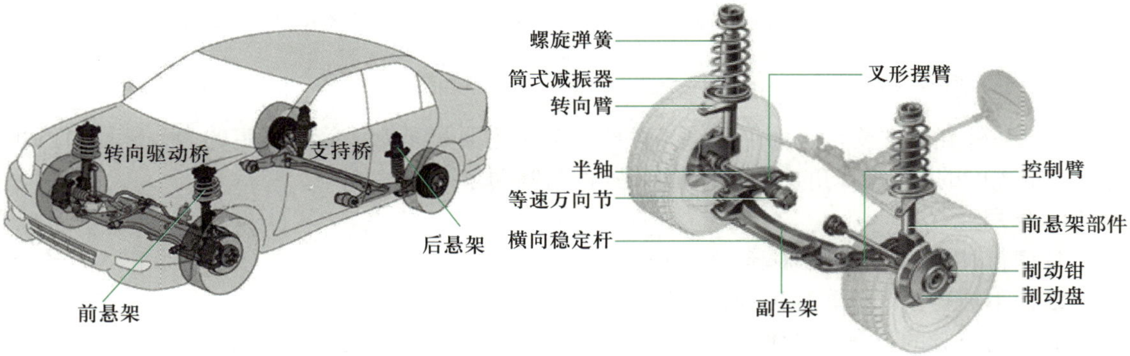

(b）断开式前转向驱动桥

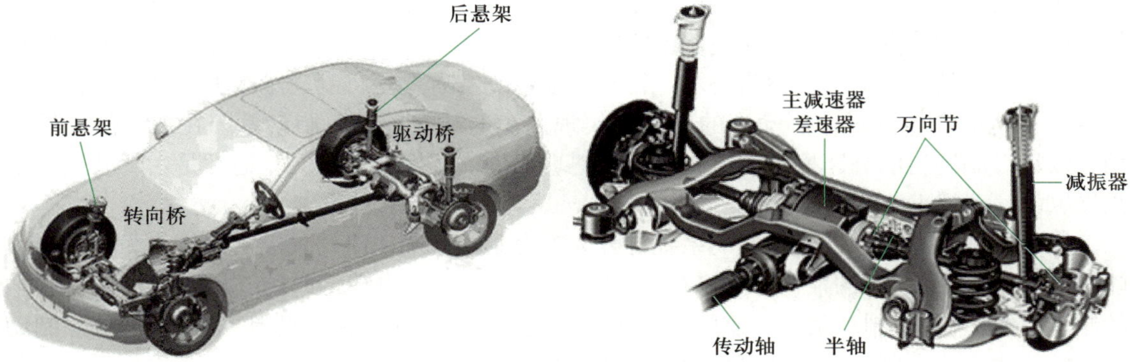

(c）断开式后驱动桥

图 1-1-9　常见车桥类型

包括一般驱动桥所具有的部件，也包括一般转向桥所具有的部件。许多轿车采用了动力装置前置前驱的布置形式，其前桥为转向驱动桥，取消了实体转向主销，其主销为空间的连线，是虚拟的，这种车桥多采用麦弗逊式独立悬架。与单独的驱动桥、转向桥相比，转向驱动桥驱动所需要的半轴分为三段，它们之间用等速万向节连接起来，内段短轴与差速器相连，外段短轴与轮毂相连。

3. 工作过程

汽车的动力装置、传动系统、转向系统及制动系统的部件安装在车身或车架上，这些系统工作时，地面对驱动轮、转向轮或行车制动轮产生反作用力或力矩，这些力或力矩将通过车桥及悬架传递给车身或车架，车身或车架克服行驶阻力运动，使汽车正常行驶（狭义行驶仅指驱动，广义行驶包含制动和转弯等工况），如图 1-1-10 所示。同时，在车辆运动时，将影响前后或左右车轮的垂直载荷；在一些工况下，车架惯性反过来带动车轮运动，如下坡或车轮制动抱死滑移及甩尾时。因此，行驶系统

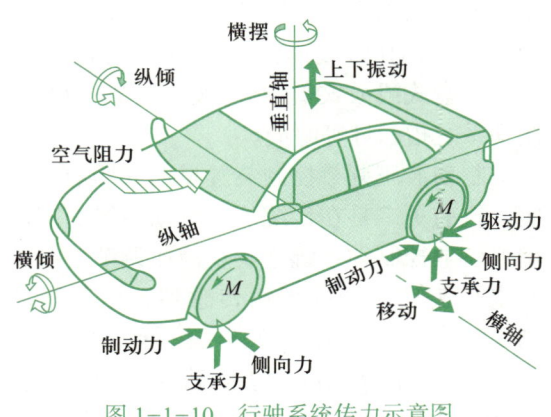

图 1-1-10　行驶系统传力示意图

是用来在车轮与车架（承载式车身）间双向传递动力的系统，要保证车辆稳定舒适行驶。

1.1.4 制动系统

用以使外界（主要是路面）在汽车某些部分（主要是车轮）施加一定的力，从而对汽车进行一定程度的强制制动的一系列专门装置称为制动系统。

1. 作用

① 使行驶中的汽车强制减速甚至停止。
② 使下坡行驶的汽车速度保持稳定，以保证行车的安全。
③ 使已停驶的汽车在各种道路条件下（包括在坡道上）稳定驻车，防止溜车。

2. 类型

按照功能划分，汽车制动系统可分为行车制动系统和驻车制动系统，这是汽车必须配置的。行车制动系统在汽车行驶时使用，能够使汽车减速或在最短的距离内停车，它是由驾驶人用脚来操纵的，习惯上被称为脚刹。行车制动系统实质上是将制动踏板上受到的力传递到车轮，在地面产生的纵向制动力的作用下实现汽车的减速。驻车制动系统在汽车停稳后使用，依靠后制动器的静摩擦力使停在平地或斜坡上的汽车保持不动，它通常是由驾驶人用手来操纵的，习惯上又称为手刹。

按照制动能源划分，汽车制动系统可分为人力制动系统（以驾驶人的肌体作为唯一制动能源的制动系统）、动力制动系统（完全依靠机械或电动动力转化成的气压或液压进行制动的制动系统）、伺服制动系统（兼用人力和机械或电动动力进行制动的制动系统）。按照制动能量的传输方式，制动系统又可分为机械式、液压式、气压式和电磁式等。其中，液压伺服制动系统和电磁式制动系统在电动汽车上广泛使用。

3. 组成

任何制动系统都由以下四个部分组成。
① 供能装置：包括供给、调节制动所需能量以及改善传能介质状态的各种部件。
② 控制装置：包括产生制动动作和控制制动效果的各种部件。
③ 传动装置：包括将制动能量传输到制动器的各种部件。
④ 制动器：产生制动摩擦力矩的部件。

液压伺服制动系统基本组成如图 1-1-11 所示，主要由操纵机构（制动踏板）、制动液压系统（制动主缸、制动轮缸及制动管路和制动液）、制动助力系统（真空式或电动式）、制动器（盘式或鼓式）、制动液压调节控制装置、制动系统指示灯等组成。

制动液压调节控制装置早期采用液压控制阀，目前更多是在传统液压制动系统的基础上增加了电控制动系统来实现液压调节控制，这些电控制动系统一般由传感器、电子制动控制模块和制动压力调节器（执行器）等组成。汽车电控制动系统包括防抱死制动系统（ABS）、电子制动力分配（EBD）系统、牵引

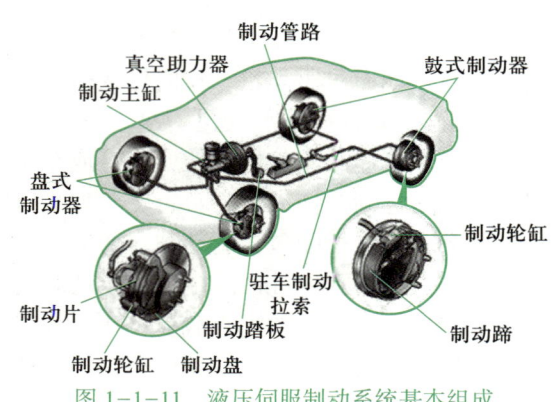

图 1-1-11 液压伺服制动系统基本组成

力控制系统（TCS）、电子稳定程序（ESP）控制系统、电子驻车制动（EPB）系统、液压制动辅助（HBA）功能等。

4. 液压制动原理

液压制动的基本原理是利用与车身相连的非旋转部件和与车轮相连的旋转部件之间的相互摩擦来阻止车轮的转动或转动的趋势，这时轮胎与地面间产生的摩擦力使运动中的汽车减速或停止。如果路面光滑，地面提供的摩擦力小，汽车照样不能制动。

制动器中的制动盘（或制动鼓）与车轮一起转动，即为旋转部件，制动片（或制动蹄）与悬架相对固定，即为非旋转部件，如图 1-1-12 所示。当制动系统不工作时，制动片与制动盘或制动蹄与制动鼓之间保持一定的间隙，车轮可自由旋转；制动时，驾驶人施加在制动踏板上的作用力经助力器助力放大后由液压系统传递给各个车轮制动器，使制动片与制动盘或制动蹄与制动鼓之间相互作用产生摩擦力，降低车轮转速。在良好路面上，伴随车轮转速降低产生的轮胎与地面间的摩擦力保证了汽车减速或停止。

动画
制动原理

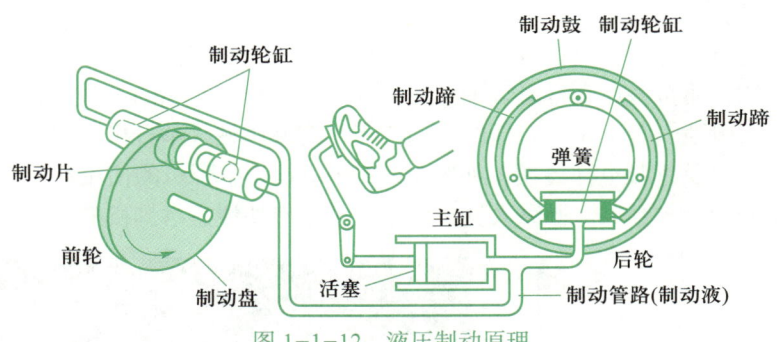

图 1-1-12　液压制动原理

5. 能量回馈制动系统

电动汽车将以动力蓄电池、驱动电机为核心的电力驱动系统引入，驱动电机在汽车制动时由控制器控制以发电机状态工作，产生制动电磁转矩，同时，将汽车的制动能量转变为电能回收储存在动力蓄电池内，即具有能量回馈制动功能，从而提高整车的经济性。因此，在电动汽车中，行车制动由能量回馈制动和液压制动两套系统完成，从而形成机电复合制动系统，如图 1-1-13 所示。

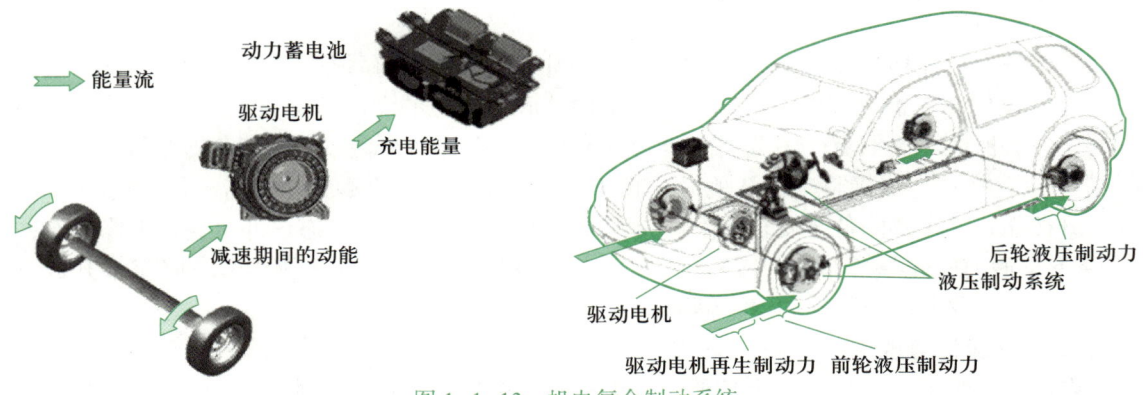

图 1-1-13　机电复合制动系统

汽车制动性能的评价指标主要有制动效能、制动效能的恒定性和制动时汽车的方向稳定性，目前制动性能的检验依据是按照 GB 7258—2017《机动车运行安全技术条件》执行。

① 制动效能。是指在良好路面上，汽车以一定初速度从开始制动到停车的制动距离或制动时汽车的减速度，是制动性能最基本的评价指标。

② 制动效能的恒定性。通常是指抗热衰退性和抗水衰退性。抗热衰退性是指汽车在高速行驶或下长坡时制动性能的保持程度，抗水衰退性是指制动器被水浸泡后制动效能的保持能力。

③ 制动时汽车的方向稳定性。是指汽车制动时按给定路径行驶的能力。制动时如果汽车发生跑偏、侧滑或失去转向能力而偏离给定的行驶路径，则说明制动时汽车的方向稳定性不佳。

任务实施

1. 举升机使用

举升机在汽车维修养护中发挥着至关重要的作用，无论整车大修，还是小修保养，都离不开它，其产品性质、质量好坏直接影响维修人员的人身安全。常用的举升机有柱式举升机和剪式举升机。动力蓄电池安装于车辆底部的电动汽车，需采用柱式举升机，以便保护动力蓄电池外部壳体不受到挤压及拆装电池方便，如图 1-1-14 所示。举升机的使用涉及电机、液压及机械部件，需要定期检查与维护。操纵人员在使用时需要密切注意举升机的状况，确保安全。

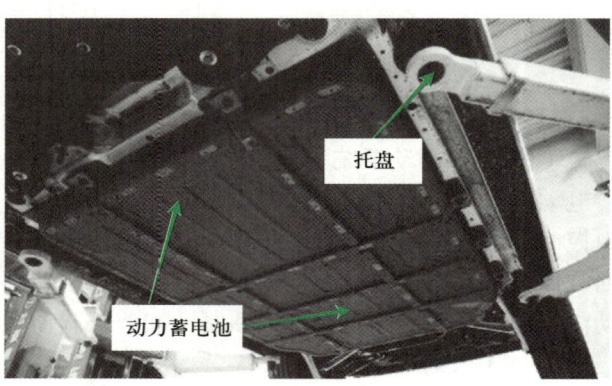

图 1-1-14　柱式举升机及车辆支撑位置

柱式举升机操作步骤：① 将车辆放置在举升工位，注意前后左右位置；② 调整举升臂，使支撑托盘放在车辆推荐的举升支撑部位下面（底盘大边的专用举升支点），托盘胶垫的高度要一致，保证车辆平衡；③ 先将举升臂升至胶垫完全接触车辆，检查汽车支撑是否牢固；④ 按下上升按钮，缓慢将车辆从地面升起，确保汽车平衡，再举升至所需工作高度；⑤ 放开上升按钮，将车辆降低至安全保险位置，保证举升机处于锁止状态，即可进行维修工作；⑥ 降下车辆前应先举升车辆，使安全保险打开，再按下降按钮使车辆缓慢下降至举升臂放至最低为止，移开举升臂，驶出车辆。

2. 维修流程与规范

电动汽车涉及高压电，只有按照工作流程和规范进行维修，才能保证自身安全和车辆、设备安全。

（1）维修流程

高压车辆维修风险分析如图1-1-15所示，维修时应严格按照流程进行，如图1-1-16所示。

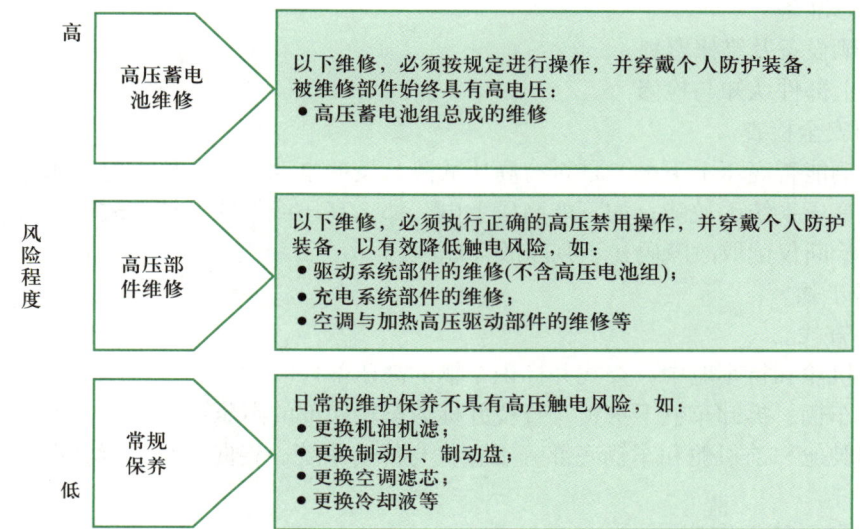

图1-1-15 高压车辆维修风险分析

（2）操作规范

维修高压车辆时，高压安全操作规范要求包括：① 车辆维修过程中的高压配件必须立即标识明显的高压勿动警示，并禁止将带有高压的部件放置在无人看管的环境下；② 高压维修与维护过程中，维护人员身上禁止携带手表、金属笔等金属物品；③ 严禁非专业人员对高压部件进行移除及安装；④ 未经过高压安全培训的维修人员，不允许对高压部件进行维修等操作；⑤ 车辆在充电过程中不允许对高压部件进行拆装、维修等工作；⑥ 拆解维修高压系统前，必须执行高压禁用操作；⑦ 维修完毕后上电前，须确认车辆无人正在操作；⑧ 更换高压部件后，须测量搭铁是否良好；⑨ 电缆接口必须按照标准力矩拧紧；⑩ 在执行车辆维护与维修期间，必须同时有两名持有上岗证的人员进行工作，其中一名人员作为工作的监护人，工作职责为监督维修的全过程。当发生触电事故时，监护人应立即采取有效措施执行急救。

图1-1-16 高压车辆维修流程

高压禁用操作流程为：① 移：移除车辆上所有外部电源，包括12 V蓄电池充电器。② 拔：拔出充电枪（仅针对插电式混合动力汽车或纯电动汽车）。③ 关：关闭点火开关，把钥匙放到安全区域。④断：断开 12 V 蓄电池负极，并远离负极区域。⑤取：取下 MSD（手动维修开关），将其放到安全区域。⑥等：等待 5 min，以保证高压能量全部释放。⑦查：穿戴个人安全防护装备，拆卸高压连接器，开始下一步的电压验证。

3. 实施过程

（1）维修准备

准备车辆设备及维修资料。

（2）车上部件认知与检修

① 高压安全检查。

检查车辆能否高压上下电，是否有高压故障。按照电动汽车高压上电逻辑，如高压上电正常，说明高压系统无故障；如不能高压上电，那么高压或低压系统有故障，可通过仪表故障指示灯及诊断仪读取故障码初步判断故障原因。

② 参考步骤。

a. 部件查找。

- 在前机舱和行李舱中，查找并标识车辆的高压部件。
- 举升车辆，拆卸车辆下护板，查找并标识车辆底部的高压部件。
- 在驾驶舱、前机舱和车辆底部分别查找与传动系统、转向系统、行驶系统和制动系统等相关的部件。

b. 底盘各系统工作演示

- 举升车辆使其完全离开地面一段距离，起动车辆并挂不同挡位，观察驱动轮旋转情况。
- 举升车辆使其完全离开地面一段距离，解锁转向盘，转动转向盘，观察转向轮偏转情况、转向盘转动和转向轮偏转快慢；用力摆动转向轮，观察转向盘转动情况；使车辆完全接触地面，比较高压上电和高压下电两种情况下转动转向盘时的用力大小。
- 车辆停放地面，用力按压车辆前后，观察每次车身回跳情况。
- 举升车辆使其完全离开地面一段距离，踩下制动踏板及操作驻车制动操纵机构，用力转动相应车轮，检查制动功能情况。

4. 实施工单

（1）信息查询和高压安全

① 汽车品牌：_____，车型：_____，VIN：_____。

② 高压上下电：□正常　□异常；高压故障：□无　□有。

（2）车上认识与检修

项目	内容及结果
传动系统	换挡方式：□旋钮　□手柄　□怀挡　□按键；挡位：_____；加速踏板安装与操作：□正常　□异常；制动踏板安装与操作：□正常　□异常；挡位变换操作过程：_____； 挡位仪表显示一致性：□一致　□不一致；驱动方式：□前驱　□后驱　□四驱；减速器及左右半轴安装是否牢固：□是　□否 驱动轮旋转方向：前进挡 D 时_____，空挡 N 时_____，倒车挡 R 时_____

续表

项目	内容及结果
转向系统	转向系统类型：_____；安装牢固的有：□转向盘　□转向器　□转向拉杆　□转向球节　□转向节等
	转向盘旋转转速与转向轮偏转转速关系：□大于　□小于　□等于；内侧转向轮偏转角度与外侧转向轮偏转角度关系：□大于　□小于　□等于；转向盘被逆向带转情况：□正常　□异常；高压上电时转向盘操作力：□大一些　□小一些　□不变，原因：_____
行驶系统	车架类型：_____；前后车桥类型：_____；前桥部件：_____；后桥部件：_____；安装牢固的有：□副车架　□摆臂　□弹性元件　□减振器　□其他部件_____；每次按压车身回跳：□有　□无
制动系统	查代下列部件安装位置：A. 驾驶室；B. 前机舱；C. 车辆底部。制动踏板：____、驻车制动手柄或按键：____、助力器：____、制动主缸：____、制动硬管：____、制动液压调节单元：____、制动软管：____、制动器：____
	行车制动功能：□正常　□异常　驻车制动功能：□正常　□异常

5. 实施评价

自我收获	自我评价	教师评价
	□满意　□较满意　□不满意	□优秀　□良好　□合格　□不合格

习题与思考

一、判断题

1. 汽车 VIN 码共 17 位。（　　　）
2. 汽车能够行驶的最根本原因是地面对轮胎在各方向上的反作用力。（　　　）
3. 驱动轮和从动轮转动的原因相同。（　　　）
4. 电动汽车常采用电动助力转向系统。（　　　）
5. 电动汽车常采用复合制动系统。（　　　）

二、不定项选择题

1. 属于汽车行驶性能的有（　　　）。
   A. 动力性　　　　B. 操纵稳定性　　　C. 制动性　　　　D. 平顺性
2. 属于汽车底盘四大系统的有（　　　）。
   A. 传动系统　　　B. 电池管理系统　　C. 转向系统　　　D. 行驶系统
3. 属于转向系统组成部分的有（　　　）。

A. 转向盘　　　　B. 转向器　　　　C. 横拉杆　　　　D. 推杆

4. 属于行驶系统组成部分的有（　　）。

A. 车轮　　　　　B. 悬架　　　　　C. 车桥　　　　　D. 车架

5. 通常汽车至少有（　　）套制动系统。

A. 1　　　　　　B. 2　　　　　　C. 3　　　　　　D. 4

6. 属于液压行车制动系统组成部分的有（　　）。

A. 制动踏板　　　　　　　　　　　B. 制动主缸

C. 制动管路　　　　　　　　　　　D. 制动液压调节控制装置

三、简述题

1. 简述底盘各系统的作用。
2. 分析比较车辆驱动及制动过程。

任务2　常用工量具认知

任务引入

掌握一定的汽车理论知识后，在进行车辆保养及拆检等作业时，需要依靠工具进行部件拆装，依靠量具进行测量判断。在对电动汽车进行相关作业时，还必须做好安全防护。正确选择使用工量具对安全操作至关重要，也有助于提高工作效率和效果，本任务对汽车维修过程中常用的工量具进行介绍，以便后续的学习和工作中应用相关知识和技能。

任务目标

1. 能识别选用常用工量具。
2. 能掌握常用工量具使用要领。
3. 培养主动学习、安全学习、交流学习的意识，建立基本职业素养。

知识链接

1.2.1　拆装工具

在对部件进行拆装的过程中，常用的拆装工具包括套筒、扳手、钳子、螺钉旋具、拔拉器等。在检修高压部件时，需要使用带有绝缘防护的拆装工具。

1. 套筒

套筒是拆装螺栓或螺母最方便、灵活且安全的工具。使用套筒拆装不易损坏螺栓或螺母的棱角。操作时要根据工作空间、扭矩要求和螺栓或螺母的尺寸来选用合适的套筒。套筒呈短管状，一端内部呈六角形或十二角形，用来套住螺栓或螺母头；另一端有一个正方形的头孔，该头孔用来与配套手柄的方榫（sǔn，指器物利用凹凸方式相接的凸出的部分）配合，如图1-2-1所示。套筒的尺寸是指它所能拧动的螺栓或螺母正对的平行棱边间的距离，如套筒上标注有22 mm，即说明套筒能拧动螺栓或螺母正对的平行棱边间的距离为22 mm。

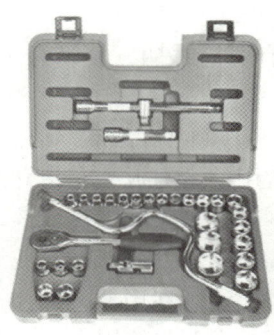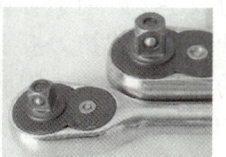

图1-2-1　套筒及配套手柄

除了常见的标准套筒，还有很多特殊套筒，如六角长套筒、六角或十二角花形套筒、风动套筒、旋具套筒等，如图1-2-2所示。头部制成特殊形状的螺栓、螺母，应采用专用套筒进行拆卸。

套筒的使用方法及注意事项：将套筒套在配套手柄的方榫上（视需要与长接杆、短接杆或万向接头配合使用），再将套筒套在螺栓或螺母上。通常，左手握住手柄与套筒连接处，保持套筒与所拆卸或紧固的螺栓或螺母同轴，右手握住配套手柄转动加力，如图1-2-3所示。

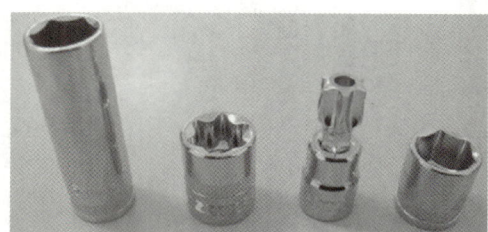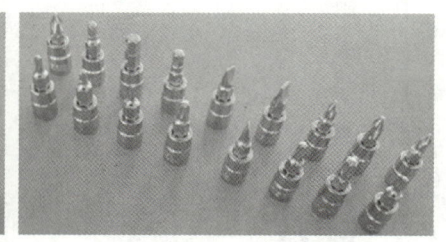

图1-2-2　特殊套筒

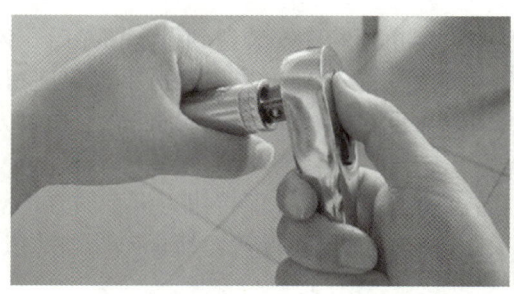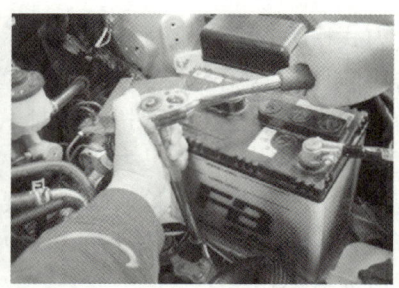

图1-2-3　套筒的使用

在使用套筒的过程中，左手握紧手柄与套筒连接处，切勿摇晃，以免套筒滑出或损坏螺栓或螺母的棱角。可根据拆装空间，调整使用左手或右手，保证用力方向尽量朝向自己，可防止滑脱造成手部受伤。

在选用套筒时，应使套筒与螺栓或螺母的形状及尺寸完全适合，若选择不正确，则套筒在使用时极有可能打滑，从而损坏螺栓或螺母。

不应使用出现裂纹或已损坏的套筒。这种套筒会打滑，从而损坏螺栓或螺母的棱角。禁止用锤子将套筒击入变形的螺栓或螺母的六角进行拆装，避免损坏套筒。

套筒手柄是安装在套筒上用于扳动套筒的配套手柄，没有套筒手柄，套筒将无法工作，常见的套筒手柄如下。

（1）扭力扳手

扭力扳手主要用于有规定扭矩值的螺栓或螺母的装配。常用的扭力扳手有指针式和预置力式两种。指针式扭力扳手结构相对比较简单，它有一个刻度盘，当紧固螺栓或螺母时，扭力扳手的杆身在力的作用下发生弯曲，这样就可以通过指针的偏转角度表示螺栓或螺母的旋转程度，其数值可通过刻度盘读出。使用指针式扭力扳手时，应注意在用左手握住扭力扳手与套筒的连接处时，不要碰到指针，以免读数不准。扭力扳手的类型与使用方法如图1-2-4所示。

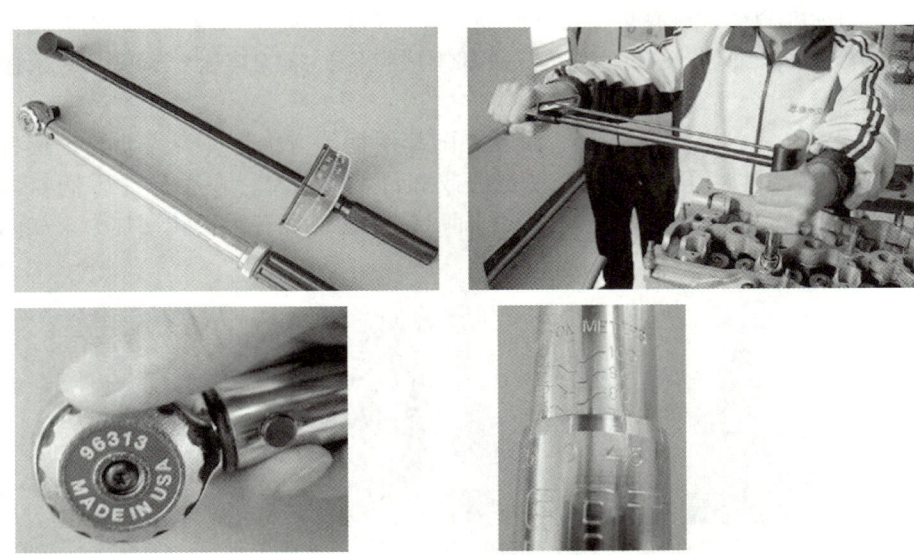

图1-2-4　扭力扳手的类型与使用方法

预置力式扭力扳手可通过旋转手柄，预先设定扭矩。在安装达到设定扭矩时，该扳手会发出警告声响以提示用户。当听到"咔嗒"声响后，应立即停止旋转扳手以保证扭矩正确，当预置力式扭力扳手设在较低扭矩值时，警告声可能很小，所以应特别注意。预置力式扭力扳手刻度的读取与外径千分尺类似。

在使用扭力扳手拧紧螺栓或螺母时要用左手握住套筒，并保持扭力扳手的方榫部分及套筒垂直于紧固件所在平面；右手握紧扭力扳手，向自己这边扳转。禁止向外推动扭力扳手，以免滑脱造成身体伤害。

（2）棘轮手柄

棘轮手柄是最常见的套筒手柄，棘轮手柄头部设计有棘轮装置，在不脱离套筒和螺栓或螺母的情况下，可实现快速单方向的转动。

通过调整锁紧机构可改变棘轮手柄旋转方向：将锁紧机构的手柄调到左边，可以单向顺时针拧紧螺栓或螺母;将锁紧机构的手柄调到右边,可以单向逆时针松开螺栓或螺母。棘轮手柄与锁紧机构如图 1-2-5 所示。

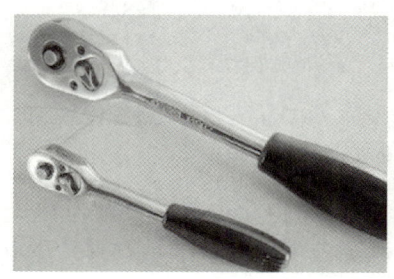 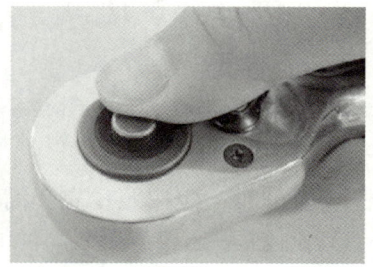

图 1-2-5　棘轮手柄与锁紧机构

棘轮手柄使用方便但不够结实,不要使用棘轮扳手对螺栓或螺母进行最后的拧紧。另外,严禁对棘轮手柄施加过大的扭矩,否则会损坏内部的棘爪结构。有些专业棘轮扳手设计有套筒锁止及快速脱落功能,只需要单手操作,可防止在使用过程中套筒或接杆脱落。使用时按下锁定按钮,将套筒套入棘轮扳手的方榫中,然后松开锁定按钮,套筒即被锁止,再次按下锁定按钮即可解除套筒锁定。

（3）快速摇杆与接杆

快速摇杆俗称摇把,是旋动螺栓或螺母最快的配套手柄,但不能在螺栓或螺母上施加太大的扭矩,主要用于拧下已经松动的螺栓或螺母,或者把螺母快速旋上螺栓。使用快速摇杆时,左手握住快速摇杆端部,并保持摇杆与所拆装螺栓或螺母同轴,右手握住快速摇杆弯曲部迅速旋转,如图 1-2-6（a）所示。

接杆也称延长杆或加长杆,有长短之分,是套筒类成套工具不可缺少的一部分,如图 1-2-6（b）所示。

 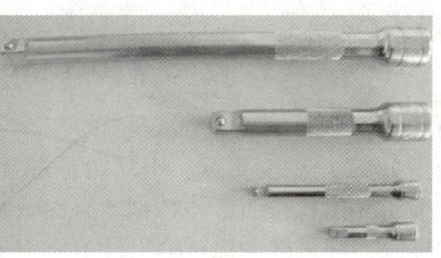

(a) 快速摇杆　　　　　　　　　　(b) 接杆

图 1-2-6　快速摇杆与接杆

2. 扳手

扳手是汽车修理中常用的一种工具,主要用于扭转螺栓、螺母或带有螺纹的零件。如果扳手选用不当或使用不当,不但会造成工件和扳手损坏,还可能引发人身安全方面的事故。因此,正确地选择和使用扳手十分重要。

扳手种类繁多,常用的有套筒扳手、梅花扳手、开口扳手、组合扳手、活动扳手等。常用扳手与使用方法如图 1-2-7 所示。

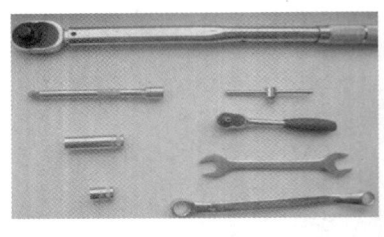 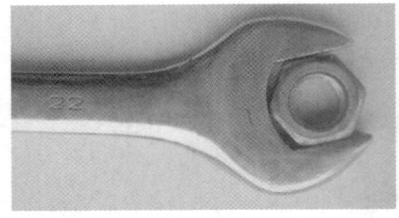 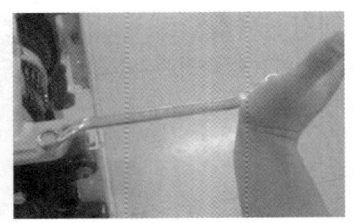

图 1-2-7 常用扳手与使用方法

在拆卸螺栓或螺母时，应按照"先套筒扳手，后梅花扳手，再开口扳手，最后活动扳手"的原则进行选用。扳手还要依据紧固件的规定力矩以及扳手是否容易接近螺栓或螺母来确定。

在使用各类扳手或其他转动工具时，用力方向应朝向自己，防止滑脱造成手部受伤，但如果由于空间限制无法拉动工具，可用手掌推动工具。

常用的特殊扳手为油管拆卸专用扳手和六角扳手，如图 1-2-8 所示。油管拆卸专用扳手是维修制动液管路时的必备工具，它是介于梅花扳手与开口扳手之间的一种扳手。根据它的结构和功能，与其说它是开口扳手，还不如说是梅花扳手的变形形式更合当一些。它既能像梅花扳手一样保护螺栓或螺母的棱角，又能像开口扳手一样从侧面插入进行旋拧，但不能进行大扭矩紧固。拆卸内六角和花形内六角螺栓时，除套筒扳手外，还可以使用专用内六角和花形内六角扳手，此类扳手多为 L 形。

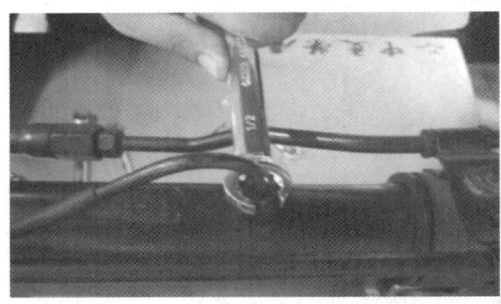 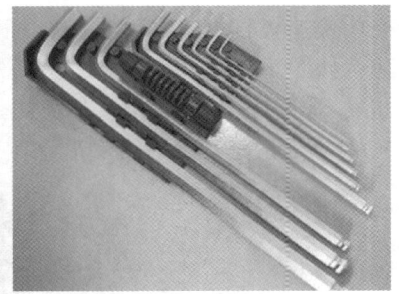

图 1-2-8 油管拆卸专用扳手和六角扳手

3. 钳子

常用钳子如图 1-2-9 所示。钢丝钳是最常见的一种钳子，它可以用来切断金属丝或夹持零件；尖嘴钳的钳口长而细，特别适合在狭窄空间里使用；斜口钳也称剪钳，主要用于切割金属丝或导线；鲤鱼钳也称鱼嘴钳，主要用于夹持、弯曲和扭转工件。

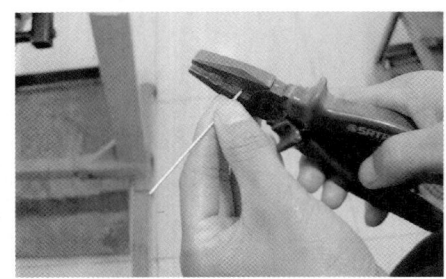 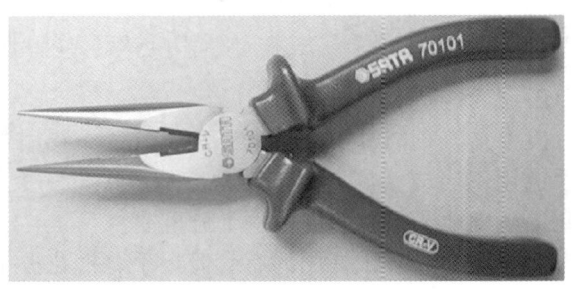

(a) 钢丝钳　　　　　　　　　　　(b) 尖嘴钳

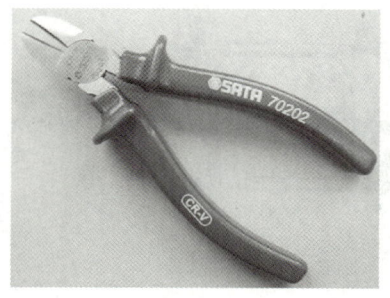
(c) 斜口钳

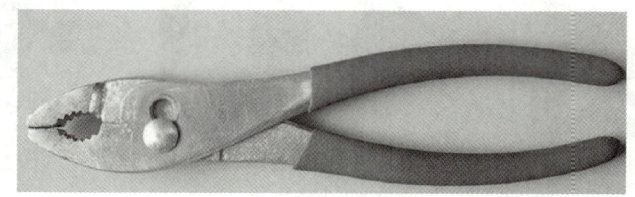
(d) 鲤鱼钳

图 1-2-9　常用钳子

卡簧钳（或称卡环钳）是专门用来拆卸和安装卡簧（卡环）的工具。卡簧（弹性挡圈）安装在轴或孔的卡簧槽里，起定位或阻挡作用。根据使用范围不同，卡簧钳分为轴用和孔用两种，这两种卡簧钳均有直嘴和弯嘴两种结构形式。轴用卡簧钳可用于将卡簧胀开，以便将卡簧从轴上拆下。孔用卡簧钳可用于将卡簧收缩，以便将卡簧从轴孔内取出，如图 1-2-10 所示。

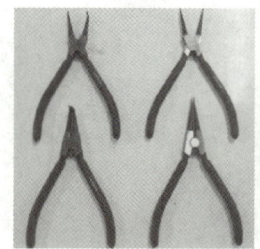 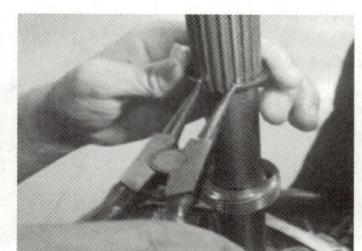 

图 1-2-10　卡簧钳及使用方法

4. 螺钉旋具

螺钉旋具俗称螺丝刀、改锥或起子，主要用于旋拧小扭矩、头部开有凹槽的螺栓和螺钉。螺钉旋具的类型取决于本身的结构及尖部的形状，常用的有一字形螺钉旋具、十字形螺钉旋具。一字形螺钉旋具用于单个槽头的螺钉，十字形螺钉旋具用于带十字槽头的螺钉。常用螺钉旋具如图 1-2-11 所示。

5. 拔拉器

拔拉器也称拉卸器或扒马，俗称扒子，如图 1-2-12 所示，主要用于汽车维修中静配合副和轴承部位的拆装，而不会破坏工件配合性质和工作表面。常见的拔拉器有两爪和三爪两种类型，如拆卸传动带轮、齿轮等零件应选用三爪拔拉器，而拆卸轴承等零件最好使用两爪拔拉器或夹板式拔拉器。

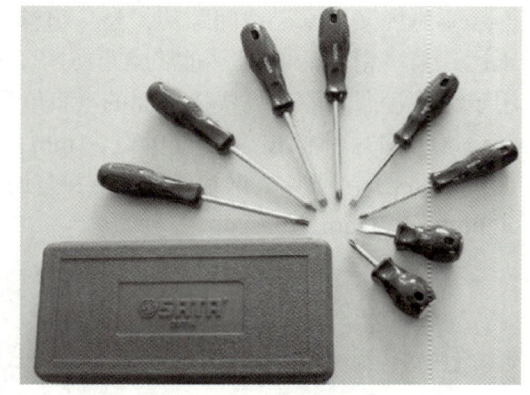

图 1-2-11　常用螺钉旋具

拆卸时，要视拆卸对象选用适合尺寸和拉力限制范围的拔拉器。使用拔拉器时，拉臂能抓住所要拆卸的部件，使用扳手旋转中心螺杆，随着中心螺杆的旋入，拉臂上就会产生很大

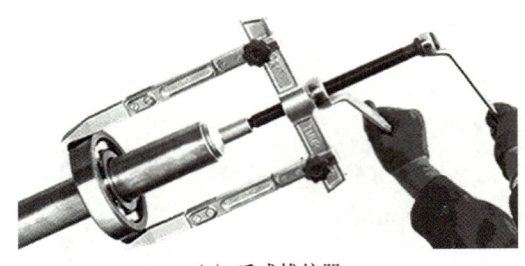　　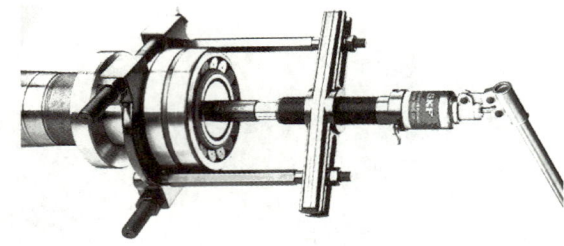

(a) 爪式拔拉器　　　　　　　　　　　(b) 夹板式拔拉器

图 1-2-12　拔拉器及使用方法

的拉力，直到把部件拆下。操作时，手柄转动要均匀，拉爪装夹要平衡，不要歪斜，不要硬拉；另外，拆卸轴承时，两侧的拉臂尖应钩在其内套平面上，不能外撇。

1.2.2　测量工具

1. 钢尺

钢尺是最基本的测量工具，是用薄钢板制成的，它一般用于精度要求不高的测量，可以直接测量出工件的尺寸。钢尺一般有钢直尺、钢卷尺等。

使用钢直尺时，要以端部的"0"刻线作为测量基准。这样，在测量时不仅容易找到测量基准，而且便于读数和计数。最好的测量方式是用拇指将钢直尺按住，使其贴靠在工件上，如图 1-2-13 所示。读数时，视线必须与尺面相垂直，以免读数产生误差；被测平面要平整，否则测出的数值不是被测件的实际尺寸。

图 1-2-13　钢直尺使用方法

2. 厚薄规

厚薄规又称塞尺或间隙片，是一组淬硬的钢片或刀片，这些淬硬钢片或刀片被研磨或滚压达到某一精确的厚度，通常成套使用，如图 1-2-14 所示。厚薄规在汽车维修工作中主要用于测量触点间隙和一些接触面的平直度等。

每个钢片都标出厚度（单位为 mm），最薄的可以达到 0.02 mm。钢片可以单独使用，也可以将两个或多个钢片组合在一起使用，以便获得所要求的厚度。常用厚薄规长度有 50 mm、100 mm、200 mm 三种。

图 1-2-14　厚薄规及使用方法

使用厚薄规测量时，应根据间隙的大小，先用较薄钢片试插，逐步换用更厚的钢片，也可以数个钢片重叠在一起插入间隙内，插入深度应在 20 mm 左右。

测量时，必须平整插入，松紧适度，所插入的钢片厚度即为间隙尺寸。严禁将钢片用大力强硬插入缝隙进行测量。插入时应特别注意钢片前端，不要用力过猛，否则容易折损或弯曲钢片。

3. 外径千分尺

外径千分尺也称为螺旋测微器，它是利用螺纹节距来测量外径的精密测量仪器，用于测量加工精度要求较高的零部件。汽车维修工作中一般使用测量精度达到 0.01 mm 的外径千分尺。

根据所测零部件外径大小，可选用测量范围为 0～25 mm、25～50 mm、50～75 mm、75～100 mm 等多种规格的外径千分尺。

外径千分尺的构造如图 1-2-15 所示，主要由测砧、测微螺杆、尺架、固定套筒、活动套管、棘轮旋钮及锁紧装置等组成。

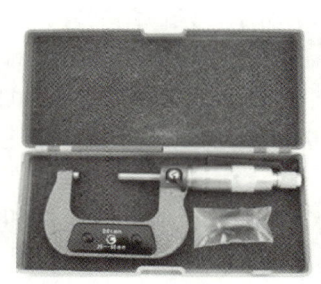
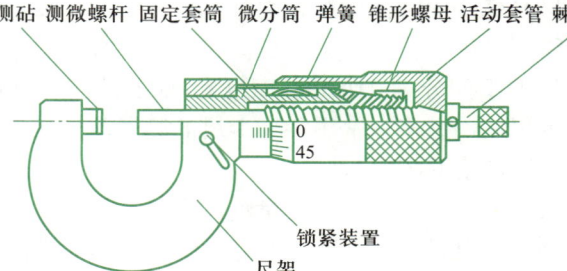
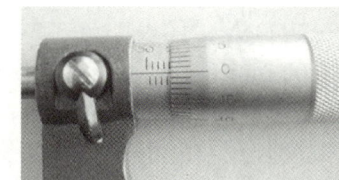

图 1-2-15　外径千分尺的构造

固定套筒上刻有刻度，测轴每转动一周即可沿轴方向前进或后退 0.5 mm。活动套管的外圆上刻有 50 等份的刻度，在读数时每等份对应 0.01 mm。

棘轮旋钮的作用是保证测轴的测定压力，当测定压力达到一定值时，限荷棘轮即会空转。如果测定压力不固定则无法测得正确尺寸。

固定套筒上的刻度可以精确到 0.5 mm，0.5 mm 以下的读数则要根据固定套筒基准线和活动套管刻度的对齐线来读取。如图 1-2-16（a）所示，固定套筒上的读数为 55 mm，活动套管上 0.01 mm 的刻度线对齐基准线，因此读数是：55 mm + 0.01 mm = 55.01 mm；如图 1-2-16（b）所示，固定套筒上的读数为 55.5 mm，活动套管上 0.45 mm 的刻度线对齐基准线，因此读数是：55.5 mm + 0.45 mm = 55.95 mm。

外径千分尺属于精密的测量仪器，在测量时应注意以下事项：①使用前确保零位校正，若有误差请用调整扳手调整或用测定值减去误差；②被测部位及外径千分尺必须保持清洁，若有油污或灰尘须立即擦拭干净；③测量时请将被测面轻轻顶住测砧，转动棘轮旋钮及活

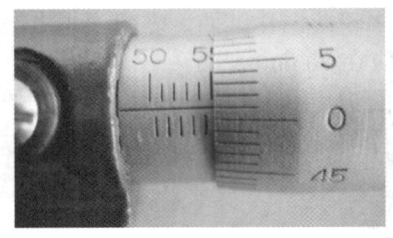 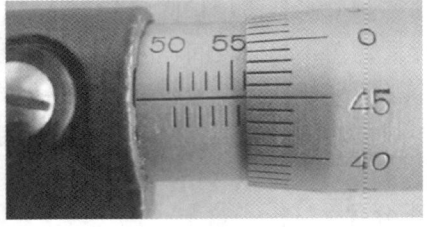

(a) 读数1　　　　　　　　　　　(b) 读数2

图1-2-16　外径千分尺读数方法

动套管使测轴前进；④测量时尽可能握住外径千分尺的弓架部分，同时要注意不可碰到测砧；⑤旋转后端棘轮旋钮，使测砧两端夹住被测零部件，然后再旋转棘轮旋钮一圈左右，当听到发出两三声"咔咔"声后，就会产生适当的测定压力；⑥为防止因视差产生误读，最好让眼睛视线与基准线成直角后再读取读数。

4. 游标卡尺

游标卡尺又称四用游标卡尺，简称卡尺，如图1-2-17（a）所示，是由刻度尺和卡尺制造而成的精密测量仪器，能够正确且简单地进行长度、外径、内径及深度的测量。游标卡尺根据最小刻度的不同分为0.05 mm精度和0.02 mm精度两种。在汽车维修工作中，0.02 mm精度的游标卡尺使用最多。常用游标卡尺的测量范围是0～150 mm，应根据所测零部件的精度要求选用合适规格的游标卡尺。

游标卡尺主要由一个带有固定量爪的主刻度尺和一个带有滑动量爪（包括外量爪和内量爪）的游标刻度尺组成。主刻度尺尺身上刻有主刻度线，游标刻度尺上刻有游标刻度线。

游标刻度尺将49 mm平均分为50等份。主刻度尺是以毫米来划分刻度的，其将每1 cm平均分为10个刻度，在厘米刻度线上标有数字1、2、3等，代表1 cm、2 cm、3 cm等。主刻度尺每个刻度和游标刻度尺每个刻度之间相差0.02 mm（主刻度尺最小分度为1 mm，游标刻度尺最小分度为49 mm/50＝0.98 mm）。

读数时，首先读出游标刻度尺零线左边与主刻度尺尺身相邻的第一条刻度线的整毫米数，即所测尺寸的整数值，如图1-2-17（b）所示，读数为13.00 mm。再读出游标刻度尺上与主刻度尺刻度线对齐的那一条刻度线所表示的数值，即为所测尺寸的小数值，如图1-2-17（c）所示，为0.02×22 mm＝0.44 mm，22指游标刻度尺上与主刻度尺刻度线对齐的那一条刻度线距零刻度线的格数为22。把从主刻度尺身上读得的整数和从游标刻度尺上读得的小数加起来即为测得的实际尺寸，即（13＋0.44）mm＝13.44 mm。

5. 百分表

百分表利用指针和刻度将心轴移动量放大来表示测量尺寸，主要用于测量工件的尺寸误差以及配合间隙。百分表主要是由尺条和小齿轮装配而成的，其工作原理是：利用尺条和小齿轮将心轴的移动量放大，再由指针的转动来读取测定值。图1-2-18所示为百分表结构及使用方法。测量头和心轴及齿条的移动带动第一小齿轮转动，再利用同轴上的作动齿轮带动第二小齿轮转动，于是装置在第二小齿轮上的指针即能放大心轴的移动量，显示在刻度盘上。长针每一个回转相当于1 mm的移动量，将刻度盘分成100等份，测定的移动量可精确到1/100 mm。测量头每移动0.01 mm，大指针偏转1格；测量头每移动1.0 mm，大指针偏转1周。小指针偏转1格相当于1 mm的移动量。

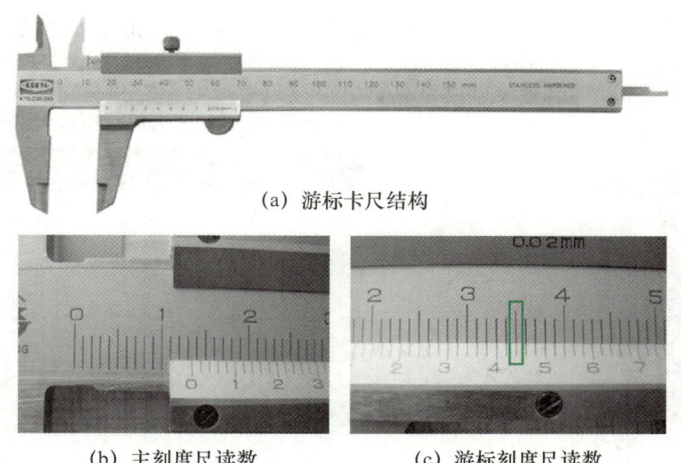

(a) 游标卡尺结构

(b) 主刻度尺读数　　　(c) 游标刻度尺读数

图 1-2-17　游标卡尺结构及读数方法

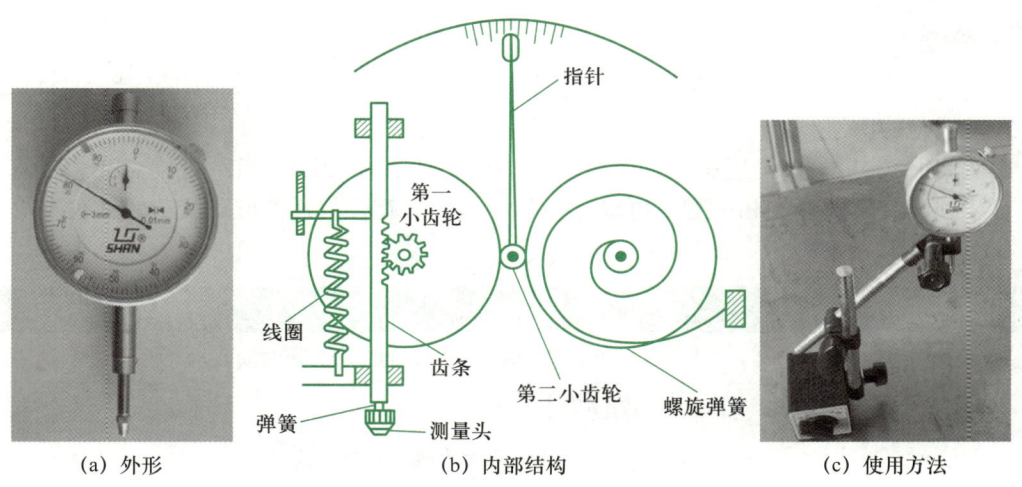

(a) 外形　　　　　　(b) 内部结构　　　　　　(c) 使用方法

图 1-2-18　百分表结构及使用方法

百分表要装设在支座上才能使用，在支座内部设有磁铁，旋转支座上的旋钮使表座吸附在工具台上，因而又称为磁性表座。此外，百分表还可以和夹具、V 形槽、检测平板和顶心台合并使用，进行弯曲、振动及平面状态的测定或检查。

测定时要注意的一点是，百分表的测量头顶住被测定物时要保持垂直，并有一定的预压力，否则无法正确测定。百分表的表盘是可以转动的，可用来校零，便于读数。

6. 数字式万用表

在汽车电路维修中使用最多的是数字式万用表，指针式万用表不能用于汽车电子元件的测试，会因检测电流过大而烧坏元件。

（1）组成

当前市场上的数字式万用表种类繁多，其功能也不尽相同。FLUKE 87V 数字式万用表如图 1-2-19 所示，主要由液晶显示屏、旋转式开关、按键和接线端子插孔四个部分组成。

1）液晶显示屏

液晶显示屏采用显示段和指示灯共同显示的方式。显示段有一个指示光标，滚动显示计量变化。显示屏还有数个指示灯，可以显示各种模式和功能，液晶显示屏显示符号及对应解释见表 1-2-1。

表 1-2-1　液晶显示屏显示符号及对应解释

符号	说明
AC	交流电流或交流电压
DC	直流电流或直流电压
V	伏［特］，电压单位
A	安［培］，电流单位
MAX、MIN、AVG	最大值、最小值、平均值
AUTO	自动模式
MANUAL	手动模式
Ω	欧［姆］，电阻测量单位
Hz	赫［兹］，频率单位
%	占空比

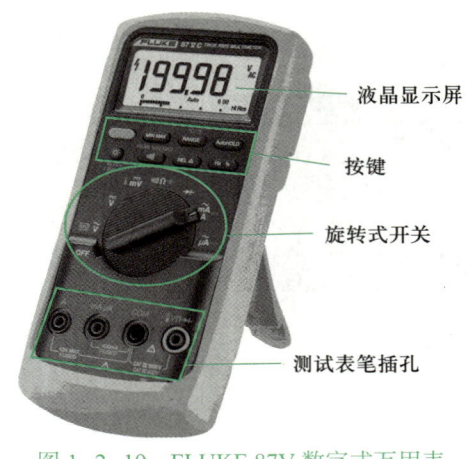

图 1-2-19　FLUKE 87V 数字式万用表

2）旋转式开关

每次将开关从 OFF 位置旋至功能设置位置时，所有显示段和指示灯均点亮，进入自检测状态。利用旋转式开关和按键，可以选择各种功能。旋转式开关位置及功能见表 1-2-2。

表 1-2-2　旋转式开关位置及功能

开关位置	功能
任何位置	当打开万用表时，万用表的型号会短时间显示
LO Ṽ	交流电压测量 按（　）按键选择低通滤波器（LO）
V̄	直流电压测量
mV	600 mV 直流电压挡 按（　）按键选择温度（🌡）
·))) Ω ⊣⊢	按（　）按键选择连通性测试 Ω 代表电阻测量 按（　）按键选择电容测量
▶│	二极管测试
mÃ … A	交流电流测量（从 0 mA 至 10 A） 按（　）按键选择直流电流测量（从 0 mA 至 10 A）
μÃ…	交流电流测量（从 0 μA 至 6 000 μA） 按（　）按键选择直流电流测量（从 0 μA 至 6 000 μA）

3）按键

按键用于实施附加功能操作。

4）插孔

根据待测对象，应将导线连接至合适的插孔。注意：插孔内部有红色或黑色标记。应将红色导线插入红色插孔。COM 为共用搭铁插孔，可用于绝大部分的测量，灰色导线应始终插入 COM 插孔。

A（安）插孔用于测量电流。该插孔由万用表内部 10 A 熔丝提供保护。mA/μA（毫安/微安）插孔用于测量毫安级或微安级小电流，可以测量 400 mA 以下电流。如果不确定流经待测对象的电流范围，应先使用 10 A 挡位测量。V/Ω（电压/电阻）插孔用于测量电压、电阻和二极管通断等。

（2）应用

万用表是一种多功能测量仪器，在车辆诊断维修中应用最多的功能是对电压、电阻和电流的测量。

1）测量电压

使用万用表测量电压，首先应给电路通电。以测量负载的电压为例，其操作过程如下：① 将万用表灰色导线插入 COM 插孔，红色导线插入 V/Ω（电压/电阻）插孔；② 若测量直流电压，则将旋转式开关置于 $\bar{V}$（直流 DC）电压位置；若测量交流电压，则将旋转式开关置于 $\tilde{V}$（交流 AC）电压位置；③ 万用表应并联到测量电路中，将灰色导线的探针接至负载的搭铁侧，而将红色导线的探针接至负载的电源侧，如图 1-2-20（a）所示。此时，万用表显示屏所显示的读数即为施加在负载上的电压值。

在电路中任何具有电阻的元件均会消耗电压，通常把这部分消耗的电压称为电压降。电路中的导线和开关也有电阻，但电阻值很小，也会有较小的电压降。若导线或开关存在较大的电压降，则表明电路存在故障。通过测量电压降可以快速查找出电路的故障点。

测量电路中任何部件的电压降时，首先应给电路通电。以测量开关的电压降为例，其操作过程如下：① 将灰色导线插入 COM 插孔，红色导线插入 V/Ω（电压/电阻）插孔；② 将旋转式开关置于 $\bar{V}$ 电压位置；③ 将红色导线的探针和灰色导线的探针分别连接开关的两端，如图 1-2-20（b）所示。此时，万用表显示屏所显示的读数即为开关的电压降。

2）测量电阻

测量电阻时，应首先确认是否已断开电路的电源。因为在电路断电的情况下，使用万用表测得的电阻值，可以明确地指示电路的功能性（如断路或短路等）。而在通电状态下，部件的功能性会有所不同。

以测量负载的电阻为例，其操作过程如下：① 将灰色导线插入 COM 插孔，红色导线插入 V/Ω（电压/电阻）插孔；② 将旋转式开关置于 Ω（电阻）位置；③ 将万用表以并联的方式接入电路中，将红色导线的探针和黑色导线的探针分别连接待测负载的两端，如图 1-2-20（c）所示。此时，万用表显示屏所显示的读数即为负载的电阻值。

使用万用表测量车辆线路或部件电阻时，万用表可能会显示 0.00 Ω 或 0 LΩ。0.00 Ω 表示测量的电阻是 0 Ω 电阻；0 LΩ 表示测量的电阻超出范围（该情况通常发生在采用手动方式选择测量量程时）。

使用万用表测量电阻时，可以使用万用表的显示相对值的功能，来对万用表进行"校

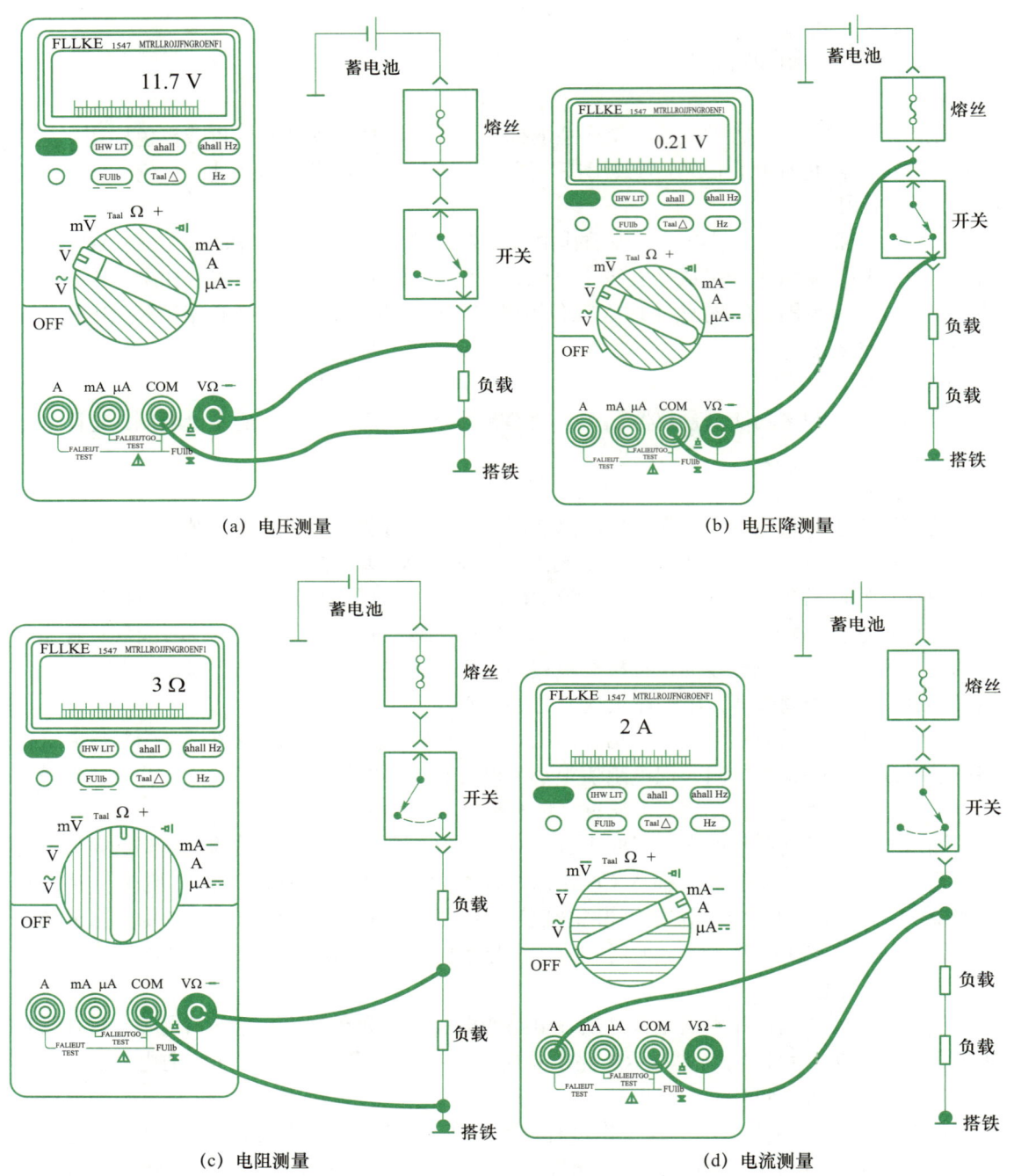

(a) 电压测量 (b) 电压降测量
(c) 电阻测量 (d) 电流测量

图 1-2-20 万用表使用

零"。具体操作过程如下：① 将万用表的红色导线和灰色导线分别插入 V/Ω（电压/电阻）插孔和 COM 插孔；② 将旋转开关置于 Ω（电阻）位置；③ 将万用表的红色导线和灰色导线的探针相接；④ 按下万用表的"REL"键。此时万用表将显示 0 Ω，完成"校零"操作。

注意：由于人体电阻会影响测量结果，因此手指不要接触探针的端部；使用万用表测量电阻时，电路必须开路；测量电路如果存在电流，会导致测量数据不准确。

3）测量电流

用万用表测量电流操作过程如下：① 将红色导线插入 A（安）插孔，灰色寻线插入 COM 插孔；② 将旋转式开关置于 mA/A（毫安/安）位置；③ 在电路上形成一个断路，位置最好在熔丝或线束连接端；④ 连接万用表，确保万用表串联在被测量电路中，如图 1-2-20（d）所示；⑤ 给电路通电，万用表所显示的数值即为流经电路的电流值。

万用表在测量电流时，有 2 种接线端子可供选择，A（安）插孔内部连接有 10 A 熔丝，mA/μA（毫安/微安）插孔内部连接有 400 mA 熔丝。在测量前需要首先评估待测量电流的大小，再正确选择万用表的插孔。

警告：使用万用表测量电流时，首先需要确认万用表内部熔丝是否正常；严禁将万用表并联接入电路，要确保万用表串联在电路中；不可以使用万用表测量电流超过 10A 的电路。

7. 示波器

随着汽车技术的发展，示波器越来越广泛地应用于汽车维修行业，通过分析示波器测得信号的动态波形，可以帮助找出车辆故障的原因。市场上可使用的示波器型号较多，车用示波器主要由示波器主机、电源适配器、测试探针（红/黑）及探针适配器等组成，FLUKE 124 示波器如图 1-2-21（a）所示，除物理硬件外，其操作区域通常包括信号输入区、信号显示区和按键设置区三部分。在使用示波器进行相关测量前，需要对示波器进行一些设置，了解示波器常用术语，并掌握示波器的复位、连接和手动/自动模式的选择方法等。图 1-2-21（b）中各数字标识所指示部分对应术语如下。

1——触发电平。 指示波器显示波形时的起始电压值。
2——信号源。 指示波器输入信号的来源是 A 端口还是 B 端口。
3——触发沿。 指示波器以信号的上升沿还是下降沿开始触发并显示波形。
4——电压值。 指光标纵向每格代表的电压值大小。
5——时基值。 指光标横向每格代表的时间值大小。
6——耦合形式。 指测量输入信号是直流成分的波形还是交流成分的波形。
7——基准位。 指输入信号为 0 V 时波形所在的位置。
8——触发方式。 指示波器显示波形是通过手动方式触发还是自动方式触发。

在实际使用过程中，应根据待测信号的电压值选择合适量程的示波器，要掌握不同类型信号的测量和分析方法。

8. 故障诊断仪

汽车故障诊断仪用于对应车型的故障诊断，也称为解码器、故障扫描仪等，主要功能有故障码读取与清除、数据流读取、主动测试及标定学习匹配等。不同车型采用的故障诊断仪不同，故障诊断仪应能与被检测车辆的控制模块通信。

北汽新能源汽车采用 BDS 故障诊断系统（BJEV Diagnostic System），将诊断软件安装在计算机终端上，通过通信电缆（诊断盒子）与车辆 OBD（车载自动诊断系统）诊断座连接，与车辆的控制模块通信进行故障诊断，如图 1-2-22 所示。

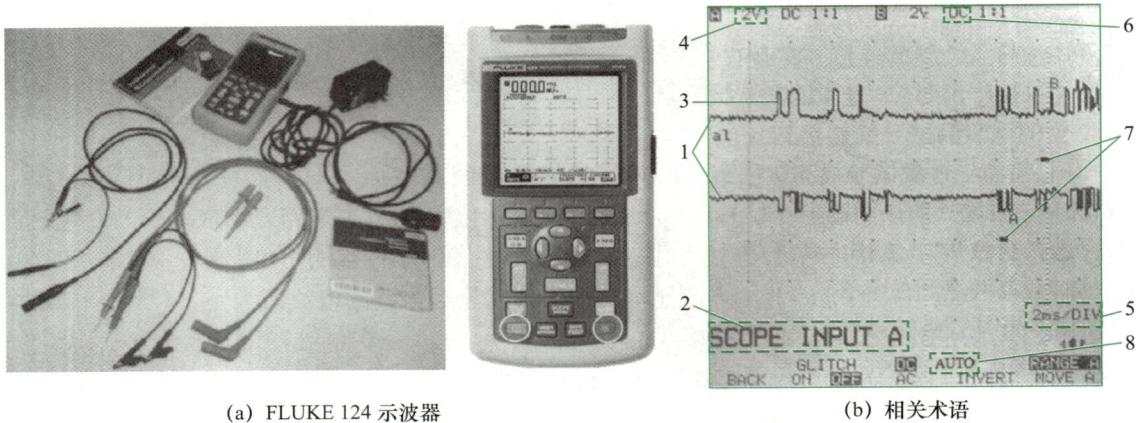

(a) FLUKE 124 示波器　　　(b) 相关术语

图 1-2-21　FLUKE 124 示波器及相关术语

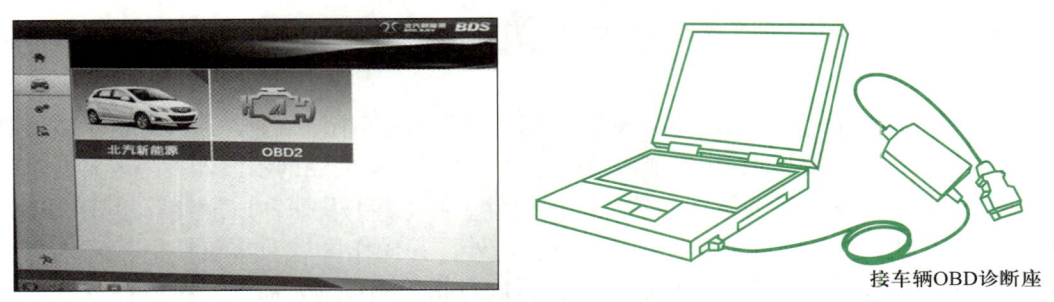

图 1-2-22　BDS 故障诊断系统界面及连接

防止触电的个人防护装备（绝缘手套、护目镜、绝缘鞋，以及非化纤材质的衣服）和高压测量工具（绝缘电阻测试仪、数字电流钳等）在高压部件相关教学内容中都有介绍，这里不再介绍，在新能源汽车底盘作业中，可根据需要，严格按要求和规程选择并使用。

任务实施

1. 实施过程

（1）维修准备

准备车辆、工量具及使用资料。

（2）工量具认识与测量

① 识别拆装工具及测量工具。

② 用拆装工具拆装螺栓或螺母，用测量工具测量尺寸或间隙。

③ 用万用表和示波器测量低压电路信号等。

④ 按照高压维修规范与流程，做好高压防护，用绝缘工具进行高压部件拆装。

⑤ 将工具归位及整理车辆。

2. 实施工单

项目	内容及结果
拆装工具	套筒组件包括：_____；最大套筒尺寸：_____，最小套筒尺寸：_____；棘轮手柄方句调整：□正常 □异常，棘轮手柄与套筒配合：□正常 □异常；指针式扭力扳手扭矩范围：_____，预置力式扭力扳手扭矩范围：_____，读取或设置的扭矩值：_____；面向螺栓时，顺时针方向为：□拧松 □拧紧，验证结果：□对 □错；扳手最大尺寸：_____，最小尺寸：_____；卡簧钳属于：□内扩 □外扩；拔拉器为：□两爪 □三爪 □夹板
测量工具	钢尺最小刻度：_____；塞尺最小尺寸：_____，最大尺寸：_____；外径千分尺测量读数：_____；游标卡尺测量读数：_____；百分表测量读数：_____；万用表测量电压读数：_____，万用表测量电阻读数：_____，万用表测量电流读数：_____；故障诊断仪名称：_____，与车辆通信：□正常 □异常

3. 实施评价

自我收获	自我评价	教师评价
	□满意 □较满意 □不满意	□优秀 □良好 □合格 □不合格

习题与思考

一、判断题
1. 扳手大小号数字代表螺栓对应棱边的距离。(　　)
2. 套筒需与配套手柄使用。(　　)
3. 棘轮扳手无扭矩限制。(　　)
4. 外径千分尺和游标卡尺的测量精度相同。(　　)
5. 示波器主要用于测量动态电压信号。(　　)

二、不定项选择题
1. 盒装套筒的组件有(　　)。
A. 扭力扳手　　　B. 套筒　　　C. 棘轮扳手　　　D. 加长杆
2. 尺寸测量工具有(　　)。
A. 钢尺　　　B. 塞尺　　　C. 外径千分尺　　　D. 游标卡尺
3. 游标卡尺读数时，小数位来自(　　)。
A. 主刻度尺　　　B. 活动套管　　　C. 游标刻度尺　　　D. 固定套筒
4. 常用百分表读数精度可达到(　　) mm。

A. 0.1　　　　　　B. 0.01　　　　　　C. 0.02　　　　　　D. 0.001

5. 故障诊断仪的功能有（　　）。

A. 读取故障码　　B. 读取数据流　　C. 匹配标定　　D. 主动测试

三、简述题

1. 拆装螺栓或螺母时应如何选择及使用工具？
2. 数字式万用表如何测量电信号值？

素养课堂

安全与环保

确保安全是从事任一活动的基本要求，小的安全事故可能出现物品损坏，大的安全事故则可能出现人身伤亡。安全意识和安全操作是活动安全的必要保证。在新能源汽车底盘构造与检修的学习和实践中，安全隐患主要体现于触碰到高压电、举升机突发故障、工具使用不当、零部件拆装时跌落、零部件拆解时发生砸划伤、电路检修时错误操作及维修质量不合格等。张师傅是一家维修站的维修班长，一次在举升车辆检测减速器漏油状况时，接听了一个紧急电话，忘了举升机一侧的解锁，导致车辆降落时，车身倾斜，幸好有组员急忙提醒才没有发生车辆侧翻跌落，造成重大事故。事故的发生有其偶然性，也有其必然性。唯有在进行生产活动时集中精力，不可麻痹大意，不能存在侥幸心理，才可能避免事故的发生。

在新能源汽车底盘构造与检修的学习和实践中，环保方面主要涉及减速器油液、制动油液及半轴润滑脂的处理，废旧护套、密封件及机械电子部件的更换处理，工作场地的清洁等，按环保技术要求对它们进行分类处理是技术人员必须重视和完成的。

项目 2

传动系统

任务 1 减速驱动桥检修

任务引入

小型纯电动汽车取消了变速器,驱动电机动力经减速增矩后直接传递到驱动桥,驱动桥需要完成左右驱动轮的差速及变角度动力传递的任务,以满足各工况下动力传输需要。这些零部件的变形、磨损、老化等都会使传动系统工作异常,本任务将介绍这些零部件的结构、工作过程和检修步骤。

任务目标

1. 能理解常见齿轮机构的工作过程。
2. 能理解驱动桥组成部件的工作过程。
3. 能结合维修资料,正确拆检驱动桥组成部件,并检查技术状况。
4. 能初步诊断处理驱动桥故障。
5. 培养主动学习、安全学习及交流学习的意识,培育工匠精神。

知识链接

用来产生驱动力的车桥称为驱动桥。按照结构形式分类,驱动桥可分为非断开式和断开式两类,如图 2-1-1 所示。

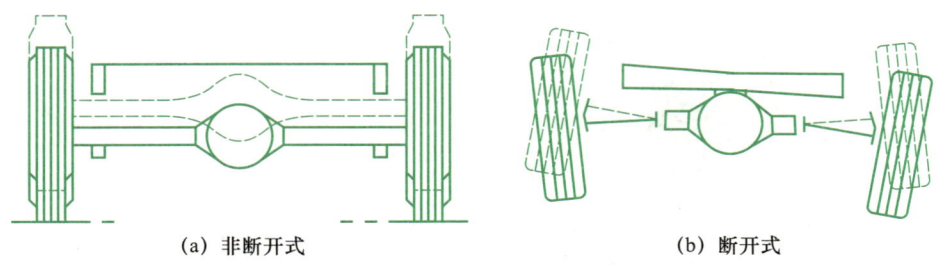

(a) 非断开式　　　　(b) 断开式

图 2-1-1　驱动桥类型

非断开式驱动桥通常应用在采用非独立悬架的车辆上。非断开式驱动桥通过弹性悬架与车架连接,其桥壳是一根支承在左右驱动车轮上的刚性空心梁,主减速器及半轴等传动部件安装在其中。由于半轴套管与主减速器壳是刚性连成一体的,因此非断开式驱动桥也称为整体式驱动桥,它两侧的半轴和驱动轮不能在横向平面内做相对运动。非断开式驱动桥结构简单、制造成本较低、工作性能可靠,因此广泛应用在各种载重汽车和公共汽车上,多数越野汽车和部分轿车也采用这种形式的驱动桥。

断开式驱动桥一般应用在采用独立悬架的车辆上,主减速器固定在车架上,两侧半轴和驱动轮能在横向平面上与车身做相对运动。为了适应驱动轮独立上下跳动的需要，半轴各段之间用万向节连接。这种结构极大提高了车辆行驶的平顺性。因此，断开式驱动桥主要应用于对行驶平顺性要求较高的轿车及越野车上。

纯电动汽车由于驱动电机的起动转矩非常大，足以使静止的汽车起步并提速，因此在小型、中型纯电动卡车和纯电动轿车上取消了变速器，不再需要采用变速器将起步转矩放大就可以轻松推动汽车起步、加速，只要控制好驱动电机的转速即可实现纯电动汽车的变速行驶。目前纯电动汽车大多采用单速变速器，也称为减速器。驱动电机的转速通过电机控制器无级调节，然后通过减速器、差速器传递到半轴，进而传递动力到驱动轮。倒车时，只要将供给驱动电机的交流电方向调为相反方向，驱动电机就会反转，从而驱动汽车倒退。

在取消变速器的传动系统中，其驱动桥为减速驱动桥，即驱动电机、减速器和差速器一体式传动，如图 2-1-2 所示。减速驱动桥结构紧凑，质量较轻，提高了传动效率。

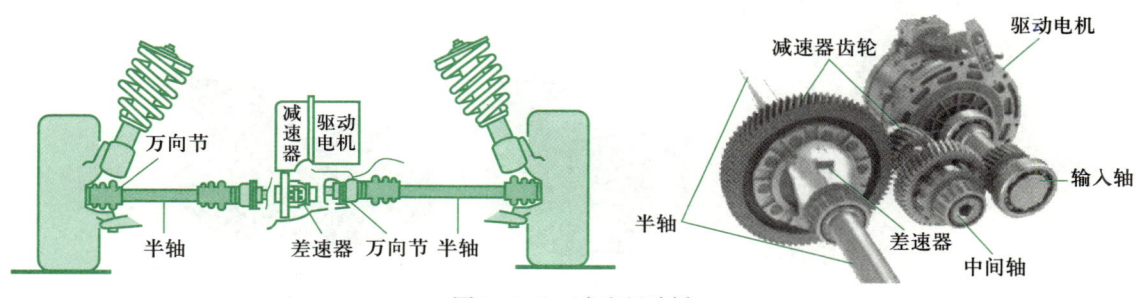

图 2-1-2　减速驱动桥

2.1.1　齿轮机构

齿轮传动是汽车传动系统最常用的传动形式。齿轮机构依靠轮齿齿廓直接接触来传递动力。对于固定速比的齿轮传动，其瞬时传动比是恒定的，工作平稳性较高，且传动比变化范围大，适用于减速或增速传动。但是齿轮传动无过载保护功能，且中心距离通常不能调整，在传动过程中常会伴随振动和噪声，对制造和安装的精度要求较高。

齿轮机构的类型很多，通常采用的类型包括直齿轮机构、斜齿轮机构、锥齿轮机构等。

1. 直齿轮机构

轮齿方向与齿轮轴线方向一致的齿轮称为直齿轮，相互啮合的直齿轮组成直齿轮机构，如图 2-1-3（a）所示。直齿轮机构允许同时啮合 1.5～2.5 对齿，且每一对齿同时进入啮合或脱离啮合，这种接触方式可增加齿轮传动的强度，但也增大了工作噪声。直齿轮机构几乎能将所有动力传递出去而不产生轴向力，因此重型汽车变速器通常采用直齿轮机构。

2. 斜齿轮机构

轮齿方向相对于齿轮轴线倾斜的齿轮称为斜齿轮，相互啮合的斜齿轮组成斜齿轮机构，如图 2-1-3（b）所示。斜齿轮机构允许同时啮合 2.5～3.5 对齿，且每一对齿逐步进入啮合或脱离

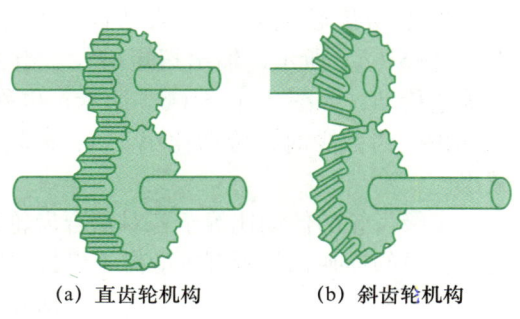

（a）直齿轮机构　　（b）斜齿轮机构

图 2-1-3　柱齿轮机构

啮合，而不是一次性全部进入啮合或脱离啮合，因此斜齿轮机构运转平稳，噪声小。但是，斜齿轮机构传递动力时会产生轴向力，需要使用推力轴承。另外，这个轴向力也增大了摩擦，造成动力损失，导致传动效率较低。

3. 锥齿轮机构

如图 2-1-4 所示，锥齿轮机构所传递的动力和运动的方向发生了改变，相互啮合的锥齿轮的轴线是相交的，轴交角（两齿轮轴线交角）通常为 90°。锥齿轮机构的锥齿轮分为直齿、斜齿和曲齿。转速比较低的锥齿轮机构采用直齿或斜齿锥齿轮，转速比较高的锥齿轮机构采用曲齿锥齿轮。曲齿锥齿轮机构中的大齿轮通常称为冠状齿圈，小齿轮呈螺旋状，通常称为螺旋锥齿轮。曲齿锥齿轮机构传动平稳，承载能力高，通常应用于高速重载传动中。

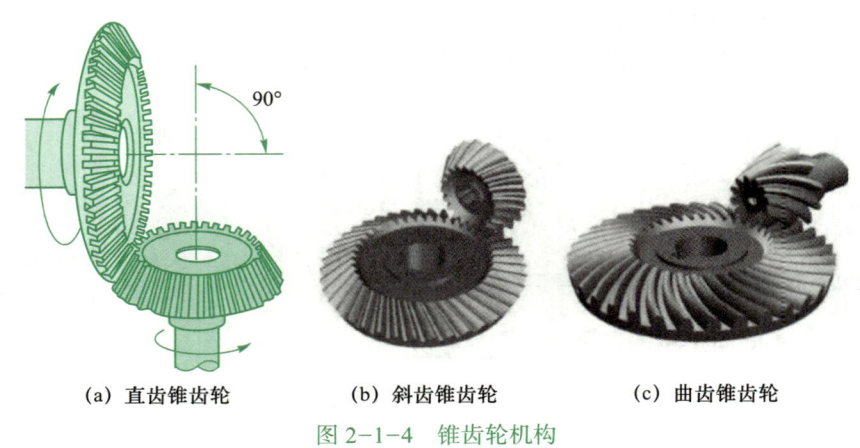

(a) 直齿锥齿轮　　(b) 斜齿锥齿轮　　(c) 曲齿锥齿轮

图 2-1-4　锥齿轮机构

4. 传动比

单对齿轮的传动比是指主动齿轮与从动齿轮的转速之比，用 i 表示；而多级齿轮组成齿轮系的传动比是指齿轮系中输入部件与输出部件的转速之比，用 i_{ab} 表示，下标 a、b 分别为输入部件和输出部件的代号。

根据齿轮啮合的条件，一对正确啮合的齿轮的传动比等于它们齿数的反比，即

$$i = \frac{n_1}{n_2} = \frac{z_2}{z_1}$$

式中：n_1 为主动齿轮的转速；n_2 为从动齿轮的转速；z_1 为主动齿轮的齿数；z_2 为从动齿轮的齿数。

当主动齿轮齿数少，从动齿轮齿数多时，传动比大于1，齿轮机构减速传动，如图 2-1-5（a）所示，输出扭矩增大；当主、从动齿轮齿数相等时，传动比等于1，齿轮机构等速传动，如图 2-1-5（b）所示，也称为直接传动，输出扭矩不变；当主动齿轮齿数多，从动齿轮齿数少时，传动比小于1，齿轮机构超速传动，如图 2-1-5（c）所示，输出扭矩减小。

多级齿轮的传动比等于各对啮合齿轮传动比的连乘积，也等于各对啮合齿轮中所有从动齿轮齿数的连乘积与所有主动齿轮齿数的连乘积之比，即

$$传动比 = \frac{所有从动齿轮齿数的连乘积}{所有主动齿轮齿数的连乘积}$$

齿轮啮合形式直接影响齿轮的最终传动方向，外啮合齿轮两个齿轮的旋转方向相反，内啮合齿轮的两个齿轮旋转方向相同，如图 2-1-5（d）、（e）所示。

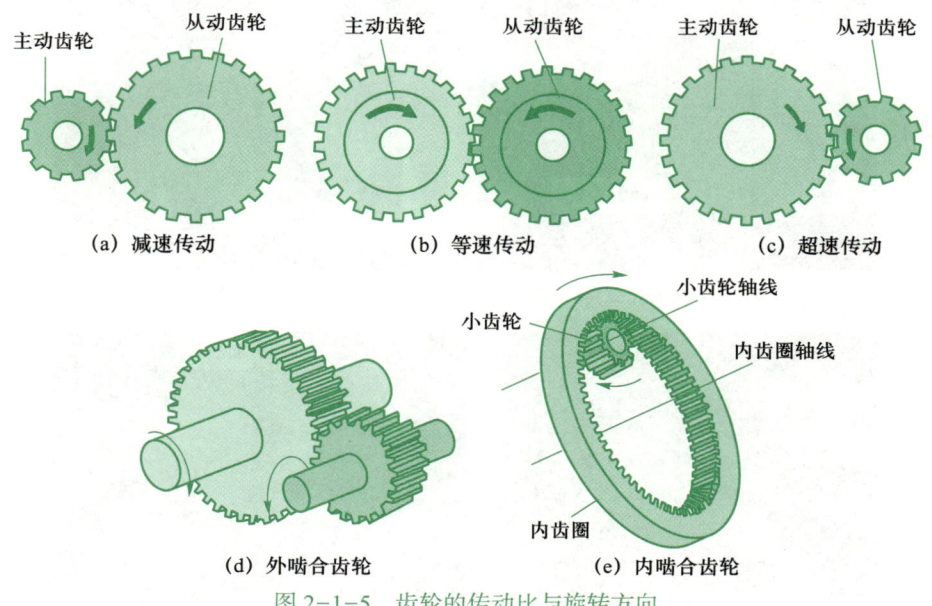

图 2-1-5　齿轮的传动比与旋转方向

2.1.2　减速器

减速器和差速器通常制成一体。减速器的主要作用是减速增扭，是通过小齿轮带动大齿轮转动实现减速增扭作用的。根据车辆的不同使用要求，减速器的结构有多种类型。按照参与减速传动的齿轮副数量来分，减速器分为单级式和双级式两类。单级式减速器只有一组齿轮副，具有质量小、成本低和结构简单等特点。双级式减速器采用两个齿轮副进行减速，能够获得较大的减速比，而且能够保证汽车的离地间隙足够大。按照减速器传动比的挡位来分，减速器分为单速式和双速式两类。单速式减速器的传动比是固定不变的。双速式减速器一般有两个传动比，以适应不同行驶条件的需要。按照齿轮副结构形式来分，减速器有圆柱齿轮式、锥齿轮式和准双曲面齿轮式、行星齿轮式等。在驱动电机横置、前轮或后轮驱动的汽车驱动桥上，减速器往往采用简单的圆柱齿轮式减速器。

北汽新能源 EV200 纯电动汽车搭载的减速器总成型号为 EF126B02，是一款前置前驱减速器，采用左右分箱、两级传动结构设计。电机动力通过电机输出轴上的花键输入减速器总成，如图 2-1-6（a）所示。电机输出动力经减速器减速后由差速器、左右两个三枢轴万向节传给左、右万向节，如图 2-1-6（b）所示。减速器工作时会产生一定热量，需要通气塞调节减速器内气压，以免压力过高导致油封漏油，如图 2-1-6（c）所示。减速器齿轮油加油口、溢流口、油位检查口如图 2-1-6（d）所示。减速器动力传动机械部分是依靠两级减速齿轮来实现减速增扭，如图 2-1-6（e）所示。动力传递路线为：驱动电机→输入轴→一级减速主动齿轮→中间轴齿轮→二级减速主动齿轮→差速器半轴齿轮→左右半轴→左右车轮。减速器里程表如图 2-1-6（f）所示，为蜗轮蜗杆结构。减速器油底壳内的磁铁用于吸附磨损铁屑，如图 2-1-6（g）所示。

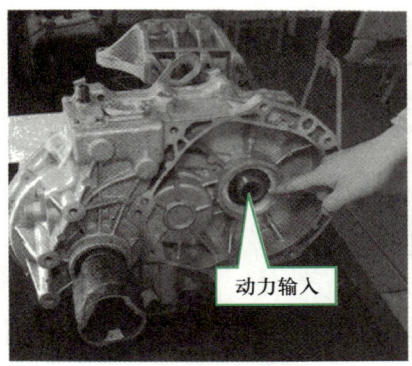
(a) 动力输入花键套

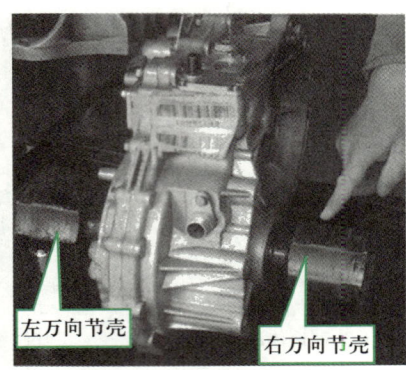
(b) 左、右万向节

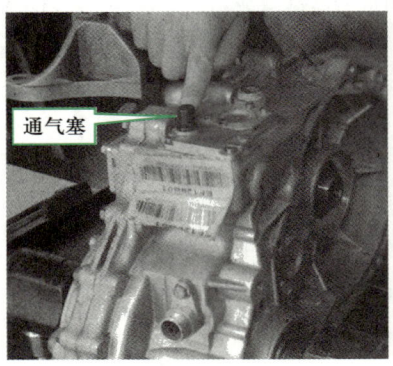
(c) 通气塞

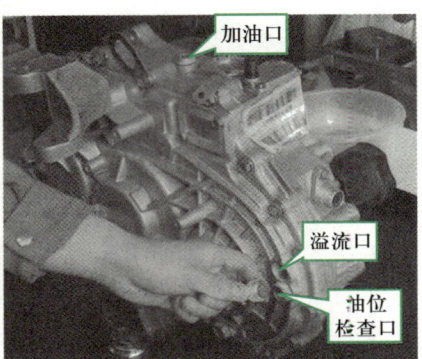
(d) 油液口

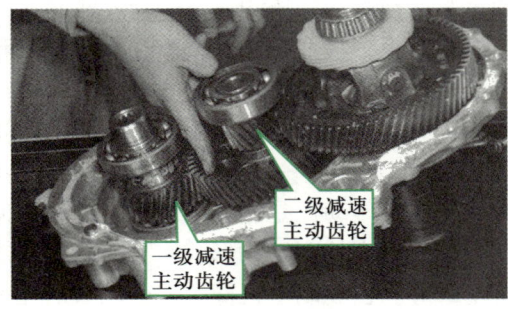
(e) 两级减速齿轮

(f) 里程表

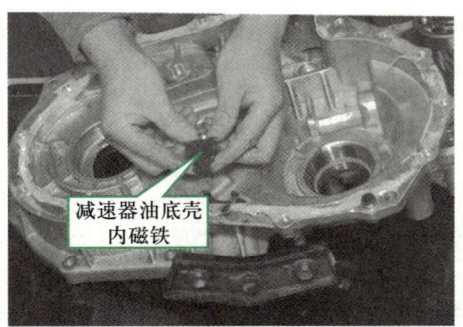
(g) 磁铁

图 2-1-6 EF126B02 减速器总成

在电动汽车上，通常采用电子换挡，操纵方式有手柄式、旋钮式及按键式等。电子换挡采用线控换挡技术将驾驶人换挡意图通过传感器采集为电信号，传输给整车控制器，整车控制器结合加速踏板和制动踏板状态等将指令发送给电机控制器或制动控制器完成前进、后退、加速、空挡及驻车等。如图 2-1-7 所示，北汽新能源 EV200 纯电动汽车采用旋钮式电子换挡，可在 R、N、D、E 四个挡位间进行切换，同时仪表板上显示相对应的挡位字母；长安深蓝可通过转向盘右侧的怀挡手柄切换为 R、N、D 挡，或通过按压怀挡手柄右侧的 P 挡按键切换为 P 挡（车辆下电、插入充电枪或放电枪、在非 P 挡状态下，驾驶人离开车辆，车辆将自动进入 P 挡），进入 P 挡的同时会自动开启电子驻车功能。

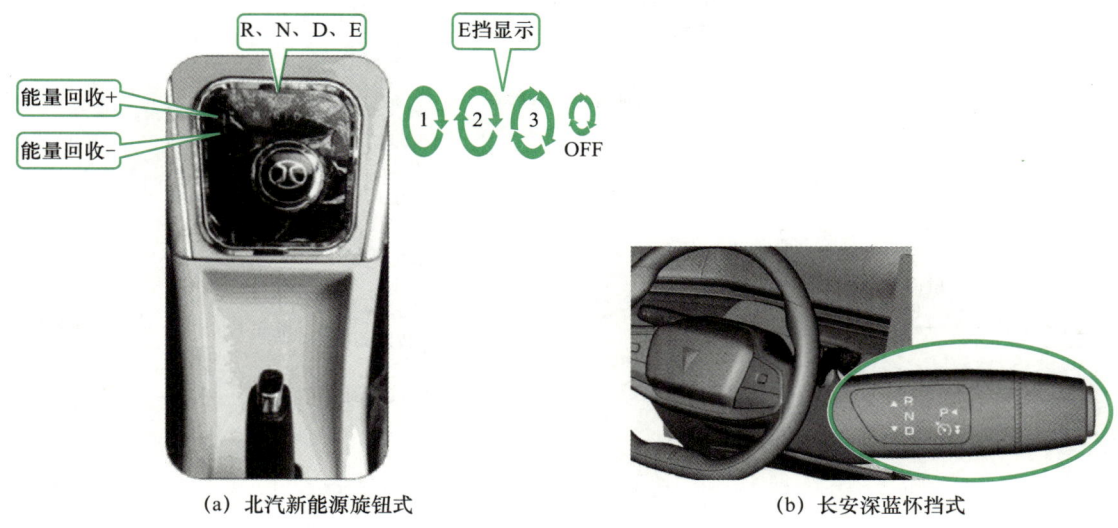

(a) 北汽新能源旋钮式　　　　(b) 长安深蓝怀挡式

图 2-1-7　电子换挡操纵方式

图 2-1-8 所示为吉利帝豪 EV450 带驻车机构的减速器及控制系统，电子换挡器挡位有 R、N、D 及 P 位，P 为驻车挡。驻车机构为棘爪及棘轮，驻车电机有一个编码器，输出 4 bit 代码用来确定驻车电机的位置，形成了闭环控制。

驻车锁止及解锁控制逻辑如下。

驾驶人操作电子换挡器进入 P 位，换挡器将驻车请求信号发送到整车控制器（VCU），VCU 结合当前驱动电机转速及车速情况判断是否满足驻车条件。当满足驻车条件时，VCU

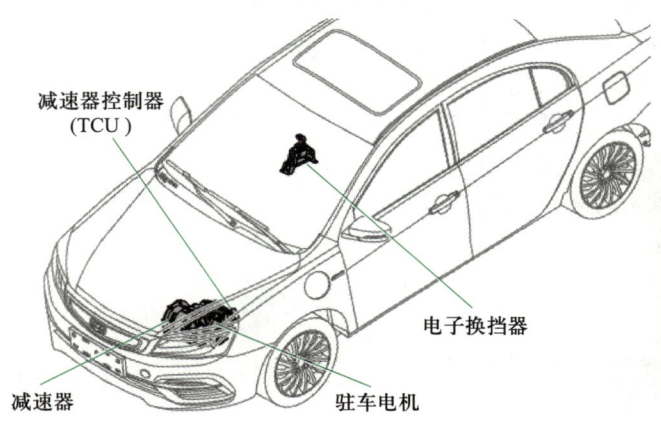

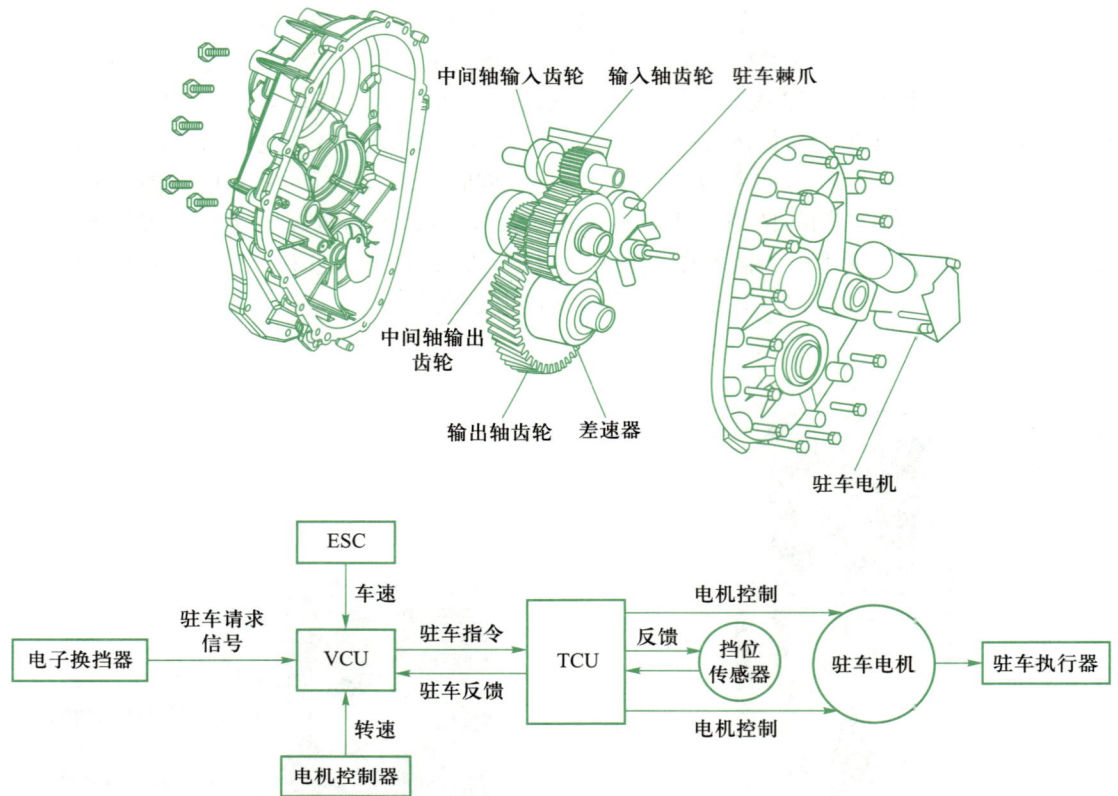

图 2-1-8 带驻车机构的减速器及控制系统

发送驻车指令到减速器控制器（TCU），TCU 根据驻车条件判断是否进行驻车，TCU 控制驻车电机进入 P 位，棘爪扣入棘轮，锁止减速器。驻车完成后，TCU 将收到减速器发出的 P 位位置信号，并将此信号反馈给 VCU，完成换挡过程。驻车条件：接收到驻车请求；上一次换挡操作已完成；供电电压在 9~16 V 范围内；驻车电机和编码器无故障；电机转速小于 344 r/min；车身电子稳定性控制系统（ESC）车速小于 5 km/h。

驾驶人操作电子换挡器退出 P 位，换挡器将解除驻车请求信号发送给 VCU，VCU 结合当前驱动电机转速及车速情况判断是否满足解除驻车条件。当满足解除驻车条件时，VCU 发送解除驻车指令到 TCU，TCU 根据解除驻车条件判断是否进行解锁，TCU 控制驻车电机解除 P 位，棘爪脱离棘轮，解锁减速器。解除驻车完成后，TCU 将收到减速器发出的挡位位置信号，并将此信号反馈给 VCU，完成换挡过程。解除驻车条件：接收到解锁请求；上一次换挡操作已完成；供电电压在 9~16 V 范围内；驻车电机和编码器无故障；电机转速小于 7 r/min；ESC 车速小于 0.1 km/h。

2.1.3 差速器

当汽车两侧车轮的负荷不均匀或汽车进行转弯时，两侧车轮的轨迹圆半径是不相等的，如图 2-1-9 所示。

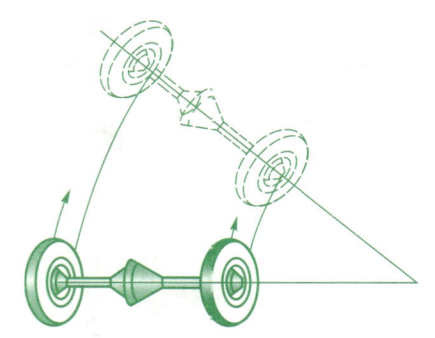

图 2-1-9 汽车转弯时驱动轮运动示意图

如果驱动桥的左、右车轮刚性连接，则无论车辆转弯或直线行驶，均会引起车轮在路面上的滑移或滑转。这样一方面会加剧轮胎磨损，加大功率和燃料消耗；另一方面会使转向变得沉重，大大降低车辆的通过性和操纵稳定性。因此，在驱动桥的左、右车轮间装有差速器。

差速器是个差速传动机构，其作用是将减速器传来的动力分配给左、右半轴，并在转弯时允许左、右半轴以不同的转速旋转。安装在同一驱动桥左、右半轴之间的差速器，称为轮间差速器；在多驱动桥的汽车上，安装在各驱动桥之间的差速器称为轴间差速器。差速器按照其工作特性可分为普通齿轮式差速器和限滑差速器两种类型。

1. 普通齿轮式差速器

汽车上广泛采用的普通齿轮式差速器是对称式圆锥行星齿轮差速器，由差速器壳（与减速器从动齿轮一体）、半轴齿轮（两个）、行星齿轮（两个或四个，小型、微型汽车多采用两个）及行星齿轮轴等组成，如图2-1-10所示。

差速器内部动力传递过程：减速器从动齿轮→差速器壳→行星齿轮轴→行星齿轮→左

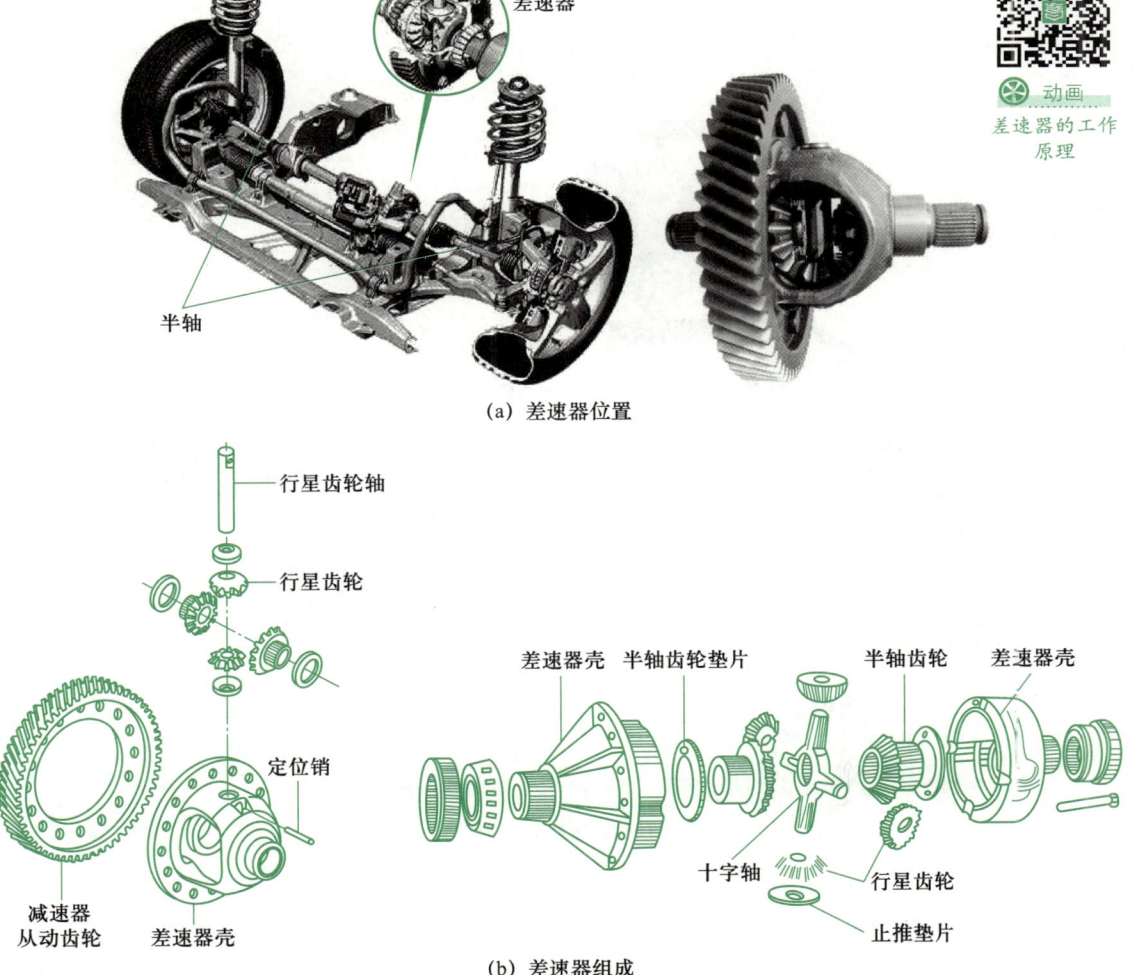

图 2-1-10　差速器位置与组成

右半轴齿轮→左右半轴→左右驱动轮。差速器工作时，行星齿轮绕行星齿轮轴的旋转称为行星齿轮的自转，行星齿轮绕半轴轴线的旋转称为行星齿轮的公转，其工作过程及原理如图 2-1-11 所示。

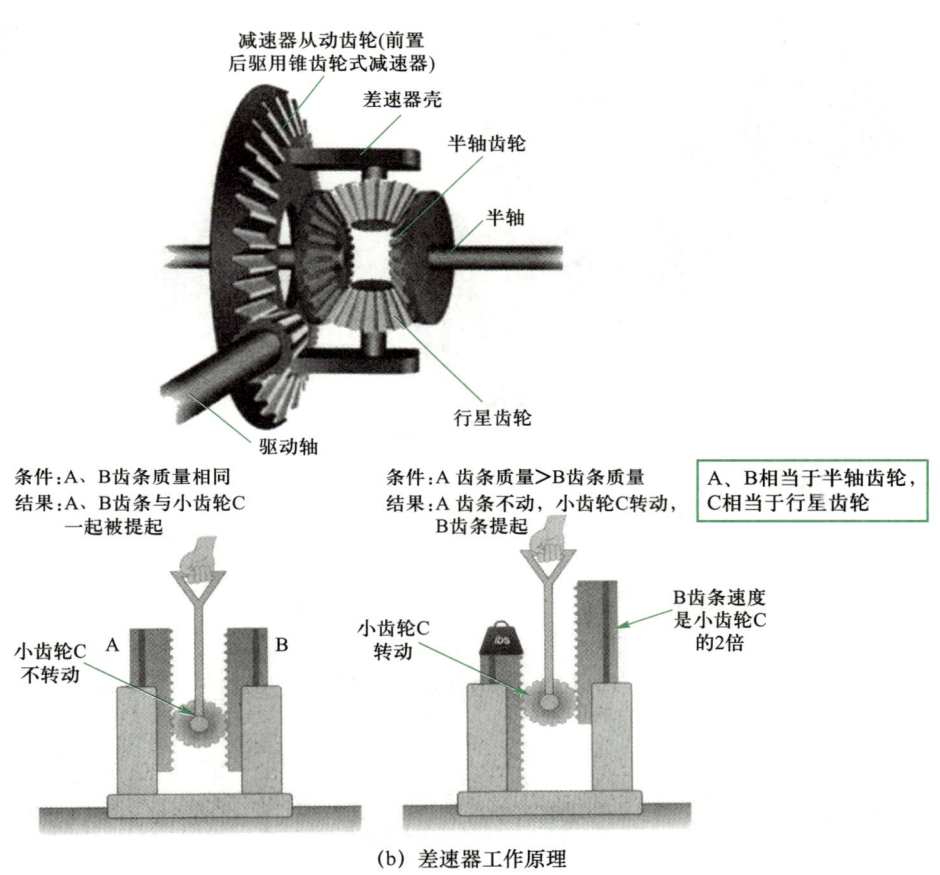

图 2-1-11 差速器工作过程及原理

（1）直线行驶时

汽车在直线行驶时，减速器从动齿轮驱动差速器壳旋转，差速器壳驱动行星齿轮轴旋转，行星齿轮轴驱动行星齿轮公转，半轴齿轮在行星齿轮的带动下同速同向旋转。此时，行星齿轮只公转，不自转，左、右半轴齿轮转速都等于从动齿轮的转速。

（2）转弯行驶时

汽车在转弯时，内外驱动轮受到地面反作用力不同，使得行星齿轮在公转的同时也在自转，造成一侧半轴齿轮转速增加，而另一侧半轴齿轮转速降低，这样两侧驱动轮就可以以不同的转速旋转。此时，外侧驱动轮增加的转速等于内侧驱动轮减少的转速。对于左、右半轴齿轮来说，其转速的总和保持不变。

差速器作为动力传递总成，其动力输入为差速器壳，输出为左、右半轴齿轮，其工作特性（输入与输出之间的运动和动力关系）为：左、右半轴齿轮转速之和等于差速器壳转速的2倍；左右半轴齿轮输出转矩近似相等（差值为差速器内部摩擦力矩），均为输入转矩的一半。

2. 限滑差速器

上述普通齿轮式差速器转矩等量分配的特性对于汽车在好的路面上行驶是有利的，但汽车在坏路面上行驶时却严重影响其通过能力。当一侧驱动轮处于泥泞的路面因附着力小而滑转时，即使另一侧驱动轮处于附着力大的路面上未滑转，此时附着力小的路面也只能对驱动轮作用一个很小的反作用力矩（不同的地面附着力，使驱动轮滑转对应的驱动转矩不同，地面附着力越小，驱动轮滑转所需的驱动转矩越小，即较小的驱动转矩就造成了驱动轮的滑转）。由于差速器等量分配转矩的特性，附着力大的驱动轮也只能同样分配小的转矩，以至于总的驱动力不足以克服行驶阻力，因此汽车便陷入泥泞的路中车轮空转不能行驶（也即消耗能量转变为泥泞路面上驱动轮的高转速，没有转变为大转矩）。

限滑差速器可以提高汽车在湿滑路面的通过能力，其基本原理是：当一个驱动轮打滑时，利用差速锁使左右半轴齿轮锁为一体，差速器失去差速作用，将绝大多数动力输送给另一个驱动轮，使汽车能够继续行驶。限滑差速器可分为强制锁止差速器和自锁式差速器两大类。无限滑差速器的车辆也可采用驱动轮防滑控制系统（ASR）对滑转的驱动轮施加制动力来控制驱动轮的打滑。

2.1.4 万向传动装置

对于断开式驱动桥，减速器差速器总成连成一体固定在车架或承载式车身上，当汽车行驶时，车轮的跳动会造成驱动轮与减速器差速器总成的相对位置发生变化，因此减速器差速器总成与驱动轮之间不能采用刚性连接，应使用万向传动装置，否则动力传递将无法进行。对于前置后驱的车辆，变速器与驱动桥间同样需要万向传动装置。在转向系统中，转向轴与转向器输入轴的轴线也不是在同一直线上的，它们之间的转矩传递也需要使用万向传动装置。

万向传动装置的作用是保证轴线相交且相对位置经常变换的转轴之间的动力传递。万向传动装置包括万向节和传动轴两部分。对于传动距离较远的分段式传动轴，为了提高传动轴的刚度，通常设置有中间支承。万向节安装在两转轴之间，实现变角度下转矩的传递。按其传递转矩方向上是否有明显的弹性，万向节可分为刚性万向节和挠性万向节。刚性万向节按其运动特性可分为等速万向节、不等速万向节和准等速万向节。

1. 等速万向节

等速万向节的含义是主动轴匀速旋转一周，从动轴也跟着匀速旋转一周。等速万向节从结构上能保证工作过程中的传力点始终位于主、从动轴交角的平分面上。等速万向节的常见结构形式有球笼式和三球销式。

动画
球笼式万向节

微课
球笼式万向传动装置的拆装与检修

(1) 球笼式

如图 2-1-12 所示,球笼式万向节由六个钢球、内球座(内行星轮或行星套)、外壳(外座圈)和球笼(保持架)等组成。外侧万向节内球座与主动轴用花键固接在一起,内球座外表面有六条弧形凹槽滚道,外壳的内表面有相应的六条凹槽,六个钢球分别装在各条凹槽中,由保持架使其保持在同一平面内。球笼式万向节工作时,动力由主动轴经钢球、外壳输出至从动轴,六个钢球都参与传力,故承载能力强、磨损小、寿命长,因此被广泛应用于各种型号的转向驱动桥和独立悬架的驱动桥。球笼式万向节按主、从动轴在传递转矩过程中轴向能否产生伸缩移动分为固定型球笼式万向节(RF 节,常用于外侧—车轮侧,直滚道)和伸缩型球笼式万向节(VL 节,用于内侧—差速器侧,斜滚道)。为了减小万向节内部的磨损,万向节内部充满了润滑脂;为避免外界污染物使润滑脂变质,加装了防尘罩,并用卡箍固定。

(2) 三球销式

三球销式万向节也称为三枢轴—滚轮式万向节,不同厂家对其有不同的叫法。如图 2-1-13 所示,三球销式万向节中,有一个在同一平面上带有 3 个耳轴的三销架,三个滚子安装在上面,与壳体内滚道配合,三销架中部内花键与轴连接。此系统结构简单且便宜,这类万向节可轴向伸缩,用于驱动桥内侧。

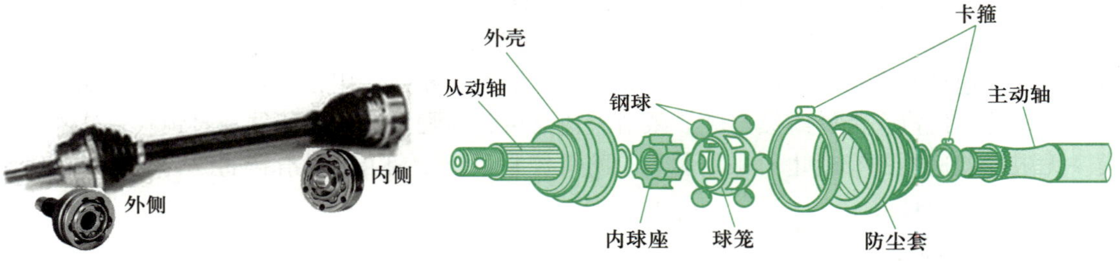

图 2-1-12 球笼式万向节

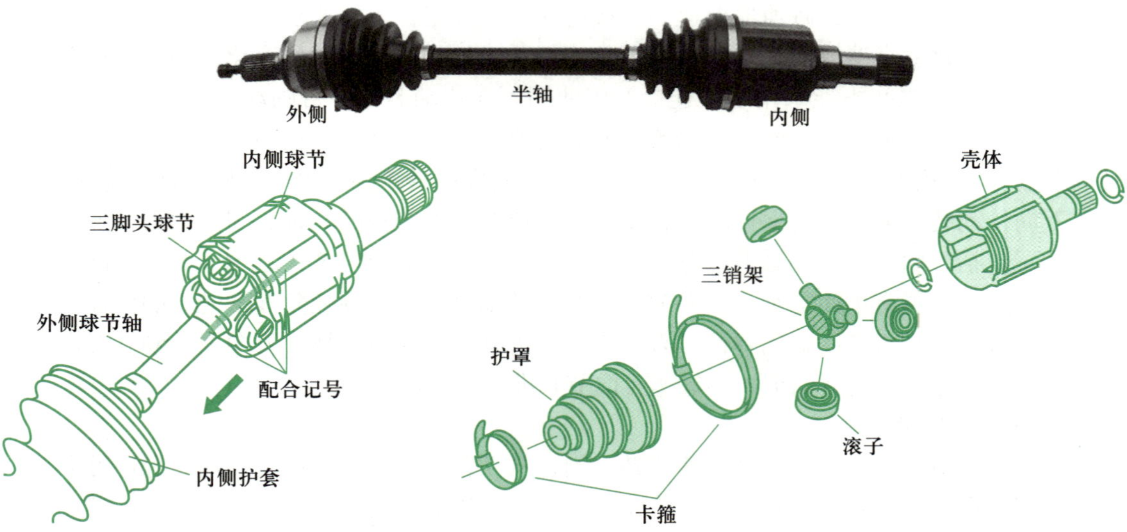

图 2-1-13 三球销式万向节

2. 不等速万向节

不等速万向节常用在转向操纵机构中,将转向盘作用力传给转向器。在前置后驱汽车上,采用不等速万向节在变速器输出轴与主减速器输入轴间传递动力,如图2-1-14所示。

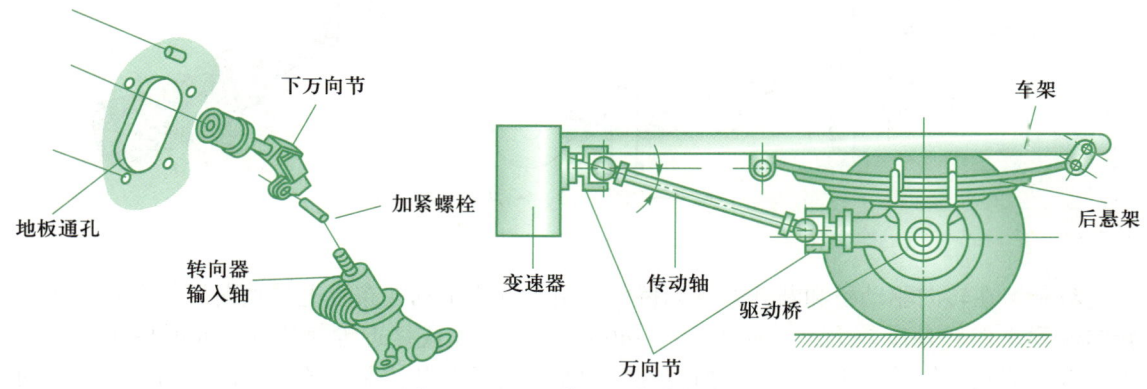

图2-1-14 不等速万向节的应用

常见的不等速万向节是十字轴式万向节,如图2-1-15所示,它相邻两轴允许的最大夹角为15°~20°。十字轴式万向节具有结构简单、传动效率高等优点。

十字轴式万向节主要由一个十字轴、两个万向节叉组成。十字轴的四个轴颈分别采用滚针轴承支承在万向节叉孔中,其轴向定位由螺栓和轴承盖完成,并用锁片锁止螺钉。为了润滑轴承,十字轴内腔钻有油道,并安装有与之配合的油嘴和安全阀。为避免润滑脂流出及灰尘进入轴承,十字轴轴颈的内端由油封密封。安全阀的

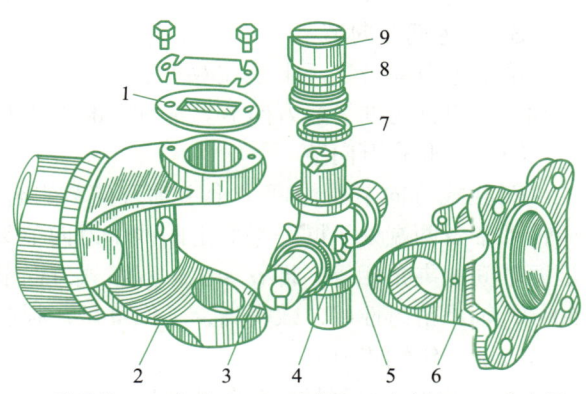

1—轴承盖;2—主动叉;3—油嘴;4—十字轴;5—安全阀;6—从动叉;7—油封;8—滚针;9—套筒

图2-1-15 十字轴式万向节

作用是保护油封不被损坏,当十字轴内腔润滑脂压力超过允许值时,安全阀打开,润滑脂外溢,避免油封因压力过高而损坏。现代汽车大多采用橡胶油封,取消了安全阀,多余的润滑脂从油封内圆表面与十字轴轴颈接触处溢出。

当单个十字轴式万向节在主动轴和从动轴之间有夹角的情况下,万向节的主动叉等角速度转动时,从动叉是不等角速度旋转的,这称为十字轴式万向节的不等速性,且两转轴之间的夹角越大,不等速性就越强。十字轴式万向节的不等速性会造成从动轴及其相连的传动部件产生扭转振动,从而产生附加的交变载荷,影响部件寿命。因此汽车传动系统中通常采用双十字轴式万向节,如图2-1-16所示,第一万向节的不等速性可以被第二万向节的不等速性所抵消,从而实现轴间的等角速度传动。要实现等角速度传动,必须要满足两个条件:第一万向节两轴间夹角α_1与第二万向节两轴间夹角α_2必须相等;第一万向节的从动叉与第二万向节的主动叉处同一平面上。

微课
十字轴式万向传动装置的拆装与检修

由于悬架的振动,不可能在任何时候都保证α_1与α_2相等,因此,这种双十字轴式万向节的传动只能近似地解决等速传动问题,且由于两轴夹角最大只能是20°,因此使用上受到

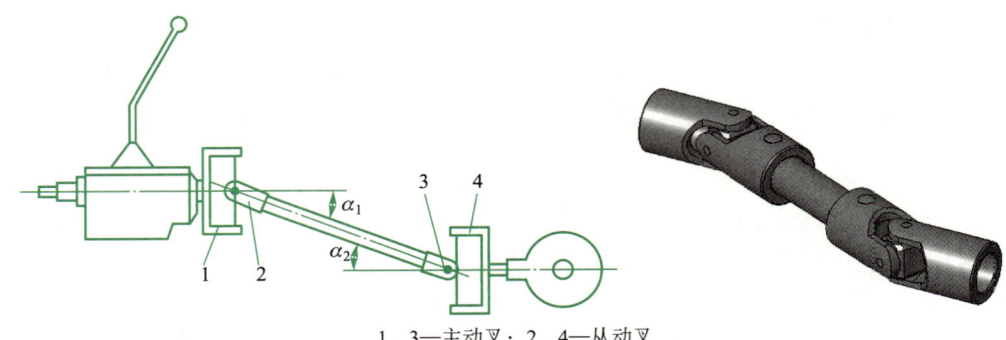

1、3—主动叉；2、4—从动叉

图 2-1-16　双十字轴式万向节等速传动示意图

一定限制。在转向驱动桥和断开式驱动桥中，由于分段半轴在布置上受轴向尺寸限制，而且转向轮要求偏转角度较大，一般为 30°～40°，并要等速或接近等速传动，此时使用双十字轴式万向节进行传动已难以适应，所以在转向驱动桥及断开式驱动桥中广泛采用各种形式的准等速万向节和等速万向节，而在转向传动轴中较多使用双十字轴式万向节。

3. 准等速万向节

准等速万向节实际上是在双十字轴式万向节的基础上改进而成的，只能近似地实现等速传动，所以称为准等速万向节。常见的准等速万向节有双联式和三销轴式两种形式。

（1）双联式万向节

双联式万向节是由两个十字轴万向节组合而成，如图 2-1-17（a）所示。双联叉相当于传动轴及两端处于同一平面上的两个万向节叉。若要实现两个传动轴的角速度相等，应保证两轴间的夹角相等，即 $\alpha_1=\alpha_2$。双联式万向节的优点是允许两轴间的夹角较大（一般可达 50°），轴承密封性好，效率高，工作可靠，制造方便。缺点是结构较复杂，外形尺寸较大。

（2）三销轴式万向节

三销轴式万向节是由双联式万向节演变而来。它主要由两个偏心轴叉、两个三销轴和六个滚针轴承组成，如图 2-1-17（b）所示。三销轴式万向节允许所连接的两轴最大夹角为 45°，并且其易于密封。

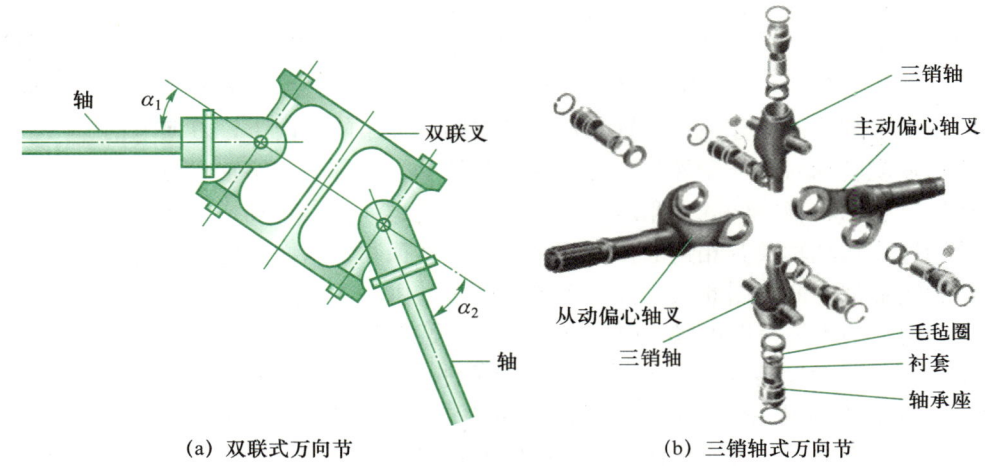

(a) 双联式万向节　　　　　　　　(b) 三销轴式万向节

图 2-1-17　准等速万向节

4. 挠性万向节

挠性万向节依靠弹性元件的弹性变形来保证两转轴之间在传动时不发生机械干涉，并使动力顺利传递。挠性万向节一般用于两轴夹角在 3°～5°且轴向位移很小的万向传动装置中，其优点是：能够消除制造安装误差和车架变形对传动的影响；能够吸收冲击，衰减扭转振动；结构简单，不需要润滑。

5. 传动轴

对于前置后驱的车辆，安装于变速器与后驱动桥间的传动轴部件由传动轴及其两端焊接的花键轴和十字轴万向节叉组成。汽车行驶过程中，变速器与驱动桥的相对位置经常变化，为避免运动干涉，由带有伸缩套的滑动叉和带有滑动花键轴的传动轴连接，以适应传动轴长度的变化，如图 2-1-18（a）所示。传动轴在高速旋转时，由于质量不均衡引起的离心力将使传动轴发生剧烈振动。因此，当传动轴与万向节装配后必须进行车辆动平衡调整。调整好动平衡后，在滑动叉与传动轴上刻上箭头记号，以便拆卸后重装时保持二者的相对角位置不变。传动轴过长时，自振频率降低，易产生共振，故常将其分为两段并加中间支承，如图 2-1-18（b）所示。为了得到较高的强度和刚度，传动轴多做成空心的，一般月厚度为 1.5～3.0 mm 的薄钢板卷焊而成。超重型货车的传动轴则直接采用无缝钢管。

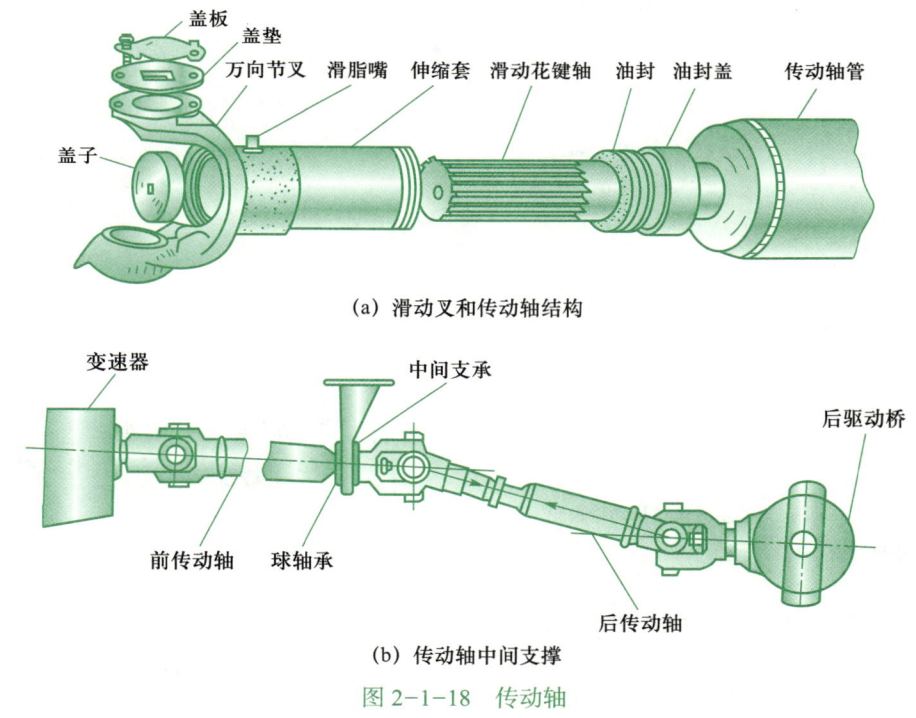

(a) 滑动叉和传动轴结构

(b) 传动轴中间支撑

图 2-1-18 传动轴

2.1.5 半轴及轮毂轴承

动力由差速器中的左、右半轴齿轮分别经两个半轴传递到左、右驱动轮，半轴内侧通常与半轴齿轮通过花键连接，半轴外侧在轮毂轴承支撑下将动力转矩传递给驱动轮。

1. 半轴

断开式驱动桥的半轴一般为分段式，并用等速万向节连接，如图 2-1-19 所示。

对于整体式驱动桥的半轴，半轴与驱动轮的轮毂在桥壳上的支承形式，决定了半轴的受力状况，有全浮式半轴支承和半浮式半轴支承两种支承形式，如图 2-1-20 所示。

（1）全浮式半轴支承

采用全浮式半轴支承驱动桥的轮毂通过两个相距较远的圆锥滚子轴承安装在桥壳上。半

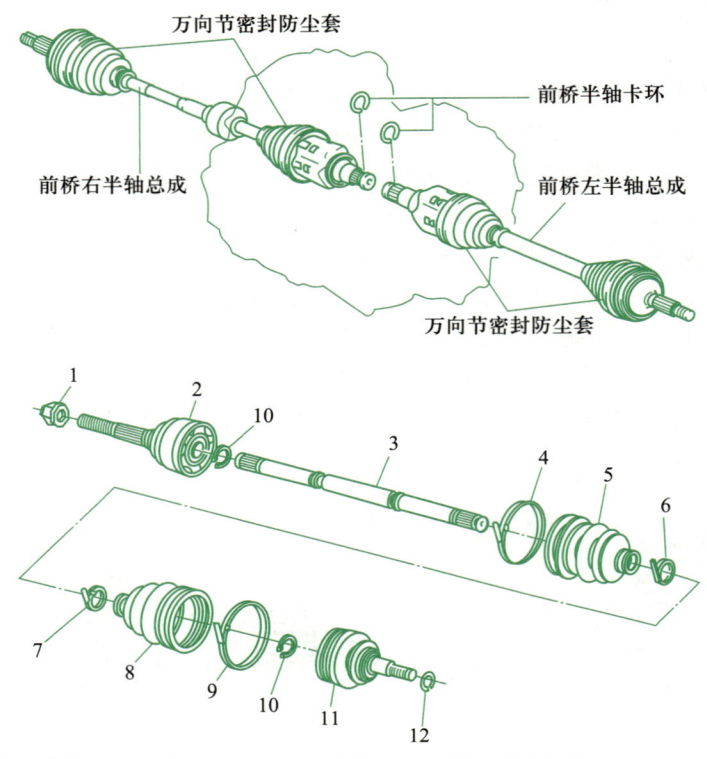

1—半轴螺母；2—外侧万向节；3—半轴；4、6、7、9—卡箍；5、8—防尘套（护套）；10、12—卡环；11—内侧万向节

图 2-1-19　分段式半轴

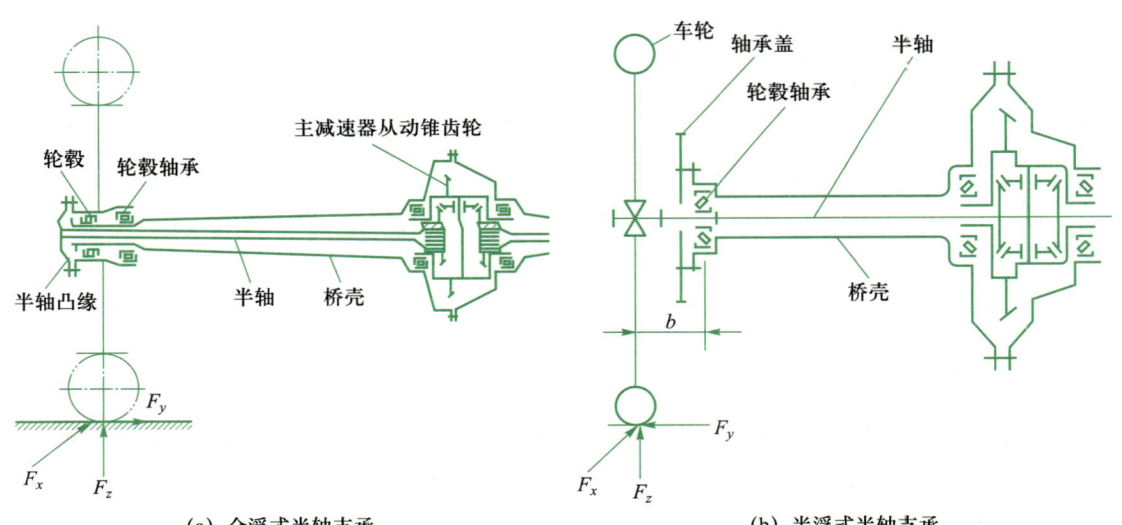

(a) 全浮式半轴支承　　　　　　　(b) 半浮式半轴支承

图 2-1-20　整体式驱动桥的半轴支承

轴内端用花键与差速器的半轴齿轮连接，外端路面对驱动轮的作用力以及由它们形成的弯矩，直接由轮毂通过锥轴承传给桥壳，完全不用半轴来承受。同样，内端作用在减速器从动齿轮上的力及弯矩全部由差速器壳直接承受。因此，在这种形式的半轴支承结构中，半轴只承受扭矩，两端均不承受任何反力和反力矩，故称为全浮式半轴。所谓"浮"，是指半轴不承受弯曲载荷。

全浮式支承的半轴易于拆装，只要拆卸半轴凸缘上的螺钉，就可将半轴从桥壳中取出，而车轮和车桥依然能够支承住汽车。因此，全浮式半轴支承广泛应用于各种类型的载货汽车上。

（2）半浮式半轴支承

这种形式的半轴内端支承方式与全浮式相同，半轴内端不承受力及弯矩。半轴外端与轮毂轴承内圈用花键联结，并由螺母紧固，因此车轮上的全部反作用力要经过半轴传递给驱动桥壳。因这种形式的半轴内端不承受弯矩，而外端却承受全部弯矩和扭矩，故称为半浮式。由于这种半轴支承结构简单，故广泛应用于各类轿车上。

2. 轮毂轴承

轮毂轴承的主要作用是承载质量和为轮毂的转动提供精确的引导，这就要求它不仅能承受轴向载荷还要能承受径向载荷，如图 2-1-21 所示。通常，驱动轮轮毂轴承内圈有传动花键。当前，轮毂轴承单元采用轴承单元和防抱死制动系统相配合的形式，通常是免维护的。

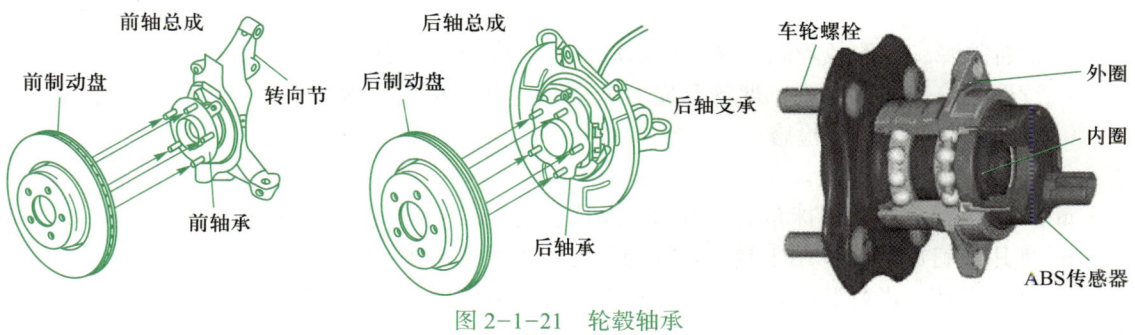

图 2-1-21 轮毂轴承

任务实施

1. 常见故障

驱动桥常见故障有：减速器、差速器、半轴、轴承和油封等长期承受冲击载荷，使其各配合副磨损加剧而导致的驱动桥过热、异响和漏油；半轴变形锈蚀导致的振动；防尘罩（护套）老化损坏造成的漏脂。

2. 实施过程

（1）维修准备

准备车辆设备、维修资料及拆装、测量工具。

（2）车上部件认识与检修

① 查询维修手册，获取减速器齿轮油检查更换步骤、半轴拆装步骤等；如有 P 位驻车控制系统，获取系统工作说明、电路图和部件拆装步骤。

② 高压安全提示：查看故障指示灯及进行绝缘检查等，确定车辆是否有高压故障；确

认减速驱动桥检修是否需要拆装高压部件和进行高压上下电等。

③ 参考步骤。

a. 油液检查与更换。

关闭起动开关，平稳地举升汽车，确认车辆处于水平状态。拆卸下护板。检查减速器是否有漏油痕迹。如有，应拆解修理漏油部位。找寻油位检查口，如油从孔口流出，则说明油位正常；否则，应补加规定齿轮油，直到孔口出油为止。

观察油液颜色或用手指捻油液，检查油质。如需更换，寻找并松开放油螺栓和加油螺栓，用一个容器桶来收集废旧齿轮油。安装放油螺栓。用加注器加注规定规格齿轮油，至油从油位检查口流出，说明油位正常。重新安装加油螺栓。

b. 半轴拆装。

按照维修资料所示步骤拆卸半轴总成，检查万向节、防尘罩、卡箍、花键、卡环及油封等状况，根据要求更换或修理后重新安装。

c. P 位驻车控制系统。

● 查找并拆卸 P 位驻车控制系统电控元件，断开或接通电源，用万用表电阻挡或电压挡检查线路导通及信号情况。

● 举升车辆，验证 P 位驻车驱动轮转动情况（左右驱动轮同方向不能转动，可相反方向转动）。

● 设置故障，读取故障码，观察指示灯，参考维修手册进行诊断处理。

● 读取系统工作数据流，理解系统工作过程，判断电控元件状况。

（3）车下部件认识与检修

① 球笼式万向节拆检。

a. 固定半轴总成并用抹布清洁万向节总成。

b. 使用螺钉旋具或专用工具，拆卸内侧防尘罩大小卡箍。

c. 拆下卡环，做好装配标记，从半轴上拆卸内万向节（卡环装在万向节外侧，用卡环钳张开卡环，取下万向节）。

d. 取下内侧防尘罩，并清除掉旧的润滑脂。

e. 拆卸外万向节卡箍，并清除掉旧的润滑脂，从半轴上拆卸外侧万向节（卡环装在万向节内部，用锤子敲击或用专用工具拉出万向节外座圈，使外万向节与半轴脱开）。取下外侧防尘罩，并清除掉旧的润滑脂。

f. 分解内外万向节。

● 分解外万向节。如图 2-1-22（a）所示，用铜棒敲击，旋转内球座与球笼到不同角度，依次取下钢球；转动球笼，直到两个方孔与外座圈对直，连同内球座一起拆下球笼，如图 2-1-21（b）所示；把内球座上扇形齿旋入球笼的方孔，然后从球笼背部取出内球座，如图 2-1-21（c）所示。

● 分解内万向节。用力一起转动内球座和球笼，按图 2-1-23（a）中箭头所示方向压出球笼里的钢球；如图 2-1-23（b）所示，倾斜内球座，从球笼里取出内球座。

g. 万向节总成检查：将内外万向节各自的内外座圈、球笼及钢球清洗干净，并检查它们的磨损情况，如有沟槽、剥落、斑点等磨损，应更换万向节总成。

h. 内万向节组装及安装。

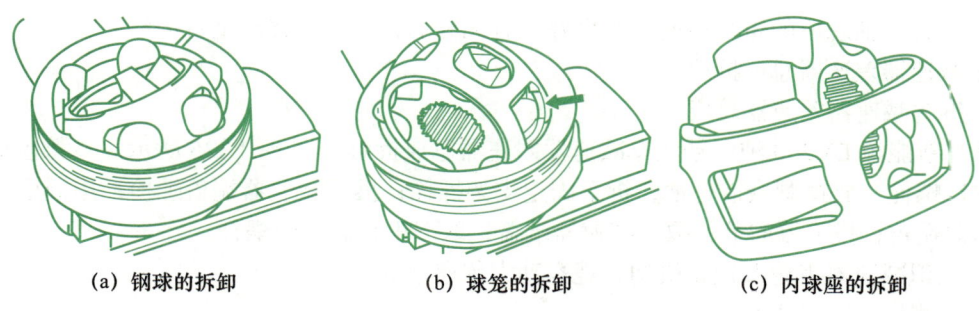

(a) 钢球的拆卸　　　　(b) 球笼的拆卸　　　　(c) 内球座的拆卸

图 2-1-22　分解外万向节

- 将带钢球与球笼的内球座垂直装入外座圈。使外座圈上图 2-1-24（a）所示的宽间隔 a 对准内球座上的窄间隔 b，转动球笼以便嵌入到位。注意：内球座安放分正反向。
- 如图 2-1-24（b）所示，扭转内球座，这样内球座就能转出球笼，使钢球与外座圈中的球槽相配合。
- 按照图 2-1-24（c）中箭头所示的方向用力挤压球笼，使得有钢球的内球座完全转入外座圈内。
- 用手将内球座在轴向范围内来回推动，如果活动灵活，表示装配正确。安装后使万向节内充满润滑脂。

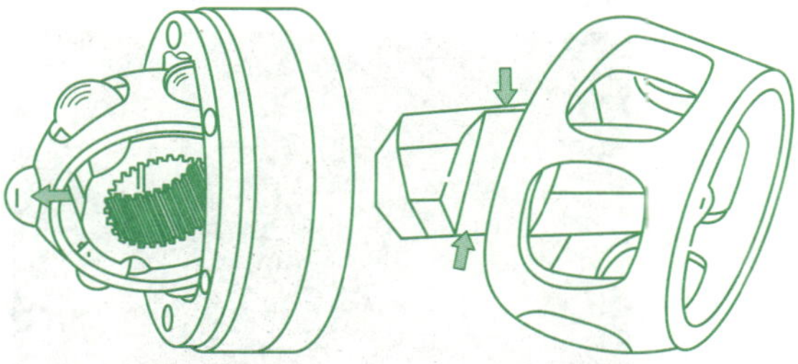

(a) 钢球的拆卸　　　　(b) 内球座的拆卸

图 2-1-23　分解内万向节

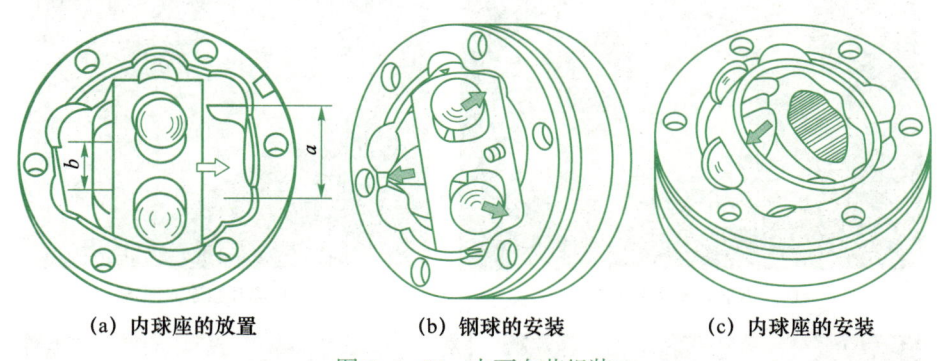

(a) 内球座的放置　　　(b) 钢球的安装　　　(c) 内球座的安装

图 2-1-24　内万向节组装

- 将万向节防尘罩安装于半轴上，填充润滑脂，安装万向节及新的外卡环。
i. 外万向节组装及安装。
- 参照分解方法，将球笼连同内球座一起装入外座圈中，注意内球座正反方向。
- 在按对角顺序交替地压入钢球时，必须保持内球座在球笼以及外座圈内的位置，安装后使球笼内充满润滑脂。
- 将万向节防尘罩安装于半轴上，填充润滑脂，安装万向节及新的内卡环于半轴上，而后用铜锤敲击外座圈使卡环穿过内球座中孔，轴向用力试拉，确保半轴安装到位。
j. 用专用工具固定新的大小卡箍。

k. 检查半轴总成的组装情况是否良好，有无异响，万向节转动是否灵活。

② 减速器差速器总成拆检。

a. 拆解减速器差速器总成。

北汽新能源 EV200 纯电动汽车减速器差速器总成拆解如图 2-1-25 所示。步骤包括：拆下放油口螺栓，放掉剩余齿轮油；拆下固定支架螺栓；拆下减速器端盖螺栓；用撬棍轻轻撬开减速器端盖；拔下万向节；取下减速器端盖；取下里程表蜗轮蜗杆。

b. 认识减速器齿轮及锁止机构，观察动力传递情况。

c. 目测齿轮磨损状况。

齿轮常见的损坏形式有齿面异常磨损、齿面点蚀、齿面胶合、轮齿折断等，如图 2-1-26 所示。

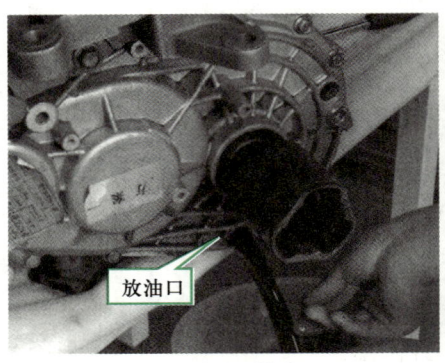

(a) 减速器放油

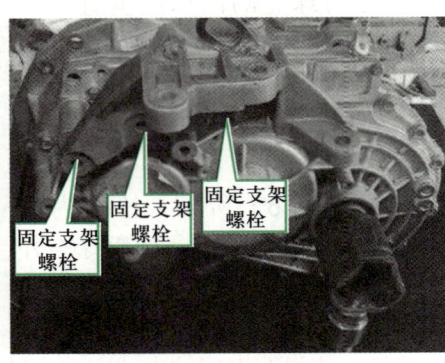

(b) 拆下固定支架螺栓

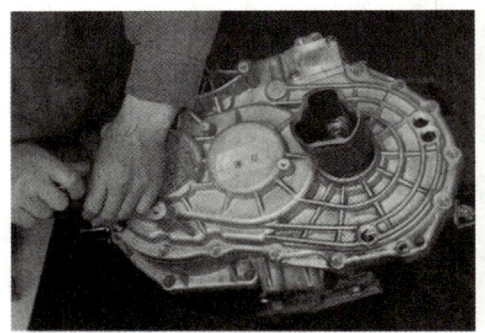

(c) 拆下减速器端盖螺栓

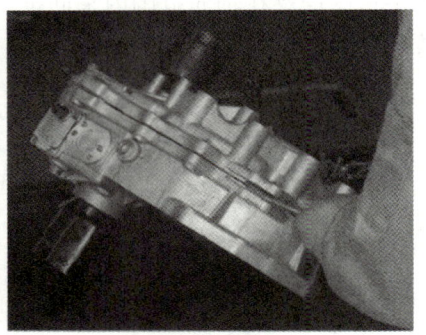

(d) 撬开减速器端盖

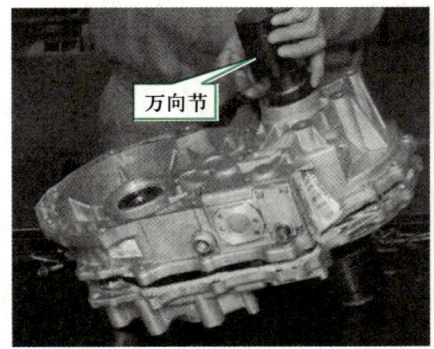

(e) 拔下万向节

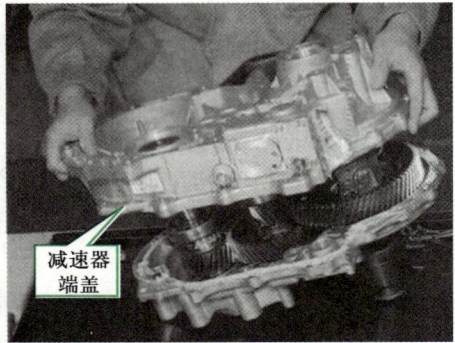

(f) 取下减速器端盖

图 2-1-25　减速器差速器总成的拆解

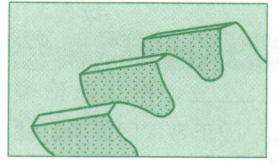 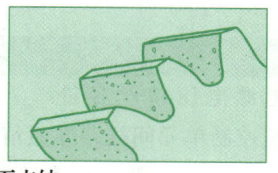  

(a) 齿面点蚀　　　　　　　　　　　　　　(b) 齿面胶合

(c) 轮齿疲劳折断　　(d) 轮齿瞬间折断

图 2-1-26　齿轮常见的损坏形式

d. 目视或测量各轴及轴承磨损状况。
e. 认识差速器各组成部分，演示分析工作过程。
f. 按与拆卸相反的顺序组装减速器差速器总成。

3. 实施工单

（1）信息查询与高压安全

① 半轴拆装维修手册查询路径：_____，
拆装工具：_____；
减速器差速器总成拆装维修手册查询路径：_____，
拆装工具：_____；
P 位驻车控制系统说明查询路径：_____，
控制过程：_____；
P 位驻车控制电路图查询路径：_____，
控制系统组成：_____。

② 高压上下电：□正常　□异常，高压故障：□无　□有，半轴拆装时是否需拆装高压部件：□否　□是，减速器差速器总成拆装时是否需拆装高压部件：□否　□是，驻车控制系统拆装时是否需拆装高压部件：□否　□是。

（2）车上部件认识与检修

项目	内容及结果
减速器差速器总成	减速器型号：_____，齿轮油牌号：_____，油位：□正常　□异常，油质：□正常　□异常，漏油：□无　□有，螺塞扭矩：_____；减速器差速器总成安装螺栓组数：_____，扭矩：_____
半轴总成	内侧万向节类型：_____，外侧万向节类型：_____；半轴内外花键状况：□正常　□磨损　□其他表现_____，半轴油封拆装更换工具名称：_____，油封状况：□正常　□磨损　□其他表现_____，半轴齿轮与半轴连接状况：□正常　□异常表现_____，轮毂轴承：□正常　□磨损，半轴螺母扭矩：_____；半轴内段防脱落方式：□卡环阻挡　□螺栓紧固　□其他_____

项目	内容及结果
P位驻车控制系统	控制单元名称：_____，电源电压熔丝容量：_____，网络通信端子：_____；换挡器与控制单元间线路导通情况：□正常 □异常，驻车电机：□有 □无，控制单元与驻车电机间线路导通情况：□正常 □异常；故障现象：_____，仪表故障指示：_____，故障码及诊断测试过程维修手册说明：_____，正常驻车数据流：_____，驻车电机可主动测试性：□能 □否

（3）车下部件认识与检修

项目	内容及结果
万向节	球笼式万向节包含元件：_____，正常元件：_____；三球销式万向节包含元件：_____，正常元件：_____
减速器差速器总成	减速器齿轮形式：□柱式 □锥式 □其他_____，传动级数_____，传动比_____，动力传递状况：□正常 □异常表现_____，齿面：□正常 □异常表现_____，轴承：□正常 □异常表现_____；差速器行星齿轮轴安装于_____，行星齿轮数目：_____，半轴齿轮内花键：□正常 □磨损 □其他表现_____，差速器工作过程_____

4. 实施评价

自我收获	自我评价	教师评价
	□满意	□优秀 □良好
	□较满意	□合格
	□不满意	□不合格

习题与思考

一、判断题

1. 前置前驱车辆常采用断开式驱动桥。（   ）
2. 单级减速器有一对啮合齿轮。（   ）
3. 差速器的差速是因左右驱动轮受地面反作用力不同而自动起作用的。（   ）
4. 整体式半轴的内侧主要承受弯矩。（   ）
5. 不同类型的万向节能够承受的扭矩不同，但它们可实现相同的转轴角度。（   ）

二、不定项选择题

1. 属于断开式驱动桥部件的有（   ）。
A. 半轴 B. 万向节 C. 减速器 D. 差速器

2. 属于差速器组成部件的有（　　）。
  A. 差速器壳体　　　　B. 半轴齿轮　　　　C. 行星齿轮　　　　D. 行星齿轮轴
3. 属于球笼式等速万向节元件的有（　　）。
  A. 钢球　　　　　　　B. 内球座　　　　　C. 外壳　　　　　　D. 球笼
4. 驱动电机横置驱动通常使用（　　）减速器。
  A. 柱齿轮　　　　　　B. 行星齿轮　　　　C. 锥齿轮　　　　　D. 蜗轮蜗杆
5. 采用双十字轴式万向节实现等速传递的条件是（　　）。
  A. 第一万向节两轴间夹角与第二万向节两轴间夹角必须相等
  B. 第一万向节两轴间夹角与第二万向节两轴间夹角不必相等
  C. 第一万向节的主动叉与第二万向节的主动叉处于同一平面上
  D. 第一万向节的从动叉与第二万向节的主动叉处于同一平面上

三、简答题

1. 简述使用普通差速器的汽车在湿滑路面上行驶通过能力较差的原因。
2. 简述前置前驱传动系统的动力传递过程。

任务 2　混合动力汽车变速器检修

任务引入

混合动力汽车安装有发动机和驱动电机，为适应它们的工作特性，通常配置了变速器或动力耦合系统优化动力传输及能量回收，本任务介绍混合动力汽车变速器类型、工作过程和检修步骤。

任务目标

1. 能查阅维修资料，获取混合动力汽车系统信息。
2. 能判断混合动力汽车变速器类型并理解其工作过程。
3. 能正确拆装分解混合动力汽车变速器。
4. 能检查判断变速器组成部件的技术状况及相关处理方法。
5. 培养主动学习、安全学习及交流学习的能力，培育工匠精神。

知识链接

从结构来说，混合动力系统有串联式、并联式和混联式，每一种又有不同的架构，工作模式也不尽相同。混合动力系统电机位置与混合程度密切相关，对节油表现、驾驶感受有着直接影响。电机位置以动力系统（传动链）为参考系，与其具体安装位置没有联系。具体来看，发动机、离合器、变速器、主减速器是区分电机位置的关键节点，形成了不同的架构。

如图 2-2-1 所示，P0～P5 表示电机在动力系统中的位置，从 P1 往上，数字越大，表示电机离发动机越远。其中，P0 为发动机之前；P1 为发动机曲轴输出端；P2 为变速器输入端；P3 为变速器输出端；P4 为另一驱动桥；P5 为轮毂电机；PS 为功率分流架构（Power-Split）。

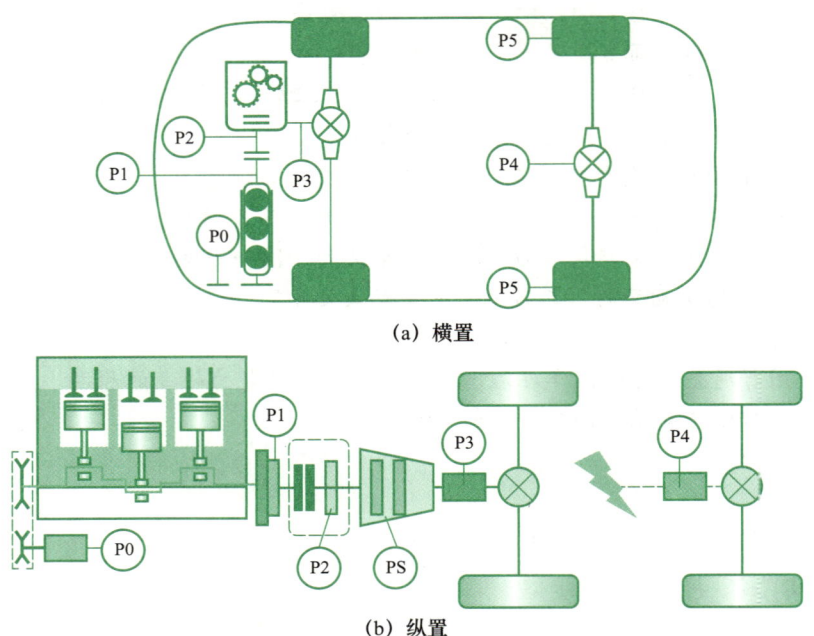

(a) 横置

(b) 纵置

图 2-2-1　混合动力系统架构电机位置

2.2.1　类型

目前混合动力汽车所搭载的变速器有的是在传统燃油汽车所配备的自动变速器的基础上增加了电机及高压控制系统，还有一部分是单独开发的专用混合动力汽车变速器。

1. 基于传统自动变速器的混合动力汽车变速器

以液力自动变速器（AT）、无级自动变速器（CVT）和双离合自动变速器（DCT）为基础的混合动力汽车变速器，一般是把单个或两个电机安装在发动机和变速器之间或变速器内部。传统自动变速器的组成复杂，包含齿轮或链轮机构、换挡执行元件、液压控制系统及电子控制系统等。

（1）基于 AT

奔驰、宝马、路虎、奥迪、保时捷等品牌的插电式混合动力车型，都习惯使用在原来基础的自动变速器上实现混动。图 2-2-2（a）所示为变速器制造商采埃孚为宝马 530Le 新能源汽车提供的变速器，它在原来 8AT 的前端安装一个永磁同步电机，可以保留原来的液力变矩器，也可以不保留液力变矩器，在发动机和电机之间设计了一组分离离合器，这样可以实现纯电（EV）模式。为了支持纯电模式，这种变速箱增加了电机油泵。

（2）基于 CVT

英菲尼迪 QX60 混动版（不带插电）车型在原来 CVT 基础上增加一个电机，而且通过一组干式离合器来实现发动机和电机的连接和分离，最终可实现混合动力驱动模式和纯电驱动模式，如图 2-2-2（b）所示。

（3）基于 DCT

比亚迪、吉利、大众、保时捷等品牌在变速器前端或某个输入轴或输出轴上增加一个电机（安装在发动机和变速器之间的较多），同时使用一组分离离合器以确保能够实现纯电驱动模式。其中最具代表性的就是奥迪 DQ400e 新能源汽车变速器，如图 2-2-2（c）所示。

(a) 宝马 530Le 新能源汽车变速器　　(b) 英菲尼迪 QX60 混动版汽车变速器　　(c) 奥迪 DQ400e 新能源汽车变速器

图 2-2-2　基于传统自动变速器的混合动力汽车变速器

2. 专门设计的混合动力汽车变速器

专门设计的混合动力汽车变速器不像传统自动变速器那样有较多离合器、制动器，甚至一组摩擦元件都没有。其一般会设计两个电机，且都设计在变速器内部，如比亚迪 DM-i、长城 DHT、丰田 THS、本田 i-MMD 等混合动力系统，通常被称为 E-CVT 变速器。它们不是像 CVT 一样通过带轮或链轮机构实现挡位的连续变换，而是通过齿轮机构等实现发动机输出动力和电机工作状态的耦合分配，进行能量传递或转化。

（1）比亚迪 DM-i

比亚迪 DM-i 超级混动系统由骁云-插混专用 1.5L/1.5Ti 高效发动机、电混系统（EHS）、DM-i 超级混动专用刀片电池、交直流车载充电器等核心部件组成。EHS 采用串并联结构，由双电机、集成式双电机控制器、直驱离合器、电机油冷系统和平行架构单挡变速器组成，如图 2-2-3 所示。

比亚迪 DM-i 超级混动系统有 5 种工作模式，如图 2-2-4 所示。

纯电模式：在起步与低速行驶时，驱动电机 P3 由动力蓄电池供能驱动车辆。

串联模式：发动机带动发电机 P1 发电，将电能输出给驱动电机 P3，直接用于驱动车轮。在中低速行驶或者加速时，若电池荷电状态（SOC）值较高，则整车控制策略会将驱动模式切换为纯电模式，发动机停机。若 SOC 值较低，则整车控制策略会使发动机工作在最佳效率区，同时将多余能量通过发电机转化为电能，暂存到动力蓄电池中，实现全工况使用不亏电。

并联模式：当整车行车功率需求比较高时（比如高速超车或者超高速行驶），发动机会脱离经济功率，此时控制系统会让动力蓄电池在合适的时间介入，提供电能给驱动电机，与发动机形成并联模式。

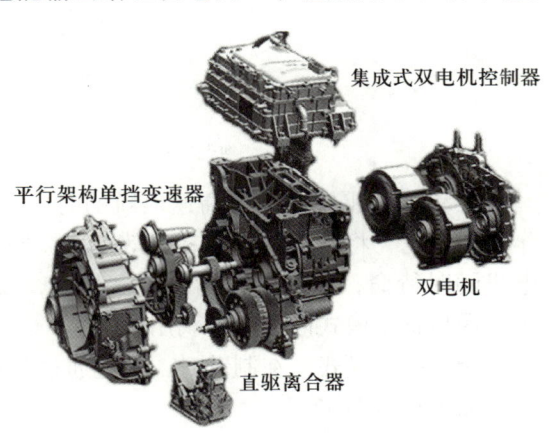

图 2-2-3　EHS

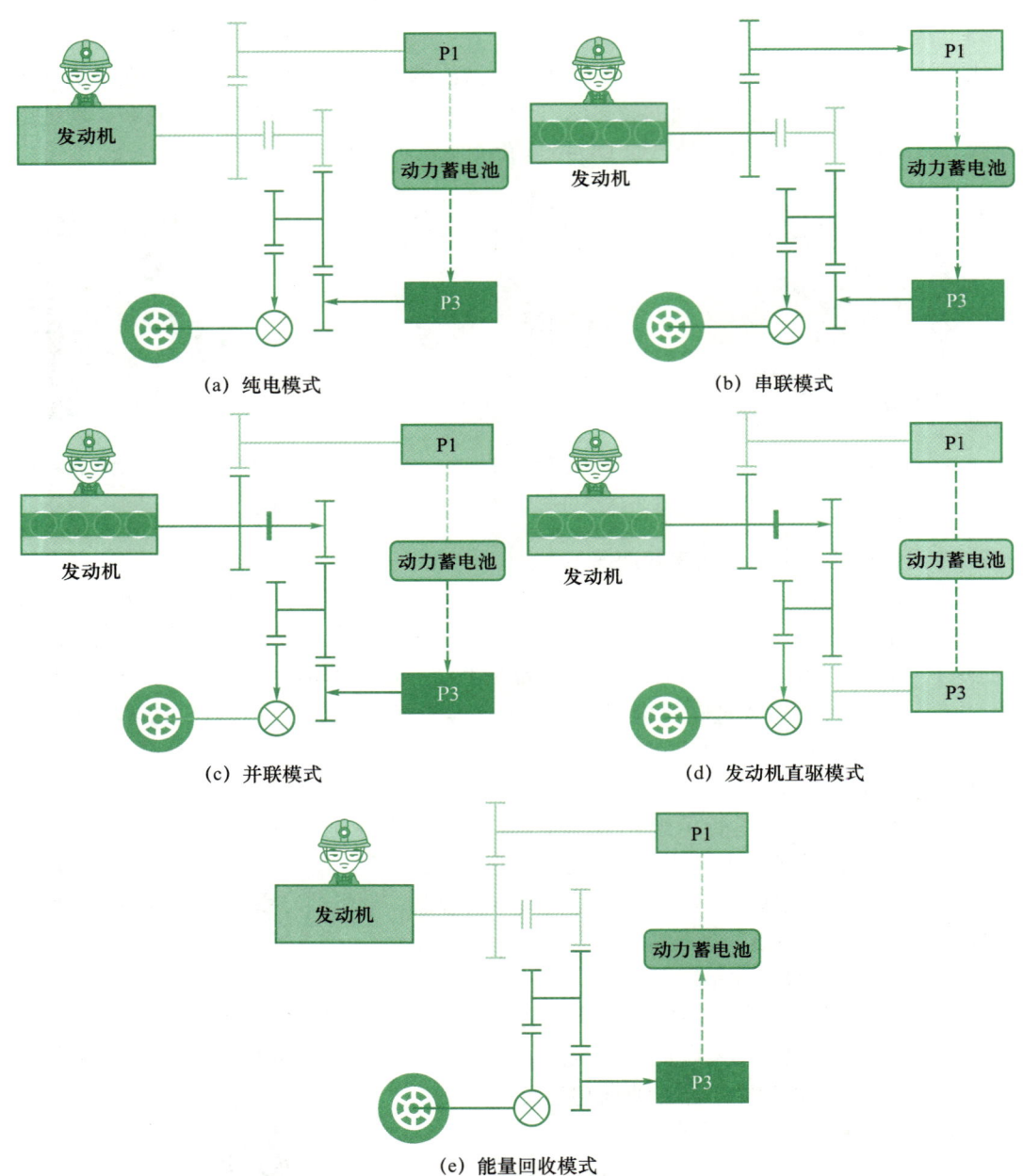

图 2-2-4 比亚迪 DM-i 超级混动系统工作模式

发动机直驱模式：在高速巡航的时候，通过 EHS 内部的离合器模块将发动机动力直接作用于车轮，将发动机锁定在高效率区，同时，为了避免发动机能量的浪费，发电机和驱动电机随时待命，在发动机功率有富余时，及时介入将能量转化为电能，存储在动力蓄电池中，提高整个模式内的能量利用率。

能量回收模式：在制动时，动能通过驱动电机进行回收。

（2）长城 DHT

柠檬混动（Dedicated Hybrid Transmission，DHT）是长城独立研发的混合动力技术，它采用双电机定轴式设计,结构进行了大幅度的简化。DHT 更接近本田 i-MMD,但发动机直驱模式变成了两个挡位,多了一套换挡机构,如图 2-2-5 所示。

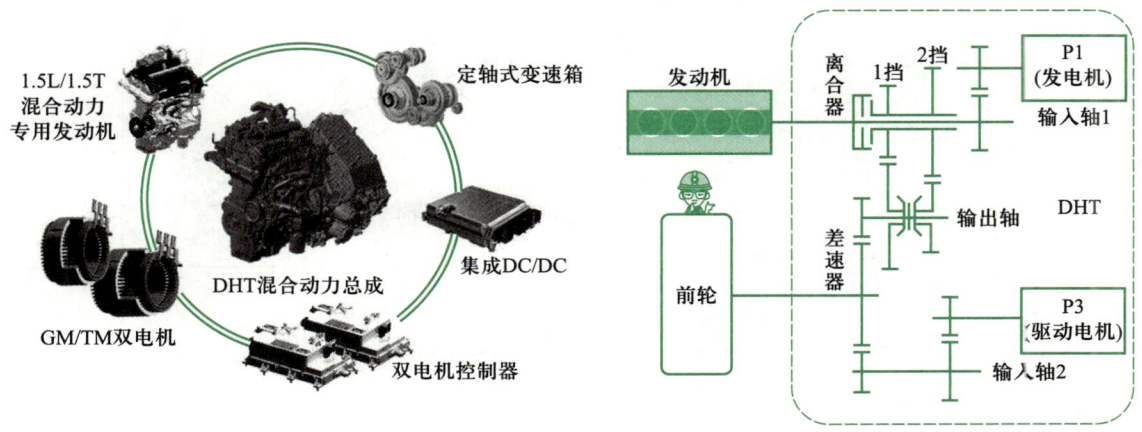

图 2-2-5 DHT 系统

（3）丰田 THS

丰田混合动力系统（TOYOTA Hybrid System,THS）已经发展了四代,分别用在不同时期的车型中,如普锐斯车型系列。

第一代丰田混合动力系统（THS-Ⅰ）中,发动机为 1.5L 的 1NZ-FXE。整套 E-CVT 的结构中,电机 MG1 和电机 MG2 之间有一套行星齿轮组,借助行星齿轮机构将发动机、MG1 和 MG2 解耦,属于 PS 架构,最终通过链条将动力传动到最终输出端。

第二代丰田混合动力系统（THS-Ⅱ）如图 2-2-6（a）所示,发动机仍然采用 1NZ-FXE 型 1.5L 汽油发动机,E-CVT 部分除提高效率外都以小调节为主,并没有太大的改动,依然是使用链条传动。但整个运算系统和逻辑进行了重新计算,发动机效率获得了提高。通过行星齿轮组传输的发动机输出功率分为两部分:一部分驱动汽车;另一部分驱动 MG1 用来发电。作为行星齿轮的一部分,太阳轮连接到 MG1 上,齿圈连接到 MG2 上,行星架连接到发动机输出轴上,动力通过链条传送到中间轴主动齿轮。

第三代丰田混合动力系统（THS-Ⅲ）与 THS-Ⅱ相比发生了较大变化。发动机从 1NZ-

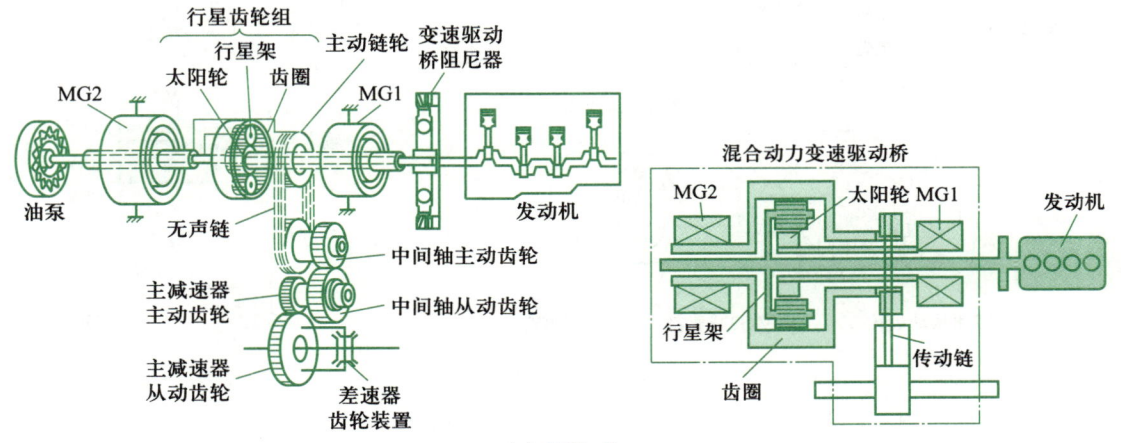

(a) THS-Ⅱ

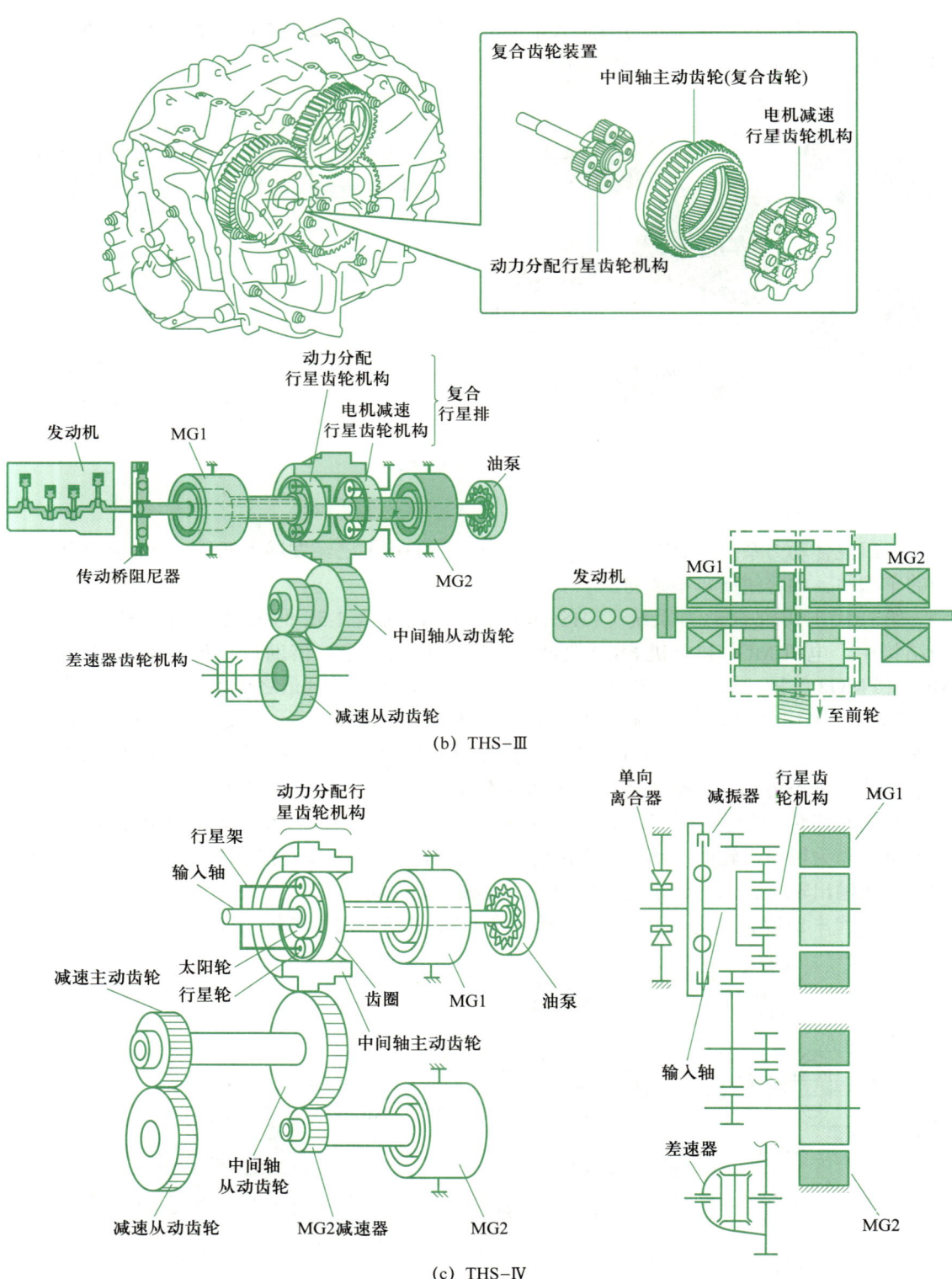

图 2-2-6　丰田 THS 混动系统

FXE型1.5L汽油发动机改成了2ZR-FXE型1.8L汽油发动机，发动机功率和转矩的增加提高了车辆的动力性能。另外，THS-Ⅲ增加了一个减速行星齿轮组代替链条传动；MG1和MG2体积缩小，从而缩小了整个E-CVT的体积；链条传动改为齿轮传动，传动损耗更小，因此节能效果更明显。THS-Ⅲ（P410）混合动力变速驱动桥如图2-2-6（b）所示，由复合行星排（动力分配行星齿轮机构与电机减速行星齿轮机构）、中间轴齿轮、主减速器、差速器及半轴组成，应用于卡罗拉、雷凌、普锐斯以及雷克萨斯等车型上。

第四代丰田混合动力系统（THS-Ⅳ）主要由MG1、MG2、行星齿轮机构、单向离合器、减振器、差速器等组成，THS-Ⅳ（P610）混合动力变速驱动桥如图2-2-6（c）所示。其中，行星齿轮机构作为功率分流装置，确定发动机动力是供应给MG1还是作为车辆驱动力，MG2及其减速装置采用平行轴布局。发动机的输出轴通过一个单向离合器和一个扭转减振器与行星齿轮机构的行星架相结合，MG1与行星齿轮机构的太阳轮相连，MG2通过减速齿轮及中间轴从动齿轮与齿圈相连。

THS采用行星齿轮机构进行功率分流，各工况下的动力耦合过程需要基于行星齿轮机构进行，将在下文的行星齿轮机构相应内容中进行分析。

（4）本田i-MMD

本田智能化多模式驱动（intelligent Multi Mode Drive，i-MMD）混合动力系统包括阿特金森循环发动机、E-CVT变速器和动力蓄电池三部分，E-CVT变速器包括驱动电机、发电机、离合器、齿轮等部件，为4轴结构。第三代i-MMD如图2-2-7所示。

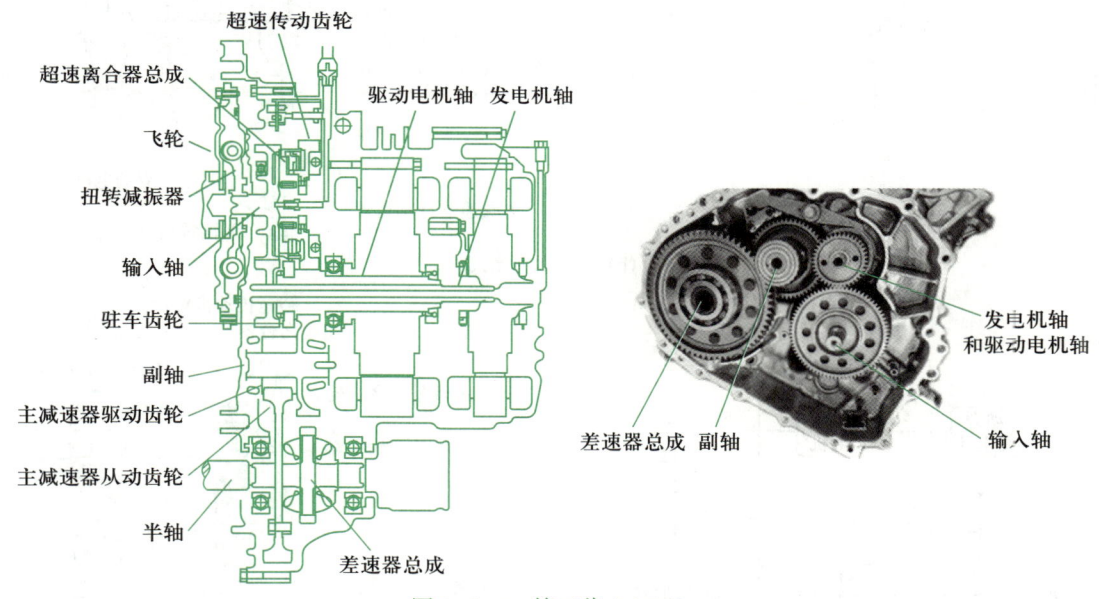

图2-2-7　第三代i-MMD

在D挡位时，有三种工作模式，如图2-2-8所示。纯电模式时，发动机和发电机不工作，离合器处于分离状态，驱动电机转动，动力传送到驱动电机轴，动力传递路线为：驱动电机→驱动电机轴→驱动电机轴常啮合齿轮→副轴常啮合齿轮→主减速器驱动齿轮→主减速器从动齿轮→差速器→半轴→驱动轮。

混合动力模式时，发动机运转，动力从飞轮送出，驱动电机转动，动力传送到驱动电机

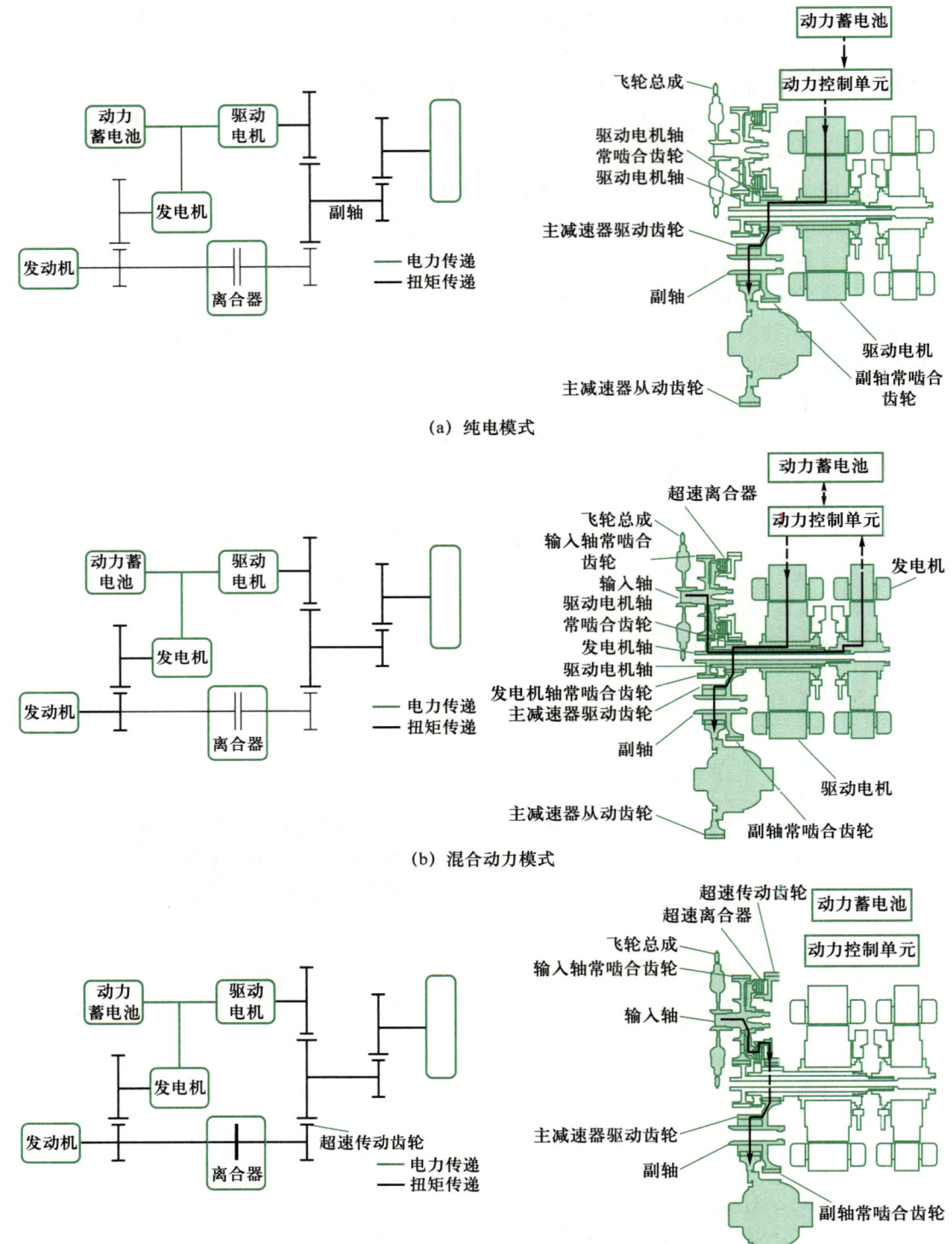

图 2-2-8　i-MMD 工作模式

轴。飞轮传送的发动机动力驱动输入轴和发电机轴，但超速离合器未接合。此时为典型的串联式（增程式）混合动力布置方式。发动机驱动发电机的动力传递路线为：发动机→飞轮及扭转减振器→输入轴→输入轴常啮合齿轮→发电机轴常啮合齿轮→发电机轴→发电机。驱动电机驱动车辆的动力传递路线为：驱动电机→驱动电机轴→驱动电机轴常啮合齿轮→副轴常啮合齿轮→主减速器驱动齿轮→主减速器从动齿轮→差速器→半轴→前轮。

发动机直接驱动模式时，发动机运转，驱动电机停转，发电机空转不发电。从飞轮送出的发动机动力驱动输入轴，超速离合器接合，使超速传动齿轮与输入轴接合。动力传递路线为：发动机→飞轮及扭转减振器→输入轴→超速离合器（接合）→超速传动齿轮→副轴常啮合齿轮→副轴→主减速器驱动齿轮→主减速器从动齿轮→差速器→半轴→驱动轮。

相对于丰田 THS 不断地调整各个动力源的混合比例，本田 i-MMD 是在不断地切换动力来源。

2.2.2 主要部件

1. 行星齿轮机构

行星齿轮机构有多种形式，其中最简单的单排行星齿轮机构如图 2-2-9 所示，它是由一个太阳轮、一个齿圈、一个行星架和支撑在行星架上的几个行星轮组成，称为一个行星排。在一个行星排中，行星轮与太阳轮外啮合，与齿圈内啮合，行星轮只起中间惰轮作用，既可自转又可公转，不能作为动力输入/输出元件。具有共同中心线的太阳轮、齿圈和行星架是齿轮变速机构动力传递的三个基本元件，因此单排行星齿轮机构传动比取决于太阳轮齿数 z_1 和齿圈齿数 z_2，与行星轮的齿数无关。太阳轮的齿数最少，齿圈齿数约等于太阳轮齿数的 1 倍，行星架可作为输入（输出）元件，因此，可将行星架看作一个齿轮，行星架的齿数（虚拟）= 太阳轮齿数 + 齿圈齿数。故在一个行星排中，太阳轮最小，齿圈居中，行星架最大。

（1）行星齿轮机构运动情况

设 $z_2/z_1=a>1$，由机械原理可知，单排行星齿轮的运动特性方程为

$$n_1 + an_2 = (1+a)n_3$$

式中：n_1——太阳轮转速；n_2——齿圈转速；n_3——行星架转速；单位均为 r/min。行星齿轮机构转动时，可分为两种情况：① 单制动，即三个基本零件中，一个零件为输入件，另一个零件为制动件（固定件），第三个零件为输出件；② 无制动，即三个基本零件中，一个或两个零件为输入或输出件，整个行星排无制动件。

① 单制动。

行星齿轮机构单制动工作时，有以下 6 种传递效果。

a. 将齿圈固定，以太阳轮为主动件，行星架为从动件。由于齿圈固定，所以 $n_2=0$，传动比 $i=n_1/n_3=1+a$。由于齿圈的齿数 z_2 大于太阳轮的齿数 z_1，因而这一传动比的数值要大于 2，可获得同向、减速传动，如图 2-2-10（a）所示。

b. 将齿圈固定，以行星架为主动件，太阳轮为从动件。由于齿圈固定，所以 $n_2=0$，传动比 $i=n_3/n_1=1/(1+a)$，传动比的数值小于 0.5，可获得同向、增速传动。

c. 将太阳轮固定，以齿圈为主动件，行星架为从动件。由于太阳轮固定，所以 $n_1=0$，传动比 $i=n_2/n_3=(1+a)/a$，传动比大于 1 且小于 2，可获得同向、减速传动，如图 2-2-10

（b）所示。

d. 将太阳轮固定，以行星架为主动件，齿圈为从动件。由于太阳轮固定，所以 $n_1=0$，传动比 $i=n_3/n_2=a/(1+a)$，传动比小于1，可获得同向、增速传动。

e. 将行星架固定，则行星轮的轴线亦被固定，行星轮只能自转，不能公转，而且太阳轮和齿圈的转向相反。此时若以太阳轮为主动件，齿圈为从动件，即可获得反向减速传动，实现倒挡。由于行星架固定，所以 $n_3=0$，传动比 $i=n_1/n_2=-a$。传动比为负数表示转向相反，大于1表示减速，获得反向、减速传动，如图2-2-10（c）所示。

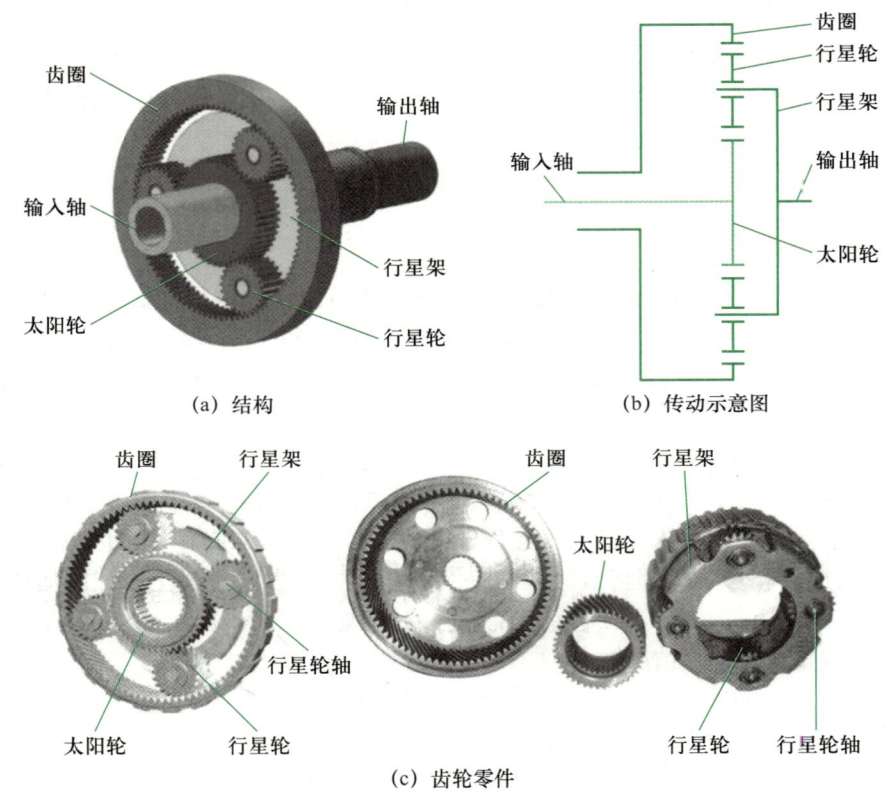

图 2-2-9　单排行星齿轮机构

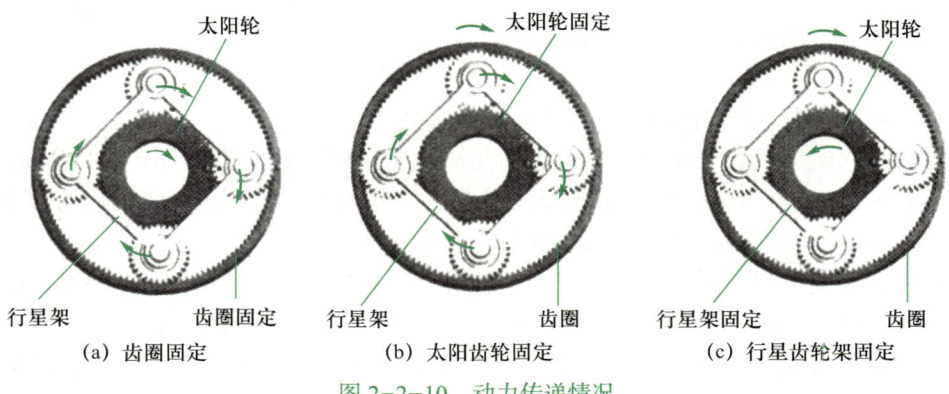

图 2-2-10　动力传递情况

f. 将行星架固定，以齿圈主动件，太阳轮为从动件。由于行星架固定，所以 $n_3=0$，传动比 $i=n_2/n_1=-1/a$，可获得反向、增速传动。

丰田 THS-Ⅲ传动桥中复合行星排的连接情况见表 2-2-1。MG2 采用行星齿轮机构（固定行星架，太阳轮输入，齿圈输出）作为减速器。

表 2-2-1　丰田 P410 驱动桥中复合行星排的连接情况

项目		连接
动力分配行星齿轮机构	太阳轮	MG1
	齿圈	复合齿轮（至车轮）
	行星架	输入轴（自发动机）
电机减速行星齿轮机构	太阳轮	MG2
	齿圈	复合齿轮（至车轮）
	行星架	固定

② 无制动。

在不对三个基本元件之一加以固定时，如将任意两个元件连为一体作为动力输入，动力将 1∶1 传递给第三个元件；如既不固定也不连接元件，行星排将无法进行动力传递；通常不会出现既固定一个元件同时又连接另两个元件的情况。

（2）汽车不同行驶状态下行星齿轮机构工作方式

丰田 THS-Ⅲ传动桥使用电子换挡杆系统进行换挡控制，由发动机和 MG2 提供原动力，并将 MG1 用作发电机。混合动力汽车车辆控制 ECU 根据各种行驶状态对这些力进行优化组合，典型车辆行驶状态如图 2-2-11 所示。

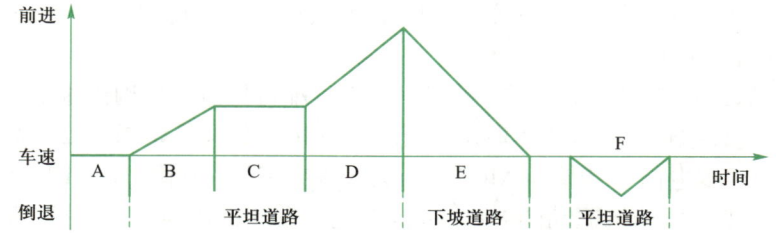

A—READY ON 状态；B—起步；C—定速巡航；D—节气门全开加速；E—减速；F—倒车

图 2-2-11　典型车辆行驶状态

以下各车辆行驶状态的列线图和传动机构运行图仅为示例，所示的状态为"快照"，正常的系统工作是不断变化的状态和适应这些状态的系统反应。列线图（杠杆图）对行星排工作的旋转方向、转速和扭矩平衡进行了直观表示，直线用于表示行星排中 3 个齿轮的旋转方向和转速间的关系。各齿轮的转速由距零点的距离表示。根据行星排的结构，3 个齿轮转速间的关系总是用一条直线表示。箭头表示扭矩方向（如果 MG1 或 MG2 的旋转方向和扭矩方向相同，则系统处于放电状态，作为电动机工作；如果方向相反，则系统处于充电状态，作为发电机工作；如无箭头，表示电机空转）。

① 发动机起动。

将车辆挡位置于 P 挡，电源开关处于 ON 位置，仪表板显示屏上绿色 READY 指示灯点亮，此时如果混合动力蓄电池 SOC 在目标控制值范围，发动机处于停止状态。如果混合动力蓄电池放电（如使用空调等），SOC 降到 40% 以下，MG1 作为起动机带动发动机转速到 1 200 r/min 左右，发动机开始喷油起动。发动机起动后，发动机动力用于驱动 MG1 运转发电，对混合动力蓄电池进行充电，待 SOC 达到 50% 以上，发动机停止工作，如图 2-2-12 所示。

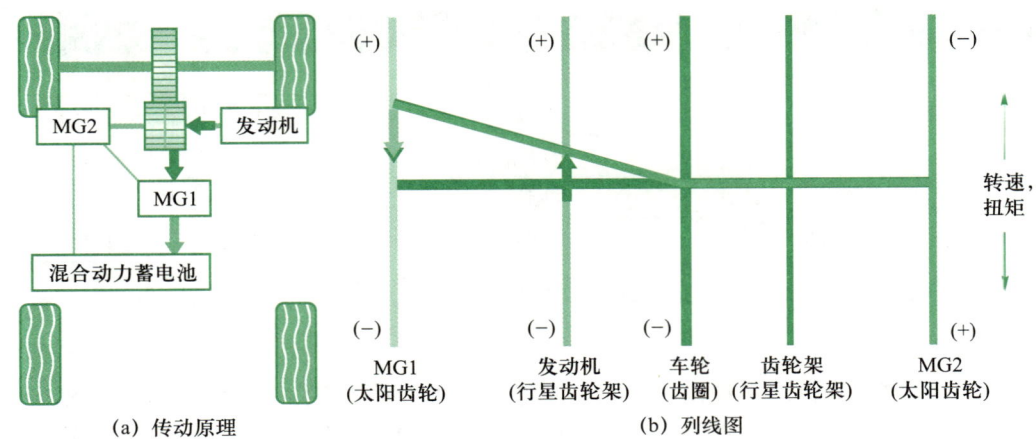

图 2-2-12　发动机起动

② 车辆起步。

车辆起步时，由 MG2 为车辆提供动力。如果仅由 MG2 驱动运行时，所需的驱动扭矩增加，则激活 MG1 以起动发动机。如图 2-2-13 所示，在此状态下行驶时，由于发动机停止，行星架（发动机）的转速为零。此外，由于 MG1 未产生任何扭矩，因此没有扭矩作用于太阳轮（MG1）。然而，太阳轮沿"（-）"方向自由旋转以平衡旋转的齿圈。

③ 低负荷或定速巡航。

车辆在低负载或定速巡航状态下行驶时，动力分配行星齿轮机构传输发动机原动力。其中一部分原动力直接输出，剩余的原动力则通过 MG1 发电。如图 2-2-14 所示，利用逆变器的电力路径，该电能被传输至 MG2，作为 MG2 的原动力输出。如果混合动力蓄电池的 SOC 水平低，则由发动机驱动的 MG1 进行充电。发动机扭矩以"（+）"方向作用于行星

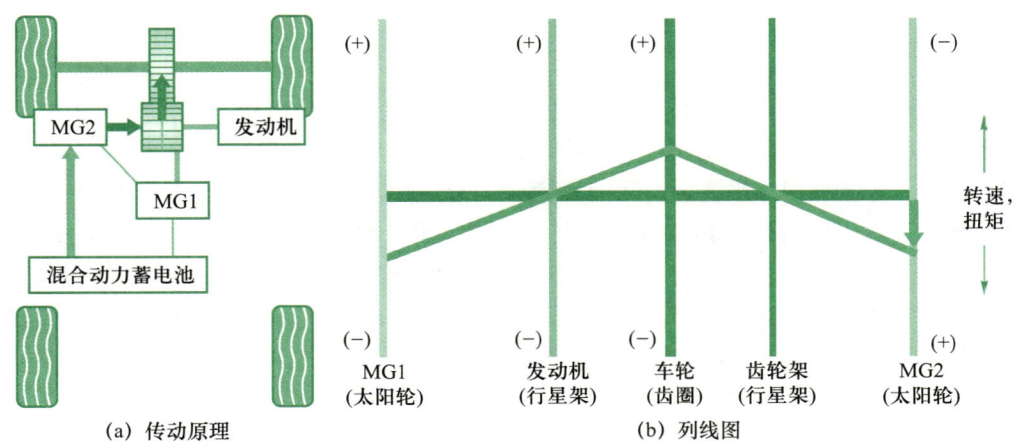

(c) 传动过程

图 2-2-13　车辆起步

(a) 传动原理　(b) 列线图

(c) 传动过程

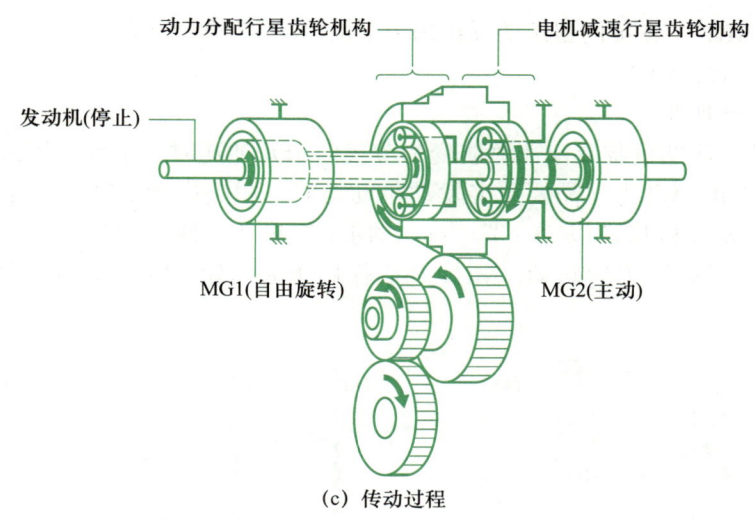

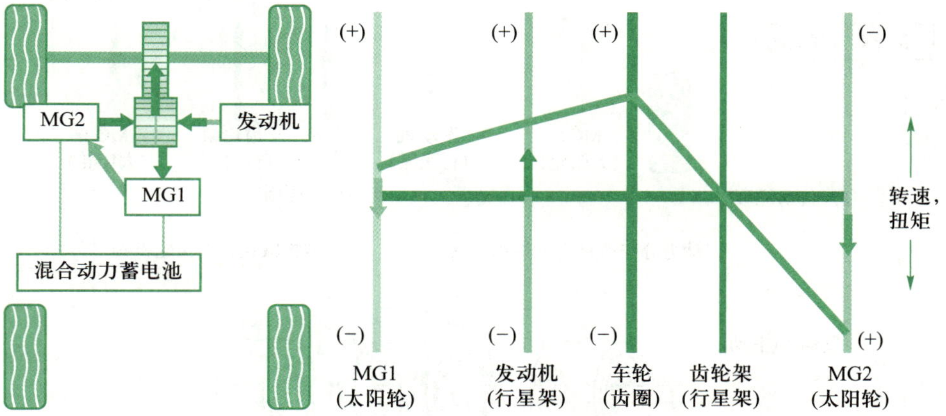

图 2-2-14　低负载或定速巡航

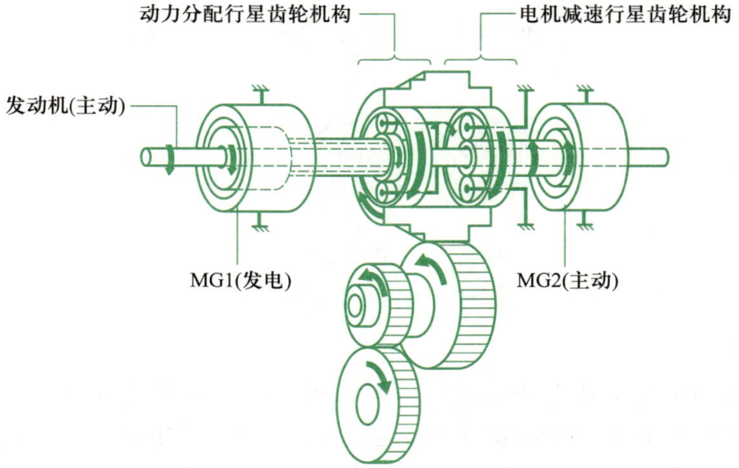

架，使太阳轮（MG1）在负向扭矩的反作用力下沿"（+）"方向转动。MG1 利用作用于太阳轮（MG1）的负向扭矩发电。

④ 节气门全开加速。

车辆行驶状态从低负载或定速巡航变为节气门全开加速时，系统利用混合动力蓄电池的电能补充 MG2 的原动力。需要更多发动机动力时，相关齿轮的转速发生如下改变以提高发动机转速：发动机扭矩以"（+）"方向作用于行星架，使太阳轮（MG1）在负向扭矩的反作用力下沿"（+）"方向转动。MG1 利用作用于太阳轮（MG1）的负向扭矩发电，如图 2-2-15 所示。

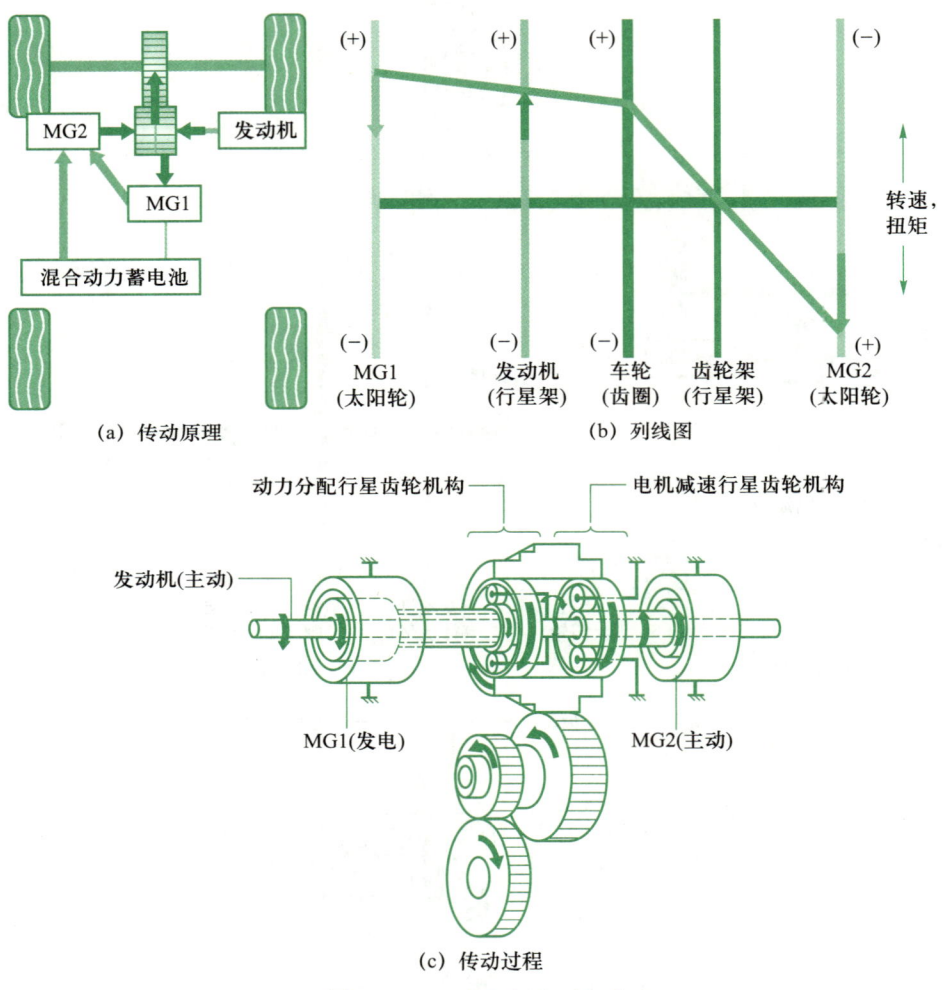

图 2-2-15 节气门全开加速

⑤ 减速制动。

选择在 D 挡的情况下使车辆减速时，发动机关闭且原动力变为零。如图 2-2-16 所示，此时，车轮驱动 MG2，使 MG2 作为发电机运行，从而为混合动力蓄电池充电（再生制动）。如果车辆从较高车速减速，发动机将保持预定转速而非停止，以保护行星排。减速期间，齿圈由车轮驱动旋转。在此情况下，由于发动机停止，行星架（发动机）的转速为零。

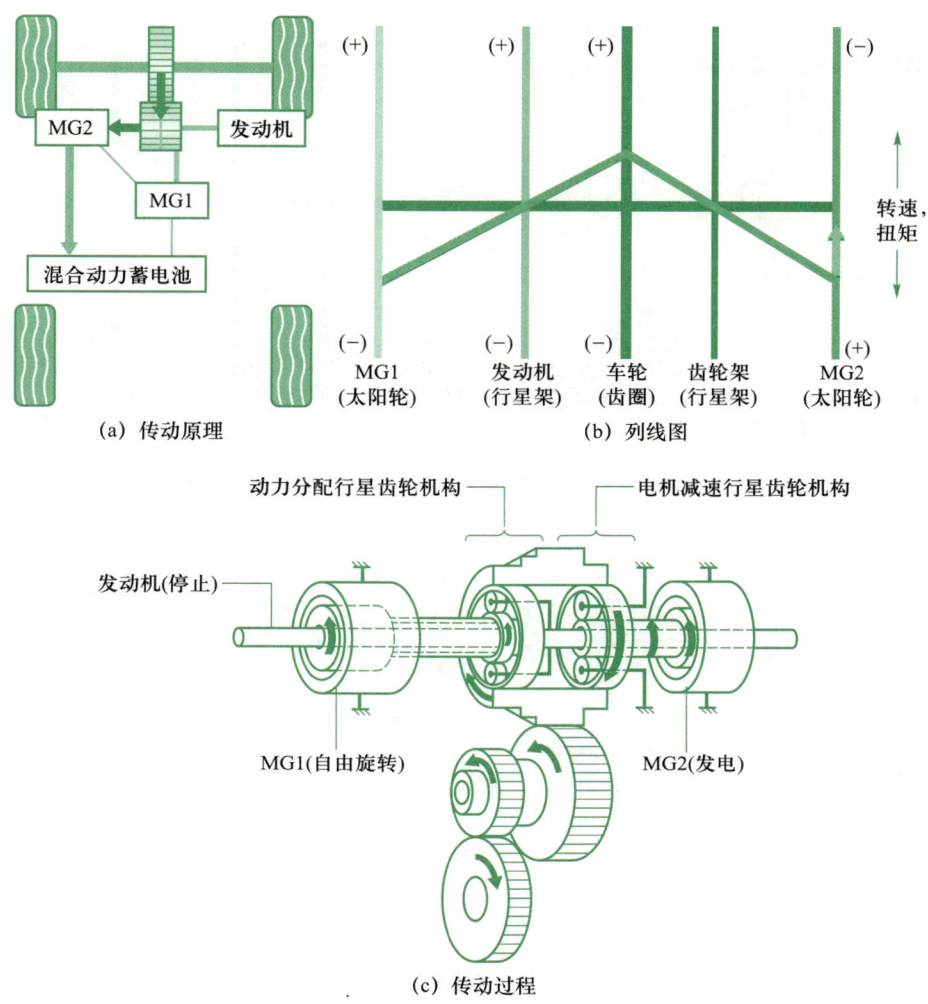

图 2-2-16 减速制动

此外,由于 MG1 未产生任何扭矩,因此没有扭矩作用于太阳轮(MG1)。然而,太阳轮(MG1)沿"(-)"方向自由旋转以平衡旋转的齿圈。

⑥ 倒挡行驶。

车辆以倒挡行驶时,所需动力由 MG2 提供。如图 2-2-17 所示,此时,MG2 反向旋转,发动机保持停止,且 MG1 沿正常方向旋转而不发电。行星排的状态与前文"起步"中描述的状态相反。由于发动机停止,行星架(发动机)的转速为 0 r/min,但太阳齿轮(MG1)沿"(+)"方向自由旋转以平衡旋转的齿圈。

2. 湿式离合器

在变速器中,较多使用湿式离合器进行动力传递控制,湿式离合器的作用是连接或分离,即将两个元件连接在一起或分离开,使之成为一个整体或彼此独立。

(1) 组成

湿式离合器通常由离合器鼓、离合器活塞、回位弹簧、弹簧座、一组钢片、一组摩擦片、离合器毂及几个密封圈组成,如图 2-2-18 所示。

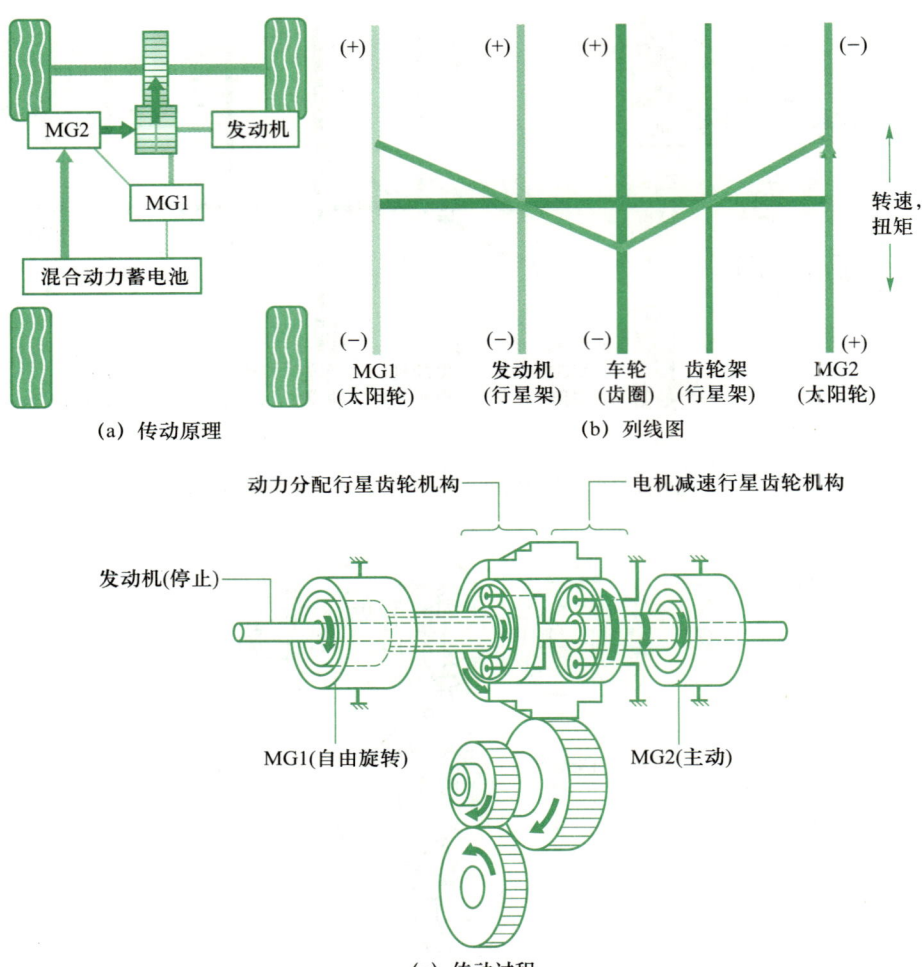

图 2-2-17 倒挡行驶

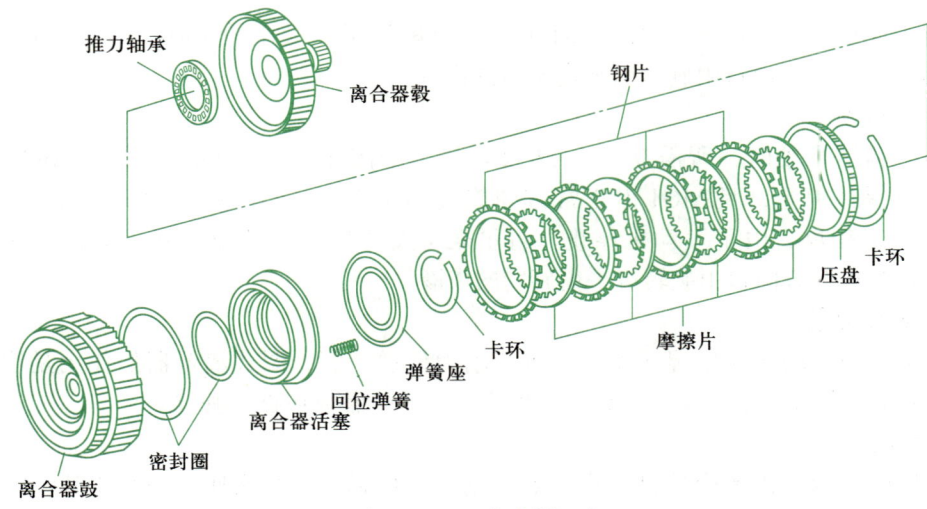

图 2-2-18 离合器组成

离合器活塞安装在离合器鼓内。它是一种环状活塞，由活塞内外圆的密封圈保证其密封，从而和离合器鼓一起形成一个封闭的环状液压缸，并通过离合器鼓内圆轴颈上的进油孔和控制油道相通。钢片和摩擦片交错排列，两者统称为离合器片。钢片的外花键齿安装在离合器鼓的内花键键槽上，可沿键槽做轴向移动；摩擦片由其内花键齿与离合器毂的外花键键槽连接，也可沿键槽做轴向移动。摩擦片的两面均为摩擦系数较大的铜基粉末冶金层或合成纤维层。为保证离合器接合柔和且及时散热，把离合器片浸在油液中工作，因而称为湿式离合器。

与摩擦片内花键连接的，位于离合器片内侧的是离合器毂；而与钢片外花键连接的，一般作为离合器壳体的是离合器鼓。离合器活塞的回位弹簧形式有圆周均布螺旋弹簧式、中央螺旋弹簧式、波形弹簧式、膜片弹簧式和蝶形弹簧式等。圆周均布螺旋弹簧式回位弹簧具有压力分布均匀、轴向尺寸小、成本低等优点，为绝大多数湿式离合器所采用。

（2）工作过程

离合器鼓和离合器毂分别和输入件及输出件连接，一般离合器鼓为主动件，离合器毂为从动件，有的湿式离合器把离合器鼓作为从动件。如图2-2-19（a）所示，当液压缸中无液压力时，离合器活塞在回位弹簧的作用下压回液压缸的底部，此时钢片和摩擦片相互分离，两者之间无压力，离合器鼓和离合器毂可以朝不同的方向或以不同的转速旋转，离合器处于分离状态；此时，离合器活塞和离合器片或离合器片与卡环之间有一定的轴向间隙，以保证钢片和摩擦片之间无任何轴向压力，这一间隙称为离合器的自由间隙，其大小可以用压盘（最外层钢片）的厚度来调整。

如图2-2-19（b）所示，当液压油进入离合器液压缸时，作用在离合器活塞上的液压力推动活塞，使之克服回位弹簧的弹力而移动，将所有的钢片和摩擦片相互压紧在一起，钢片和摩擦片之间的摩擦力使离合器鼓和离合器毂连接为一个整体，分别与离合器鼓和离合器毂连接的轴或元件也因此被连接在一起，此时离合器处于接合状态。

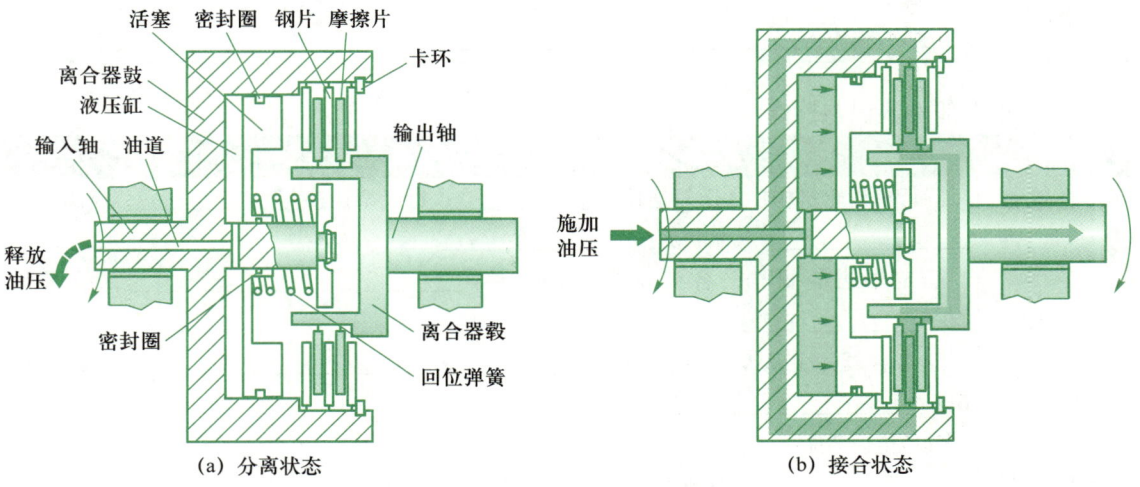

图2-2-19 湿式离合器工作过程

任务实施

1. 实施过程

（1）维修准备

准备车辆设备、维修资料及拆装、测量工具。

（2）车上部件认识与检修

① 阅读控制系统说明，识读电路图，查找系统组成部件。
② 拆装检查换挡控制系统。
③ 检查油液及线路状况。
④ 用诊断仪进行故障码、数据流读取或主动测试和标定校准。

（3）车下部件认识与检修

① 按照变速器拆解步骤，拆解变速器。
② 认识变速器组成部件，说明工作过程，检查技术状况。

2. 实施工单

（1）信息查询

品牌：_____，车型：_____，变速器型号：_____；
控制系统说明在维修手册上的查询路径：_____；
电路图在维修手册上的查询路径：_____。

（2）车上部件认识与检修

项目	内容及结果
线路及油液	变速器壳体上高压插接器作用：_____，低压插接器作用：_____； 油液型号：_____，油位：_____，油质：_____
诊断仪使用	故障码：_____，含义：_____，指示灯状态：_____， 正常数据流：_____

（3）车下部件认识与检修

项目	内容及结果
传动机构	□行星齿轮机构，太阳轮连接_____，行星架连接_____，齿圈连接_____，技术状况：_____； □定轴齿轮机构，各齿轮轴连接部件：_____，技术状况：_____； □离合器，主从动件连接部件：_____，技术状况：_____； 其他传动部件：_____，技术状况：_____
液压部件	油泵类型：_____，驱动方式：_____，油路控制过程：_____
电控元件	传感器名称：_____， 工作原理或过程：_____； 执行器名称：_____，类型：□电磁阀 □电机 □其他_____

3. 实施评价

自我收获	自我评价	教师评价
	☐满意	☐优秀　☐良好
	☐较满意	☐合格
	☐不满意	☐不合格

 习题与思考

一、判断题
1. 混合动力系统中电机的位置对工作无影响。（　　）
2. 部分混合动力汽车变速器由传统自动变速器和电机组成。（　　）
3. 变速器中的电机可工作于制动能量回收状态。（　　）
4. 处于直驱模式，E-CVT 中离合器应为接合状态。（　　）
5. 固定一个元件，单排行星齿轮机构可实现 6 种动力传递效果。（　　）

二、不定项选择题
1. 行星齿轮机构列线图可反映（　　）。
   A. 转速大小　　　　B. 旋转方向　　　　C. 扭矩方向　　　　D. 扭矩大小
2. 单排行星齿轮机构中，可作为动力输入/输出元件的有（　　）。
   A. 齿圈　　　　　　B. 行星架　　　　　C. 太阳轮　　　　　D. 行星轮
3. 属于混合动力系统的有（　　）。
   A. THS　　　　　　B. i-MMD　　　　　C. DM-i　　　　　　D. DHT
4. 湿式离合器由（　　）组成。
   A. 离合器片　　　　B. 活塞　　　　　　C. 离合器鼓　　　　D. 回位弹簧
5. 湿式离合器的工作靠（　　）控制。
   A. 气压　　　　　　B. 液压　　　　　　C. 电磁　　　　　　D. 机械

三、简述题
1. 丰田各代 THS 动力耦合机构有何区别？
2. 常见 E-CVT 的结构有何区别？

 素 养 课 堂

劳动与责任

　　劳动既是创造财富，保障个人生活的必要方式；也是个人成长的途径，在劳动中可以发现自我、锻炼自我、享受自我等。在当下的职业教育模式中，岗位实习是培养学生掌握操作技能，学习企业管理，养成正确劳动态度的一种实践性教学形式。小张是新能源汽车检测与维修技术专业的学生，联系了一家 4S 店机电维修岗位进行最后一年的岗位实习。刚开始，他特别不适应，总是感觉干的活儿累又无趣，与自己想象的差距大，很是苦恼。经过实习指导教师对就业现状、行业发展、个人成长等方面的沟通，小张意识到自己认识的不足，决定坚持干下去。他的精神态度发生了180度的转变，虚心向师傅、同事学习请教，再加上自己的细心观察及下功夫学习，半年后适应了岗位要求，能顺利完成交付的任务，客户和领导都很满意，岗位实习期快结束时就转正留下了。

在劳动生产中，职业责任是职业道德规范中爱岗敬业的具体体现，责任既是更好完成劳动任务的压力也是动力。新能源汽车底盘组成部分作为汽车安全相关装置，其技术状况直接影响驾乘人员的财产生命安全。作为新能源汽车底盘保养维修人员，态度上需要牢记责任意识，技术上应严格按照规程进行操作，这也是对自己负责。绝不能为了利益，利用所学的知识技能去做违法的事情。之前有报道，因更换劣质制动液导致严重交通事故，相关责任人被判定为犯罪。

项目 3 ▶▶▶
转向系统

任务 1　机械转向系统检修

任务引入

各类型转向系统是基于机械转向系统构建和工作的，机械部件安装不到位或损坏会影响转向意图的完成，造成转向不便或导致事故发生，本任务介绍机械转向系统的组成、工作原理和检修步骤。

任务目标

1. 能查阅维修资料，获取机械转向系统信息。
2. 能识别机械转向系统组成件，说明工作过程。
3. 能检查机械转向系统组成件的技术状况。
4. 能正确拆解调整机械转向器。
5. 培养主动学习、安全学习及交流学习的能力，培育工匠精神。

知识链接

机械转向系统通常由转向操纵机构、转向器和转向传动机构组成。

3.1.1　转向操纵机构

转向操纵机构主要包括转向盘（方向盘）和转向柱，如图 3-1-1 所示。

动画
机械转向系统

微课
转向操纵机构
的拆装与检修

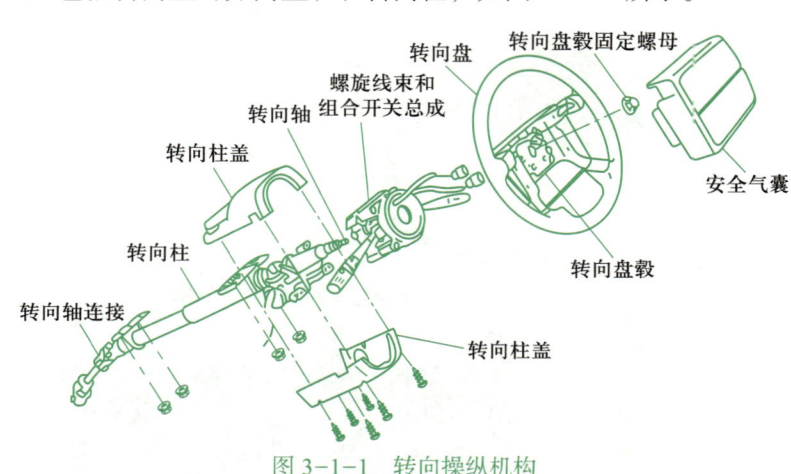

图 3-1-1　转向操纵机构

1. 转向盘

转向盘呈圆形，主要作用是将驾驶人施加在转向盘的力矩传递给转向柱。转向盘通过细齿花键与转向轴连接，并用螺母或螺栓紧固，其内部由金属骨架构成，骨架的外面一般包有柔软的合成橡胶或树脂，起到缓冲作用。现代汽车的转向盘上除了安装有喇叭控制开关和安全气囊，通常还安装有自动巡航、音响娱乐等系统的控制开关，构成了多功能转向盘。当转向盘转动时，这些电气元件也随之转动。为了保证它们的正常工作，这些电气元件的线束需要使用螺旋线束。

2. 转向盘自由行程

机械转向系统中各传动部件之间存在装配间隙，这些间隙随着零件的磨损将逐渐增大。因此，在转向盘转动过程的初始阶段，只需要很小的力矩就能够转动转向盘，该力矩便用来克服转向系统内部的摩擦，这一阶段称为转向盘的空转阶段。此后，需要对转向盘施加较大的力，以克服车轮传递到转向节上的转向阻力，从而使转向轮偏转。转向盘在空转阶段的转动量称为转向盘自由行程，一般用角度表示。转向盘自由行程对于缓和路面冲击及避免驾驶人过度紧张是有利的，但过大的自由行程会影响转向灵敏性。一般规定转向盘从直行中间位置向任一方向的自由行程不超过15°。当零部件磨损，使转向盘的自由行程过大时，必须进行调整，通常是通过调整转向器传动副的啮合间隙来调整转向盘自由行程。

3. 转向柱

转向柱位于转向盘和转向器之间，主要作用是将来自转向盘的转向力矩传递给转向器。转向柱主要由转向柱管、转向轴、转向传动轴、万向节、调整手柄等组成，如图3-1-2所示。

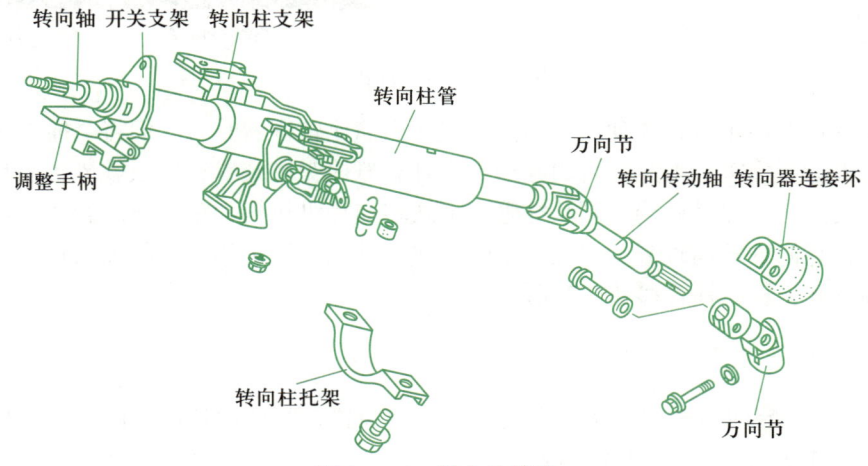

图3-1-2　转向柱组成

转向轴通过轴承支承在转向柱管中，上端通过细齿花键与转向盘连接，并用螺栓或螺母紧固，下端通过万向节（通常称为上万向节）连接转向传动轴。转向传动轴也叫中间轴，它穿过地板通孔，并通过万向节（通常称为下万向节）或挠性联轴器与转向器输入轴连接，如图3-1-3所示。万向节既能保证转向轴、转向传动轴和转向器输入轴正常转动，又允许转向轴与转向器输入轴有一定的轴向移动。地板通孔用专用脚底护板覆盖，该脚底护板上装有油封和消声器，以满足降噪、防尘、防风的要

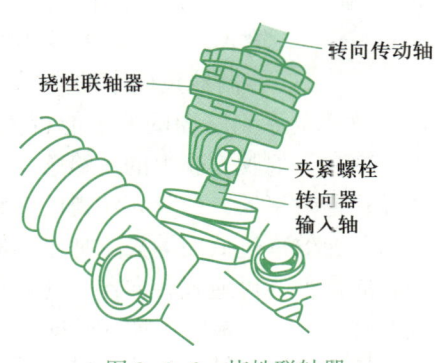

图3-1-3　挠性联轴器

求。另外，转向轴的上端通常安装有转向柱锁盘，并与转向柱锁配合，实现转向柱锁止功能。

转向柱管通过支架安装在车身上，它除了支承转向轴外，同时也为一些开关元件（如刮水器开关总成、转向信号灯开关等）提供安装位置。转向柱管上还有转向柱锁，车辆起动开关关闭后，转向柱被锁止，实现车辆防盗功能。电子转向柱锁系统的部件损坏，车辆将不能起动。因此，在维修转向柱时应避免损坏防盗系统部件及相关电路。

转向柱暴露在仪表台上方的部分覆盖有装饰盖，它把一些安装支架及导线隐藏起来。转向柱装饰盖通常由两部分组成，即上装饰盖和下装饰盖。转向柱下部安装有膝垫，它可以减轻车辆发生碰撞时对驾驶人的伤害。

驾驶人不同的驾驶姿势和身材对转向盘的最佳操纵位置有不同的要求。而且，转向盘的位置往往会与驾驶人进出汽车的方便性产生矛盾。为此，大多数转向柱设计有倾斜角度调整机构，有些转向柱还设计有长度伸缩调整机构，以帮助驾驶人将转向盘调整到舒适的位置，转向柱上设计有专门的调整手柄，如图3-1-4所示。个别车辆采用电动调整方式。

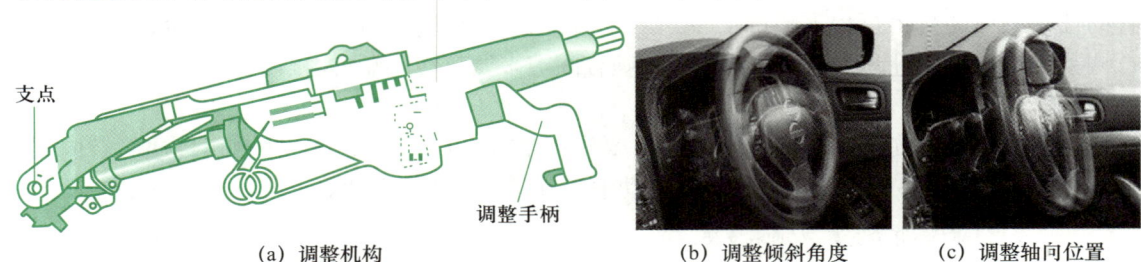

(a) 调整机构　　　　　　　(b) 调整倾斜角度　　　　　　(c) 调整轴向位置

图 3-1-4　转向盘调整

转向盘及转向柱正对着驾驶人，当汽车正面碰撞比较剧烈时，它们将会撞击驾驶人的胸部，对驾驶人造成伤害。因此，转向柱通常设计有碰撞吸能装置，以吸收撞击能量，常见的有可分离式安全转向操纵机构、网状柱管变形式转向操纵机构和钢球滚压变形式转向操纵机构。结构上，它们的转向轴分为两段，塑性连接，转向柱管可移动、收缩或错位。受到撞击时，转向轴断开，转向柱管移动或变形。

3.1.2　转向器

转向器是转向系统中的减速传动装置，其作用是增大由转向盘传到转向节的力，并改变力的传动方向。

转向器的输出功率与输入功率之比称为转向器传动效率。当功率由转向盘输入，从转向器输出时，所求得的传动效率称为正效率；反之则称为逆效率。转向器正效率的高低关系到转向操作的轻便性，转向轻便需要正效率高。转向器逆效率关系到路面的冲击能否传递到转向盘上，影响到驾驶人从转向盘得到的"路感"。逆效率高，驾驶人获得的"路感"强，在不良路面行驶时，甚至可能出现转向盘"打手"的情况；逆效率低，驾驶人获得的"路感"差，转向轮的自动回正和维持直线行驶的作用会因转向器逆效率过低而消失，加重驾驶人的操作量，也增加驾驶人精神的紧张程度。逆效率高的转向器称为可逆式转向器，逆效率低的转向器称为不可逆式转向器，逆效率略高于不可逆式的转向器称为极限可逆式转向器。经常行驶在良好路面的汽车多采用可逆式转向器。

按传动副的结构形式，转向器可分为齿轮齿条式、循环球式、蜗杆曲柄指销式和蜗杆滚轮式等几种。齿轮齿条式转向器具有结构简单、质量小、转向灵敏、成本低、便于布置等特点，在电动汽车转向系统中较常使用。

如图 3-1-5 所示，齿轮齿条式转向器主要由输入轴、小齿轮、齿条、转向器壳体等组成。输入轴通过轴承支承在转向器壳体中，并且采用油封密封。它上部通过花键与转向柱下万向节配合，下部加工有小齿轮，小齿轮与齿条啮合。齿条安装在管形转向器壳体内，并通过弹簧及压块紧压在输入轴的小齿轮上，以减轻或避免小齿轮受到振动或冲击。齿条两端通过球节（通常称为内球节）连接转向横拉杆，球节可以满足转向轮相对于转向器空间运动的要求。管形转向器壳体两侧各安装有一个防护罩，并用卡箍紧固，它们将齿条、转向横拉杆、内球节等密封起来，可防止水、灰尘或者其他污染物进入转向器。

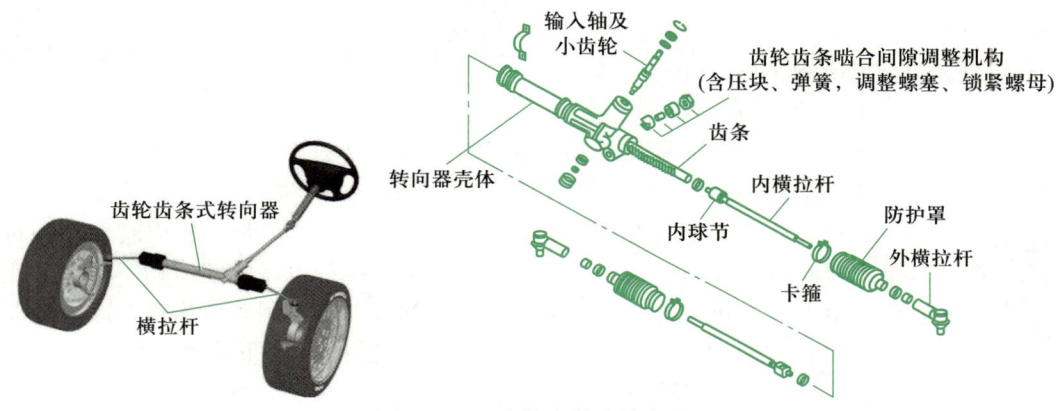

图 3-1-5　齿轮齿条式转向器

齿轮齿条式转向器工作原理如图 3-1-6 所示，转向时输入轴上的小齿轮从转向轴获得旋转力矩，驱动与之啮合的齿条做横向移动，与齿条直接连接的转向横拉杆也随之横向移动，从而驱动转向传动机构中的其他部件工作，使转向轮偏转相应的角度，实现汽车转向。个别车辆采用可变传动比（Variable Gear Ratio，VGR）的齿轮齿条进行啮合，正常传动比出现在转向齿条的前方位置附近，可使转向操作平稳起动，大传动比出现在靠后的位置，可减小从一个极限位置到另一个极限位置所需转角。

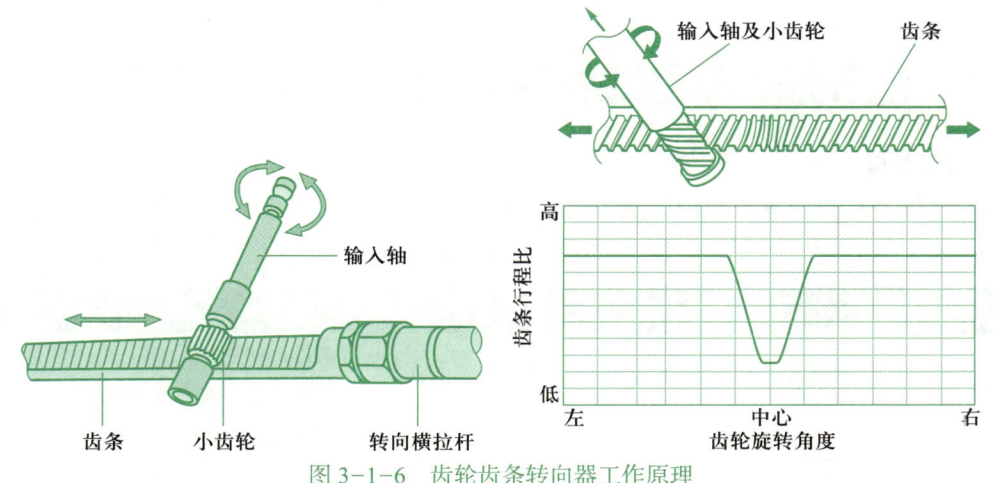

图 3-1-6　齿轮齿条转向器工作原理

3.1.3 转向传动机构

转向传动机构将转向器输出的力传递给转向桥两侧的转向节，使两侧转向轮偏转。同时，它使两侧转向轮偏转角度按一定关系变化，以保证汽车转向时车轮与地面的相对滑动尽可能小。

拉杆式转向传动机构与齿轮齿条式转向器配合使用，主要由横拉杆、梯形臂、转向节、球节等组成，如图3-1-7所示。当齿条左右移动时，横拉杆也随之等量移动，推动梯形臂及转向节绕着支点转动，从而使转向轮偏转相应的角度。

横拉杆是转向梯形机构的底边，齿轮齿条式转向器两侧各有一根转向横拉杆，连接在齿条和梯形臂之间。横拉杆由内横拉杆和外横拉杆组成，外横拉杆套在内横拉杆一端，并用锁紧螺母锁紧，如图3-1-8所示。松开锁紧螺母，转动内横拉杆，可以调整横拉杆的长度，从而调整转向轮前束。由于悬架在转向时会产生变形，所以转向轮相对于车架或转向器的运动是空间运动，因此转向横拉杆也是空间运动。为了防止其运动产生干涉，转向传动机构中所有运动部件大都使用球节连接，球节跟随转向传动机构左右移动，并且允许相关部件跟随悬架上下跳动。球节主要由球头、球头销、球头座及防尘罩等组成。球节的润滑至关重要，因此有些球节设计有润滑脂加注孔。越来越多汽车使用密封式球节，不需要定期加注润滑脂。

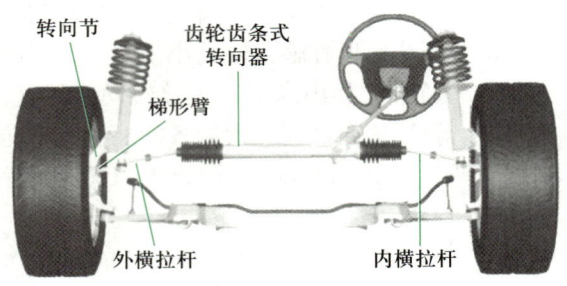

图 3-1-7 拉杆式转向传动机构

微课
转向传动机构的拆装与检修

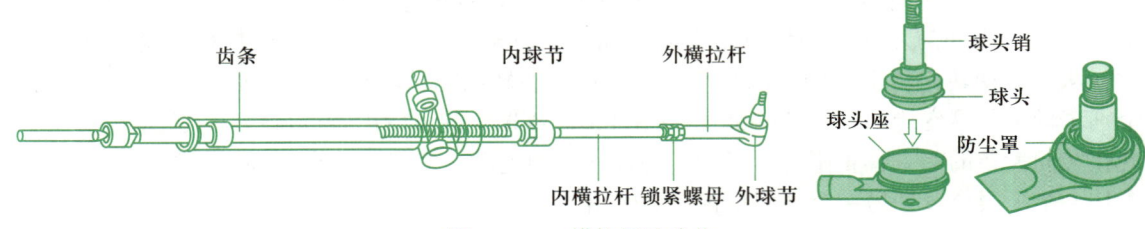

图 3-1-8 横拉杆及球节

任务实施

1. 常见故障

转向系统常见故障现象及原因见表3-1-1。

表 3-1-1 转向系统常见故障现象及原因

现象	原因
转向沉重：在汽车需要转向转动转向盘时，感到比平时沉重、费力	各部件间隙过紧、运动机件变形、缺油以及其他方面的原因，造成机件运动阻力增大甚至运动卡滞所致

续表

现象	原因
转向不灵敏，操纵不稳定：操纵转向盘时感到空旷量很大，需用较大幅度转动转向盘，才能控制汽车行驶方向；汽车直线行驶时又感到行驶不稳	由于磨损和松动导致各部件间隙过大
汽车行驶跑偏：汽车直线行驶时，驾驶人需要不断向一侧轻拉转向盘，方能保持直线行驶，否则，汽车自动向另一侧跑偏	汽车左右两边几何尺寸或滚动阻力不相等
汽车高速摆振：汽车转向盘抖动，车头在横向平面内左右振动、行驶不稳等（在某一车速范围内出现，或车速越高振动越厉害）	前车轮动不平衡或轮辋变形、转向传动机构运动干涉、车架车桥变形及悬架故障

2. 实施过程

（1）维修准备

准备车辆设备、维修资料及拆装、测量工具。

（2）车上部件认识与检修

① 查询维修手册，获取机械转向系统的说明、部件拆装步骤及检查事项。

② 高压安全提示：查看故障指示灯及进行绝缘检查等，确定车辆是否有高压故障；确认机械转向系统检修是否需要拆装高压部件和进行高压上电等。

③ 参考步骤。

a. 转向盘拆装。

拆卸转向盘时必须断开蓄电池负极，以断开安全气囊的工作电源，同时对齐螺旋线束的安装标记，以防其损坏。转向盘与转向柱之间有安装位置要求，安装时必须对准标记，否则转向盘无法安装到位，可能造成左右转向量不同及直线行驶时转向盘不在中间的故障。

b. 转向盘检查。

如图3-1-9所示，检查转向盘自由行程时，使汽车处于直线行驶的位置，车辆上电，左右转动转向盘最大自由行程，由中间位置向左或向右转动转向盘，均不应超过规定值。检查转向盘是否松动和摆动时，两手握住转向盘，将转向盘上下、前后、左右方向摇动推拉，应无松旷的感觉。

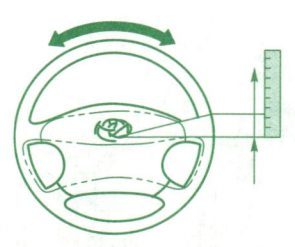 

(a) 检查自由行程　　(b) 检查转向盘是否松动和摆动

图3-1-9　检查转向盘

各车型转向盘自由行程的参数不尽相同，其测量方法可参见相关维修手册。如果转向盘自由行程不在规定自由行程的范围内，按如下步骤进行检查：检查转向横拉杆球节是否磨损;检查转向轴接头是否磨损;检查转向小齿轮或齿轮齿条是否磨损或破裂;检查其他部件是否松动。如果发现问题,应进行更换。

c. 外横拉杆拆装。

松开外横拉杆的锁紧螺母;拆卸固定转向球节螺母上的铁丝销,然后拆卸螺母;确定拆卸位置(比如转了几圈下来),以便安装到原位置;使用球节拆卸工具,将球节从转向节上拆卸下来,如图 3-1-10 所示,转动拆卸外横拉杆;按与拆卸相反的顺序安装外横拉杆。

d. 横拉杆球节检查。

检查球节间隙时,左右推拉转向传动机构的各杆件(如横拉杆),检查球节或铰链是否存在间隙,如图 3-1-11 所示。若存在间隙,则更换相应部件。

图 3-1-10　拆卸外横拉杆

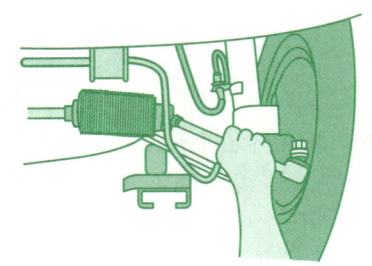
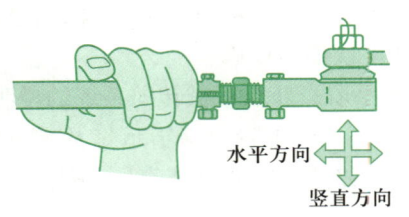

图 3-1-11　球节的检查

(3) 车下部件认识与检修

拆解检查齿轮齿条式转向器,说明其工作过程,检查各组成部件技术状况。

当齿轮齿条机构出现卡滞、松旷或转动困难时,需要检查齿轮齿条啮合间隙。齿轮齿条啮合间隙由专门的调整机构调整,调整装置包括齿条压块、调整螺塞、锁紧螺母及弹簧等,如图 3-1-12(a)所示。当调整螺塞向转向器壳体方向旋入时,啮合间隙减小;当调整螺塞向转向器壳体方向旋出时,啮合间隙增大,如图 3-1-12(b)所示。

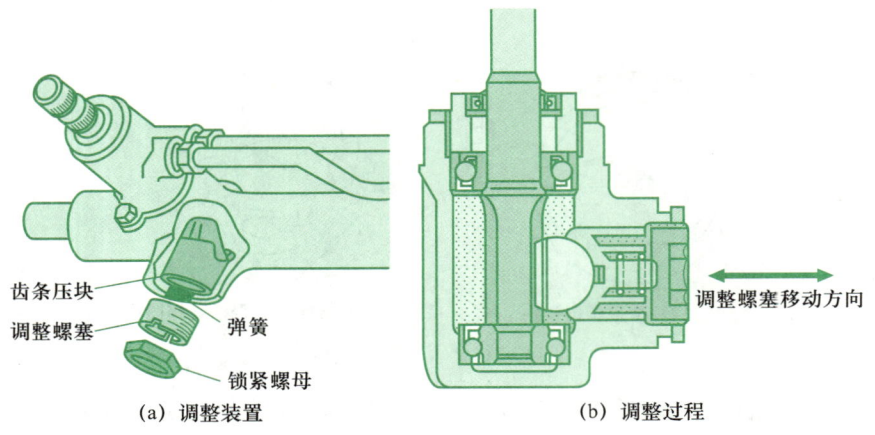

(a) 调整装置　　　　　(b) 调整过程

图 3-1-12　齿轮齿条啮合间隙的调整

齿轮齿条啮合间隙还受输入轴轴承预紧力的影响，因此输入轴轴承预紧力也需要调整，一般通过螺纹调整机构或者更换垫片来调整。有些转向器需要松开齿条压块或拆下齿条才能调整输入轴轴承预紧力，因此应该先调整输入轴轴承预紧力，然后调整齿轮齿条啮合间隙，详细信息参见维修手册。

3. 实施工单

（1）信息查询与高压安全

① 转向盘拆装步骤在维修手册上的查询路径：_____，
转向外横拉杆拆装步骤在维修手册上的查询路径：_____。

② 转向盘自由行程检查在维修手册上的查询路径：_____。

③ 高压上下电：□正常　□异常，车辆高压故障：□无　□有，转向盘拆装时是否需要拆装高压部件：□否　□是，横拉杆拆装时是否需要拆装高压部件：□否　□是。

（2）车上部件认识与检修

项目	内容及结果
转向操纵机构	转向盘上的电气开关有_____， 转向柱上的电气元件有_____， 转向盘自由行程测量值：_____，□正常　□异常，能否调整：□能　□不能；转向柱调整方式：_____；转向柱碰撞吸能形式：_____ 转向盘与转向轴连接螺栓扭矩为_____；是否断开安全气囊的工作电源：□是 □否，搬运及放置安全气囊装饰面朝□上　□下
转向器	转向器类型：_____，其上的护套及卡箍：□正常　□老化　□松动　□漏油　□其他_____
转向传动机构	横拉杆锁紧螺母扭矩为_____，其上的调整棱柱：□正常　□磨损，球节：□正常　□卡滞　□松旷，护套：□正常　□损坏　□漏油

（3）车下部件认识与拆检

项目	内容及结果
齿轮齿条式转向器	壳体：□正常　□裂纹　□变形，转向小齿轮：□正常　□变形　□齿损，齿条：□正常　□变形　□齿损，轴承：□正常　□损坏　□卡滞，压块及压簧：□正常　□变形，其他部件：□正常　□异常

4. 实施评价

自我收获	自我评价	教师评价
	□满意 □较满意 □不满意	□优秀　□良好 □合格 □不合格

习题与思考

一、判断题

1. 转向盘通常是与转向轴焊接一体的。（　　）
2. 转向盘在空转阶段的转动量称为转向盘工作行程。（　　）

3. 转向柱的方位通常是能够调整的。（　　）
4. 经常行驶在优良路面上的汽车多采用可逆式转向器。（　　）
5. 转向盘拆装前不需要断开电源。（　　）

二、不定项选择题

1. 转向柱主要由（　　）等组成。
A. 转向柱管　　　B. 转向轴　　　C. 转向传动轴　　　D. 万向节
2. 齿轮齿条式转向器的组成有（　　）。
A. 输入轴　　　B. 小齿轮　　　C. 齿条　　　D. 壳体
3. 齿轮齿条式转向器压紧机构的组成有（　　）。
A. 压块　　　B. 弹簧　　　C. 调整螺母　　　D. 锁紧螺母
4. 拉杆式转向传动机构的组成有（　　）。
A. 横拉杆　　　B. 梯形臂　　　C. 转向节　　　D. 球节
5. 球节的组成有（　　）。
A. 球头　　　B. 球头销　　　C. 球头座　　　D. 防尘罩

三、简述题

1. 简述齿轮齿条式转向器的工作过程。
2. 简述拉杆式转向传动机构工作过程。

任务 2　电动助力转向系统检修

任务引入

依靠电机动力进行转向助力在轿车上应用的越来越多，通过电控系统的控制改善和扩展转向性能，但若电动转向助力技术性能不良，将会影响转向助力能力。本任务介绍电动助力转向系统的工作过程、组成和检修步骤。

任务目标

1. 能查阅维修资料，获取电动助力转向系统信息。
2. 能识别电动助力转向系统组成部件，理解系统的工作模式。
3. 能拆检电动助力转向系统组成部件，说明其工作过程。
4. 能检查电动助力转向系统技术状况及进行相关处理。
5. 培养主动学习、安全学习及交流学习的能力，培育工匠精神。

知识链接

电动助力转向系统（Electric Power Steering，EPS）是在机械转向系统基础上加装的一套电子控制系统，能为驾驶人提供最佳转向助力，使转向更加轻松柔和，还能使车辆具有良好的直线保持以及抑制颠簸路面反作用力的能力，保证各种行驶工况下的路感，较好地解决了转向轻便性和灵敏性间的矛盾。根据电机助力位置不同，EPS 分为转向柱助力式（C-EPS）、齿轮助力式（P-EPS）和齿条助力式（R-EPS），如图 3-2-1 所示。转向柱助力式 EPS 的扭矩传感器、电机、离合器和助力机构组成一体，安装在转向柱上；齿轮助力式 EPS 的扭矩传感器、电机、离合器和助力机构组成一体，整体安装在转向小齿轮处，直接给小齿轮助力，能够获得较大的转向力；齿条助力式 EPS 的扭矩传感器单独安装在转向小齿轮处，电机与助力机构一起安装在小齿轮另一端的齿条处，用以给齿条助力。

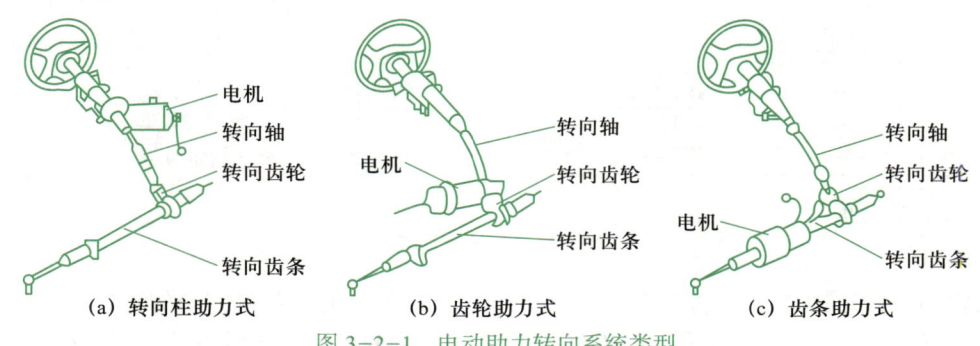

图 3-2-1　电动助力转向系统类型

3.2.1　工作过程

电动助力转向系统由扭矩传感器、车速传感器、助力机械装置、电机及助力转向控制单元等组成，如图 3-2-2 所示。在助力转向控制单元中存储有电机助力左、右转向的多条电机目标电流曲线，即助力特性曲线，反映助力电流与车速和转向扭矩的关系。

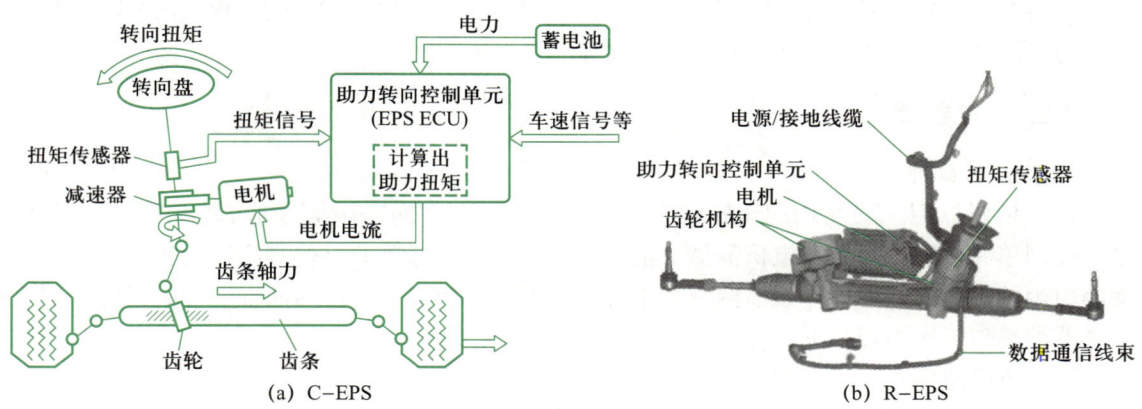

图 3-2-2　电动助力转向系统组成

不转向时，电机不工作，不助力。如图 3-2-3 所示，当驾驶人操纵转向盘时，扭矩传感器中的扭杆产生形变，其形变量与施加到转向盘的扭矩成正比，扭矩传感器将扭杆形变的角度转化成电压信号，此信号及车速信号和其他信号传给助力转向控制单元，控制单元从目标电流曲线中查找或计算出助力电流的大小和方向，控制电机输出扭矩，通过减速机构增矩后帮助驾驶人转向，减轻驾驶人转向盘的操纵力。在低速转向时的助力作用强，可获得比较

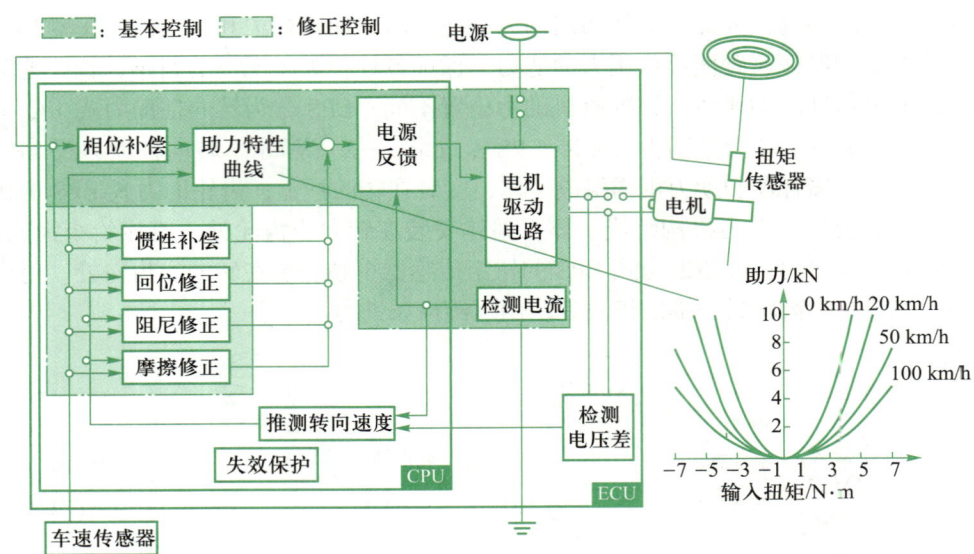

图 3-2-3 助力过程

轻便的转向特性;随着车速的升高,助力作用逐渐减弱,则可获得完全的转向"路感",从而具有较好的控制特性。为了使助力性能最佳,通常会对转向系统各方面进行补偿计算。

如果转向盘转动到最大转角位置并保持,以及转向助力达到最大时,控制单元将减小供给电机的电流,以防止电机过载和损坏电机。传统的液压助力转向系统中,助力特性的调整通过改变控制阀的结构来实现,助力特性不能相应地随车速的变化而改变。对比液压助力转向系统,EPS 助力特性的调整则相对简单、方便,可以通过软件编程将助力特性曲线设计成与车速最适合的形式,不同车型可以通过软件方便地进行调整。

随着对汽车转向各方面性能要求的提高以及对汽车智能驾驶方面的需求,EPS 除了基本的助力控制功能外,还扩展回正和阻尼控制等。

3.2.2 主要部件

1. 扭矩传感器

扭矩传感器用于检测作用于转向盘上扭矩的大小和方向,该信号是 EPS 工作的主要信号,控制单元据此信号计算电机需供电电流大小。扭矩传感器通过检测扭杆的扭转变形量来检测扭矩的大小,故扭矩传感器内部基本都有反映转向阻力产生的转向轴变形的扭杆。扭矩传感器种类与工作原理如下。

(1)电磁感应式

根据线圈电磁感应过程,电磁感应式扭矩传感器有以下几种。

① 如图 3-2-4(a)所示,在输出轴的极靴分别绕有 A、B、C、D 四个线圈,当汽车直行(转向盘处于中间位置)时,扭杆的纵向对称面正好处于图示输出轴极靴 AC、BD 的对称面上。当 U、T 两端加上连续的输入脉冲电压信号 U_i 时,由于通过每个极靴的磁通量相等,所以在 V、W 两端检测到的输出电压信号 $U_o=0\text{ V}$。当右转时,由于扭杆和输出轴极靴之间发生相对扭杆变形,极靴 A、D 之间的磁阻增加,B、C 之间的磁阻减少,各个极靴的磁通量发生变化,于是在 V、W 之间就出现了电位差,电位差与扭杆的扭转角和输入电压

U_i 成正比。所以,通过测量 V、W 两端的电位差就可以测量出扭矩值。

② 如图 3-2-4(b)所示,这种扭矩传感器由磁性环和感应线圈组成。其两端的磁性环分别与输入轴和输出轴连接,中间的磁性环代替了扭杆。当汽车转向时,输入轴与输出轴之间产生角度差,磁性环之间的间隙变化,在感应线圈中产生感应电动势,向控制单元输送相应的信号。这种扭矩传感器的体积小、精度高。

③ 如图 3-2-4(c)所示,扭杆用于连接输入轴和输出轴,输出轴上花键凸起部分由磁性物质制成,输入轴套为非磁性材料的导体,上有两排窗口,套在输出轴外侧,当有扭矩作用于输入轴时,窗口与花键凸起部分可以相对转动。在轴套外窗口的对应位置处有两个通有高频交流电的线圈,线圈的输出电路与电路板连接。这种传感器是非接触式转矩传感器。当转动转向盘时,连接输入轴和输出轴的扭杆产生扭转,使得输入轴和输出轴相对转动,从而输入轴的窗口和输出轴的凸起相对位置变化,输入轴和输出轴之间的磁场发生变化。引起两高频线圈的电场变化,线圈把这一电场变化转变成电信号传送给电路板,经电路板电路进一步处理后传送给控制单元。

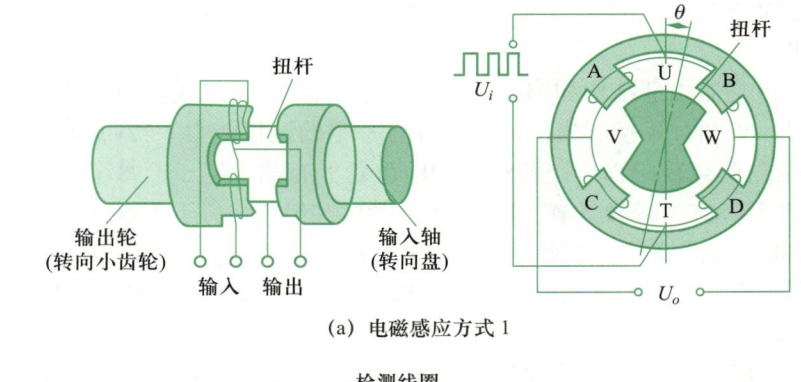

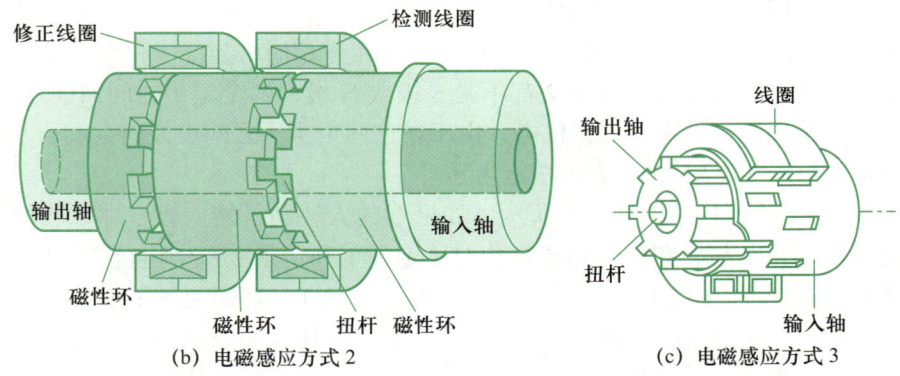

图 3-2-4 电磁感应式扭矩传感器电磁感应方式

（2）滑动电阻式

如图 3-2-5 所示,滑动电阻式扭矩传感器是将转向扭矩引起的扭杆角位移转换为电位器电阻的变化,电阻的变化会导致输出电压的变化,通过测量电压值就可以判断扭矩值。

（3）磁阻式

如图 3-2-6 所示,磁阻式扭矩传感器扭杆上端与转向轴连接,下端与转向小齿轮轴连接;信号轮是与转向柱同步转动的多极磁性转子,磁阻元件组成的集成电路作为传感头。驾

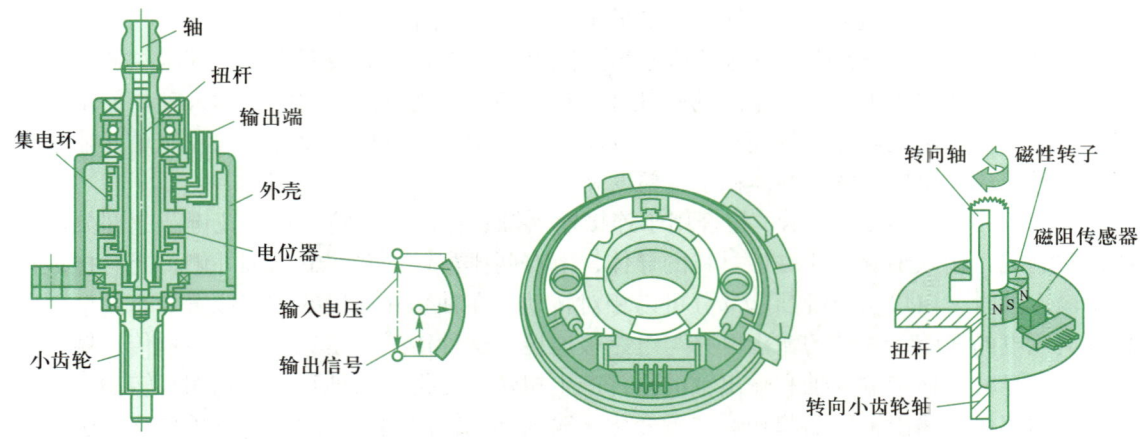

图 3-2-5 滑动电阻式扭矩传感器　　　图 3-2-6 磁阻式扭矩传感器

驶人转向时,扭杆变形带动磁性转子转动,使磁性转子和利用磁阻效应的传感头错开,从而使通过磁阻元件的磁通量发生变化,这种变化经放大后输入控制单元。

（4）霍尔式

霍尔式扭矩传感器内部结构如图 3-2-7（a）所示。在霍尔式扭矩传感器上,转向轴和转向齿轮是通过一根扭杆连接起来的,该扭杆有一定的抗扭能力。转向轴上有个 16 极环形磁铁（8 对）,该磁铁与转向轴一同转动。转向齿轮上有两个定子,每个定子有 8 个齿,定子与转向齿轮一同转动。在初始位置时,定子上的这些齿正好位于环形磁铁上相应的 N 极和 S 极之间。两个霍尔传感器与壳体刚性连接,不随着转动。

扭矩传感器工作时是非接触式的,它利用磁阻效应来工作。定子 1 和定子 2 之间磁通量强度和方向就是扭矩的直接度量,由两个霍尔传感器（冗余布置）来测量。根据所施加的扭矩大小（其实就是扭转角大小）,霍尔传感器的信号在零位和最大值之间变动。

① 零位。　如图 3-2-7（b）所示,扭矩传感器在零位时,定子 1 和定子 2 的齿正好位于两磁极之间。因此,定子 1 和定子 2 都不是 S 极或 N 极,两个定子之间没能建立起磁场。两个霍尔传感器采用 5 V 的输入电压供电。由于在这两个定子之间没能建立起磁场,这两个霍尔传感器输出电压为 2.5 V,这表示扭矩为零。

② 最大位置。　如图 3-2-7（c）所示,如果驾驶人转动了转向盘,那么转向轴和转向齿轮之间就会产生一个扭转角,环形磁铁相对于定子 1 和定子 2 发生扭转。如果定子 1 的 8 个齿正好在环形磁铁的 N 极上,同时定子 2 的 8 个齿正好在环形磁铁的 S 极上,两个定子之间会建立起磁场,霍尔传感器会侦测到这个磁场并将其转换成电信号,扭矩传感器就在最大位置上了。如果霍尔传感器 A 输出最大电压 4.5 V,那么霍尔传感器 B 就输出最小电压 0.5 V。如果转向盘转动方向与此相反,那么霍尔传感器 A 输出 0.5 V 电压,而霍尔传感器 B 输出 4.5 V 电压。

2. 转角传感器

转向盘转角传感器（Steering Angle Sensor,SAS）安装在转向柱上,作用是采集驾驶人施加在转向盘上的转向角度和角速度的信号,以识别驾驶人的转向意图。该传感器不起转向助力作用,主要用于转向盘的直线校正和自动回位等。同时,该传感器是电控悬架系统（EMS）、电子稳定控制程序（ESP）、主动前转向（AFS）和自适应前照灯（AFL）等系统工

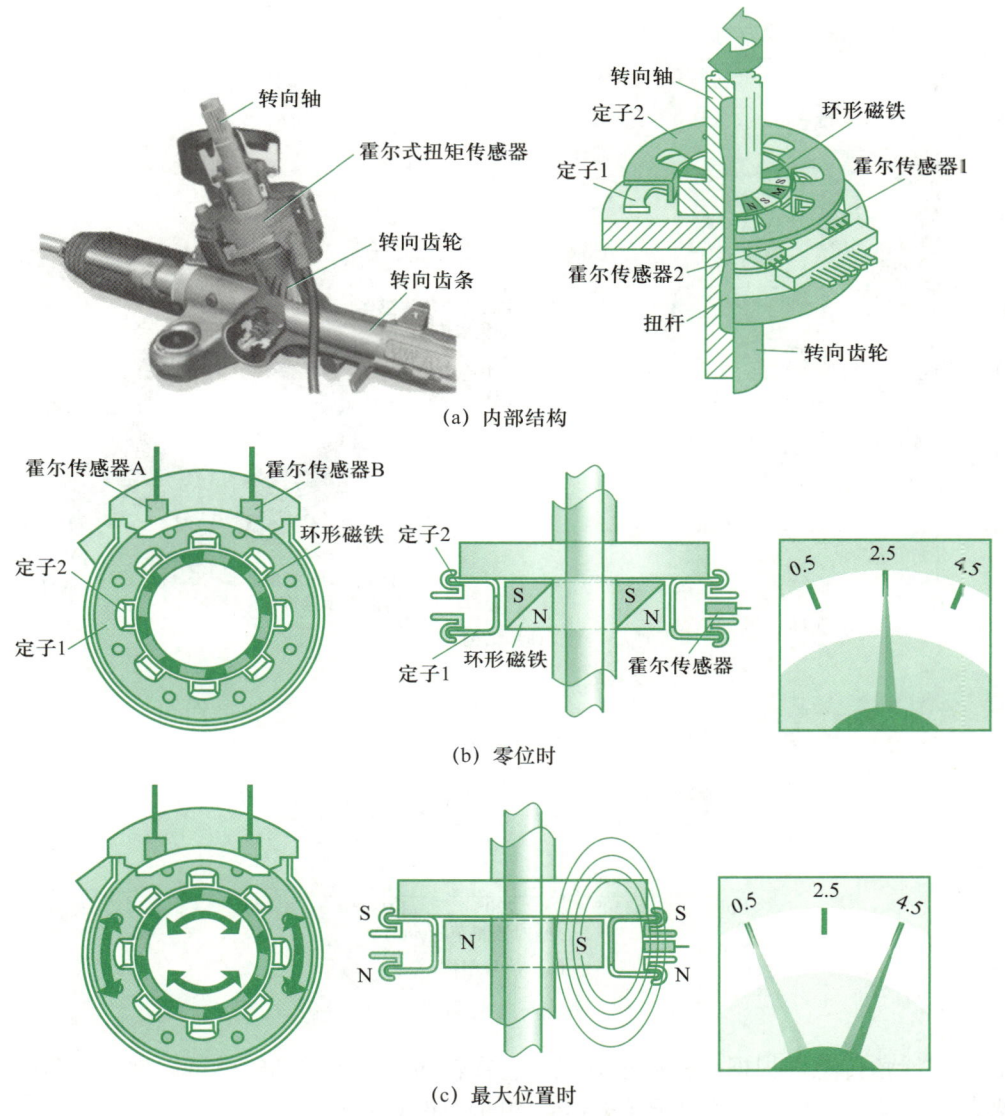

图 3-2-7 霍尔式扭矩传感器

作的主要信号。转角传感器一旦拆卸就需要标定,为避免标定错误,在拆下之前应标记它与转向柱之间的相对位置。部分车辆没有实体转角传感器,可通过安全气囊系统或电机等相关部件计算出转向盘转角信号。转角传感器主要分为磁阻式和光电式。

（1）磁阻式

图 3-2-8（a）所示为各向异性磁阻式传感器（AMR）结构,各向异性磁阻式传感器电阻随外部磁场磁通密度的变化而变化,可记录磁铁转动圈数。两个测量齿轮由转向轴上的一个大齿轮驱动,两个磁铁分别放在两个测量齿轮中,在两个磁铁上面是两个各向异性磁阻式传感器集成电路。两测量齿轮相差 1 或 2 个齿,不同圈数就会相差特定的角度,从两个齿轮所测量的角度值就可知道转向盘的每个可能的位置,可得到转向盘的转角信号。两个齿轮测量角度值的信号相位如图 3-2-8（b）所示。

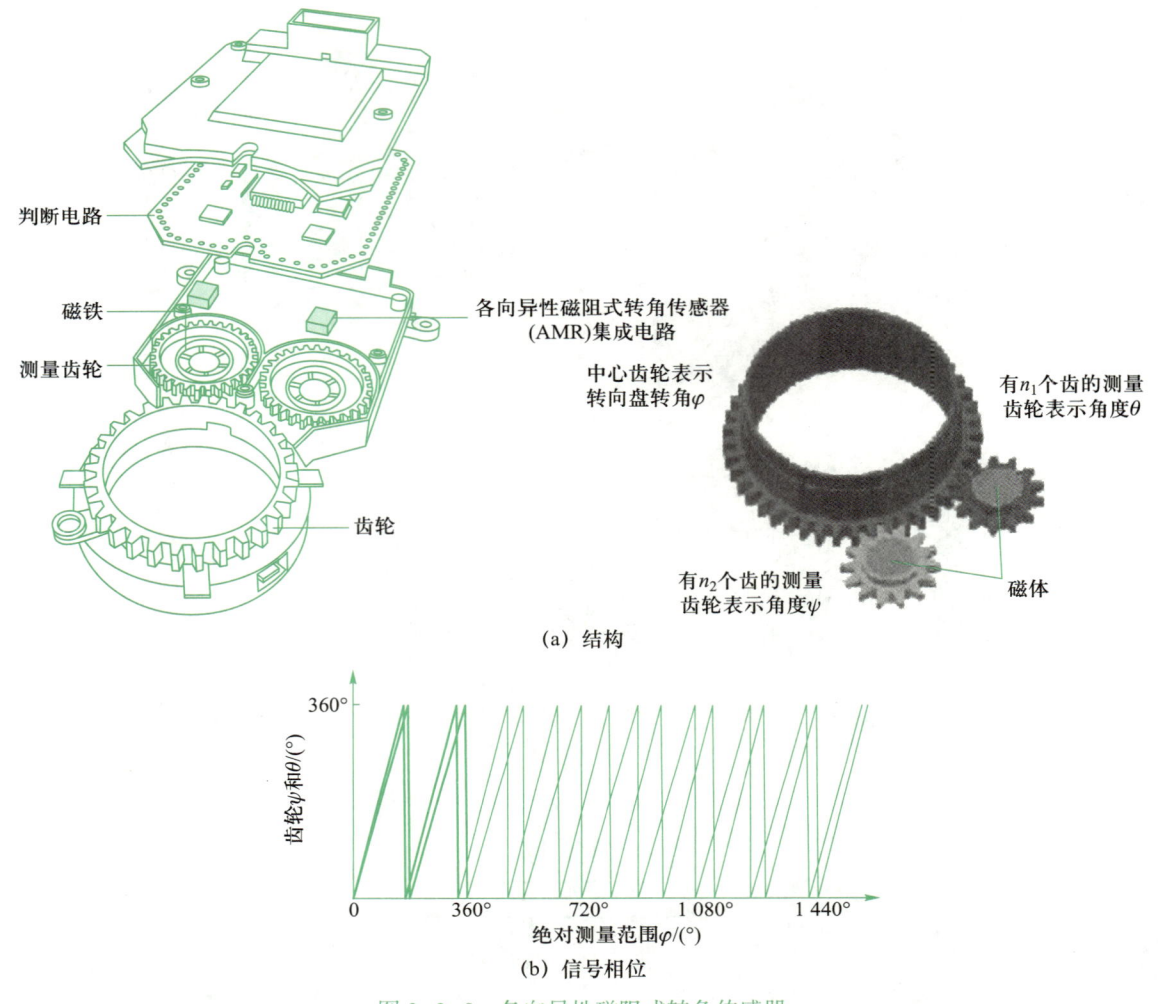

图 3-2-8 各向异性磁阻式转角传感器

磁阻式转角传感器根据游标原理制成,它在转向盘开始转动时就可以确定转角的大小,不需要静态电流。这种传感器可记录多达 4 圈的转向盘转角。

(2)光电式

光电式转角传感器主要由编码盘(编码盘与转向轴一起转动)和光电耦合对(每个光电耦合对由一个光源和一个光敏传感器)组成。其根据编码盘的环数不同,有单、双之分。如图 3-2-9 所示,单盘式转角传感器根据编码盘缝隙的形式及光电耦合对不同,又有两种情况,分别是单光电耦合和双光电耦合。

光电式转角传感器信号转子的一侧有一个光源,另一侧有一个光学传感器。当驾驶人转动转向盘时,转向柱带动转角传感器的信号转子随转向盘一起转动,光源就会通过信号转子缝隙照在光学传感器的感光元件上,产生一个电压信号;如果光源被信号转子遮住,电压信号被切断;由于信号转子缝隙间隔不同,故产生的信号电压变化也不同,从而会产生信号电压的脉冲波形。信号电压的脉冲波形在控制单元内进行处理,可以计算出转向盘转动了多少角度。

在转向盘的转向轴上安装有一个带有等距均匀分布窄缝的圆盘(编码盘),圆盘的两侧

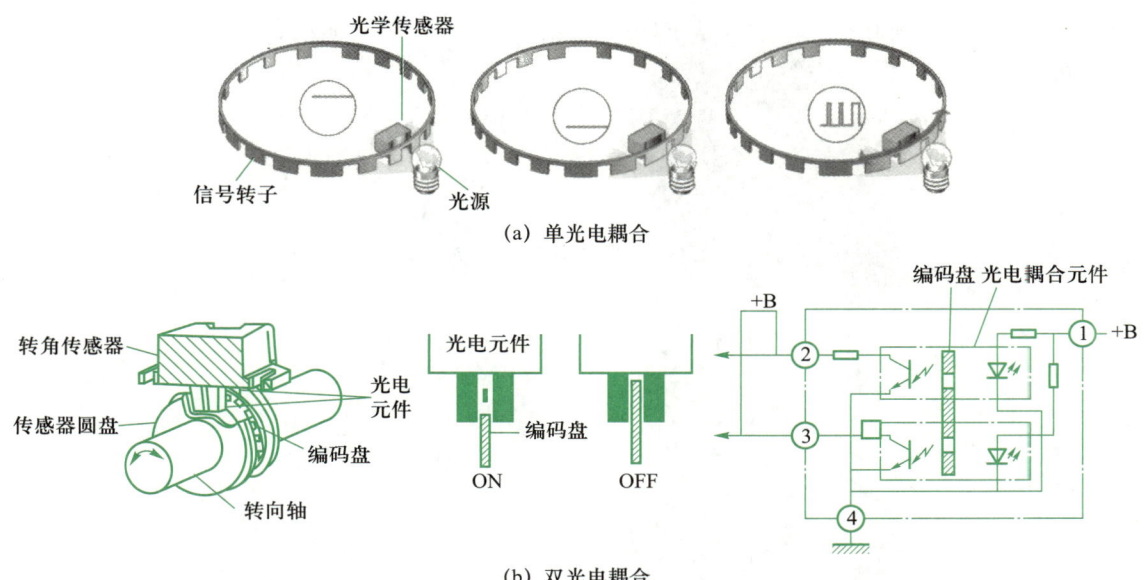

图 3-2-9 单盘式转角传感器

分别装有两个发光元件（发光二极管）和光电接收元件（光电晶体管），形成两组光电耦合对。当转向盘的转轴带动圆盘偏转时，带窄缝的编码盘使光电耦合器之间的光束产生 ON/OFF 状态的变化，这种反复变化的 ON/OFF 状态将产生与转角成一定比例的一系列数字信号，系统控制装置可根据此信号的变化来判断转向盘的转角与转速。同时，由于光电式转角传感器的两个光电耦合器 ON/OFF 信号变换的相位错开约 90°，可根据检测到的脉冲信号的相位差来判断转向盘的旋转方向。

如图 3-2-10 所示，双盘式转角传感器的编码盘（与转向轴一起转动）有两个环，外侧的叫绝对环，内侧的叫相对环。相对环分成 5 个扇区，每个扇区为 72°，由一组光电耦合对来读取。相对环的扇区上都穿有孔，同一块扇区上的这些孔的间距是相同的，但是不同扇区上的孔的间距是不同的，这就形成了扇区编码。绝对环确定角度，角度由 6 组光电耦合对来读取。双盘式转角传感器可以识别 1 044° 的转向角。它会把角度值加在一起，因此在超过了 360° 标记时，它就会识别出转向盘转超过一圈了。

双盘式转角传感器转向盘角度的测量是通过光栅原理来实现的，光栅原理示意图如图 3-2-11（a）所示，其基本组成有光源 a、编码盘 b、光学传感器 c 和 d、计数器 e，其中计数器用于传递转动的圈数，编码盘由两个环构成，一个是绝对环，一个是增量环，两个环分别由两个传感器进行扫描。为了简化结构，如图 3-2-11（b）所示，将两个带孔蔽光框放在一起，1 是增量蔽光框，2 是绝对蔽光框，在两个蔽光框之间有光源 3，其外侧是光学传感器 4 和 5。如果光透过缝隙照到传感器上，就会产生一个信号电压；如果光被遮住，这个电压就又消失了。如图 3-2-11（c）所示，如果移动蔽光框，就会产生两个不同的电压，增量传感器传送一个均匀的信号，这是因为其间隙是均匀分布的；绝对传感器传送一个不均匀的信号，这是因为其间隙是不均匀分布的。系统通过对比这两个信号，就可以算出蔽光框移动的距离，于是就确定了绝对部件运动的起始点，如图 3-2-11（d）所示。双盘式转角传感器的工作原理与此相同，只是直线运动变成了旋转运动。

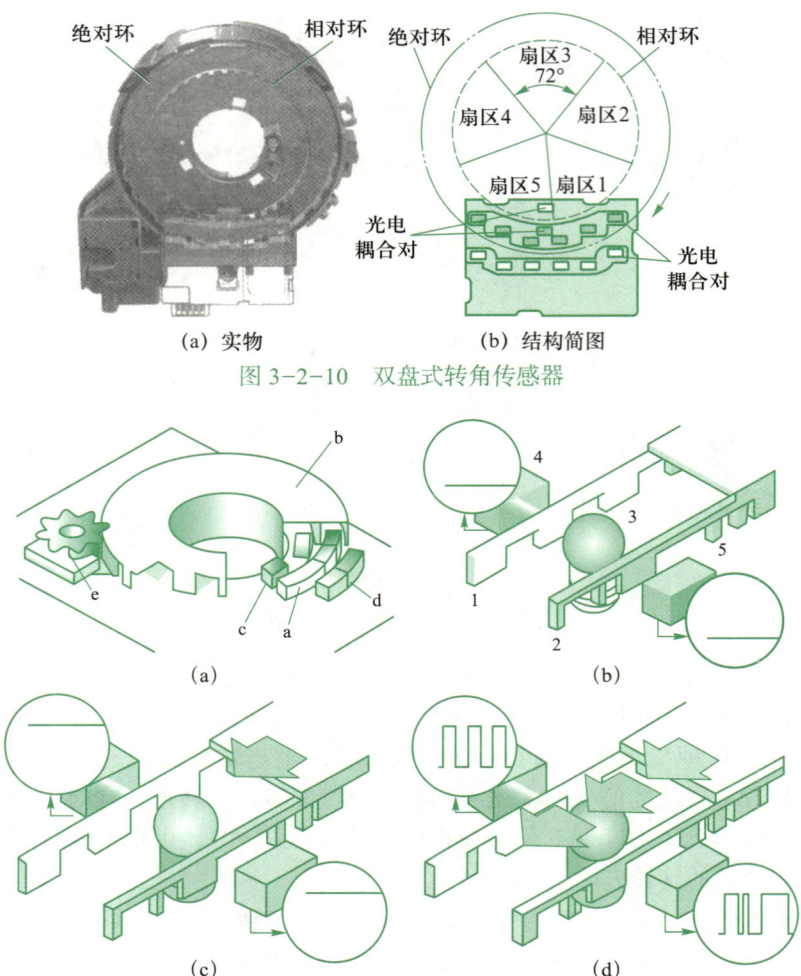

图 3-2-10 双盘式转角传感器

1—增量蔽光框；2—绝对蔽光框；3—光源；4、5—光学传感器；
a—光源；b—编码盘；c、d—光学传感器；e—计数器

图 3-2-11 光栅原理示意图

3. 车速传感器

车速信号是汽车底盘各系统工作的基本信号，一般是由车轮转速传感器计算得到，具体内容在项目 5 任务 5 中介绍。

4. EPS ECU

ECU 是 EPS 的控制核心，它根据各传感器的输入信号查找或计算出控制电机的电流值，然后发出控制指令给电机及离合器，控制其动作，如图 3-2-12 所示。蓄电池提供直流电源，EPS ECU 输出占空比信号给电机驱动电路［功率金属氧化物半导体场效应晶体管（MOSFET）或绝缘栅双极型晶体管（IGBT）］，实现不同的助力大小和方向。EPS ECU 通过监控系统的输入/输出和电机实际工作电流（电流传感器信号），实现安全保护和故障自诊断功能等。如果发生问题，通过控制单元中失效安全继电器的动作，控制单元将系统关闭，驱动信号取消，转向助力取消，系统恢复到手动转向状态，EPS 故障指示灯点亮，向驾驶人报警。有的控制单元内部集成温度传感器，用来探测转向装置的温度，当温度上升到超过设

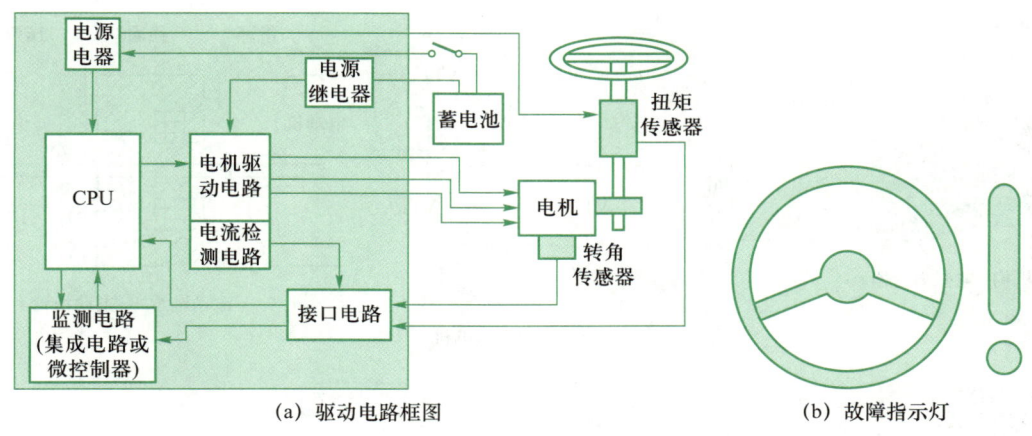

(a) 驱动电路框图　　　　　　　　(b) 故障指示灯

图 3-2-12　EPS ECU 电路框图及故障指示灯

定值时，将持续降低转向助力，减小助力电流，防止电子元件过热失效，当电流衰减至低于一定值时，则故障指示灯点亮。

5. 电机

电机的作用是根据 ECU 的控制指令输出合适的助力扭矩，它是 EPS 的动力源，分为有刷直流电机、无刷直流电机和永磁同步电机等类型。有刷直流电机可靠性差，控制程序简单；后两种可靠性高，但控制程序较复杂。

有刷永磁直流电机，连同离合器和减速齿轮，如图 3-2-13（a）所示。有刷永磁直流电机的输出转矩控制是通过控制其输入电流来实现的，而其正转和反转则是由控制单元输出的正反转触发脉冲控制的。在简单实用的正反转控制电路中，a_1、a_2 为触发信号端，从控制单元获得的直流信号输入 a_1、a_2 端，用以触发电动机产生正反转。当 a_1 端获得输入信号时，晶体管 VT3 导通，VT2 获得基极电流而导通，电流经过 VT2 的发射极和集电极、电动机 M、晶体管 VT3 的集电极和发射极搭铁，电动机有电流通过而正转。当 a_2 端获得输入信号时，晶体管 VT4 导通，VT1 获得基极电流而导通，电流经过 VT1 的发射极和集电极、电动机 M、晶体管 VT4 的集电极和发射极搭铁，电动机有反向电流通过而反转。控制触发信号端的电流大小，就可以控制电动机通过电流的大小。

早期的转向柱助力式转向系统常加装电磁离合器，电磁离合器线圈的电流和助力电机电流同时受控制单元控制，这样可以保证助力只在预定的范围内起作用。当车速、电流超过限定的最大值或转向系统发生故障时，离合器便自动切断电机动力，恢复手动控制转向。此外，在不助力的情况下，离合器还能消除电机惯性对转向的影响。现在，越来越多电动助力转向系统采用无刷直流电机或永磁同步电机，如图 3-2-13（b）所示，其驱动电路为逆变器，由控制器根据助力大小和方向产生脉宽调制信号 PWM 控制晶体管的状态，将直流电压转变为所需的三相交流电，使用这种助力电机，通常取消了电磁离合器。

6. 减速机构

减速机构用来增大电机传递给转向器的扭矩，主要有双行星齿轮减速机构和蜗轮蜗杆减速机构两种形式。由于减速机构对系统工作性能的影响较大，因此在降低噪声、提高效率和左右转向操作的对称性方面对减速机构要求较高。蜗轮蜗杆转向机构由蜗轮和蜗杆组成，用于传递两空间交错轴之间的运动和动力，通常两轴交错角为 90°，如图 3-2-14 所示。

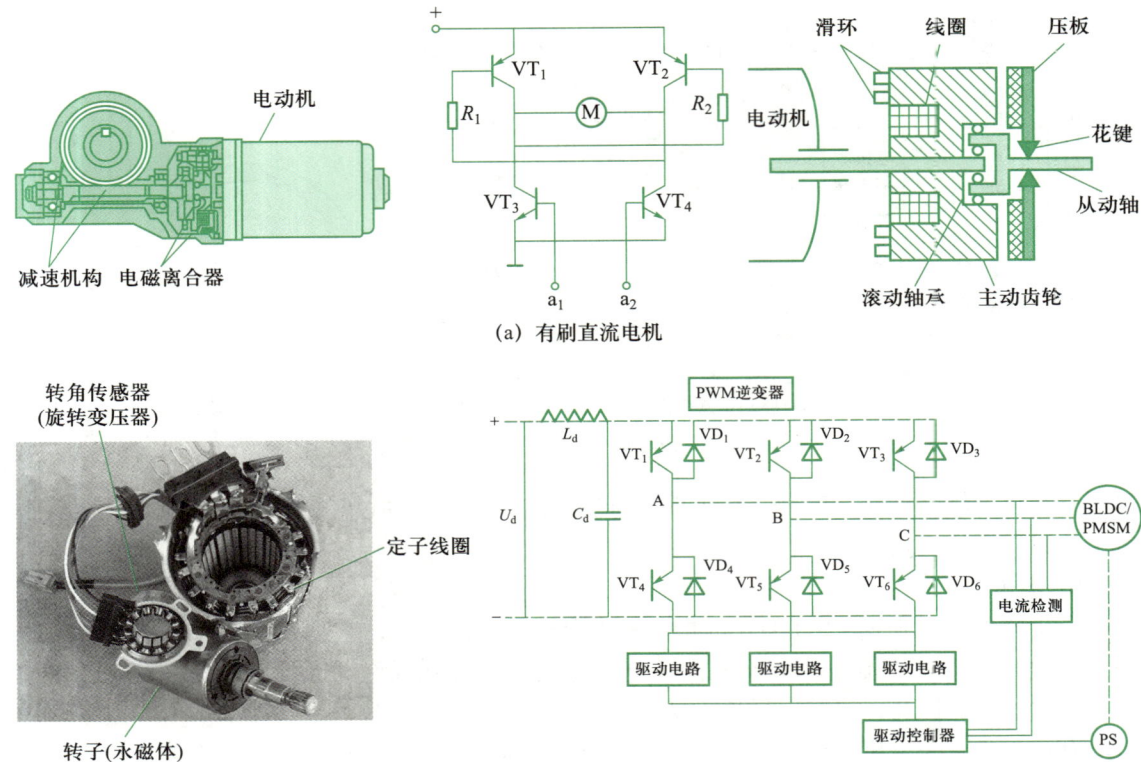

(a) 有刷直流电机

(b) 无刷直流电机（BLDC）/ 永磁同步电机（PMSM）

图 3-2-13　EPS 系统电机

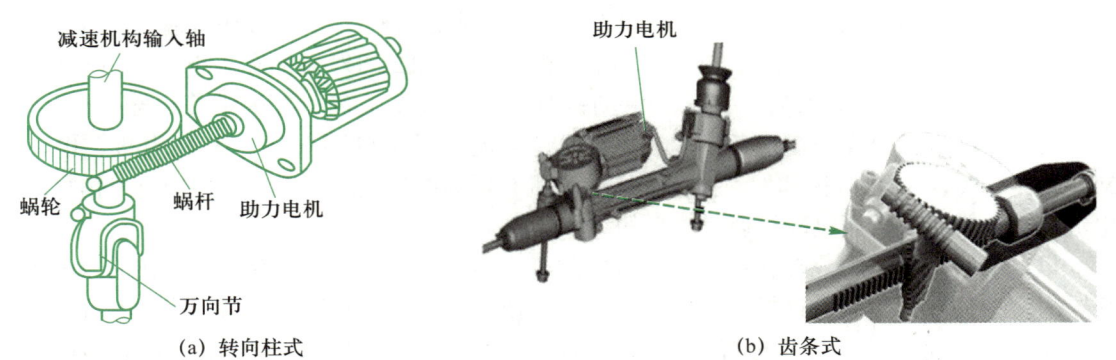

(a) 转向柱式　　　　　　　　　　　(b) 齿条式

图 3-2-14　蜗轮蜗杆减速机构

个别车型采用的电动机械式转向器是由齿轮齿条式转向器和循环球式转向器的部件组合而成，由电机、循环球机构（循环球螺母、螺杆）、齿轮齿条和转向助力控制单元等组成，如图 3-2-15 所示。循环球转向器由与齿条平行布置的电机和齿形带驱动。因为这个力或者说驱动扭矩不需要换向，所以也称之为"平行轴传动（APA）"。循环球螺母安装在带有螺杆的齿条上，电机通过齿形带来使循环球螺母旋转，从而通过循环球机构来将电机的转动转换成齿条的横向运动。根据转向方向情况，循环球螺母顺时针或者逆时针转动。由于齿条设计成螺杆形，循环球螺母的转动就会推动齿条向相应的方向移动。

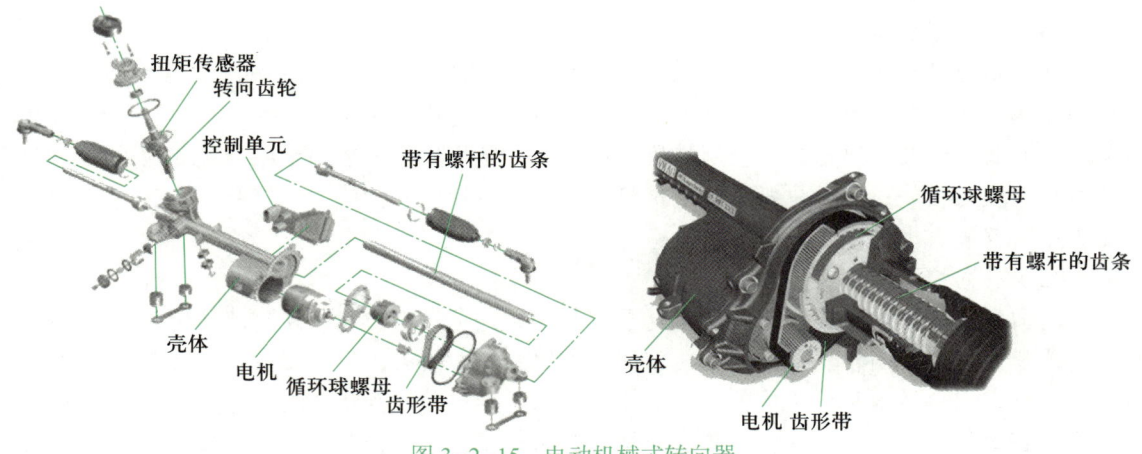

图 3-2-15 电动机械式转向器

> **扩展知识**
>
> ### 线控转向系统
>
> 线控转向系统有基于 EPS 的线控转向系统和完全的线控转向系统（Steering By Wire，SBW）两种情况。线控转向系统就是把传统的依靠转向柱连接转向机构来实现转向的方式转换为通过传感器检测转向盘角度信号，并通过控制单元控制伺服电机来完成驱动转向的转向系统。线控转向系统取消了传统的机械转向装置，转向盘和转向轮之间无机械连接，可以减轻车体质量，消除路面冲击，具有减小噪声和隔振等优点。
>
> 汽车线控转向系统结构与工作原理如图 3-2-16 所示，主要由转向盘模块、转向控制模块和转向执行模块组成。
>
>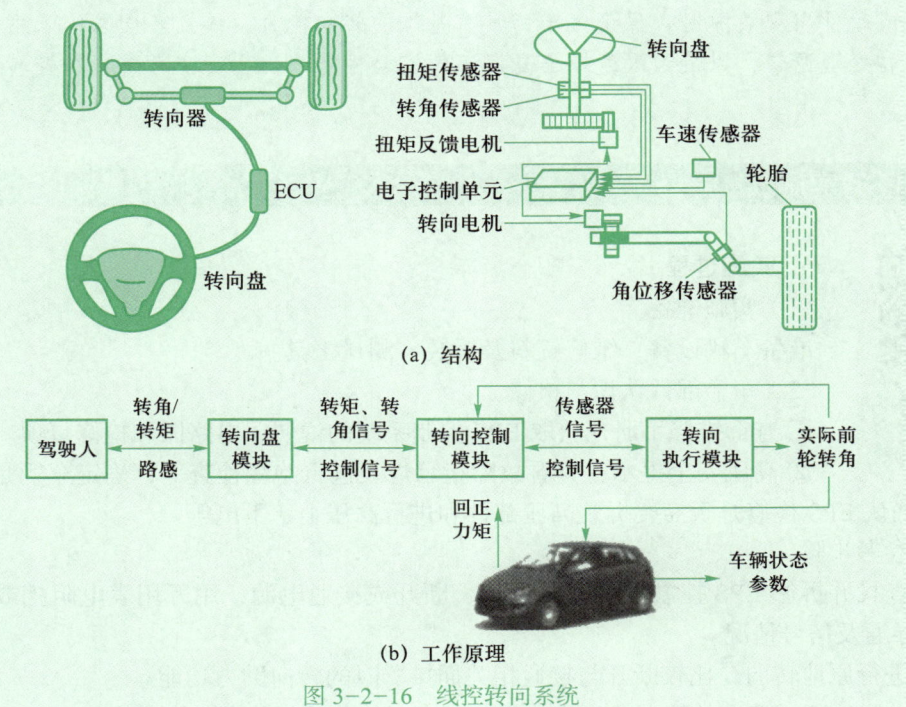
>
> 图 3-2-16 线控转向系统

（1）转向盘模块

转向盘模块包括转向盘、扭矩传感器、转角传感器、扭矩反馈电机和机械传动装置。转向盘模块的主要作用是接收驾驶人输入的转向盘转角或者扭矩信号，并通过传感器将输入信号转为电信号传递给转向控制模块，由转向控制模块根据控制策略产生相应的信号传递给转向执行模块；同时扭矩反馈电机根据转向控制模块发出的控制信号，产生相应的回正力矩给驾驶人提供不同工况下的路感。

（2）转向控制模块

转向控制模块包括车速传感器和电子控制单元，也可以增加横摆角速度传感器和加速度传感器。转向控制模块是线控转向系统的控制中心和决策中心，是线控转向系统最为核心的部分，它通过采集传感器信号，对驾驶人意图和当前汽车状态进行判断，根据提前设定好的控制策略做出合理决策，给出所需的前轮转角；然后控制转向执行模块的转向电机带动前轮转到目标转角，实现转向意图。同时，转向控制模块根据车辆的前轮转角信号、一系列轮胎力信号以及驾驶人意图，然后通过路感模拟决策发出指令控制扭矩反馈电机输出力矩反馈路面情况，保证其能够给驾驶人提供舒适良好的路感。

（3）转向执行模块

转向执行模块包括角位移传感器、转向电机、齿轮齿条转向机构和其他机械转向装置等，其功能主要是接收转向控制模块发出的转向指令，并由转向电机产生合适的转矩和转角，控制车轮转向；同时前轮角位移传感器实时监测前轮转角及其变化，并接收路面信息，将其转换为电信号，反馈给转向控制模块作为路感模拟的输入信号。

除此之外，故障容错系统是线控转向系统不可或缺的重要部分，它时刻监测着线控转向系统各个部分的反馈状态和工作情况，针对不同的故障形式采取不同的处理措施，在部分硬件或软件出现故障时，保证汽车仍具有基本的转向能力。线控转向系统采用严密的故障检测和处理逻辑，以最大限度地提高汽车的安全性能。出于安全考虑，线控转向系统还没完全量产使用。

 任务实施

微课
电动助力转向系统故障检修

1. 实施过程

（1）实施准备

准备车辆设备、维修资料及拆装、测量工具。

（2）车上部件认识与检修

① 查询维修手册，获取 EPS 控制系统的说明、电路图和检修事项。

② 高压安全提示：查看故障指示灯及进行绝缘检查等，确定车辆是否有高压故障；确认 EPS 检修是否需要拆装高压部件和进行高压上、下电等。

③ 参考步骤

a. 查找并拆卸 EPS 控制系统控制元件，断开或接通电源，用万用表电阻挡或电压挡检查线路导通及信号情况。

b. 进行原地转向，比较断开与接通相关插接器时的转向助力功能。

c. 设置故障，读取故障码，观察指示灯，参考维修手册进行诊断处理。

d. 进行原地转向，读取系统工作数据流，理解系统工作过程，判断控制元件状况；对转角传感器进行标定。

　　e. 连接诊断仪，尝试读取车辆在道路上行驶时的数据流。

（3）车下部件认识与检修

拆解动力转向器总成，认识扭矩传感器、电机、减速机构、助力小齿轮等。

微课　电动助力转向器拆装与检修

2. 实施工单

（1）信息查询与高压安全

① EPS 控制系统说明在维修手册上的查询路径：＿＿＿＿＿＿＿＿＿＿＿＿＿＿＿＿，获取到□组成　□控制项目或策略＿＿＿＿＿＿＿＿＿＿＿＿＿＿＿＿＿＿＿＿＿，扭矩传感器类型：□无说明　□霍尔式　□电磁式　□其他＿＿＿＿＿＿，电机类型：□无说明　□有刷直流　□无刷直流　□永磁同步　□其他＿＿＿＿＿＿，减速机构类型：□无说明　□蜗轮蜗杆　□双行星齿轮。

② EPS 控制系统电路图在维修手册上的查询路径：＿＿＿＿＿＿＿＿＿＿＿＿＿＿＿＿，系统组成：＿＿＿＿＿＿＿＿＿＿＿＿＿＿＿＿＿＿＿＿＿＿＿＿＿＿＿＿＿＿＿＿＿＿＿，控制（工作）过程：＿＿＿＿＿＿＿＿＿＿＿＿＿＿＿＿＿＿＿＿＿＿＿＿＿＿＿＿。

③ 高压上下电：□正常　□异常，高压故障：□无　□有，EPS 控制系统检修是否需要拆装高压部件：□否　□是。

（2）车上部件认识与检修

项目	内容及结果
EPS 系统	助力功能：□正常　□异常；扭矩传感器位于＿＿＿＿＿＿，插接器端子数：＿＿＿＿＿，转向盘转角信号：□无　□有（□实物测量　□软件计算），助力方式：□转向柱　□转向器输入轴　□转向齿条　□其他＿＿＿＿＿＿；EPS ECU 位于＿＿＿＿＿＿，EPS ECU 电源线路熔丝容量：＿＿＿＿＿＿，电源线路通断情况：□通　□断，网络通信端子号：＿＿＿＿＿＿，EPS ECU 与扭矩传感器间能否线路测量□能　□否；EPS ECU 与电机是否集成一体：□是　□否
诊断仪使用	故障现象：＿＿＿＿＿＿＿＿＿＿＿＿，故障指示灯符号：＿＿＿＿＿＿，故障码及诊断测试过程维修手册说明：＿＿＿＿＿＿＿＿＿＿＿＿；助力正常时数据流：＿＿＿＿＿＿＿＿＿＿＿＿＿＿＿＿＿＿＿＿＿＿＿＿＿＿＿＿＿＿＿；助力电机能否主动测试：□能　□否，转向盘转角对中标定过程：＿＿＿＿＿＿＿＿＿＿＿＿＿＿＿

3. 实施评价

自我收获	自我评价	教师评价
	□满意	□优秀　□良好
	□较满意	□合格
	□不满意	□不合格

习题与思考

一、判断题

1. EPS 失效时，仍然需要能够进行机械转向。（　　　）

2. EPS ECU 可对助力大小和方向进行控制。（　　）
3. EPS 助力大小随车速升高而变大。（　　）
4. 扭矩传感器内部有扭杆。（　　）
5. 转向盘转角信号由实物测量或相关计算得出。（　　）

二、不定项选择题

1. EPS 助力位置有（　　）。
　A. 转向柱　　　　　B. 转向器输入轴　　C. 转向齿条　　　　D. 转向拉杆
2. EPS 系统组成有（　　）。
　A. 扭矩传感器　　　B. EPS ECU　　　　C. 电机　　　　　　D. 减速装置
3. 扭矩传感器类型有（　　）。
　A. 电磁感应式　　　B. 电位计式　　　　C. 磁阻式　　　　　D. 霍尔式
4. 转角传感器类型有（　　）。
　A. 光电式　　　　　B. 电磁感应式　　　C. 电位计式　　　　D. 磁阻式
5. EPS 扩展控制功能有（　　）。
　A. 回正　　　　　　B. 阻尼　　　　　　C. 制动　　　　　　D. 驱动

三、简述题

1. 简述电动助力转向系统的助力过程。
2. 简述线控转向系统的工作过程。

 素 养 课 堂

6S 与工匠精神

小张是刚到汽车机电维修岗位实习的学生，一开始不注意将使用后的工具及时归位，乱扔乱放，几次都因未正确归位不能快速找到所需工具，借也借不到，急得团团转，既耽误了维修时间，也降低了工作效率，受到客户埋怨和班组长的批评。好在经过几次教训，小张意识到了工具归位的重要性，每次用完都及时把工具放回原位置，保证下次使用时能够及时找到。小张不及时将工具归位是职业素养不足的表现，在从事新能源汽车底盘维护修理工作时应遵守 6S 现场管理。6S 是指整理、整顿、清扫、清洁、素养、安全六个项目，有各自的含义。

小刘是去年参加全国职业院校技能大赛汽车技术赛项的学生，在半年多的训练中，过着训练场、食堂和宿舍三点一线的生活。他不分寒暑、不分昼夜泡在训练场；在老师的指导下，他熟悉车辆、查询资料、研究赛项、验证优化流程、分析数据、虚心请教、记录总结等；在大赛中，他职业素养好，电路图查询熟练，操作规范，故障分析处理科学，在坚信付出会有收获的心理状态下，获得了二等奖的好成绩。参加职业院校技能大赛的学生展现出的精神就是工匠精神：吃苦耐劳、一丝不苟、严谨认真、精益求精、不断创新、高标准严要求完成任务。

项目 4

行驶系统

任务 1　车轮与轮胎检修

任务引入

轮胎与地面间的作用力是汽车正常行驶的根本，因此，车轮及轮胎的技术状况对底盘各系统性能的发挥及安全行驶至关重要。本任务介绍车轮和轮胎的组成及检修步骤。

任务目标

1. 能查阅维修资料，获取车轮和轮胎信息。
2. 能掌握轮胎的组成及规格。
3. 能掌握胎压监控系统的组成及工作过程。
4. 能检查车轮及轮胎技术状况及进行相关处理。
5. 培养主动学习、安全学习及交流学习的能力，培育工匠精神。

知识链接

车轮与轮胎组合为一体安装在车桥上，又称车轮总成，其位于车身与路面之间，是汽车行驶系统中的重要组成部分，如图 4-1-1 所示。其功用有：支撑汽车自身质量及其装载质量；缓冲车轮受路面不平引起的冲击振动，提高汽车通过性；通过轮胎和地面间的附着作用产生驱动力和制动力；抵抗侧滑并能产生回正力矩，保证汽车正常的行驶及转向。

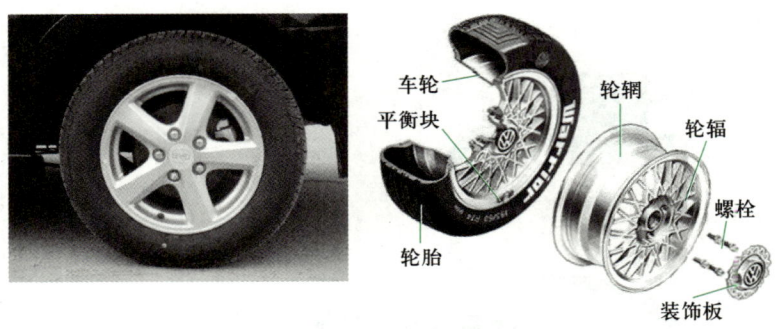

图 4-1-1　车轮总成

4.1.1　车轮

车轮是介于轮胎和车桥之间承受负荷的旋转组件，通常由轮辋和轮辐组成，轮辋是在车轮上安装和支承轮胎的部件，轮辐是车轮上介于轮辋和轮毂之间的支承部件。轮毂用轴承支承在车桥的两端，是车桥的一部分，有时也被划为车轮的组成部分。

车轮是用钢或者铝合金制成的。按照轮辐的结构不同，车轮可分为辐板式和辐条式两种。按车轴一端安装的轮胎数目,车轮可分为单式车轮和双式车轮。

1. 轮辋

轮辋常见的形式有深槽轮辋和平底轮辋两种,此外还有对开式轮辋、半深槽轮辋、深槽宽轮辋、平底宽轮辋、全斜底轮辋等,如图 4-1-2 所示。

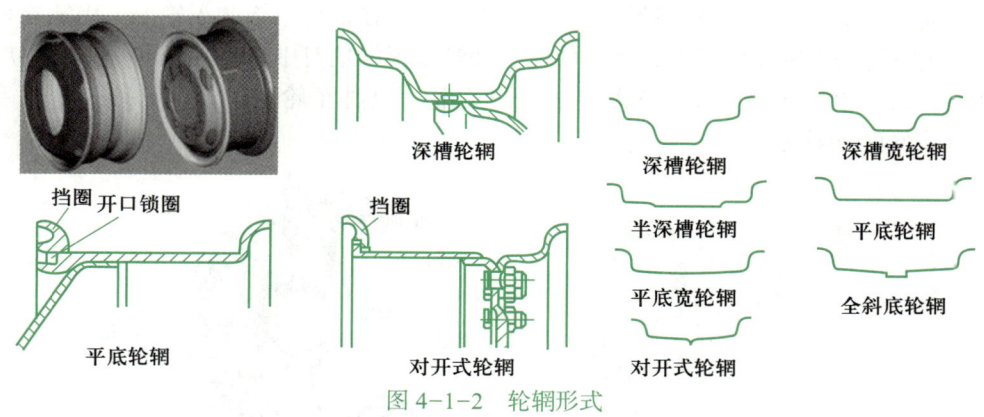

图 4-1-2 轮辋形式

（1）深槽轮辋

这种轮辋主要用于轿车及轻型越野车。它有带肩的凸缘,用以安放外胎的胎圈,其肩部通常略向中间倾斜,倾斜角一般是 5°±1°,倾斜部分的最大直径即称为轮胎胎圈与轮辋的着合直径。为方便轮胎的拆装,断面的中部制成深凹槽。深槽轮辋的结构简单,刚度大,质量较小,对于小尺寸弹性较大的轮胎最适宜,但是尺寸较大、较硬的轮胎则很难装过这样的整体轮辋内。

（2）平底轮辋

这种轮辋的结构形式很多,是我国货车常用的一种轮辋形式。这种轮辋挡圈是整体的,用一个开口锁圈来防止挡圈脱出,在安装轮胎时,先将轮胎套在轮辋上,而后套上挡圈,并将它向内推,直至越过轮辋上的环形槽,再将开口锁圈嵌入环形槽中。

（3）对开式轮辋

这种轮辋由内外两部分组成,其内外轮辋的宽度可以相等,也可以不相等,二者用螺栓连成一体。对开式轮辋拆装轮胎时拆卸螺栓上的螺母即可。这种轮辋挡圈是可拆的,有的无挡圈,由与内轮辋制成一体的轮缘代替挡圈的作用,内轮辋与辐板焊接在一起。

由于轮辋是轮胎的装配和固定基础,当轮胎装入不同轮辋时,其变形位置与大小也发生变化。因此,每种规格的轮胎,最好配合使用规定的标准轮辋,必要时也可配合使用规格与标准轮胎相近的轮辋（容许轮辋）。如果轮辋使用不当,会造成轮胎早期损坏,特别不能使用过窄的轮辋。近几年来,为了适应提高轮胎负荷能力的需要,开始采用宽轮胎,而配合使用宽轮辋可以提高轮胎的使用寿命,并可改善汽车的通过性和行驶稳定性。

2. 轮辐

现代汽车的轮辐多种多样,已经与汽车造型融为一体,对整车起到了很好的装饰作用,也有利于制动器的散热。轮辐有辐板式和辐条式两种形式。

（1）辐板式

辐板式车轮由挡圈、轮辋、辐板和气门嘴伸出口组成,如图 4-1-3（a）所示。车轮中用以连接轮毂和轮辋的钢质圆盘称为辐板。轿车的辐板所用板料较薄,常被冲压成起伏多变的形状,以提高其刚度。

(2)辐条式

辐条式车轮的轮辐是钢丝辐条或者和轮毂铸成一体的铸造辐条,如图4-1-3(b)所示。钢质铸造辐条式车轮用于装载质量较大的重型汽车上,在这种结构的车轮上,用螺栓和特殊形状的衬块将轮辋固定在辐条上,为了使轮辋和辐条很好地对中,在轮辋和辐条上都加工出配合锥面。轿车大多采用镁铝合金铸造辐条式车轮,这种车轮质量轻,辐条和轮辋铸成一体,提高了车轮的刚度。

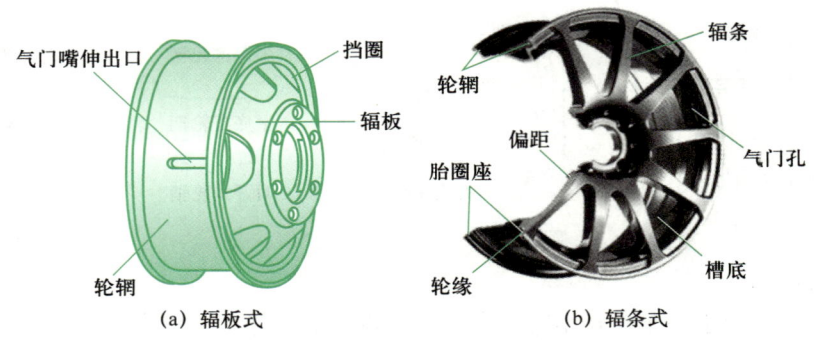

图4-1-3 轮辐类型

3. 车轮常用术语

车轮常用术语包括车轮宽度、车轮高度、偏置距、中央凹槽和气门嘴(气门杆孔)等,如图4-1-4所示。

① 车轮宽度。车轮宽度是指轮辋两侧唇边之间的距离。

② 车轮高度。车轮高度(直径)是指在胎圈座区域车轮从顶部到底部的距离。

③ 车轮偏置距。车轮偏置距是指从车轮中心线到安装中心孔内侧的距离。车轮偏置距是车辆设计的一个非常重要的变量,如果中心孔偏移车轮中心线的距离是零,则车轮偏置距为零;如果中心孔在中心线外侧则为正偏置距,反之为负偏置距。

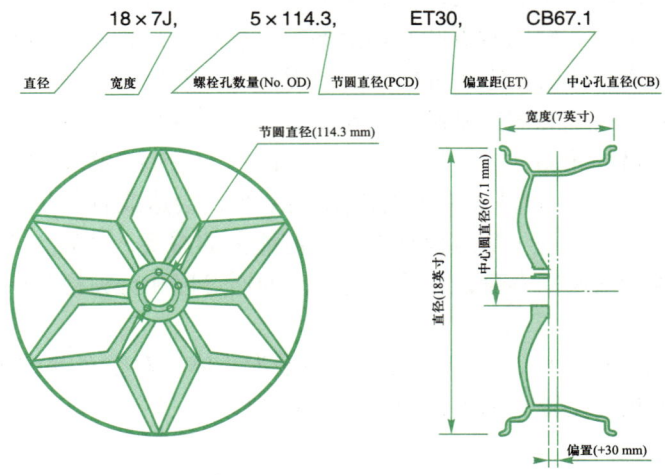

图4-1-4 车轮常用术语

④ 气门嘴。气门嘴是用来给轮胎充气或放气,并保持轮胎压力的单向阀门,也是测量轮胎气压的接口。有内胎式轮胎的气门嘴安装在内胎上,无内胎式轮胎的气门嘴安装于轮辋上的气门杆孔处。

4.1.2 轮胎

1. 作用和类型

轮胎安装在轮辋上,直接与地面接触,其作用是:支承汽车的总质量;与汽车悬架共同作用,吸收和缓和汽车行驶时受到的冲击和振动,以保证汽车具有良好的乘坐舒适性和行驶平顺性;保证车轮与路面的良好附着而不致打滑,使汽车行驶平稳。轮胎可按以下方式分类。

① 按轮胎内空气压力的大小,可将轮胎分为高压胎(0.5~0.7 MPa)、低压胎(0.2~0.5 MPa)和超低压胎(0.2 MPa)三种。低压胎弹性好,减振性能强,散热性好,与地面接触面积大,附着性好,因而广泛用于轿车。超低压胎在松软路面上具有良好的通过能力,多用于越野汽车及部分高级轿车。

② 按用途,可将轮胎分为货车轮胎和轿车轮胎。而货车轮胎又分为重型、中型和轻型货车轮胎。

③ 按胎体结构的不同,可将轮胎分为充气轮胎和实心轮胎。现代汽车绝大多数采用充气轮胎。

④ 按有无内胎,可将轮胎分为有内胎轮胎和无内胎轮胎两种。目前,轿车上普遍采用无内胎轮胎。

⑤ 按胎体帘布层结构的不同,可将轮胎分为斜交轮胎和子午线轮胎。目前,子午线轮胎在汽车上得到广泛应用。

⑥ 按帘线材料的不同,可将轮胎分为人造丝轮胎、棉帘线轮胎、尼龙轮胎和钢丝轮胎。

2. 结构

(1) 有内胎轮胎

有内胎轮胎通常由外胎、内胎、垫带三部分组成,如图 4-1-5 所示。其明显特征是在外胎的里面有一个充有压缩空气的内胎。有内胎轮胎的主要缺点是不适应高速行驶,高速行驶时温度较高,容易爆胎而造成安全事故。另外,内胎在伸张状态下,一旦穿刺便形成小孔,从而使轮胎压力迅速下降,直接导致轮胎性能失效。

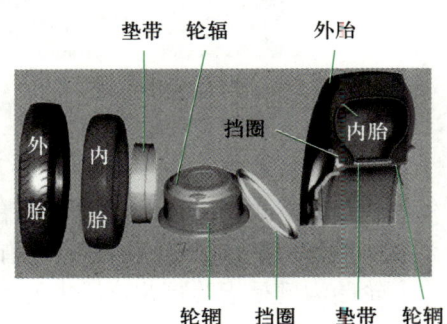

图 4-1-5 有内胎轮胎结构

① 外胎。

外胎由许多层与橡胶粘接在一起的轮胎帘线(多股平行的高强度材料层)构成,它具有足够的刚性,能阻止高压空气外泄,又具有足够的弹性,以吸收载荷的变化和冲击。外胎由胎面、帘布层、缓冲层、胎圈四部分组成,如图 4-1-6 所示。

a. 胎面。

胎面是轮胎的外表面,外部是橡胶层,用来保护胎体免受路面造成的磨损,可分为胎冠、胎肩和胎侧三部分。胎面包括花纹、肋条、沟槽、凹坑、开槽、磨损指示器等,如图 4-1-7 所示。

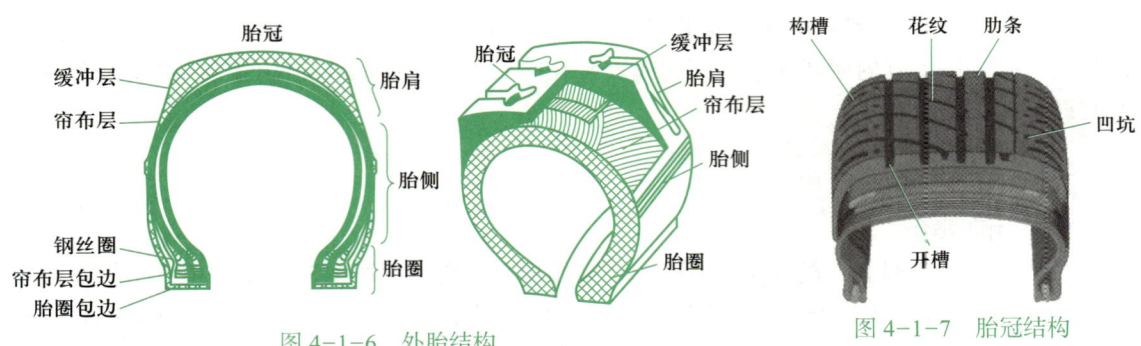

图 4-1-6 外胎结构　　　　　图 4-1-7 胎冠结构

胎冠与路面直接接触，并产生附着力，使车辆行驶和制动。为使轮胎与地面有良好的附着性能，防止纵、横向滑移，在胎冠上制有各种形状的花纹，即轮胎胎面上各种纵向、横向、斜向的沟槽组成的形状。花纹有降低胎噪、增强驾乘舒适性、为轮胎散热和排水、提升车辆操控性能以及提升视觉效果等作用。轮胎胎冠花纹主要有普通花纹、横向花纹、组合花纹、越野花纹等，如图 4-1-8 所示。普通花纹中的纵向折线花纹最适合于在较好的硬路面上高速行驶的汽车，广泛用于轿车、客车及货车等各种车辆上。横向花纹是沿轮胎宽度方向加工出沟槽，适用于货车。组合花纹由纵向折线花纹和横向花纹组合而成，在良好路面和不良路面上都可提供稳定的驾驶性能，广泛用于客车和货车上。越野花纹的沟槽深而粗，在软路面上与地面有良好的附着性能，越野能力强，适用于矿山、建筑工地用车辆及其他一些在松软路面上使用的越野汽车。

图 4-1-8 轮胎胎冠花纹

胎冠花纹有不对称、对称和单方向三种形式，如图 4-1-9 所示。不对称花纹其内侧和外侧的花纹形式不同，对称花纹其胎面两侧有相同的花纹形式。这两种形式的轮胎均能在两个方向转动。单方向花纹的轮胎具有单一的花纹形式，只能向一个方向转动。

轮胎沟槽是指胎冠花纹块中的一些小的切槽。当轮胎在路面上行驶时，轮胎沟槽张开后

(a) 不对称花纹　　(b) 对称花纹　　(c) 单方向花纹

图 4-1-9 胎冠花纹形式

可以产生更多的接触表面区域，从而增加胎冠花纹块的柔韧性，并产生尖锐的边缘来增加牵引力。轮胎沟槽在干燥、潮湿、泥浆和雨雪路面状况下均能提供牵引力，帮助车轮免于打滑。

凹坑的作用是疏散轮胎高速行驶时产生的热量，降低轮胎的温度。开槽用来加强轮胎的排水能力。空隙比是指胎面上开口空间所占的比例。开口空间越大，轮胎的排水能力越强；开口空间越小，轮胎与路面的接触面越大，附着力也越大，但排水能力会随之下降。

胎肩是较厚的胎冠与较薄的胎侧间的过渡部分，一般也制有花纹，以提高该部位的散热性能。

胎侧是贴在胎体帘布侧壁上的薄橡胶层。胎侧是轮胎上面积最大、弹性最强的部分，主要作用是保护胎体侧面帘布层免受损伤。在行驶过程中，胎侧在载荷作用下会不断地弯曲变形。胎侧上标有厂家名称、轮胎规格及其他资料。

b. 帘布层。

帘布层是外胎的骨架，也称为胎体，主要用于承受载荷，保持外胎的形状和尺寸，并使其具有足够的强度。为使载荷均匀分布，帘布层通常由双数层的多层帘布用橡胶贴合而成，相邻层的帘线交叉排列。帘布层数越多，轮胎的强度越大，但弹性下降。帘线材料可以是棉线、人造丝、尼龙或钢丝。现在帘线多采用聚酰胺纤维和金属丝制造，使帘布层数减少到4层，甚至是2层，这样既减少了橡胶消耗，提高了轮胎质量，又降低了滚动阻力，延长了轮胎的使用寿命。

目前，轮胎结构按照帘布层帘线排列方式的不同分为斜交帘布层轮胎、带束斜交帘布层轮胎和子午线轮胎，如图4-1-10所示。

● 斜交帘布层轮胎。斜交帘布层轮胎有个编织层体，以相反角度交替编织形成交叉结构，帘线与胎面中心线夹角为30°～38°。

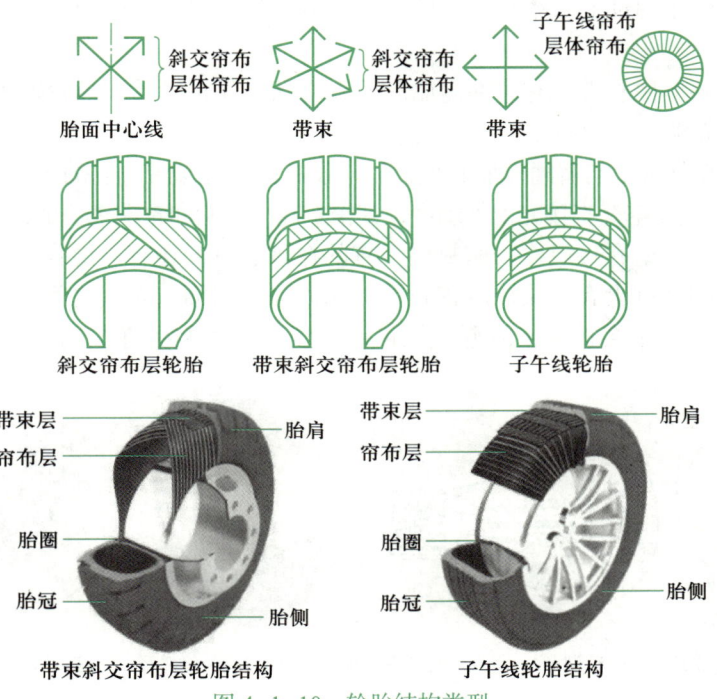

图4-1-10 轮胎结构类型

- 带束斜交帘布层轮胎。除了在胎冠下沿轮胎圆周有两条或几条带束之外，带束斜交帘布层轮胎与斜交帘布层轮胎相似。这种结构的侧壁强度高、胎冠稳定性较好。与道路接触期间，带束使胎冠的运动减少，于是胎冠寿命延长。通过使用人造丝、尼龙、聚酯、玻璃纤维和钢丝等不同材料组合的帘布层和带束斜交帘布层结构，带束斜交帘布层轮胎通常比常用斜交帘布层轮胎成本高，但寿命可提高40%。
- 子午线轮胎。子午线轮胎用钢丝或植物纤维制作帘布层，其帘线与胎面中心线的夹角接近90°，并从一侧胎边穿过胎面到另一侧胎边，其帘线在轮胎上的分布好像地球的子午线，所以称为子午线轮胎。由于子午线轮胎具有帘布呈子午线环形排列、胎体与带束层帘布线形成许多密实的三角网状结构的特点，因此子午线轮胎帘线的强度得到充分利用，从而可大量地减少帘布层，减轻轮胎质量，并大大提高胎面的刚性，减少胎面与路面的滑移现象，提高轮胎的耐磨性。与普通斜交帘布层轮胎相比，子午线轮胎质量轻，弹性大，减振性能好，具有良好的附着性能，滚动阻力小，承载能力大，行驶中胎温低，胎面耐穿刺，轮胎使用寿命长。其缺点是轮胎成本高，胎侧变形大，容易产生裂口，且侧向稳定性差。

c. 缓冲层。

缓冲层（带束层）夹在胎面和帘布层之间，由两层或数层较稀疏的帘布和橡胶制成，弹性较大。它的作用是加强胎面与帘布层之间的结合，防止汽车紧急制动时胎面与帘布层脱离，并缓和汽车行驶时所受到的路面冲击。

d. 胎圈。

胎圈是帘布层的根基，轮胎靠胎圈固定在轮辋上。胎圈由钢丝圈、帘布层包边和胎圈包布组成，具有较大的刚度和强度。

② 内胎。

内胎是装入外胎内部的一个环形橡胶管，外表面很光滑，上面装有气门嘴，以便充气。

③ 垫带。

垫带是一个环形橡胶带，它垫在内胎和轮辋之间，保护内胎不被轮辋和外胎胎圈磨损。

（2）无内胎轮胎

无内胎轮胎在外观上与普通轮胎相似，但是没有内胎及垫带。它的气门嘴用橡胶垫圈和螺母直接固定在轮辋上，空气直接充入外胎中，其密封性由外胎和轮辋来保证，如图4-1-11所示。

无内胎轮胎的内壁有一层橡胶密封层，有的在该层下面还有一层自黏层，能自行将刺穿的孔黏合。在胎圈外侧也有一层橡胶密封层，用以加强胎圈与轮辋之间的气密性。无内胎轮胎一旦被刺破，穿孔不会扩大，故漏气缓慢，胎压不会急剧下降，仍能继续行驶一定距离，

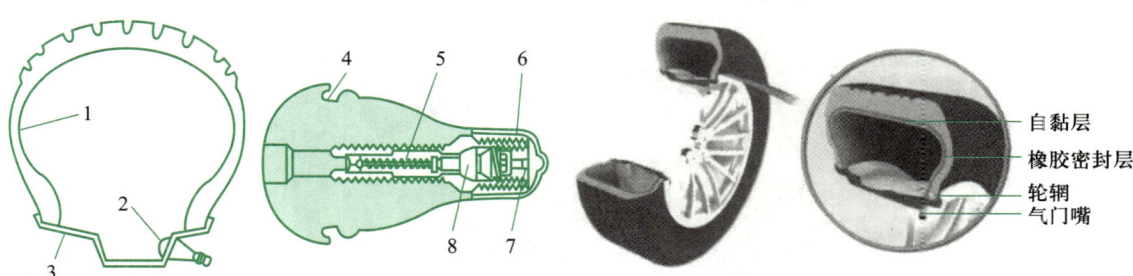

1—衬里；2—气门杆；3—轮辋；4—将气门封装在轮辋上的槽；5—回位弹簧；6—盖；7—销；8—单向阀芯

图4-1-11 无内胎轮胎

可消除爆胎的危险。无内胎轮胎因无内胎，摩擦生热少、散热快，适用于高速行驶；此外，其结构简单、质量较轻、维修方便。无内胎轮胎缺点是密封层和自黏层易漏气，途中修理也较困难。其必须配用深槽轮辋，能够较好地改善轮胎的缓冲性能，提高轮胎的使用寿命和车辆行驶的安全性，因此被广泛应用在轿车及轻型客车上。

3. 轮胎标识

轮胎标识一般都标注在轮胎侧面，这些标识包含了轮胎的厂家名称、生产日期、类型、尺寸、性能等参数，如图 4-1-12 所示。车辆对轮胎规格的要求不同，正确识别轮胎上的标识可以帮助选择正确的轮胎。如图 4-1-13 所示，轮胎标识"P245/75 R 16 109 S"包含了轮胎的类型、尺寸、结构、负荷指数及速度等级参数。

（1）轮胎类型

在"P245/75 R 16 109 S"中，P 表示乘用车轮胎。其他情况下，LT 表示用于轻型卡车；T 表示用作临时备胎；Tubeless 可表示无内胎轮胎；Tube Type 则表示有内胎轮胎；M+S（Mud and Snow）表示适用于泥地和雪地；"→"表示轮胎旋向，不可装反。

图 4-1-12　轮胎标识

图 4-1-13　轮胎标识及含义

（2）轮胎断面宽度

数字 245 表示以毫米（mm）计算的轮胎断面宽度，轮胎的整体宽度是指轮胎两个边缘之间的距离。

（3）高宽比

高宽比（即扁平比）是轮胎断面高度与断面宽度之比的百分值，已系列化。高宽比越大，表明轮胎的侧壁相对于其宽度越长；高宽比越小，表明轮胎的侧壁相对于其宽度越短。高宽比大的轮胎允许侧臂偏转时有很大的柔韧性，增加了乘坐的舒适性；高宽比小的轮胎有较大的接触面积，增加了稳定性和行驶的控制能力。

（4）构造类型

轮辋直径前面的字母表示轮胎的结构。R 指子午线轮胎，B 指带束斜交帘布层轮胎，D 指斜交帘布层轮胎。

（5）轮辋直径

轮辋直径或者车轮尺寸以英寸（in）为单位，是指对边的轮辋唇口的距离。

（6）负荷指数

负荷指数表示全充气的轮胎能够支撑的最大载荷量。负荷指数见表 4-1-1。

表 4-1-1　轮胎负荷指数

负荷指数	载重能力 /kg	负荷指数	载重能力 /kg	负荷指数	载重能力 /kg
65	290	87	545	109	1 030
66	300	88	560	110	1 060
67	307	89	580	111	1 090
68	315	90	600	112	1 120
69	325	91	615	113	1 150
70	335	92	630	114	1 180
71	345	93	650	115	1 215
72	355	94	670	116	1 250
73	365	95	690	117	1 285
74	375	96	710	118	1 320
75	387	97	730	119	1 360
76	400	98	750	120	1 400
77	412	99	775	121	1 450
78	425	100	800	122	1 500
79	437	101	825	123	1 550
80	450	102	850	124	1 600
81	462	103	875	125	1 650
82	475	104	900	126	1 700
83	487	105	925	127	1 750
84	500	106	950	128	1 800
85	515	107	975	129	1 850
86	530	108	1 000	130	1 900

（7）速度等级

速度等级为字母标识，它表示在正常状态下轮胎能承受的最大速度。例如 S 表示轮胎能够承受 180 km/h 的最大速度。速度等级见表 4-1-2。

表 4-1-2　轮胎速度等级

速度等级	最高时速 /（km/h）	适用范围
L	120	—
M	130	—
N	140	—
P	150	紧凑级轿车
Q	160	紧凑级轿车
R	170	紧凑级轿车
S	180	紧凑级轿车
T	190	紧凑级轿车

续表

速度等级	最高时速/（km/h）	适用范围
U	200	中高端轿车
H	210	
V	240	
W	270	大型豪华轿车、超级跑车等
Y	300	
ZR	超过 240	

（8）其他参数

① 性能等级。

如图 4-1-14（a）所示，轮胎标识中的"TREADWEAR 300"为磨损标识，数字越大，表示轮胎抗磨损的能力越高；"TRACTION A"表示牵引力等级，代表轮胎在潮湿的硬路面上的抓地力，分为 AA、A、B 和 C 四个等级，AA 表示牵引力等级最高；C 表示牵引力等级最低；"TEMPERATURE A"表示温度等级，分为 A、B 和 C 三个等级，A、B 级轮胎的耐温能力要比 C 级好。

DOT 表示此轮胎符合美国运输部规定的安全标准。在 DOT 代码后面的字母和数字表示了制造厂商和工厂代码以及轮胎的生产日期，轮胎的生产日期以年和周来表示。

② 颜色标记。

如图 4-1-14（b）所示，新的轮胎和轮辋上面一般标有红色或黄色的圆形标记。红色标记表示此位置是轮胎纵向刚性最大的位置。轮辋的黄色标记表示轮辋圆周上质量最大的部位，轮胎的黄色标记表示轮胎圆周上质量最小的部位。在更换轮胎时，必须将轮胎黄色标记与轮辋黄色标记对齐，才能使车轮在行驶中保持最佳平衡。

(a) 轮胎性能等级和 DOT 标识　　(b) 轮胎颜色标记

图 4-1-14　其他参数

4.1.3　胎压监控系统

轮胎压力（简称胎压）是判断汽车轮胎是否正常工作的一个重要数据，在正常的行驶状态下，合适的胎压能优化轮胎磨损量、乘坐舒适性、车辆操纵性和燃油经济性。轮胎的标准充气压力数据显示在轮胎气压标牌上，当给轮胎充气时，应按照此标牌中的数据进行。此标牌通常位于驾驶人侧的门框上，有的则在杂物箱内侧或用户手册中。高速行驶时，胎压过高或过低都会造成爆胎，外界温度也会影响胎压。

胎压监测系统（Tire Pressure Monitoring System，TPMS）可以对胎压进行实时自动监测，不仅可以提前预警防止爆胎，提升汽车驾驶安全性，还可以提升轮胎的使用寿命，降低车辆的保养成本。胎压监测系统有间接式和直接式两种。

1. 间接式

如图 4-1-15 所示，间接式胎压监测系统是基于 ABS 的胎压监测系统。它需要通过车辆的轮速传感器来比较轮胎之间的转速差别，以达到监测胎压的目的。如果车辆胎压增加或降低，则轮胎的周长或者半径也会相应地增大或减小，这将使得轮速传感器的输入信号发生变化（当胎压

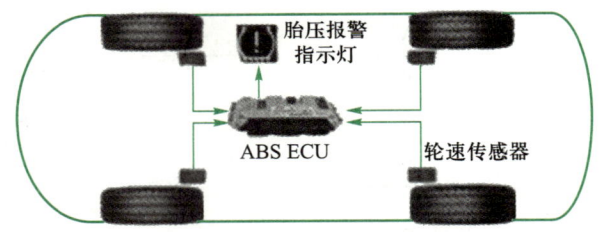

图 4-1-15　间接式胎压监测系统

降低时，车辆的质量会使该轮胎的滚动半径变小，导致该轮胎的转速比其他车轮快），因此，胎压监测系统模块可通过轮速的变化来判断胎压的变化，当车轮之间的转速差超过系统设定的正常范围时，系统将通过点亮胎压报警指示灯来提醒驾驶人。间接式胎压监测系统实际上是依靠计算轮胎滚动半径来对胎压进行监测的，因此其属于被动型胎压监测系统。

间接式胎压监测系统结构简单，主要组成部件包括胎压监测系统模块、轮速传感器及胎压报警指示灯等。由于轮速传感器可以与 ABS 共用，因此已经装备了四轮 ABS（每个轮胎装备一个轮速传感器）的汽车只需要对软件进行升级，从而使得安装胎压监测系统的成本大大降低。但是，间接式胎压监测系统具有以下缺点：① 无法显示胎压数值；② 不能确定胎压异常的轮胎；③ 车辆静止时无法监测胎压；④ 在车速达到一定数值时，监测系统失效；⑤ 当两个以上轮胎同时出现高压力或低压力时，监测系统失效；⑥ 反应周期较长，灵敏度较差。

2. 直接式

直接式胎压监测系统由胎压传感器、接收器和显示器等组成，如图 4-1-16（a）所示。直接式胎压监测系统属于主动型胎压监测系统，它利用安装在轮胎上的胎压传感器来测量轮胎的气压和温度，利用无线发射器将压力信息从轮胎内部发送到接收器，然后通过显示器对胎压数据进行显示，方便驾驶人察看。当轮胎出现高压、低压、高温或漏气时，胎压监测系统数据发生变化，会通过仪表盘上的胎压报警指示灯来提示驾驶人。有的车型，驾驶人可以根据用车习惯、地理位置自行设定胎压报警值范围和温度报警值范围。胎压报警指示灯闪烁

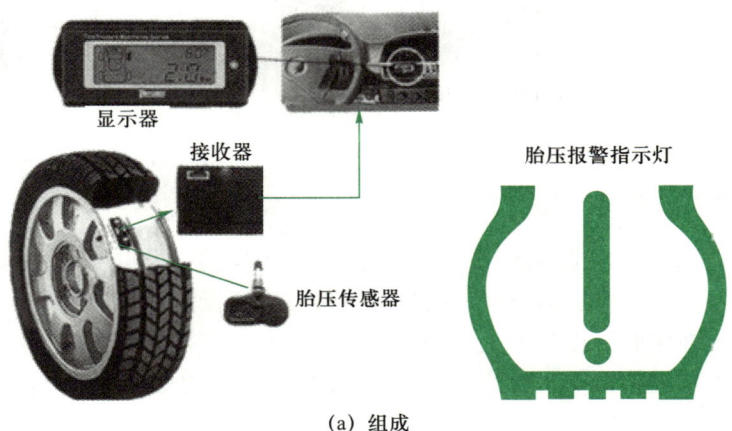

(a) 组成

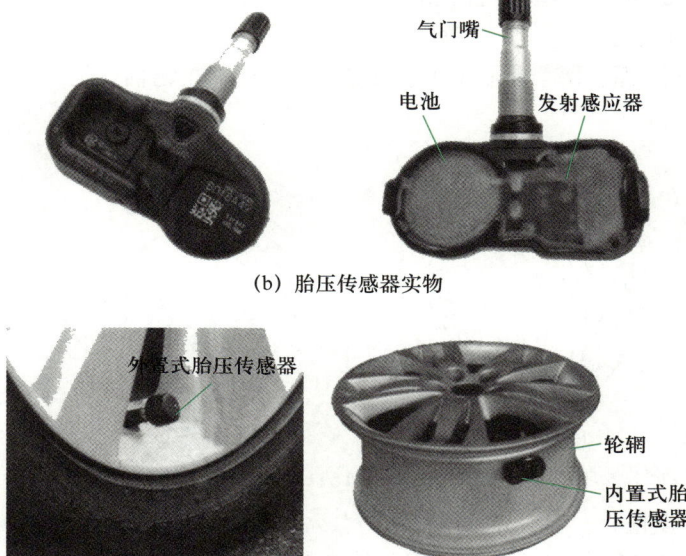

图 4-1-16 直接式胎压监测系统

或点亮,说明车辆胎压不足或者过高,应及时停车检查并处理,否则有爆胎危险。如果胎压高,可以放一些气;如果胎压低,应及时补充气压或更换备胎。

图 4-1-16(b)所示为胎压传感器实物,内有电池和发射感应器。胎压传感器分为内置式和外置式,它们都是通过车轮上的传感器探测并通过无线发射感应器传输信号来判断胎压的,区别是内置式胎压传感器安装在轮胎里边,外置式胎压传感器安装在轮胎外面气门上,如图 4-1-16(c)所示。外置式胎压传感器的优点是安装简单,可自主安装,费用低;缺点是外置容易丢失,且因为外置容易凸出轮胎,易磨损。内置式胎压传感器的优点是安装后一劳永逸,使用寿命长;缺点是安装复杂,成本较高。

任务实施

1. 实施过程

(1)实施准备

准备车辆设备、维修资料及拆装、测量工具。

(2)车上部件认识与检修

① 查询维修手册,获取车轮及轮胎的说明和检修事项。

② 高压安全提示:查看高压故障指示灯及进行绝缘检查等,确定车辆是否有高压故障;确认车轮及轮胎检修是否需要拆装高压部件和进行高压上电等。

③ 参考步骤。

a. 车轮及轮胎外观检查。

举升车辆;检查轮胎胎面和胎壁是否有裂纹、割痕或擦伤、鼓包及老化等;检查轮胎的胎面和胎壁是否嵌入任何金属微粒、石子或其他异物,如图 4-1-17 所示;检查轮辋和轮辐

微课
轮胎检查

是否损坏、腐蚀和变形,平衡块是否脱落,如图4-1-18所示。

b. 车轮轴承检查。

将车辆升离地面,抓住每个轮胎上下表面并晃动,检查车轮轴承是否有磨损,如图4-1-19所示。

   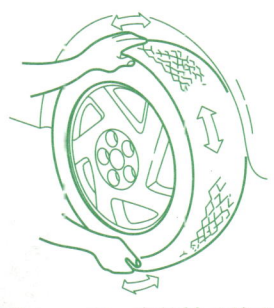

图4-1-17 车轮及轮胎外观检查　　图4-1-18 轮辋和轮辐检查　　图4-1-19 车轮轴承检查

c. 轮胎异常磨损检查。

轮胎主要故障是轮胎花纹的异常磨损。检查轮胎花纹的异常磨损,可以发现轮胎故障的早期征兆和原因,帮助及时排除影响轮胎寿命的不良因素,防止轮胎早期磨损和损坏。

轮胎异常磨损,除磨损过快外,还有其他特征。轮胎异常磨损的原因除胎压过高或过低外,主要还包括底盘技术状况变坏,如前轮定位不正确、轮毂轴承松旷、横拉杆球节和主销衬套间隙过大、车轮不平衡、轮辋变形或不配套、车桥或车架变形和弹性元件技术状况不良等。轮胎异常磨损的特征与原因见表4-1-3。

表4-1-3 轮胎异常磨损特征与原因

特征	原因	特征	原因
胎冠过度磨损	气压过高（胎压一般为0.23~0.25 MPa）	锯齿（羽毛）状磨损	前束失准,主销衬套松旷,控制臂球节或衬套松旷（内侧羽状：前束小；外侧羽状：前束大）
胎肩过度磨损	气压过低	贝壳形磨损	悬架部件和连接车轮的部件（球节、车轮轴承、减振器、弹簧衬套等）磨损,车轮不平衡,制动器故障
		杯形磨损	
单边磨损	前轮外倾角失准,后桥壳变形（外侧磨损：外倾角过大）	第二道花纹过度磨损（只出现在子午线轮胎上）	轮辋太窄而轮胎太宽,不配套

d. 轮胎正常磨损检查。

轮胎正常磨损主要是指胎冠花纹磨损，轮胎磨损过多、花纹过浅，会成为重要的不安全因素。据统计，轮胎全部问题的 90% 发生在其寿命周期最后的 10% 时间之内。过度磨损的轮胎，除容易爆胎外，还会使水滑的倾向变得严重，汽车操纵稳定性变差。

轮胎在使用过程中应经常检查其花纹的磨损情况，一般通过磨损指示器来进行判断。如图 4-1-20（a）所示，在轮胎两侧的胎肩部分有 "▲" 标记，其所指向的沟槽底部有 "磨损限度标记"，呈凸起窄条状。一般轿车轮胎磨损到标记（高度为 1.6 mm 时），就需要更换。

轮胎花纹深度也可使用轮胎花纹深度计来测量。测量前，首先应清除轮胎花纹中的杂物，以保证测量的准确性。测量时，把轮胎花纹深度计放在胎面沟槽中（不包括磨损指示器）。轮胎花纹深度计的读数即为轮胎花纹深度值，如图 4-1-20（b）所示。

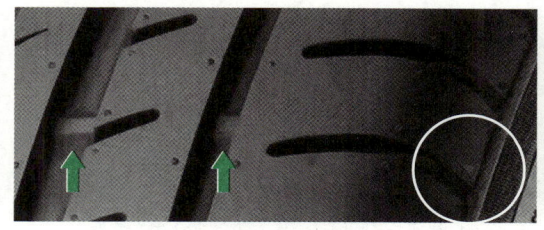

(a) 轮胎磨损指示器　　　　　　　　(b) 轮胎花纹深度计

图 4-1-20　轮胎花纹磨损检查

e. 胎压检查。

车辆的使用环境和温度会影响轮胎内的气压，高温会增加胎内的压力，低温会降低胎内的压力。当想使用冷态气压参数充气时，需要车辆停驶一段时间后再进行操作。许多车辆也给出了热态的气压参数，可以在车辆高速行驶之后以及轮胎温度较高的情况下对照进行充气。

目测检查轮胎的变形量，可以帮助确定轮胎的充气状态是否合适，但不能判断轮胎的准确气压值，因此应使用轮胎气压表来准确检查胎压是否符合规格，如图 4-1-21 所示。

图 4-1-21　胎压检查

f. 车轮拆装与换位。

为防止车轮及轮毂变形，拆装车轮时要按图 4-1-22 所示的顺序，依次分 2～3 次拧紧或旋松车轮螺栓，装配车轮时最后要按维修手册中规定的力矩拧紧。

前后轮轮胎完成的是不同的工作，如驱动、转向、随动等，转向轮胎通常沿外缘磨损，驱动轮胎的磨损发生在轮胎的中央，随动轮胎磨损较轻。为了使轮胎磨损均匀，要定期对轮胎进行换位，轮胎换位里程一般为 8 000～10 000 km，轮胎的换位方式如图 4-1-23 所示。

g. 胎压监测系统认识与检查。

确认胎压监测系统的类型，识读直接式胎压监测系统的电路图，查找系统部件，检查线路或信号状况，读取系统故障码或数据流，用专用工具或按规定程序进行胎压学习，如图 4-1-24 所示。胎压学习是指在更换监测模块或压力传感器及进行轮胎换位后，按一定顺序进行各压力传感器中的识别码 ID 与模块间的匹配。

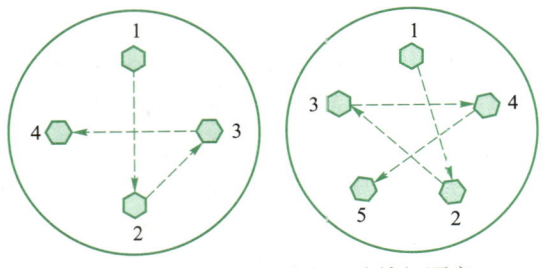

图 4-1-22　车轮螺栓紧固或旋松顺序

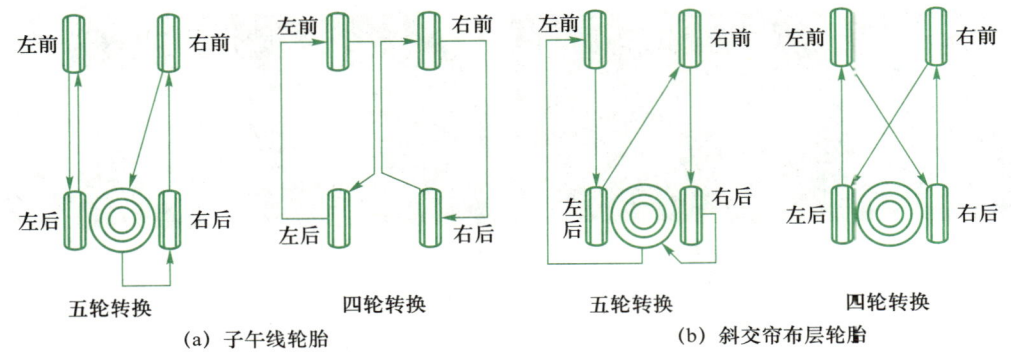

图 4-1-23　轮胎的换位方式

图 4-1-24　胎压学习

（3）车下部件认识与检修

① 车轮平衡检查。

车轮是汽车重要的旋转部件，由于制造工艺、安装误差、磨损变形等因素的影响，在车轮使用过程中可能会出现车轮质量相对于车轮转动中心呈不均匀分布的情况，这会影响车轮转动的平衡性。因此，需要检查车轮的平衡。车轮的平衡包括静平衡和动平衡，车轮的不平衡振动如图 4-1-25 所示。

a. 静平衡。

静平衡是指车轮质量绕转动中心等量均匀分布。如果车轮上某一处的质量比转动中心另一侧上相同位置的质量小或大，车轮就处于静不平衡状态。将静不平衡的车轮安装在可以自

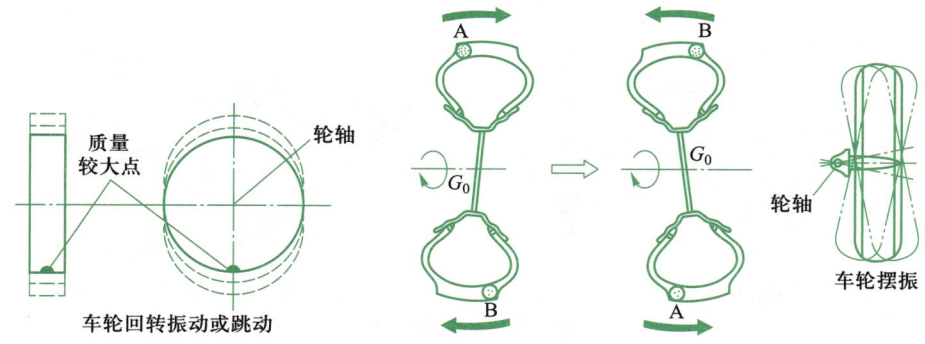

图 4-1-25　车轮的不平衡振动

由旋转的轴上，它会自动转动，使质量较大的部分转到下方。当静不平衡车轮旋转时，质量较大的部分会产生不均匀的离心力，使车轮沿径向振动。

b. 动平衡。

动平衡则是指车轮的转动质量在轴向均匀分布，如果车轮内侧某一处与外侧对应位置的质量不等，车轮就处于动不平衡状态，转动时就会导致轴向力矩不平衡，车轮沿轴向左右摆动。

保持车轮平衡能够使车轮在转动时不发生质心的偏转，以确保车轮高速行驶的平稳性。车轮在出厂装配时都进行了严格的平衡测试，但是更换轮胎后、车辆发生碰撞后或者车辆行驶在平整路面上出现转向盘抖动时，都需要对车轮进行平衡检查。

微课
轮胎动平衡检测

车轮动平衡检查可通过车轮动平衡机来完成，如图 4-1-26（a）所示。车轮动平衡机能够检测车轮动不平衡，并指示不平衡量和位置。将相应质量的平衡块补偿在指定位置，就能够实现车轮的动平衡。车轮动平衡检查的操作步骤主要包括前期准备、固定车轮、输入参数、采集数据、确定平衡块安装位置和安装平衡块。

步骤 1　前期准备。

进行车轮动平衡检查前，应清除轮胎及轮辋上的杂物并取下旧平衡块，保证轮胎和车轮表面清洁，确保胎压符合标准，如图 4-1-26（b）所示。

步骤 2　固定车轮。

使用专用固定工具将车轮安装在车轮动平衡机上，注意选择的锥体应与轮辋中心孔大小相当，保证固定牢靠，如图 4-1-26（c）所示。

（a）车轮动平衡机　　　　　　（b）清除杂物　　　　　　（c）固定车轮

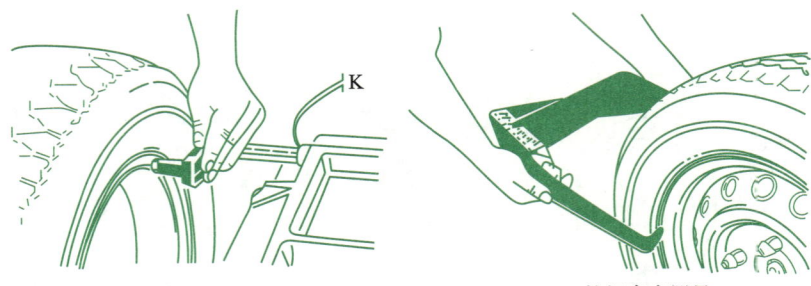

轮辋间距测量　　　　　　　　　轮辋宽度测量

(d) 输入参数进行测量

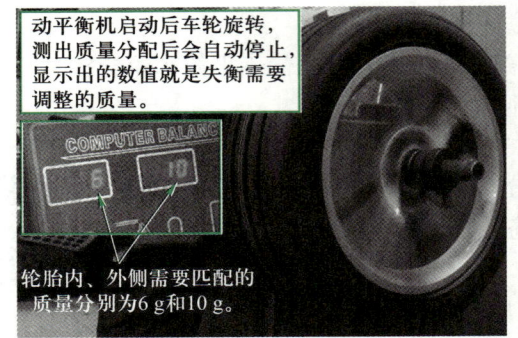

轮胎内、外侧需要匹配的质量分别为6 g和10 g。

(e) 采集数据

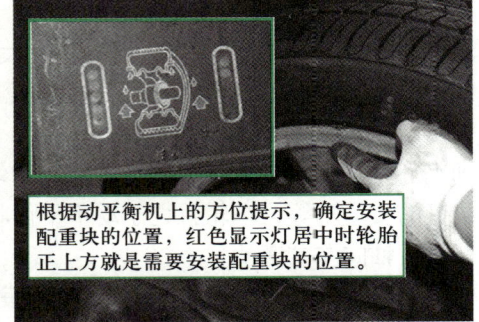

根据动平衡机上的方位提示，确定安装配重块的位置，红色显示灯居中时轮胎正上方就是需要安装配重块的位置。

(f) 确定平衡块安装位置

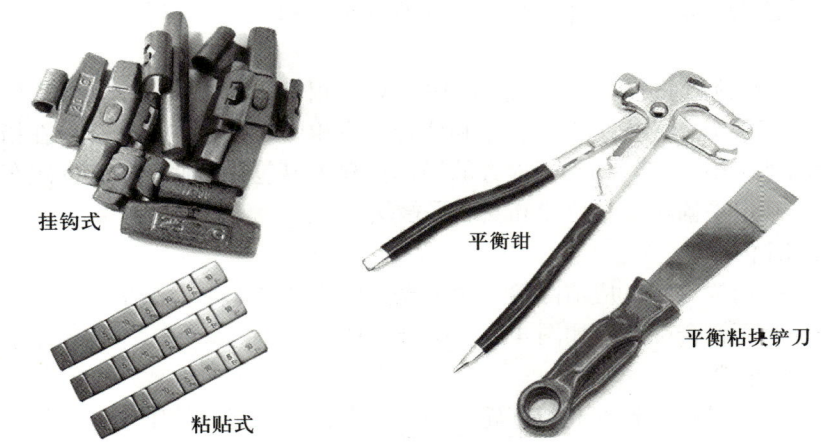

挂钩式

粘贴式

平衡钳

平衡粘块铲刀

(g) 平衡块类型及拆装工具

(h) 安装平衡块

图 4-1-26　车轮动平衡检查

步骤3 输入参数。

根据车轮动平衡机的要求测量相关参数（平衡机有平衡块安装位置运动模式的，可先选定），主要包括：使用车轮动平衡机机箱上的专用刻度尺测量轮辋间距，使用专用卡尺测量轮辋宽度，如图4-1-26（d）所示，根据轮胎规格获取轮辋直径。

步骤4 采集数据。

输入相关车轮数据后，按下确认键开始测量。测量过程中车轮高速旋转，车轮动平衡机自动采集数据，待车轮停止后，控制台显示测量结果，左、右显示器显示的两个数字分别表示车轮内、外两侧需要添加的平衡块的质量，如图4-1-26（e）所示。

步骤5 确定平衡块安装位置。

根据车轮动平衡机中间显示屏的提示，如图4-1-26（f）所示，分别慢慢转动车轮，在内外侧指示灯分别全绿时，车轮动平衡机转轴正上方（12点位置）车轮处即为车轮内外侧各自平衡块安装位置。

步骤6 安装平衡块。

平衡块是车轮动平衡校正所使用的基本材料，其表面有规格（质量）和材质信息。按照固定形式不同，平衡块可分为挂钩式（常用于钢制轮辋）和粘贴式（常用于铝制轮辋）两种，如图4-1-26（g）所示。平衡块应该按照车轮动平衡机的提示安装，要保证安装位置和平衡块规格（质量）都正确，如图4-1-26（h）所示。安装平衡块后可能产生新的不平衡，应重新进行动平衡检查及校正，直至达到规定要求（通常不超过5 g）。

② 轮胎拆装（扒胎）。

步骤1 拆卸。

拆下气门嘴，放出轮胎中所有气体；用轮胎装配机上的边缘松开器压出轮胎边缘，如图4-1-27（a）所示；压下轮胎边缘，并在轮胎边缘涂抹轮胎装配膏，如图4-1-27（b）所示；将轮胎安装到轮胎装配机上，用撬棍将轮胎边缘撬过装配头上的装配销，取下撬棍，顺时针转动轮胎装配机，直到轮胎上边缘完全脱下，如图4-1-27（c）所示。

步骤2 安装。

在轮辋边缘、轮胎边缘涂抹轮胎装配膏，首先安装轮胎下侧；用轮胎装配机将轮胎压入轮辋内，如图4-1-27（d）所示；为轮胎充气，使胎压达到一定值，用于轮胎"回坐"，然后拧入新的气门嘴，将胎压调至规定值；对车轮进行动平衡检查。

(a) 压出轮胎边缘

(b) 压下轮胎边缘并涂抹轮胎装配膏

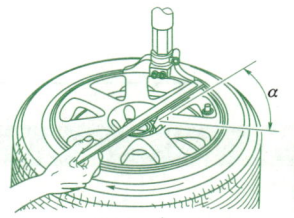
(c) 脱下轮胎上边缘

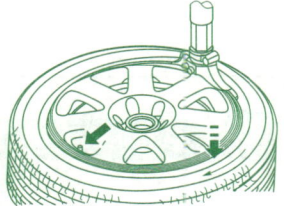
(d) 用轮胎装配机将轮胎压入轮辋内

图4-1-27 轮胎拆装

2. 实施工单

（1）信息查询与高压安全

① 轮胎规格及含义：_____，气压：_____，

轮辐类型：_____，胎面花纹类型：_____，生产日期：_____。

②直接式胎压监测系统说明在维修手册上的查询路径：_____，
电路图在维修手册上的查询路径：_____；
胎压学习过程在维修手册上的查询路径：_____。

③高压上下电：□正常　□异常，高压故障：□无　□有，车轮及轮胎检修是否需要拆装高压部件：□否　□是。

（2）车上部件认识与检修

项目	内容及结果
轮胎磨损检查	正常磨损状况（花纹深度）：_____， 异常磨损状况：_____
胎压监测系统认识与检查	类型：□间接式　□直接式（传感器：□外置式　□内置式）， 间接式控制开关及指示灯：_____， 直接式控制模块位置：_____，胎压显示值：_____

（3）车下部件认识与检修

项目	内容及结果
车轮动平衡检查	车轮动平衡机品牌：_____，轮胎品牌：_____，轮胎规格：_____。 车轮动平衡机包含组件：_____。 输入车轮动平衡机的三个值分别为：_____、_____、_____。 车轮内外侧不平衡量为：_____
轮胎装配	轮胎装配机品牌：_____，轮胎品牌：_____，轮胎规格：_____。 轮胎装配机包含组件：_____。 轮胎装配注意事项：_____

3. 实施评价

自我收获	自我评价	教师评价
	□满意 □较满意 □不满意	□优秀　□良好 □合格 □不合格

习题与思考

一、判断题

1. 轿车广泛使用高压胎。（　　）
2. 子午线轮胎的帘线与胎面中心线的夹角接近90°。（　　）
3. 轿车多采用深槽轮辋。（　　）
4. 间接式胎压监测系统通过车轮的转速差来判断胎压是否正常。（　　）
5. 轮胎静平衡，那么也一定动平衡。（　　）

二、不定项选择题

1. 车轮组成有（   ）。
   A. 轮毂   B. 轮辐   C. 轮辋   D. 轮缸
2. 外胎组成有（   ）。
   A. 胎面   B. 帘布层   C. 缓冲层   D. 胎圈
3. 胎侧通常标注有（   ）。
   A. 安全标准   B. 厂家名称   C. 生产日期   D. 轮胎规格
4. 轮胎规格中含有（   ）。
   A. 轮胎宽度   B. 轮辋直径   C. 扁平比   D. 速度等级
5. 轮胎日常检查项目有（   ）。
   A. 外观检查   B. 动平衡检查   C. 花纹磨损检查   D. 胎压检查
6. 直接式胎压监测系统的组成有（   ）。
   A. 胎压传感器   B. 无线发射感应器 C. 接收器   D. 指示灯
7. 轮胎花纹的作用有（   ）。
   A. 增大附着力   B. 降低胎噪   C. 散热和排水   D. 改善操纵稳定性
8. 轮胎检查用到的工具有（   ）。
   A. 气压表   B. 花纹深度计   C. 车轮动平衡机   D. 轮胎装配机

三、简述题

1. 简述轮胎异常磨损形式及原因。
2. 简述车轮动平衡检查过程。

任务2　普通悬架检修

任务引入

悬架是车身与车轮之间的所有传力连接部件的总称，主要有普通悬架和电控悬架两种类型。它使得车身与车轮之间的连接具有弹性，以吸收路面的冲击和振动，保证驾驶平稳、转向精确，并防止轮胎异常磨损。悬架技术状况变差，直接影响汽车的平顺性和操控性，增加汽车的冲击载荷，加剧汽车部件的磨损。本任务介绍普通悬架（以下简称悬架）各组成部件的工作过程、悬架类型和检修步骤。

任务目标

1. 能查阅维修资料，获取悬架信息。
2. 能识别悬架类型，理解其工作特点。
3. 能检查悬架各组成部件的技术状况及进行相关处理。
4. 能正确拆装前后悬架。

5. 培养主动学习、安全学习及交流学习的能力，培育工匠精神。

> **知识链接**

微课
悬架的认识

悬架的作用为：① 把路面与车轮之间摩擦所产生的驱动力和制动力传递到车架（或承载式车身）上，保证汽车的正常行驶；② 利用弹性元件和减振器吸收各种摇摆和振动，保障乘员和货物的安全；③ 利用某些传力杆件使车轮按一定轨迹相对于车架或车身跳动，即起导向作用，保证各部件适当的几何位置；④ 利用横向稳定杆防止车身在快速转向等情况下发生过大的侧向倾斜。

4.2.1 悬架的组成

汽车有前悬架和后悬架，悬架的结构形式很多，但基本结构相似。悬架主要由弹性元件、减振器、导向机构、横向稳定杆等组成，如图 4-2-1 所示。

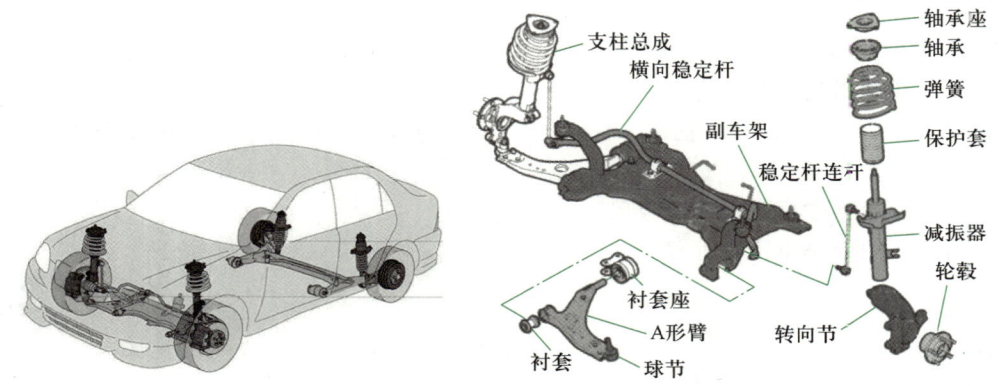

图 4-2-1 悬架的组成

悬架各组成部件的作用分别为：弹性元件用来承受和传递垂直载荷，缓冲并抑制不平路面所引起的冲击；减振器用来加快振动的衰减，使车身和车轮的振动得到控制；导向机构用来传递纵向力、侧向力及其力矩，并保证车轮有正确的运动关系；横向稳定杆用来阻止车身在不平路面上行驶或转向时发生过大的侧向倾斜。

1. 弹性元件

弹性元件的性能常用刚度来衡量。刚度是指材料在受力时抵抗弹性变形的能力，是材料弹性变形难易程度的一个象征。由弹性元件支撑的质量称为簧载质量，如车身、动力装置的质量等。不是由弹性元件支撑的质量，如车轮、制动器、转向节等的质量，属于非簧载质量。非簧载质量应尽可能小，否则会制约簧载质量，减弱轮胎对路面的反应能力，最终导致车辆操纵性变差、牵引力损失、部件过早损耗等故障。常用弹性元件主要有以下几种结构形式。

（1）螺旋弹簧

如图 4-2-2 所示，螺旋弹簧用弹簧钢棒卷制而成，通常用于各种独立悬架或半独立悬架，其特点

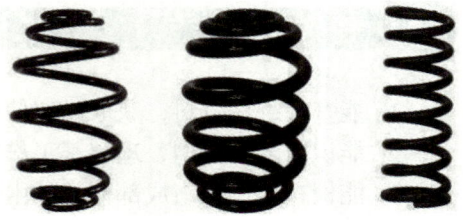

图 4-2-2 螺旋弹簧

是只能承受垂直载荷,没有导向功能。使用螺旋弹簧的悬架系统必须有减振器和导向机构,减振器吸收振动能量,导向机构承受非垂直方向的力和力矩。

螺旋弹簧的刚度影响汽车的操控性和乘坐舒适性,有些车辆使用固定刚度螺旋弹簧,这种弹簧具有相同尺寸的螺旋直径和相同的空间占位。有些车辆使用可变刚度螺旋弹簧,这种弹簧既能够承受重载,又能够提高轻载时的乘坐舒适性。受使用寿命和材料老化的影响,螺旋弹簧最终都会松弛。松弛的螺旋弹簧会影响车辆的乘坐高度、车轮定位参数、转向性能、制动性能,并造成轮胎磨损、悬架部件异常磨损。螺旋弹簧采用直接更换的方式进行维修,更换螺旋弹簧时需要核对打印在弹簧上的标记或零件号和弹簧端部的类型,并使用专用工具卸除弹簧的应力。

（2）钢板弹簧

如图4-2-3所示,钢板弹簧有单片钢板弹簧和多片钢板弹簧。单片钢板弹簧是一片厚的弓形的弹簧钢板或复合材料制成的弹簧片,其两端弯成卷耳；多片钢板弹簧由若干片等宽但不等长的弹簧钢板组合而成,相当于一根近似等强度的弹性梁。多片钢板弹簧可以起到缓冲、减振、导向和传力的作用。采用钢板弹簧的悬架中部用U形螺栓将钢板弹簧固定在车桥上。悬架前端为固定铰链,也称为死吊耳,由钢板弹簧销钉将钢板弹簧前端卷耳部分与钢板弹簧前支架连接在一起,前端卷耳孔中为减少磨损装有衬套。后端卷耳通过钢板弹簧吊耳销与后端吊耳及吊耳架相连,后端可以自由摆动,形成活动吊耳。当车架受到冲击、弹簧变形时,两卷耳之间的距离有可能变化。

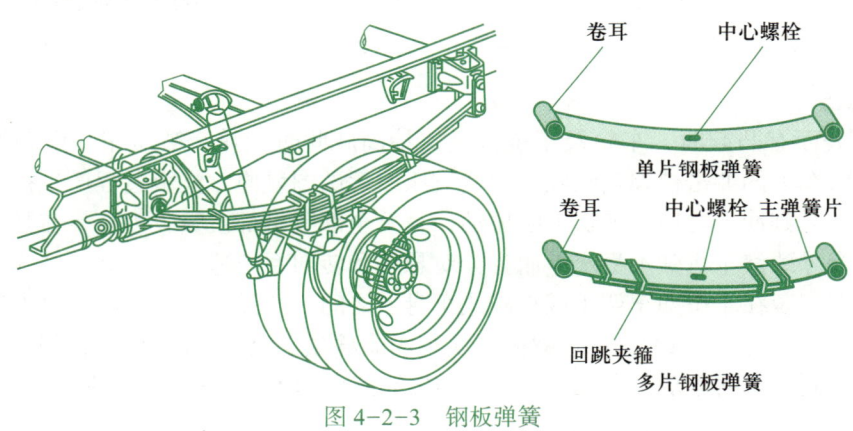

图4-2-3 钢板弹簧

（3）扭杆弹簧

扭杆弹簧是一根具有扭转弹性的直线金属杆件,它除了是直杆外,其余和螺旋弹簧相似。扭杆弹簧用铬钒合金弹簧钢制成,表面通常涂以沥青和防锈油漆或者包裹一层玻璃纤维布,以防碰撞、刮伤和腐蚀。扭杆弹簧断面一般为圆形,少数为矩形或管形。它的两端可以做成花键、方形、六角形或带切面的圆柱形等,以便将一端固定在车架上,另一端通过摆臂固定在车轮上。当车轮跳动时,摆臂便绕着扭杆弹簧轴线摆动,使扭杆弹簧产生扭转弹性变形,以保证车轮与车架弹性连接,如图4-2-4所示。为避免左、右侧悬架高度及刚度受其影响,扭杆弹簧上通常有区别左右的

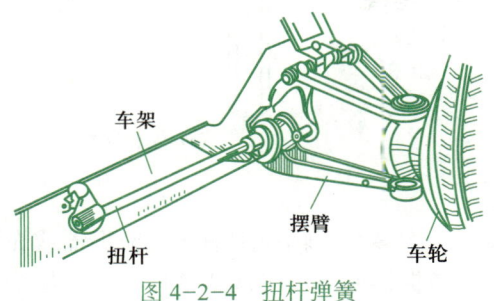

图4-2-4 扭杆弹簧

标记。使用扭杆弹簧的悬架质量较小，结构比较简单，也不需要润滑，并且通过调整扭杆弹簧固定端的安装角度，容易实现车身高度的调节。

（4）空气弹簧

空气弹簧是一种充满压缩空气的橡胶圆柱体密封容器，它利用气体的可压缩性起到弹簧作用，可用来代替螺旋弹簧。这种弹簧的刚度是可变的，因为作用在弹簧上的载荷增大时，容器内的固定量气体受压缩，气压升高，则弹簧的刚度增大；反之，载荷减小时，容器内的气压降低，刚度减小。空气弹簧具有比较理想的变刚度特性。

空气弹簧有囊式和膜式两种。囊式空气弹簧由夹有帘线的橡胶气囊和密闭在其中的压缩空气组成。膜式空气弹簧的密闭气囊由橡胶膜片和金属压制件形成，如图4-2-5所示。

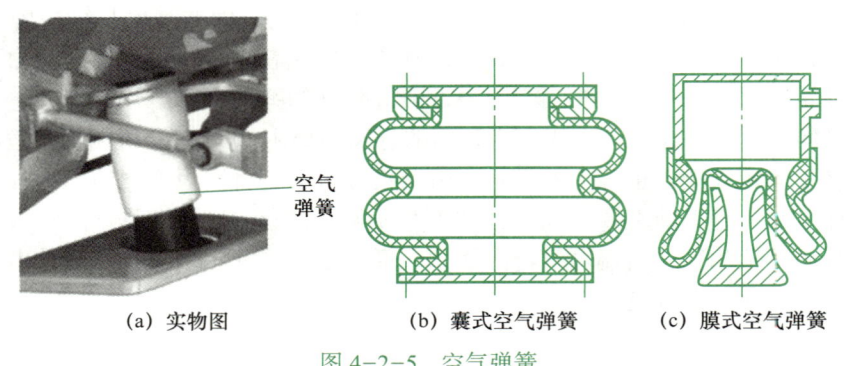

(a) 实物图　　　(b) 囊式空气弹簧　　　(c) 膜式空气弹簧

图 4-2-5　空气弹簧

2. 减振器

当道路表面有凸起时，车轮及车桥被迅速抬高。此时，弹簧被压缩并推动汽车车身升高。作用在汽车上的冲击被弹簧吸收，弹簧被压缩后试图复原，整个过程产生振动。如果没有减振器，在受到冲击之后，弹簧不断振动，直至全部能量都被吸收为止。在弹簧连续受到冲击之后，会导致汽车行驶不稳定，而且会对悬架和转向系统造成重大磨损。为此设计了减振器。减振器安装在车桥和车架（或承载式车身）之间，与弹性元件并联，可安装在一起或分开安装，如图4-2-6（a）所示。减振器使车辆能够减少经过不同路面后引起的振动次数，实现减振并控制弹簧的运动。有无减振器时的振动波形如图4-2-6（b）所示。

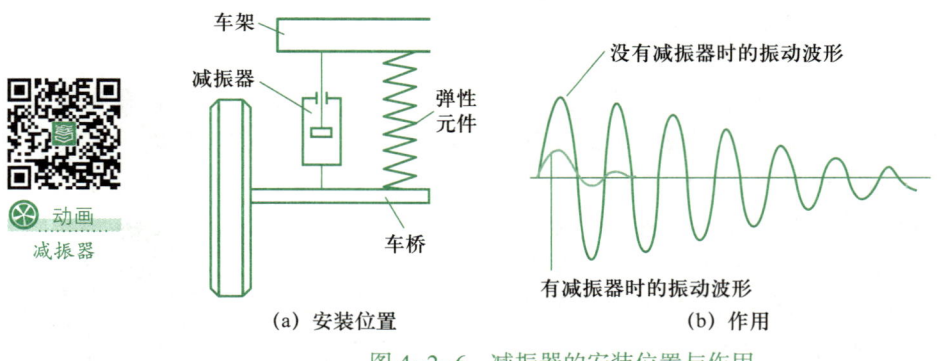

(a) 安装位置　　　　　　(b) 作用

图 4-2-6　减振器的安装位置与作用

大多数车辆使用液压式减振器或充气式减振器，有些豪华小客车或越野车使用可变阻尼式减振器或高度可调式减振器。在压缩和伸张两行程内均能起减振作用的减振器称为双向作用式减振器，另有一种减振器仅在伸张行程内起作用，称为单向作用式减振器。

（1）液压式减振器

液压式减振器的减振原理：当活塞在减振器的缸筒内做往复移动时，减振器壳体内的油液便反复地从一个腔室经活塞上的节流孔进入另一个腔室，如图4-2-7所示。此时，液体与孔壁的摩擦及液体分子间的摩擦便形成衰减振动的阻尼力，使车身振动的能量转化为热能并被油液和减振器壳体所吸收，然后散发到大气中。减振器的阻尼力越大，振动消除得就越快，但会导致弹性元件的缓冲作用不能充分发挥；同时，过大的阻尼力还可能导致减振器相关零件损坏。

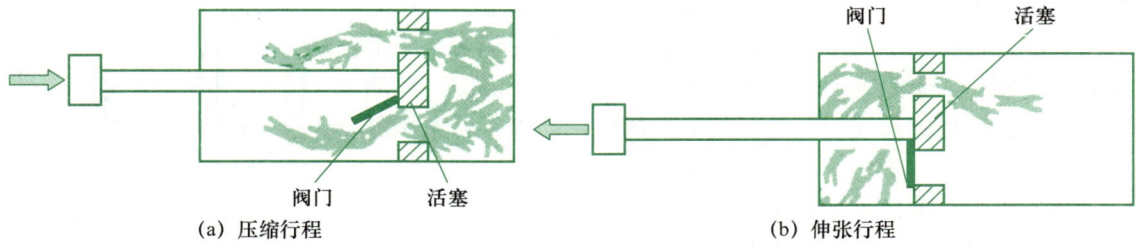

图 4-2-7　液压式减振器的工作原理

减振器阻尼力的大小随着车身和车轮间的相对运动速度的增减而增减，并且与油液的黏度及节流孔的大小有关。如果节流孔大小不变，当减振器受到较大的冲击力时，过大的阻尼力会影响对冲击的吸收。因此，在节流孔的出口处设置有阀门。当压力变大时，阀门被顶开，节流孔开度变大，阻尼力变小。液压式减振器以双向作用筒式居多，双向作用筒式减振器是指有内外两个筒的减振器，如图4-2-8所示。

双向作用筒式减振器外面是防尘罩，上部通过圈环与车身（车架）连接，下部通过圈环与车桥连接。外面的缸筒是储油缸筒，内部装有一定量的减振器油液；里面的缸筒是工作缸筒，内部装满减振器油液。在工作缸筒的内部，有与防尘罩和上部圈环制成一体的活塞杆，其下端固定着活塞。活塞上装有伸张阀和流通阀，在工作缸筒的下部底座上装有压缩阀和补偿阀。为了满足减振器的工作要求，流通阀和补偿阀的弹簧比较软，较小的油压便可以使其打开或关闭。而压缩阀和伸张阀的弹簧比较硬，只有当油压增大到一定程度时才能打开，只要油压稍有下降，阀门立刻关闭。伸张阀弹簧的刚度和预紧力大于压缩阀弹簧，在同样的力的作用下，伸张阀及相应的常通缝隙通道的截面积总和小于压缩阀及相应常通缝隙通道的截面积总和，使得减振器伸张行程产生的阻尼力大于压缩行程产生的阻尼力，从而达到迅速减振的目的。

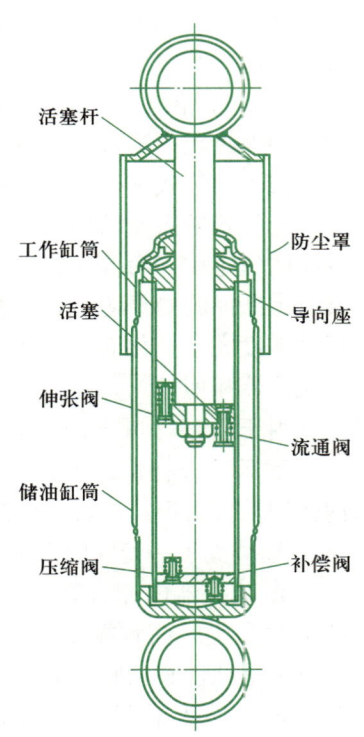

图 4-2-8　双向作用筒式减振器的结构

双向作用筒式减振器的工作过程分为伸张行程和压缩行程两个阶段，如图4-2-9所示。在伸张行程时，汽车车轮远离车身（车架），减振器受拉伸，减振器的活塞在工作缸筒内向上移动，活塞上腔的容积减小，油压升高，流通阀被关闭，上腔内的油液压开伸张阀流入活塞下腔。由于活塞杆的存在，自上腔流来的油液不能完全充满下腔增加的容积，使得下腔产生一定的真空度，这时储油缸筒中的油液推开补偿阀流进活塞下腔进行补充。油液通过阀孔时，这些阀的节流作用产生对悬架伸张行程的阻尼力。

在压缩行程时，汽车车轮靠近车身（车架），减振器受压缩，减振器的活塞在工作缸筒内向下移动，活塞下腔的容积减小，油压升高，下腔内的油液压开流通阀流入活塞上腔。由于上腔被活塞杆占去了一部分空间，因而上腔增加的容积小于下腔减小的容积，于是另一部分油液就推开压缩阀，流回到储油缸筒内。油液通过阀孔时，这些阀的节流作用产生对悬架压缩行程的阻尼力。

减振器的工作有如下特点。

① 在悬架压缩行程内，减振器的阻尼力应较小，以便充分利用弹性元件的弹性来缓和冲击。

② 在悬架伸张行程内，减振器的阻尼力应较大，以便迅速减振吸能。

③ 当车轮与车身的相对速度过大时，减振器应当能自动增大油液通道截面积，使阻尼力始终保持在一定限度之内，以避免承受过大的冲击载荷。

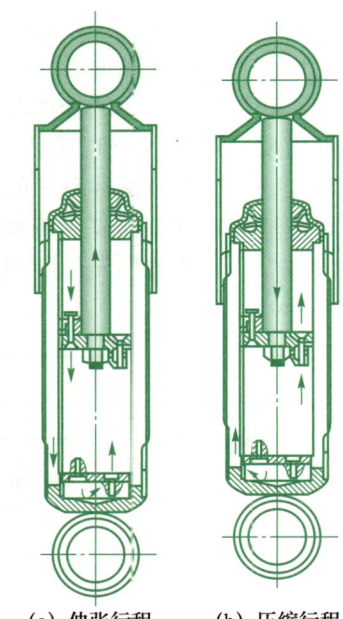

(a) 伸张行程　　(b) 压缩行程

图 4-2-9　双向作用筒式减振器的工作过程

（2）充气式减振器

充气式减振器结构特点如下：工作缸筒的下部装有一个浮动活塞，浮动活塞与缸筒形成的密闭气室中充有高压氮气；浮动活塞之上是减振器油液，如图 4-2-10 所示。浮动活塞上装有大断面的 O 形密封圈，把油和气完全分开，此活塞也称为封气活塞。工作活塞上装有随运动速度大小变化而改变通道面积的压缩阀和伸张阀。充气式减振器衰减振动的原理与液压式减振器相似。

由于活塞杆进出而引起的缸筒容积的变化由浮动活塞的上、下运动来补偿，因此这种减振器不需要储液缸筒。与双向作用筒式减振器比较，单筒充气式减振器具有以下优点。

① 减少了一套阀门系统，结构大为简化。

② 减振器内充有高压气体，能有效地降低车轮受到突然冲击时产生的高频振动，有助于消除噪声，并且能够改善汽车行驶平顺性和轮胎接地性。

③ 在防尘罩直径相同的情况下，充气式减振器的工作缸筒和活塞直径更大，在单位活塞行程中流经阀门的流量更大。

④ 充气式减振器内部有高压气体，且油、气被浮动活塞隔开，消除了油液的乳化现象。

3. 导向机构

悬架中的弹性元件大多只能传递垂直载荷而不能传递纵

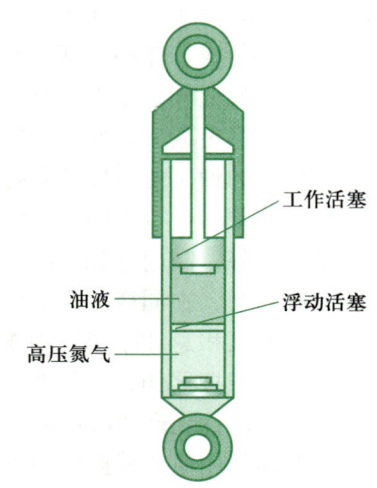

图 4-2-10　充气式减振器

向或侧向的力矩，所以应设置导向机构（也称为传力机构），以承受、传递纵向和侧向力矩，控制车轮的纵向和侧向运动。导向机构的主要组成部件包括控制臂（摆臂）、球节、转向节等，如图 4-2-11 所示。

控制臂将转向节、车轮凸缘或车桥连接到车身或车架上。控制臂一端采用球节或轴衬套安装在转向节或车轮凸缘上，另一端通过枢轴及轴衬套安装到车身或车架上，保证其可以允许车轮上下跳动。常见的控制臂有上控制臂、下控制臂、牵拖控制臂等。上、下控制臂一般用于独立悬架，上控制臂通常比下控制臂要短一些，在悬架向上运动时把轮胎的顶端向内拉动，以减少轮胎在与路面接触和分离时产生的摩擦，从而提高轮胎的寿命。牵拖控制臂多用于后悬架，它将车桥或车轮连接到车身或车架上。

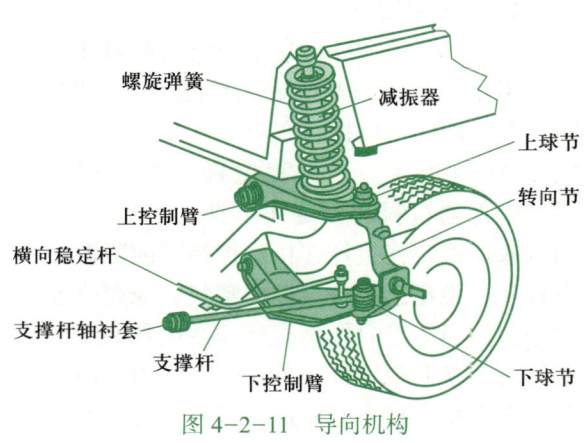

图 4-2-11 导向机构

衬套在很多悬架元件中都能看到，如摆臂、拉杆和滑柱中都设有衬套，如图 4-2-12 所示。衬套可以使悬架系统摆动自如，减少润滑点数量，允许一定的装配误差；衬套还有助于吸收路面冲击，允许少量位移，并降低车内的噪声。车轮定位失准是导致悬架衬套夹速损坏和轮胎异常磨损的常见原因。

如同转向传动机构中的球节，悬架中的球节通常安装在上控制臂或者下控制臂上，当控制臂上下运动或转向盘转动时，球节能随之转动，以允许转向节转动和摆动。由于悬架的形式不同，承载车身质量的部件也不同，悬架的球节分为负荷球节（承载球节）和从动球节（非承载球节）。

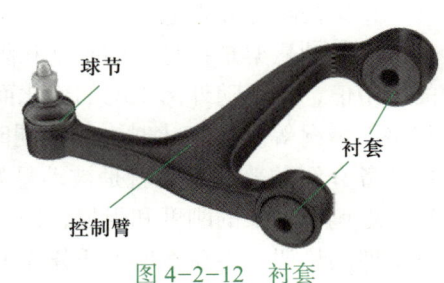

图 4-2-12 衬套

转向节将车轮与上、下控制臂连接，并为悬架的其他部件提供安装位置，如图 4-2-13 所示。

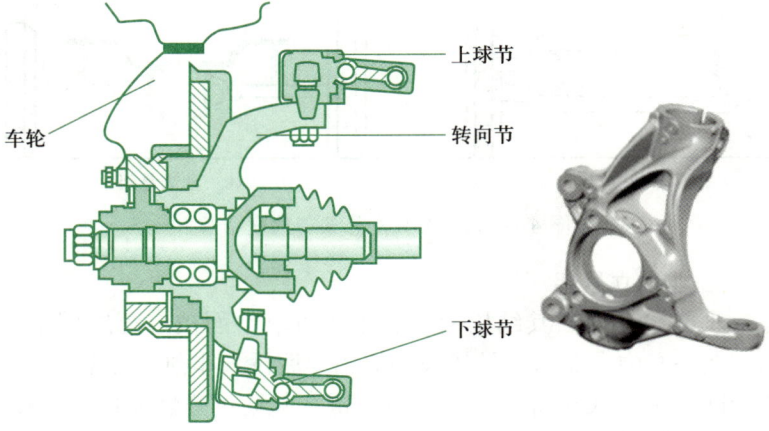

图 4-2-13 转向节

4. 横向稳定杆

U形横向稳定杆是悬架中的辅助弹性元件，用于把车辆一侧的受力传送到另一侧，防止车身侧倾，以保持车身的水平状态，如图 4-2-14 所示。横向稳定杆由弹簧钢制成，中部通过衬套固定在车身或副车架上，两端通过稳定连接杆连接到控制臂或减振器滑柱上，稳定连接杆可以由塑料、橡胶或金属制造。当车身只做垂直移动两侧悬架变形相等时，横向稳定杆在支座的套筒内自由转动，横向稳定杆不起作用。当两侧悬架变形不等车身相对于路面侧倾时，横向稳定杆一端向上运动，另一端向下运动，从而被扭转。横向稳定杆所产生的扭转内力矩妨碍了悬架弹簧的变形，因而减小了车身的侧倾和横向角振动。

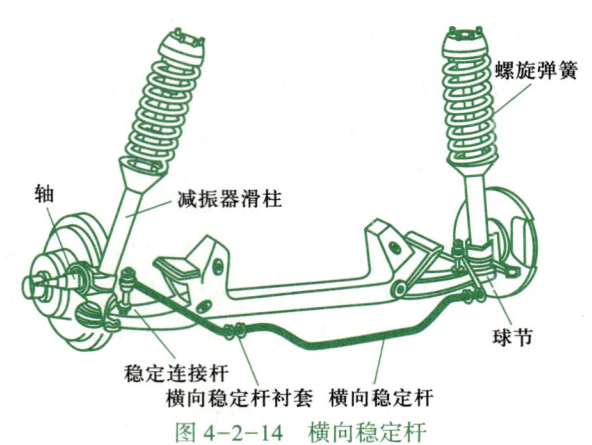

图 4-2-14　横向稳定杆

4.2.2　悬架的类型

悬架的结构，特别是导向机构的结构，根据所采用的弹性元件的不同而有较大差异。采用螺旋弹簧、空气弹簧时需要有较复杂的导向机构。而采用钢板弹簧时，由于钢板弹簧本身可兼起导向机构的作用，并有一定的减振作用，因此可使悬架结构大为简化。

悬架按刚度和阻尼是否随行驶条件的变化而变化，可分为被动悬架、主动悬架和半主动悬架。被动悬架是指悬架的刚度和阻尼系数均不可调整，其参数是兼顾汽车所有性能而确定的折中值，且不随外部工况的变化而改变，因此只在某个特定工况是最优的，在车速、载荷和路面情况等发生变化时，难以同时获得良好的乘坐舒适性和操纵稳定性，也缺乏灵活性。本任务介绍的普通悬架就是被动悬架。主动悬架是指能够根据汽车的运动状态和路面状况，适时地调节悬架的刚度和阻尼，使悬架处于最佳的状态，使车辆在各种工况下都会有良好的舒适性的悬架，将在本项目任务 3 中具体介绍。

按结构不同，悬架分为非独立悬架和独立悬架两种类型，如图 4-2-15 所示。

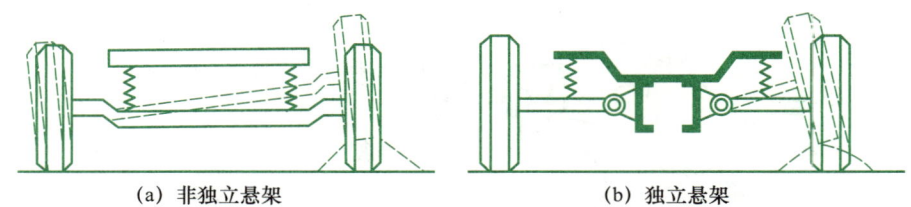

(a) 非独立悬架　　　　(b) 独立悬架

图 4-2-15　非独立悬架与独立悬架

1. 非独立悬架

非独立悬架因其结构简单、工作可靠，而被广泛应用于货车的前、后悬架；在轿车中，非独立悬架大多应用于后桥。非独立悬架的特点是两侧车轮安装于同一整体式车桥上，车轮与车桥一起通过弹性元件悬挂在车架或车身上，当一侧车轮受到冲击时会直接影响到另一侧车轮，左右两车轮都会运动。非独立悬架由于非簧载质量比较大,特别是在汽车高速行驶,悬架受到较大的冲击载荷时,汽车的平顺性较差。

图4-2-16(a)所示为螺旋弹簧式非独立悬架,其两根纵向推力杆的中部与后桥焊接为一体,前端通过带橡胶套的支承座与车身靠铰链连接,后端与轮毂相连接。纵向推力杆用来传递纵向力及力矩。整个后桥、纵向推力杆及车轮可以绕支承座的铰链支点连线相对于车身做上、下纵向摆动。螺旋弹簧的上端安装在弹簧上座中,下端则支承在减振器外壳上的弹簧下座上,它只承受垂直载荷。减振器的上端与弹簧上座一起安装在车身底部的悬架支座中,下端则与纵向推力杆连接。

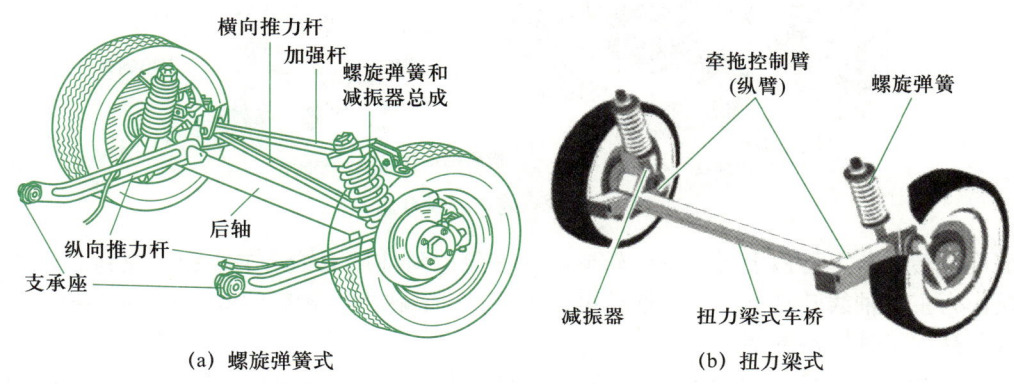

图 4-2-16 非独立悬架

图4-2-16(b)所示为扭力梁式非独立悬架,也称为半独立悬架,主要由扭力梁式车桥、牵拖控制臂、螺旋弹簧、减振器等组成。牵拖控制臂将扭力梁式车桥及车轮连接在车身或车架上,当一侧车轮受到比较小的冲击力时,该侧车轮单独跳动,扭力梁式车桥自身弯扭变形吸收该冲击,使冲击力不能传送到另一侧车轮;当冲击力较大时,扭力梁式车桥自身弯扭变形达到极限,冲击力将传送到另一侧车轮,使其产生相应的跳动。

2. 独立悬架

独立悬架的特点是两侧车轮分别独立地与车架或车身弹性地连接,当一侧车轮受到冲击时,其运动不会直接影响到另一侧车轮。独立悬架采用的车桥是断开式的,这样可使动力装置降低安装位置,有利于降低汽车重心,并使结构紧凑。独立悬架允许前轮有较大的跳动空间,这样便于选择较软的弹性元件,使行驶平顺性得到改善。同时,独立悬架非簧载质量小,可提高汽车车轮的附着性能。常见的独立悬架如下。

麦弗逊式独立悬架

(1)麦弗逊式悬架

麦弗逊式悬架结构简单,占用空间小,操纵性好,是目前最常用的悬架,特别是作为前悬架。

麦弗逊式悬架主要由麦弗逊滑柱、下控制臂(横摆臂)及横向稳定杆等组成,如图4-2-17所示。麦弗逊滑柱包括螺旋弹簧、减振器、滑柱支座、隔振垫、防尘罩等部件。减振器位于螺旋弹簧的中间,但它们的中心线不重合;隔振垫集成了压力轴承,以便减振器活塞在转向时能够旋转。麦弗逊滑柱的上部通过安装支架固定在车身上(翼子板),下部连接转向节。下控制臂(A形臂)内端通过铰链(轴销和衬套)连接在车身或车架上,外端通

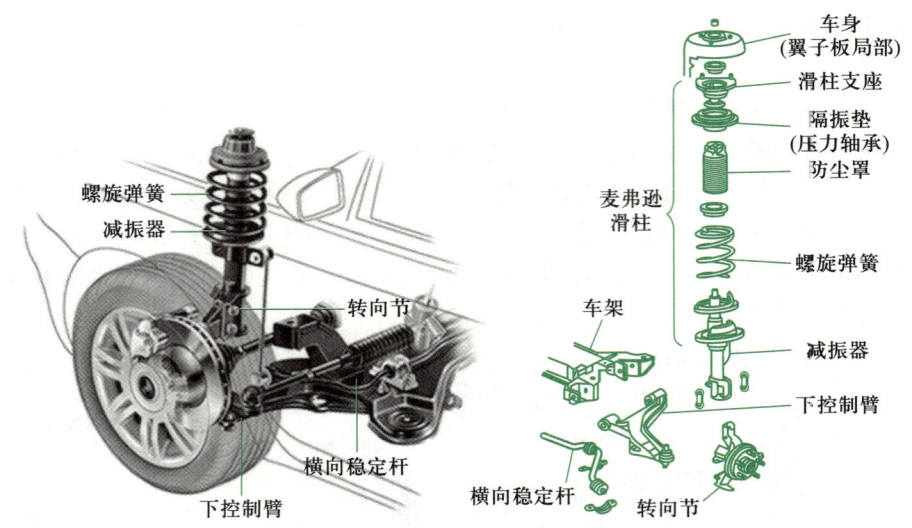

图 4-2-17 麦弗逊式悬架

过球节连接转向节，可以上下摆动。转向时，车轮以滑柱压力轴承中心和下控制臂球节中心的连线作为主销轴线转动。由于下摆臂可以上下摆动，因此主销轴线和轮距都会变化。

（2）高性能减振器悬架

高性能减振器（High Performance Strut）悬架是改良的麦弗逊式悬架，如图 4-2-18 所示，其操控性能优于典型的麦弗逊式前悬架。

高性能减振器悬架的结构特点是：转向节上端由球节与减振器支柱下部连接，转向节下端由球节与 A 形臂连接，主销轴线是转向节的上、下球节中心连线。减振器与弹簧上端通过安装座支承在车身上，由于主销轴线不再通过减振器支承座中心点，所以转向时减振器不需要转动，其安装座也就不需要安装轴承。和典型的麦弗逊式悬架相比，高性能减振器悬架主销倾角小，主销偏移距小，从而可抑制被动转向倾向，提升车辆对轮胎的变化和车轮不平衡的响应，提高线性转向能力。该结构也能很好地隔离颠簸和不良路面的影响，使车辆的乘坐舒适性、操纵稳定性及转向线性更加优良。

（3）长短臂式悬架

长短臂（Short/Long Arm，SLA）式悬架使用一短一长上下两个控制臂，上控制臂和下控制臂是悬架系统两根主要连杆，如图 4-2-19 所示。上、下控制臂通常呈 A 形，且上控制臂比下控制臂要短，因此这种悬架也叫作不等臂悬架、双 A 形臂悬架或双叉臂悬架。长短臂式悬架既可以应用于前悬架，也可以应用于后悬架。A 形控制臂外端通常通过一个球节与转向节连接，内端与车身（或车架）通过两个铰链连接，以便控制臂可以上下摆动。有些汽车的下控制臂与车身或车架之间只通过一个铰链连接，这时下控制臂与车身或车架之间通常安装有一根支撑杆。支撑杆、下控制臂、车身（车架）之间形成三角形结构，这种结构能够抵抗各个方向的力和力矩，使悬架更稳定。长短臂式悬架大多使用螺旋弹簧，它一般与减振器一起安装在下控制臂与车架之间，越野车经常使用扭杆弹簧代替螺旋弹簧。

（4）连杆支柱式悬架

连杆支柱式悬架是麦弗逊式悬架用在后桥的一种方式，它将麦弗逊式悬架的下控制臂换成了两根横向控制臂和一根纵向或斜向拖臂，如图 4-2-20 所示。它具有与麦弗逊式悬架相

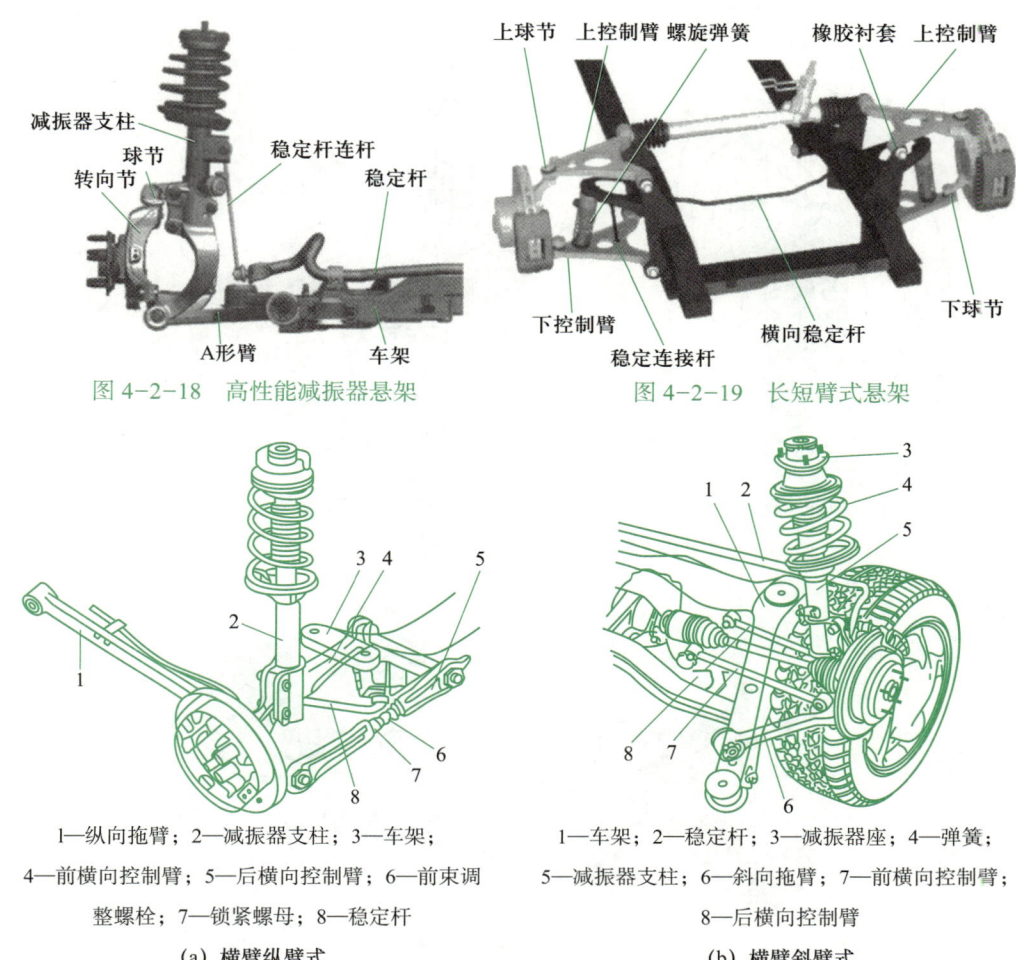

图 4-2-18 高性能减振器悬架

图 4-2-19 长短臂式悬架

1—纵向拖臂；2—减振器支柱；3—车架；
4—前横向控制臂；5—后横向控制臂；6—前束调
整螺栓；7—锁紧螺母；8—稳定杆

(a) 横臂纵臂式

1—车架；2—稳定杆；3—减振座；4—弹簧；
5—减振器支柱；6—斜向拖臂；7—前横向控制臂；
8—后横向控制臂

(b) 横臂斜臂式

图 4-2-20 连杆支柱式悬架

近的操控性能，又有比麦弗逊式悬架更高的连接刚度和相对较好的抗侧倾性能。但是其同样也存在麦弗逊式悬架的缺点，就是稳定性不好，转向侧倾还是较大，需要加装平衡杆来减小转向侧倾。

（5）拖臂和半拖臂式悬架

独立后悬架采用 A 形控制臂时，控制臂较宽的底部朝向汽车的前部，而其较窄端向内弯曲与车轮支架固定，称为拖臂；当整个 A 形控制臂底部轴线与汽车纵轴线呈一定夹角时，称为半拖臂，如图 4-2-21 所示。螺旋弹簧安装在控制臂和车身之间，控制臂绕横梁转动并在另一端与轮轴连接，减振器连接到轮轴上或控制臂上。选择适当的 A 形控制臂底部轴线与汽车纵轴线夹角，可以调整轮距，使车轮倾角、前束等变化最小，从而获得良好的操纵稳定性。

（6）多连杆式悬架

多连杆式悬架通常应用于高档小客车，一般由 4 根或 4 根以上连杆构成。多连杆式悬架可以对车轮多个方向的作用力进行控制，增强了车桥的刚度，提高了车辆的稳定性，同时允许车轮定位参数独立调整，如图 4-2-22 所示。

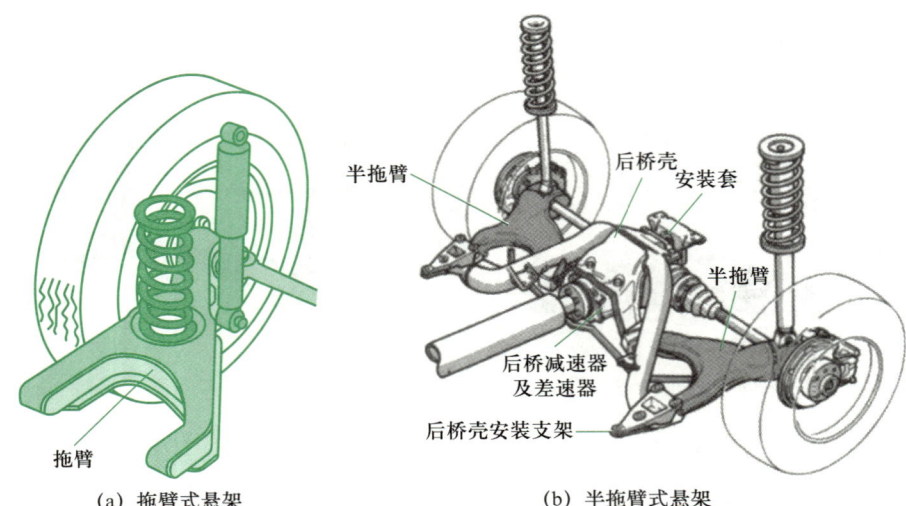

(a) 拖臂式悬架　　　　　　　(b) 半拖臂式悬架

图 4-2-21　拖臂及半拖臂式悬架

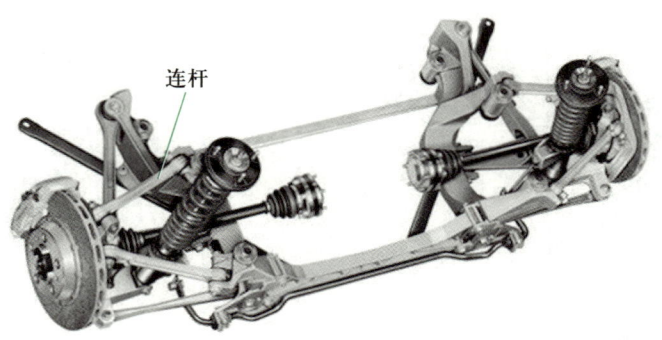

图 4-2-22　多连杆式悬架

任务实施

1. 常见故障

悬架常见故障现象及可能原因见表 4-2-1。

表 4-2-1　悬架常见故障现象及可能原因

现象	可能原因
悬架异响	下摆臂的前后橡胶衬套磨损、老化或损坏；螺旋弹簧失效或弯折；减振器活塞杆与缸筒磨损严重；减振器、转向节、下摆臂的连接螺栓松动
前轮摆动或跑偏	前轮毂轴承磨损；车轮轮毂产生偏摆；轮辋的钢圈螺栓松动；车轮不平衡；前轮定位角不正确；下摆臂或转向横拉杆的球节磨损或松动；左、右前减振器损坏或变形；转向节、减振器及下摆臂的紧固螺栓松动；两前轮的气压不一致
车身侧倾过大	减振器损坏；横向稳定杆弹力减弱或连接杆损坏；横向稳定杆或下控制臂磨损严重
转向沉重或转向盘回位不良	车轮定位不当或轮胎气压异常；悬架控制臂球节润滑不良、卡死或损坏

2. 实施过程

（1）实施准备

准备车辆设备、维修资料及拆装、测量工具。

（2）车上部件认识与检修

① 查询维修手册，获取悬架的说明、部件拆装步骤及检查事项。

② 高压安全提示：查看高压故障指示灯及进行绝缘检查等，确定车辆是否有高压故障；确认悬架部件检修是否需要拆装高压部件和进行高压上电等。

③ 参考步骤。

a. 前悬架一般检查。

检查各控制臂、撑杆等部件是否变形；检查球节和安装座是否有松动、磨损和损坏；检查转向器、转向杆系和转向连接处是否有松动、弯曲或损坏；检查减振器或缓冲装置的连接情况；检查缓冲装置和撑杆是否起作用或是否有泄漏。在检查过程中，如果发现有损坏或磨损的部件，要予以更换。

b. 减振器检查。

前轮带弹簧的减振器的检查与更换

减振器的使用寿命取决于车辆和行驶环境。随着控制臂衬套的磨损，车辆弹簧伸张状态也会发生变化，减振器的负荷也随之加大。减振器内部油封的磨损也会加速减振器性能的下降。更换减振器时，弹簧和减振器应该成对更换。为了保证车辆最佳的操控性，两个前减振器和两个后减振器应该同时更换。

通过按压车辆，检测车身回跳状态可判断减振器性能。在需要检查的减振器一侧按压车辆，使车体上下连续回跳 3～4 次。每次按压时所用的力相等，同时还应注意在松手之后车体回跳多少次才能够停下来。用同样的方法检查另一侧的减振器。比较左、右两侧减振器的阻力和回跳次数，左右两侧减振器的阻力和回跳次数必须大致相等。另外，如果减振器功能正常，则一松手车体就应停止回跳，或者回跳一两次后便会停下来，否则应更换新减振器。

c. 导向机构检查。

悬架导向机构的磨损、松动或损坏等会造成以下故障：车辆行驶时发出"吱吱"声或者爆裂声；转向盘有摆振现象；车辆行驶不稳定，有偏摆的感觉；转向盘间隙过大。

步骤 1 导向装置检查。

检查各控制臂连杆等是否有变形；检查各连杆衬套是否有变形、移动、偏离中心和严重破裂；检查金属衬套是否有噪声和密封不严；用手抓住控制臂、连杆等机构，沿垂直或水平方向推拉，检查是否有间隙，如图 4-2-23 所示。

步骤 2 球节磨损检查。

球节的寿命是由车辆的行驶环境、汽车质量和球节的润滑维护决定的。但在同样维护条件下，由于承载球节负荷比非承载球节大，所以其磨损程度要比非承载球节严重一些。

球节应成对更换，以确保车辆的操控性。更换球节之前，需要对车辆进行球节磨损检查。在车上检查球节磨损程度时，应用千斤顶在下控制臂下面尽可能接近球节的位置将车轮顶起至规定高度（2.5～5 cm），保证球节处于无负荷状态，如图 4-2-24 所示。用手或撬棍上下左右方向晃动轮胎，如果轮胎球节产生移动间隙，则应更换球节。

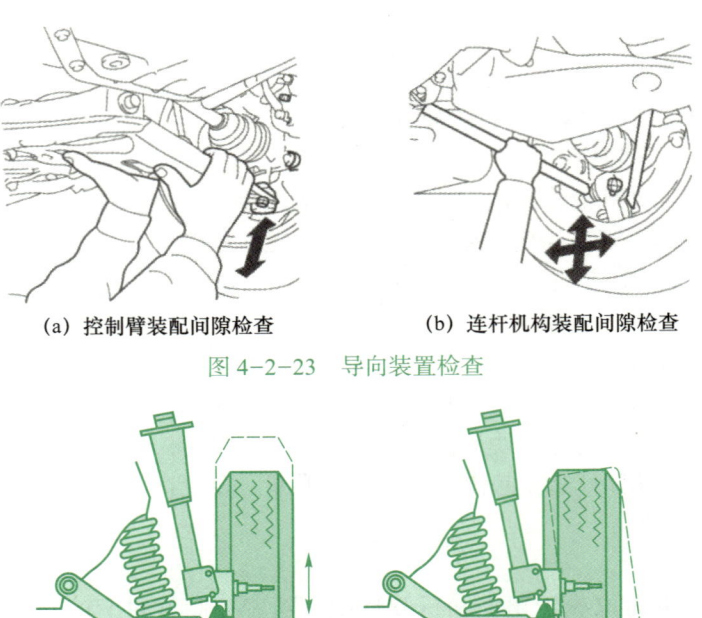

(a) 控制臂装配间隙检查　　(b) 连杆机构装配间隙检查

图 4-2-23　导向装置检查

(a) 轴向检查 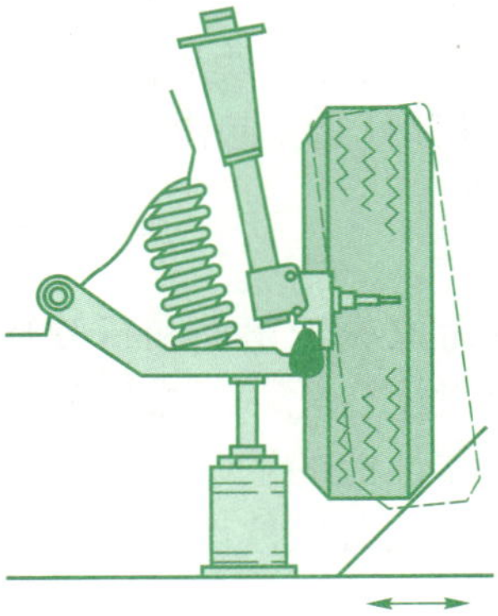　　(b) 径向检查

图 4-2-24　球节磨损检查

d. 滑柱总成拆装。

通常前悬架的减振器和螺旋弹簧作为滑柱总成安装于车上，拆解时应先将滑柱总成从车上拆下，然后再从滑柱总成上拆下螺旋弹簧，再检查更换。

（3）车下部件认识与检修

① 滑柱总成拆解。

a. 用弹簧压紧装置将滑柱总成压紧，直至带推力球轴承的上部弹簧没有负载，如图 4-2-25 所示；b. 拧出减振器活塞杆顶部的六角螺母；c. 取下螺旋弹簧座及带弹簧压紧装置的螺旋弹簧。

② 螺旋弹簧检查。

检查螺旋弹簧表面是否存在变形、裂纹、锈蚀等，然后测量左右侧螺旋弹簧的自由长度。如果螺旋弹簧的实际长度比标准长度缩短超过 5%，应该更换螺旋弹簧。

③ 减振器检查。

因减振器磨损或损坏导致的振动会造成新能源汽车底盘的早期磨损，相关故障的一些征兆如下：转向和操纵较困难；制动不平滑；停车后跳振过大；轮胎异常磨损，特别是沟槽异常磨损；弹簧接触底部。

目视检查减振器外部筒体是否有变形或锈蚀，若有应整形除锈；检查上下端衬套是否有磨损、老化或损坏，如有应更换衬套。用手握住减振器的两端，快速拉动或压缩减振器，如图 4-2-26 所示，压缩阻力应明显小于拉动阻力，在操作过程中有异常阻力或不正常响声，则说明该减振器已损坏，应更换。一般减振器是不进行修理的，如有很小的渗油现象不必更换,如漏油较多可通过拉伸和压缩减振器来检查渗油现象。漏出的减振器油不能再倒入减振器内重新使用,漏油的减振器不能再使用。

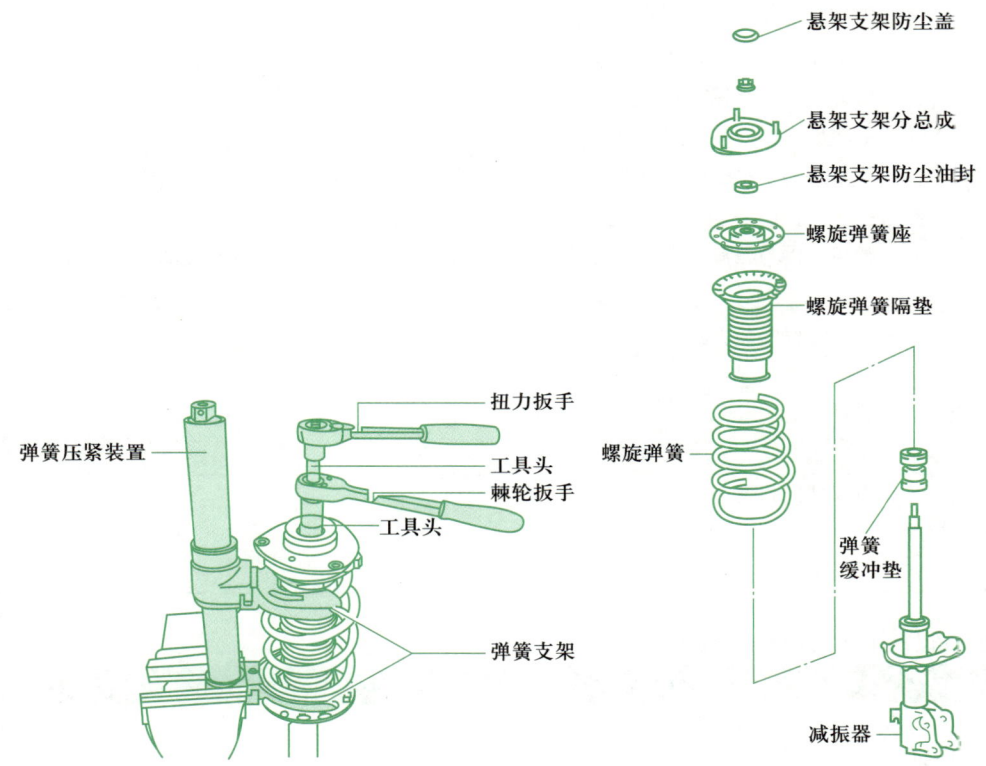

图 4-2-25 滑柱拆解及零件检查

④ 滑柱总成组装。

用弹簧压紧装置压紧螺旋弹簧并装在下部弹簧座上;安装上部弹簧座,以规定的力矩拧紧新的六角螺母;松开弹簧压紧装置,并从螺旋弹簧上取下。

3. 实施工单

(1) 信息查询与高压安全

① 前悬架拆装步骤在维修手册上的查询路径:＿＿＿＿＿＿＿＿＿
＿＿＿＿＿＿＿＿＿＿＿＿＿＿＿＿＿＿＿＿＿＿＿＿＿＿＿＿＿＿＿＿＿＿,
后悬架拆装步骤在维修手册上的查询路径:＿＿＿＿＿＿＿＿＿＿
＿＿＿＿＿＿＿＿＿＿＿＿＿＿＿＿＿＿＿＿＿＿＿＿＿＿＿＿＿＿。

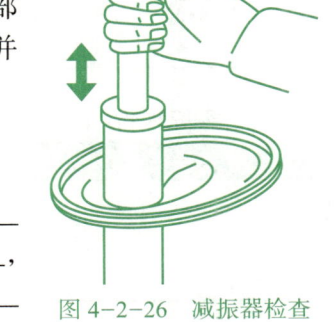

图 4-2-26 减振器检查

② 高压上、下电:□正常 □异常,高压故障:□无 □有,悬架系统检修是否需要拆装高压部件:□否 □是。

(2) 车上部件认识与检修

项目	内容及结果
基本认识	前悬架类型:□独立悬架 □非独立悬架,具体类型:＿＿＿＿,组成:＿＿＿＿＿＿,

续表

项目	内容及结果
基本认识	弹性元件与减振器安装方式：□整体套装　□分开安装， 上下连接部件及方式：＿＿＿＿＿＿＿＿＿＿＿＿＿＿＿＿＿＿＿， 摆臂名称及连接方式：＿＿＿＿＿＿＿＿＿＿＿＿＿＿＿＿＿＿＿， 横向稳定杆安装方式：＿＿＿＿＿＿＿＿＿＿＿＿＿＿＿＿＿＿＿ 后悬架类型：□独立悬架　□非独立悬架，具体类型：＿＿＿＿，组成：＿＿＿＿＿＿ ＿＿＿＿＿＿＿＿＿＿＿＿＿＿＿＿＿＿＿＿＿＿＿＿＿＿＿＿＿＿＿＿＿ 弹性元件与减振器安装方式：□整体套装　□分开安装，上下连接部件及方式：＿＿＿＿ ＿＿＿＿＿＿＿＿＿＿＿＿，摆臂名称及连接方式：＿＿＿＿＿＿＿＿＿＿＿＿＿＿＿， 横向稳定杆安装方式：＿＿＿＿＿＿＿＿＿＿＿＿＿＿＿＿＿＿＿
前悬架	组成部件状况：
后悬架	组成部件状况：

（3）车下部件认识与检修

项目	内容及结果
前悬架	组成部件状况：
后悬架	组成部件状况：

4. 实施评价

自我收获	自我评价	教师评价
	□满意 □较满意 □不满意	□优秀　□良好 □合格 □不合格

习题与思考

一、判断题

1. 悬架安装于车身与车轮之间。（　　）
2. 减振的实质是能量转化。（　　）
3. 横向稳定杆为 U 形。（　　）
4. 减振器双向阻尼力相等。（　　）

5. 弹性元件和减振器串联安装。（　　）

二、不定项选择题

1. 属于非簧载质量的有（　　）。
   A. 车轮　　　　　　B. 制动器　　　　　　C. 车身　　　　　　D. 转向节
2. 常用弹性元件有（　　）。
   A. 钢板弹簧　　　　B. 螺旋弹簧　　　　　C. 扭杆弹簧　　　　D. 空气弹簧
3. 导向机构的主要组成部件有（　　）。
   A. 控制臂　　　　　B. 球节　　　　　　　C. 万向节　　　　　D. 转向节
4. 独立悬架有（　　）。
   A. 麦弗逊式　　　　B. 长短臂式　　　　　C. 扭力梁式　　　　D. 多连杆式
5. 麦弗逊悬架的特点有（　　）。
   A. 结构简单　　　　B. 减振器转动　　　　C. 占用空间小　　　D. 主销轴线会变化

三、简述题

1. 悬架主要组成部件作用各是什么？
2. 简述双向作用筒式减振器的工作过程。

任务 3　电控悬架检修

任务引入

为了改善车辆的平顺性及操纵稳定性，克服普通悬架特性不能变化的缺点，部分车辆采用了能按需要调整的电控悬架。本任务介绍电控悬架的组成、工作过程和检修步骤。

任务目标

1. 能查阅维修资料，获取电控悬架的信息。
2. 能识别电控悬架组成部件的名称，结合实物说明电控悬架工作过程。
3. 能拆检电控悬架组成部件，结合实物说明组成部件工作过程。
4. 能检查电控悬架技术状况及进行相关处理。
5. 培养主动学习、交流学习及安全学习的能力，培育工匠精神。

 知识链接

4.3.1　概述

悬架对行驶平顺性与操纵稳定性所起的作用有着相互矛盾的关系：如果想改善汽车的舒适性和行驶平顺性而采用较软的弹性元件，那么就会增加转弯时的侧倾及加速或制动时的前后颠簸，从而使操纵稳定性变差；同样，如果想改善汽车的操纵稳定性而采用较硬的弹性元件，那么将增加汽车对路面不平度的敏感性，从而降低行驶平顺性。对于普通悬架，当其结构确定后，就具有固定的悬架刚度和阻尼系数，在汽车行驶的过程中不能人为地加以调节，因此也被称为被动悬架。

随着电子技术的发展，中高档轿车及客车上装配了电子控制悬架（Electronic Controlled Suspension System，ECSS，简称电控悬架），又称电子调节悬架系统（Electronic Modulated Suspension，EMS），它通过电控单元来控制相应的执行元件，改变悬架特性以适应各种复杂的行驶工况对悬架的不同要求，从而使舒适性、行驶平顺性和操纵稳定性同时得到改善。电控悬架可以动态地调节悬架刚度和阻尼系数，突破被动悬架的局限。电控悬架是一种主动悬架。

1. 电控悬架的类型

（1）按有源或无源分类

按有源或无源，电控悬架分为半主动式悬架和主动式悬架。

① 半主动式悬架。半主动式悬架为无源控制，对悬架部件参数中的弹簧刚度和减振器阻尼系数之一可以根据需要进行调节。为减少执行元件所需的功率，半主动式悬架主要采用调节减振器阻尼系数的方法。图4-3-1（a）所示的半主动悬架系统由弹性元件（螺旋弹簧）和一个阻尼系数能在较大范围内调节的减振器组成。

② 主动式悬架。主动式悬架又称全主动式悬架，是一种有源控制悬架，需要一个动力源（液压泵或空气压缩机等）为悬架系统提供连续的动力输入，它的附加装置用来提供能量和控制作用力，如图4-3-1（b）所示。

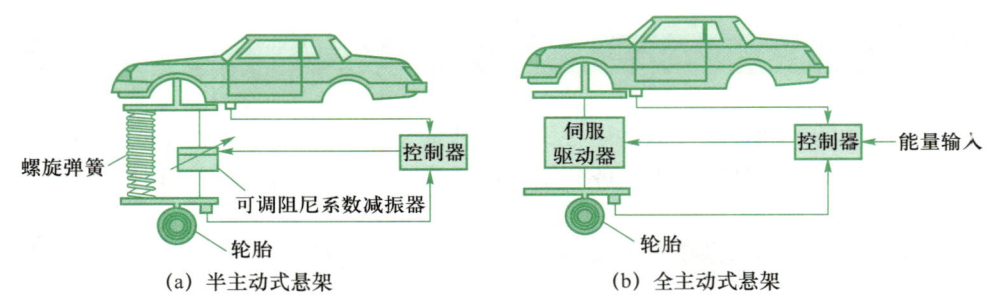

图4-3-1 电控悬架的类型

（2）按悬架介质分类

按悬架介质，电控悬架分为空气式电控悬架和油气式电控悬架。

① 空气式电控悬架。空气式电控悬架采用空气弹簧，通过改变空气弹簧中的主、副空气室的通气孔的截面积来改变空气室压力，以实现悬架刚度控制，并通过对空气弹簧空气室的充气或排气实现汽车高度控制。

② 油气式电控悬架。油气式电控悬架是以油液为介质压缩气室中的氮气，实现刚度调节，以液压管路中的小孔节流形成阻尼特性。

（3）按悬架调节方式分类

按悬架调节方式，电控悬架分为有级调节式悬架和无级调节式悬架。

① 有级调节式悬架。有级调节式悬架是指由驾驶人手动选择或ECU根据各传感器的信号自动选择，将悬架的阻尼/刚度分为2~3级进行调节的悬架系统。

② 无级调节式悬架。无级调节式悬架是指可实现连续调节阻尼 / 刚度的悬架系统。

2. 电控悬架的控制功能

电控悬架可通过对弹性元件和减振器的控制实现对车身高度、车身姿态以及车速与路面感应三方面的控制功能，如图 4-3-2 所示。具体到一辆车的控制情况受成本影响较大，现阶段电动汽车上配置电控悬架的还不多。

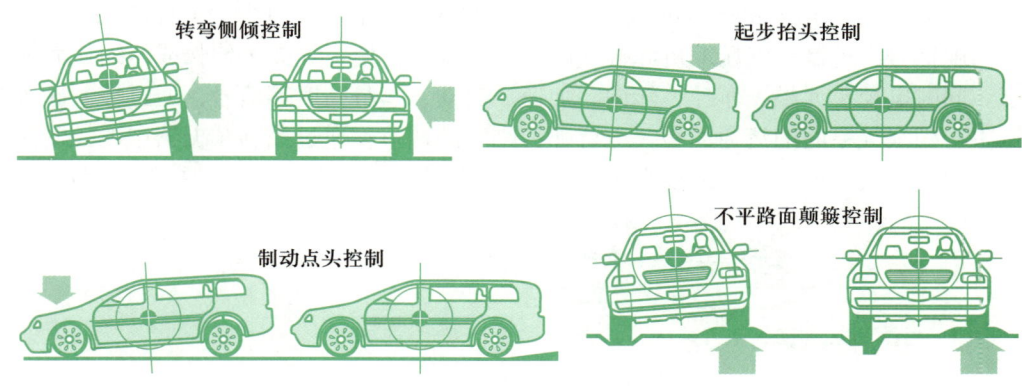

图 4-3-2　电控悬架的控制功能

（1）车身高度控制

① 自动高度控制。　该控制功能可实现不管车辆负载在规定范围内如何变化，都保持汽车高度一定，车身保持水平，大大减少汽车在转向时产生的侧倾。

② 高速感应控制。　该控制功能可实现当汽车在良好路面上高速行驶，车速超过设定值时，若汽车高度控制开关选择在"HIGH"上，汽车高度将自动转换"NORM"，自动降低车身高度，以减少空气阻力，提高汽车行驶的稳定性；当汽车连续在较差路面上行驶，且车速较低时，能够自动提高车身高度，以提高汽车的通过性。

③ 点火开关 OFF 控制。　驻车时，当点火开关关闭后，乘员和行李质量的变化使汽车高度高于目标高度时，系统会自动将汽车高度降低到目标高度，改善汽车驻车时的姿势，且便于乘员的上下车。

（2）车身姿态控制

① 转向时侧倾控制。汽车在横向坡道高速行驶和汽车高速急转向时，电控悬架能根据汽车的行驶速度和转向角度，使减振器阻尼系数和弹簧刚度转换为"坚硬"状态，抑制侧倾，改善汽车的操纵稳定性。

② 制动时点头控制。紧急制动时，电控悬架能根据汽车的行驶速度、制动开关信号和汽车高度的变化，提高弹簧刚度和减振器阻尼系数，将阻尼系数和弹簧刚度转换为"坚硬"状态，使汽车制动时的姿势变化尽量小，抑制制动时的车辆点头。

③ 加速时后坐力控制。急加速时，电控悬架能根据汽车速度、加速踏板位置，提高弹簧刚度和减振器阻尼系数，将阻尼系数和弹簧刚度转换为"坚硬"状态，用来抑制汽车起步和急加速时的后坐力。

（3）车速与路面感应控制

① 当车速较高时，提高弹簧刚度和减振器阻尼系数，以提高汽车高速行驶时的操纵稳定性。

② 当前轮遇到凸起时，减小后轮悬架弹簧刚度和减振器阻尼系数，以减小车身的振动和冲击。

③ 当路面较差时，提高弹簧刚度和减振器阻尼系数，以抑制车身的振动。

3. 电控悬架的组成和工作原理

电控悬架在普通悬架的基础上加装了电控单元、传感器及开关、执行机构等部件，如图 4-3-3 所示。空气压缩机产生的压缩空气送入空气弹簧的空气室中，电控单元（ECU）根据汽车高度信号，控制空气压缩机和排气阀充气或排气，使空气弹簧伸长或压缩从而控制车辆高度。同时电控单元根据车速、转向、加速、制动、车身高度等信号，通过控制阀改变空气弹簧主、副空气室间的流通面积，进行弹簧刚度的调节；通过控制减振器中的控制阀，改变节流孔的数量或孔径，使减振器油液的流通快慢发生变化，从而改变减振器的阻尼系数。

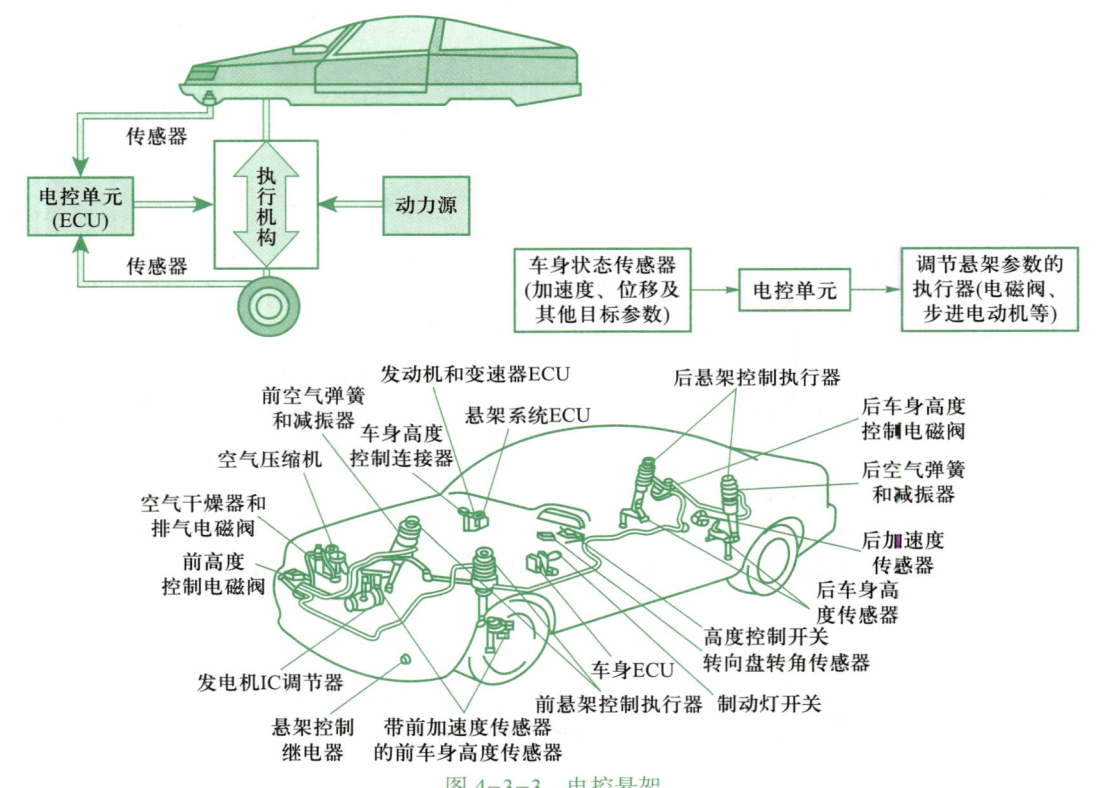

图 4-3-3　电控悬架

4.3.2　主要部件

1. 传感器

电控悬架用传感器包括车身高度传感器、车速传感器（在项目 5 任务 5 中介绍）、加速踏板位置传感器、转向盘转角传感器（在项目 3 任务 2 中介绍）和制动开关、停车灯开关、车门开关等。车辆应采用多少传感器及采用何种原理的传感器受控制项目及控制精度等性能和成本因素的影响。

（1）车身高度传感器

车身高度传感器的作用是检测汽车行驶时车身高度的变化情况，将车身与车桥之间的相对高度变化（悬架变形量）转换为电信号并传送给电控单元。有的车型有三个车身高度传感器，而有的车型有四个，通过它监测车身与悬架下臂之间的距离变化，来检测汽车高度和因道路不平而引起的悬架位移量。车身高度传感器常用的有簧片式、霍尔式和光电式三种，其中簧片式和霍尔式是接触式车身高度传感器，在使用中存在由于磨损而影响检测精度的缺点；光电式车身高度传感器是非接触式传感器，不存在上述缺点，因此，现代轿车越来越多地采用了光电式车身高度传感器。

① 光电式车身高度传感器。光电式车身高度传感器一般安装在车身与车桥之间，其结构及工作原理如图 4-3-4 所示。传感器内有一根靠连杆带动传感器轴转动，传感器轴上固定一个开有许多窄槽的圆盘，圆盘两边是由发光二极管和光电晶体管组成的光电耦合器。当车身高度变化时（如汽车载荷发生变化），车身与车轮的相对运动使车身高度传感器的连杆转动，通过传感器轴带动圆盘转动，使光电耦合器相对应的发光二极管和光电晶体管上的光线产生通/断（ON/OFF）的转换。光电晶体管把接收到的光线 ON/OFF 转换成电信号，并传送给悬架电控单元，电控单元根据光电耦合器 ON/OFF 转换不同组合的变化，可判断出圆盘转过的角度，从而计算出车身高度的变化。

② 簧片式车身高度传感器。簧片式车身高度传感器的结构和工作原理如图 4-3-5 所示，

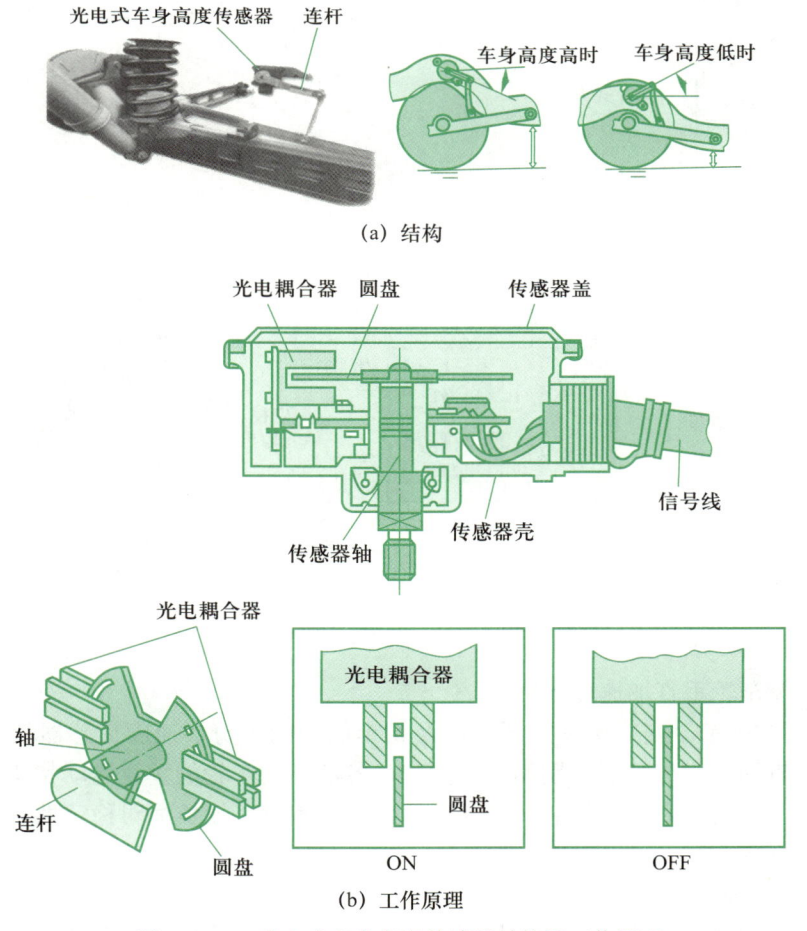

图 4-3-4　光电式车身高度传感器结构及工作原理

簧片式车身高度传感器有四组簧片式开关，分别与对应的两个晶体管相连接，构成4个检测回路。该传感器将车身高度划分为低、正常、高、超高四个检测区域。

③ 霍尔式车身高度传感器。霍尔式车身高度传感器的结构和工作原理如图4-3-6所示。霍尔式车身高度传感器通常由两个霍尔集成电路和两个磁体等组成。当车身高度发生变化时，两个磁体就会产生相对位移，在两个霍尔集成电路上就会产生相应的霍尔电压信号，电控单元根据接收到的信号就可以判定车身高度状态，从而发出指令控制执行器做出相应调整。由于两个霍尔集成电路和两个磁体安装时，其位置进行了不同的组合，可以将车身高度状态分为三个区域进行检测。

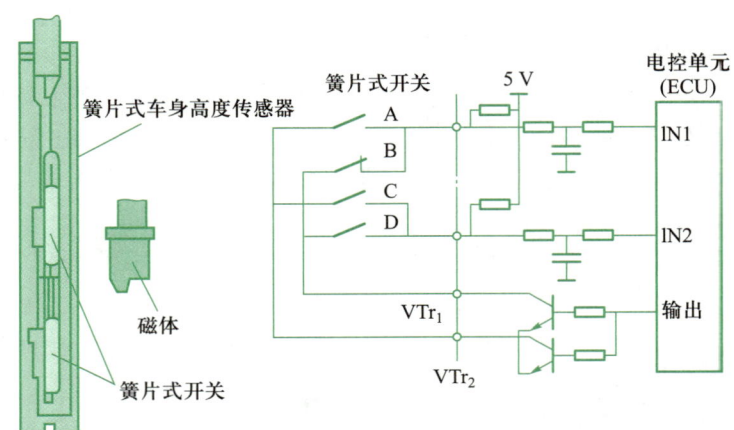

图4-3-5　簧片式车身高度传感器的结构和工作原理

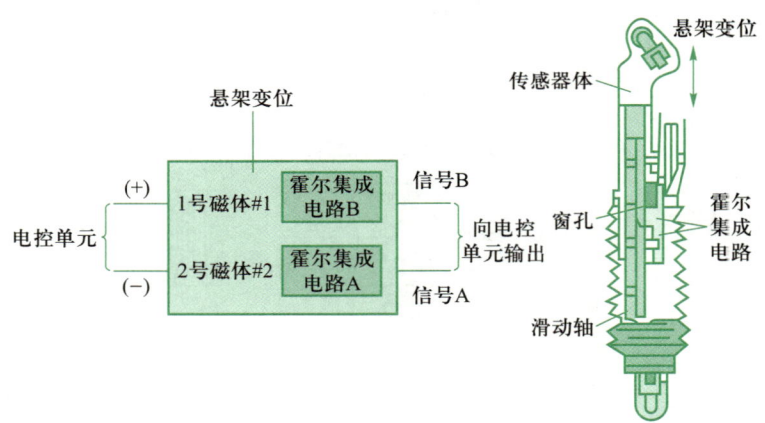

图4-3-6　霍尔式车身高度传感器的结构和工作原理

（2）车身及车轮垂直加速度传感器

如图4-3-7所示，安装于减振器支座及行李舱内的车身加速度传感器和安装于控制臂与车身间的垂直加速度传感器分别用来监测车身各部件和车轮的垂直运动状态，确保车辆在各种实际载荷下，对车身独立控制的最佳性能，以及减少车轮负荷对稳定性、转向性、牵引性和制动性的影响。

（3）模式选择开关

通过模式选择开关，驾驶人可根据汽车的行驶状况和路面情况选择悬架的运行模式，从而决定减振器的阻尼系数大小。丰田凌志的模式选择开关可使悬架系统工作在四种运行模式，即自动、标准（Auto、Normal）；自动、运动（Auto、Sport）；手动、标准（Manu、Normal）；手动、运动（Manu、Sport），如图4-3-8所示。当选择自动挡时，悬架系统可以根据车辆行驶状态自动调节减振器的阻尼系数，以保证车辆乘坐舒适性和操纵稳定性。当选择手动挡时，悬架系统的阻尼系数只有标准（中等）和运动（硬）两种状态的转换。

图4-3-7　垂直加速度传感器

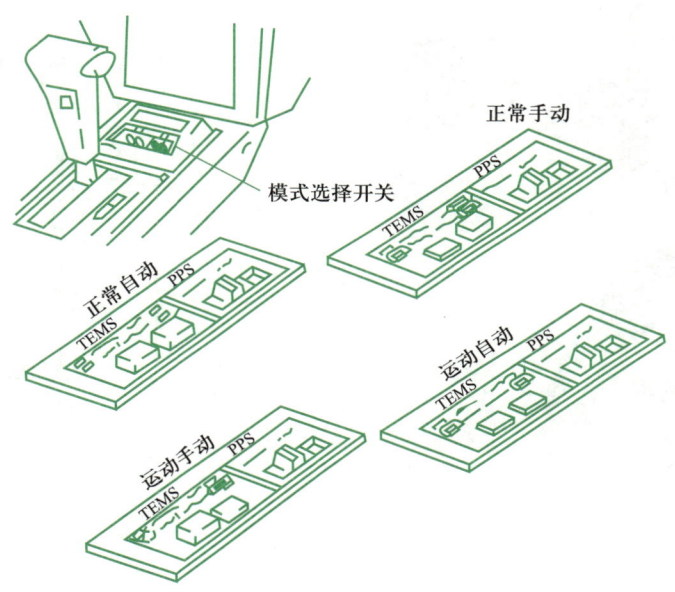

图4-3-8　模式选择开关

（4）高度控制开关

高度选择开关用来选择车辆高度，电控单元检测高度控制开关的状态，使车辆高度升高或降低。有的车辆上还有高度控制开关的ON/OFF，用于对车身高度的开始或停止控制。

（5）其他传感器和开关

① 车速传感器检测出车轮的转速信号并传给电控单元，利用此信号，计算出车身的侧倾程度。

② 加速踏板位置传感器可以间接检测汽车加速度信号，电控单元将此信号作为防后坐力控制的一个工作状态参数。

③ 车门传感器是为了防止行驶过程中车门未关闭而设置的。

④ 制动灯开关在踩下制动踏板时被接通，电控单元接收这个信号作为防点头控制的一个起始状态。

2. 电控单元

和其他电控系统的电控单元一样，电控悬架的电控单元硬件由CPU、存储器、输入接口电路和输出驱动电路等组成,电控单元通过安装的软件程序处理传感器信息完成电控悬架上述控制功能。

3. 执行元件

（1）空气弹簧及调节机构

电控悬架用空气弹簧代替普通悬架的螺旋弹簧或钢板弹簧,空气弹簧在其空气室内装入空气而具有弹性,空气弹簧与减振器可同轴布置或分开布置。同轴布置的可用来调整车身高度和弹簧刚度的空气弹簧由主空气室、副空气室、弹性刚度执行机构、阻尼转换执行机构和可调减振器等组成,如图4-3-9所示。执行机构在减振器的上部,减振器的内部有阻尼旋转阀。

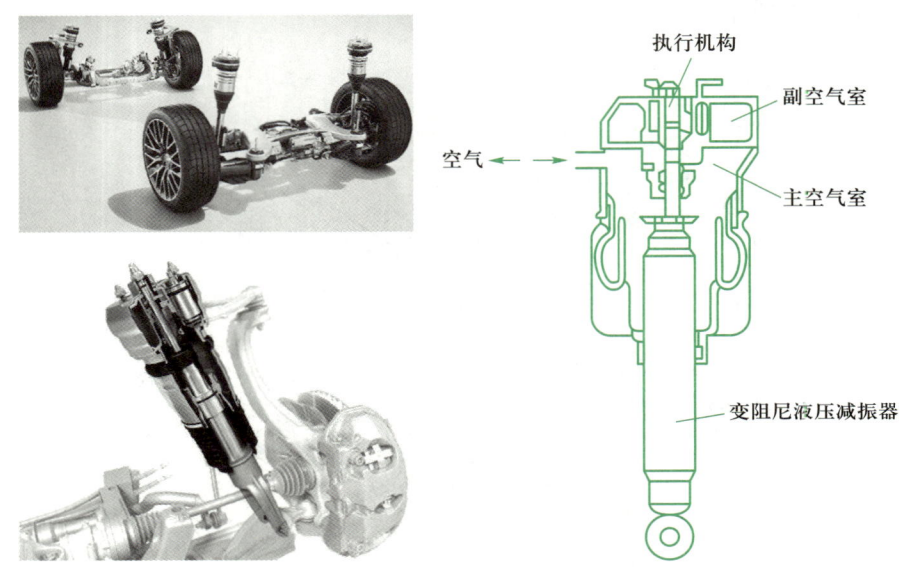

图 4-3-9　空气弹簧

如图4-3-10所示,弹簧刚度执行机构由刚度控制杆和扇形齿轮等组成,与阻尼系数控制机构组装在一起。刚度控制阀安装在空气弹簧副空气室的中部,由空气阀、阀体等组成,空气阀在截面上有一个空气孔,外部的阀体在截面上有不同大小的空气孔。当空气阀由电动机驱动的控制杆带动旋转到软位置时,空气弹簧主空气室的气体经过空气阀的中间孔,阀体侧面的大空气孔（大流通孔）与副空气室的气体相通,此时参与工作的气体容积最大,因此悬架刚度处于最小状态;当空气阀被旋转到中等位置时,主空气室与副空气室的气体,经过空气阀的中间孔与阀体侧面的小空气孔相互流通,主、副空气室之间的气体流量较小,因此悬架刚度处于中等状态;当空气阀被旋转到"硬"位置时,主空气室与副空气室的空气通道被空气阀挡住,此时仅仅靠主空气室中的气体承担缓冲任务,因此悬架刚度处于最大状态。

如图4-3-11所示,车身高度控制主要利用空气弹簧中主空气室空气量的多少来进行调节。当电控单元接收到车身高度传感器、车速传感器、车门开关等传来的信号,经过处理判断,若应升高车身高度,则控制执行机构向空气弹簧主空气室充气以增加空气量,使车身高度升高;若应降低车身高度,则控制执行机构打开排气装置向外排气,使空气弹簧主空气室的空气量减少而降低车身高度。

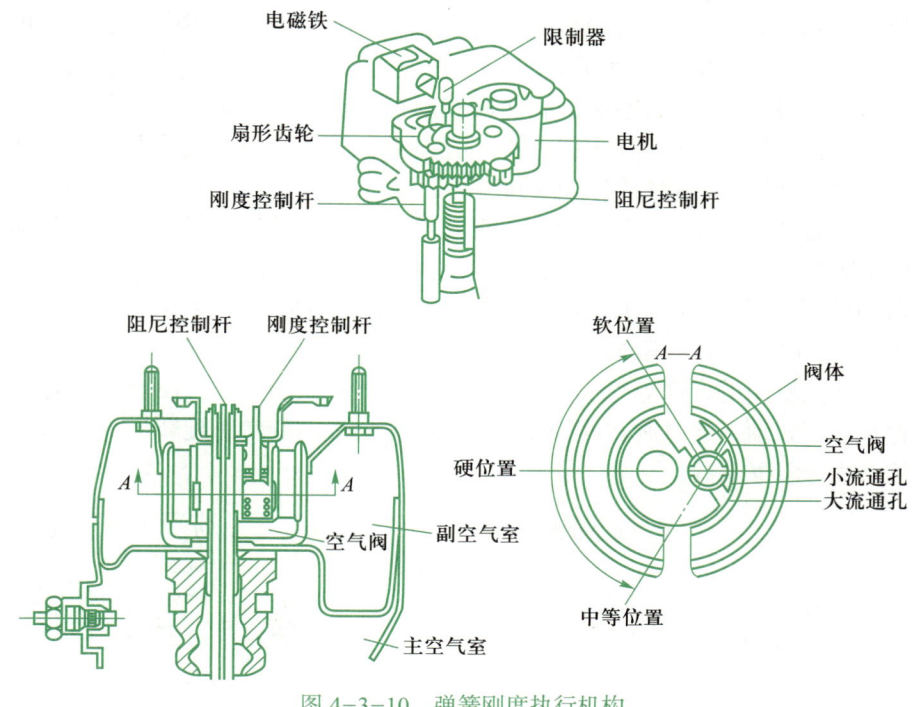

图 4-3-10　弹簧刚度执行机构

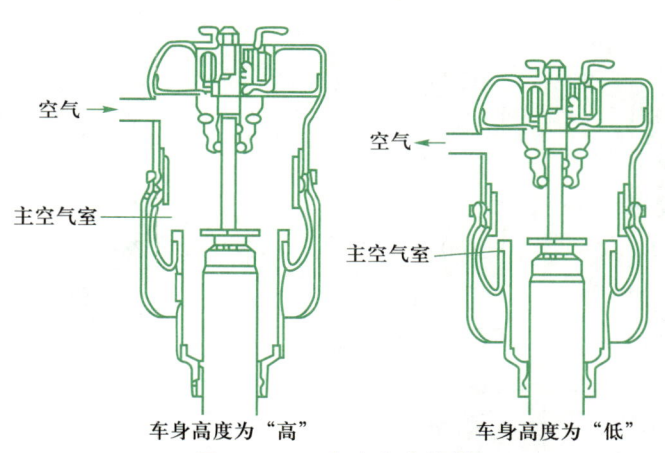

图 4-3-11　车身高度控制

（2）减振器及转换执行机构

1）电控液流阻尼式减振器

电控悬架中的减振器改变了过去固定阻尼系数的特点，变为有级变化式和连续变化式两种。

① 有级变化式。这种减振器阻尼系数控制方式是在减振器结构中采用电磁控制阀，通过流通孔径之间的变换改变减振器油液的流速快慢，达到阻尼系数的有级调节。如图 4-3-12（a）所示，空气弹簧和减振器同轴布置，在空气弹簧的下边，与控制杆连接的旋转阀上有三层阻尼孔，旋转阀外面的活塞杆上对应也有阻尼孔，缸筒中的油液一部分经活塞下部的主阻尼孔在缸筒的上、下两腔流动，一部分经旋转阀与活塞杆上相应的阻尼孔在缸筒的上、下两

腔流动，控制机构可以带动旋转阀控制杆使旋转阀旋转，从而改变阻尼孔的开闭组合，实现阻尼系数"软（低）""中（运动）""硬（高）"状态的有级转换。调节过程是：当需要将阻尼系数调节为"软（低）"状态时，旋转阀控制杆带动旋转阀旋转一定角度，A—A、B—B、C—C三个截面的阻尼孔全部开通，悬架的阻尼系数最小；当需要将阻尼系数调节为"中（运动）"状态时，同样旋转阀控制杆带动旋转阀又旋转一定角度，此时只有截面B—B中的小阻尼孔打开，而A—A、C—C两个截面中阻尼孔被关闭，悬架阻尼系数处于中等状态；当需要将阻尼系数调节为"硬（高）"状态时，同样旋转阀控制杆带动旋转阀又旋转一定角度，此时三个截面的阻尼孔全部关闭，仅靠减振器下面的主阻尼孔产生阻尼，悬架阻尼系数最大。如图4-3-12（b）所示，阻尼转换执行机构安装在减振器的上部，它由直流电动机、减速齿轮、挡块和挡块用电磁铁等组成。电控单元根据接收到的信号，使直流电动机驱动扇形的减速齿轮左、右转动，通过旋转阀控制杆带动减振器中的旋转阀旋转，有级地改变阻尼孔的开闭，从而改变阻尼系数。

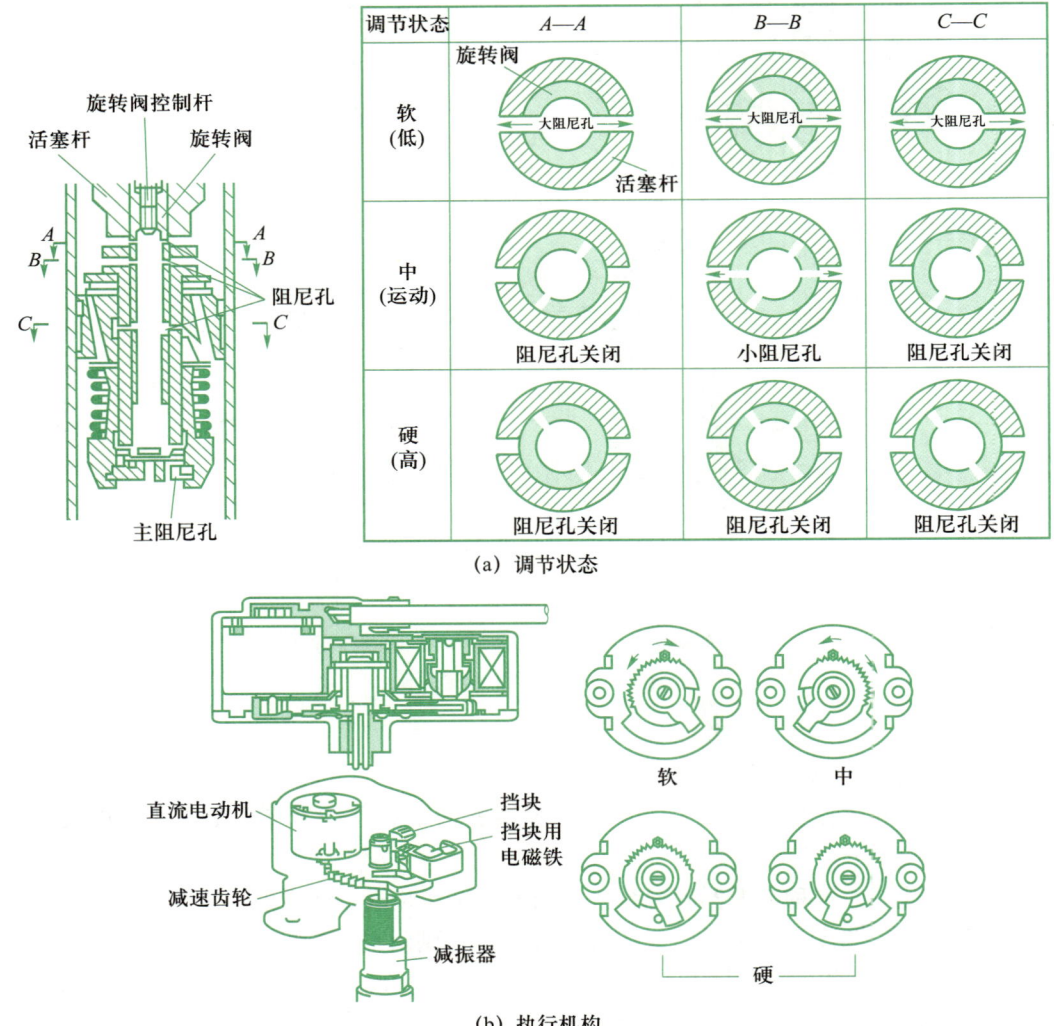

图4-3-12 阻尼可调减振器

② 连续变化式。如图 4-3-13 所示，连续减振控制系统（Continuous Damping Control，CDC）主要由电控单元、CDC 减振器、CDC 控制阀、车身加速度传感器、车轮加速度传感器等部分组成。CDC 减振器分为内外两个腔室，里面充满液压油，内外腔室的油液可以通过两个腔室之间的空隙流动。CDC 减振器之所以可以改变阻尼，就是通过控制两个腔室间空隙开度的大小来实现的。CDC 控制阀位于根部，系统会通过车辆上的传感器来实时监测车辆当前的行驶状态（每秒钟至少可监测 100 次），搜集到的数据传输到电控单元，经过运算对比后，给 CDC 控制阀发出相应的指令，从而控制阀门的开度，改变油液在内外腔室往复流动的阻力，提供适合当前路况的阻尼。

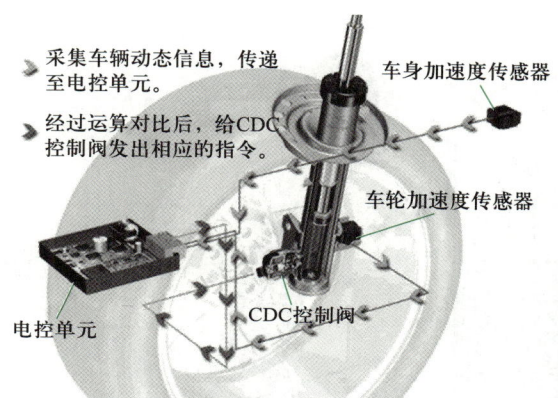
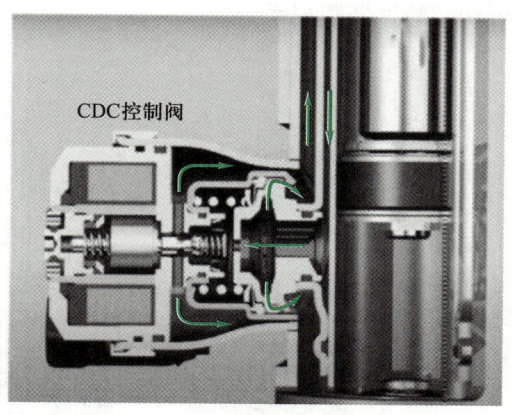

图 4-3-13　连续减振控制系统

图 4-3-14 所示为有连续减振控制阀（CDC）的双筒式充气减振器，其减振器调节阀位于减振器内部，可连续调节，在减振器活塞总成上有位于阻尼调节孔上的主减振阀，并作用有预紧弹簧，阀上面有电磁线圈，通过导线与外电路连接。减振器工作时的阻尼系数的大小主要由 CDC 的油液流动阻力来决定的，流过该阀的油液的阻力越大，减振器的阻尼系数也就越大，其工作原理如下：当活塞总成在缸套内以速度 v 向下运动时，主减振阀下面油腔内的油液压力就会升高，电磁线圈这时通上电流产生电磁力 F_M，当电磁力与油液压力的和（$F_M + F_P$）超过了弹簧力 F_F 时，就会产生一个力 F_R，这个力会打开主减振阀。电磁力的大小可以根据电流的大小来进行调节，电流越大，油液的流过阻力越小，则减振器的阻尼系数也就越小。

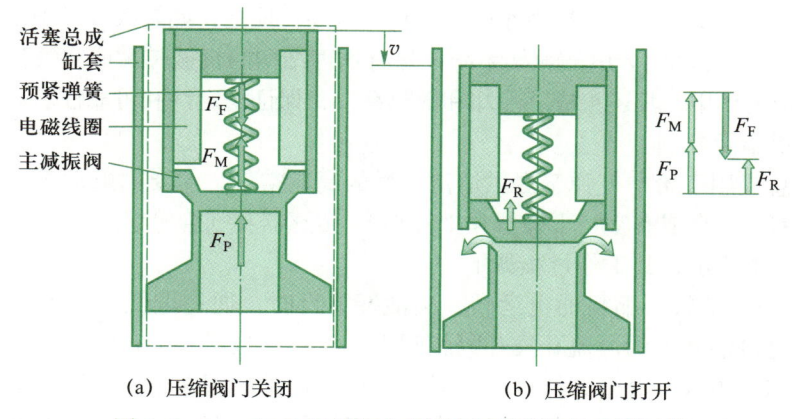

(a) 压缩阀门关闭　　(b) 压缩阀门打开

图 4-3-14　CDC 的双筒式充气减振器的阻尼系数调节

2）磁流变减振器

常规的电磁悬架采用磁流变减振器（Magneto-rheological Damper, MRD）。如图4-3-15所示，磁流变减振器由磁流变液、活塞、电磁线圈和外缸等组成。当活塞往复运动时，活塞上下两侧的磁流变液通过活塞上的节流孔产生阻尼作用。磁流变液的特点是具有磁化特性，其黏度随磁场增强而增大。当电磁线圈没有通电流时，电磁线圈不产生磁场，磁流变液没有被磁化而保持最低的黏度，磁流变液流经节流孔的阻尼小，减振器产生最小的阻尼系数；当电磁线圈通入电流时，在电磁线圈的磁场作用下磁流变液产生磁化作用，其黏度增大，从而使油液流经节流孔的阻尼增加，减振器产生大的阻尼系数。通过调整电磁线圈电流的大小，即可调节减振器阻尼系数。

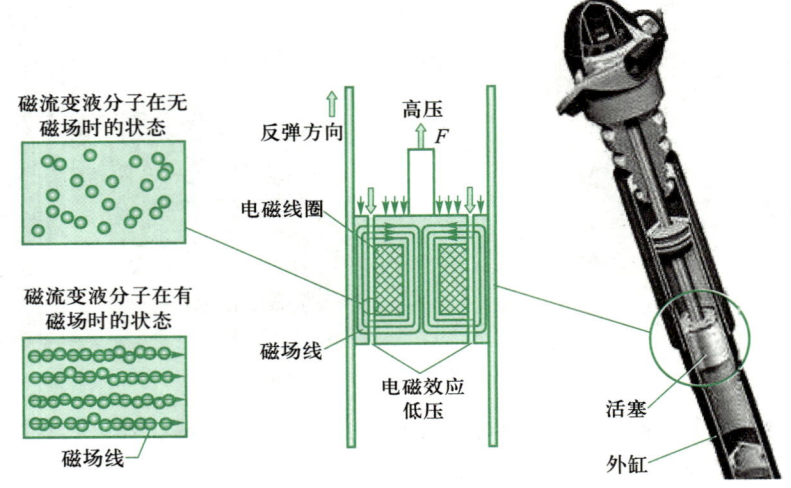

图4-3-15　磁流变减振器

比亚迪云辇-Z电磁悬架采用直线电机（悬浮电机）来实现阻尼力的主动控制，替代了传统的液压减振。其主要原理是电磁力的作用，在直线电机的初级（相当于旋转电机的定子，定子总成固定至车身）绕组中通入多相交流电，产生一个行波磁场。这个磁场与次级（相当于旋转电机可动的转子，此处称为动子，固定至车轮，可相对定子总成移动）永磁体相互作用，产生电磁力，从而驱动动子进行直线运动。当电流与气隙的磁场相互作用时，会产生电磁推力，如果初级是固定的，次级就会在推力作用下沿直线运动；反之，如果次级是固定的，初级也会在推力作用下运动。云辇-Z电磁悬架系统依然有物理结构的机械弹簧或空气弹簧或液压减振器，起到双备份的作用。其还集成了冷却和散热系统，保证稳定性和可靠性。

（3）空气供给及控制

空气供给总成用于给空气弹簧提供清洁干燥的高压空气，主要由电动机、压缩机（单级往复活塞式压缩机，集成有空气干燥器和排气阀）、传感器和气管等组成，如图4-3-16所示。

如图4-3-17所示，其工作过程如下。

① 吸气过程：空气压缩机通电运转，当活塞下行时，通过进气口和进气滤清器进入曲轴箱的空气，经过活塞上的溢流孔推开隔膜阀进入气缸；当活塞上行时，气缸内的气体压力升高推开单向阀1进入空气干燥器进行干燥，然后经过单向阀2由压力管接头的连接管进入电磁阀，同时空气弹簧控制电磁阀开启，完成供气过程。压缩机缸盖上有温度传感器，用于

控制压缩机的工作时长,防止压缩机过热。

② 排气过程:空气弹簧控制电磁阀和排气阀打开,当空气弹簧内的压力大于设定值时,气动排气阀阀体就会逆着阀的弹簧力而升起并打开阀座 1 和 2,于是空气弹簧压力就经过节流阀和单向阀 3 到达空气干燥器;空气流过空气干燥器后再经限压阀的阀座和排气滤清器进入周围空气中。

排气过程中,空气弹簧气囊内的干燥空气经过节流阀时会大幅减压,这样经过空气干燥器时吸取其内水分后,排放到大气中,完成干燥器的还原过程,极大地增加了干燥器的使用寿命。

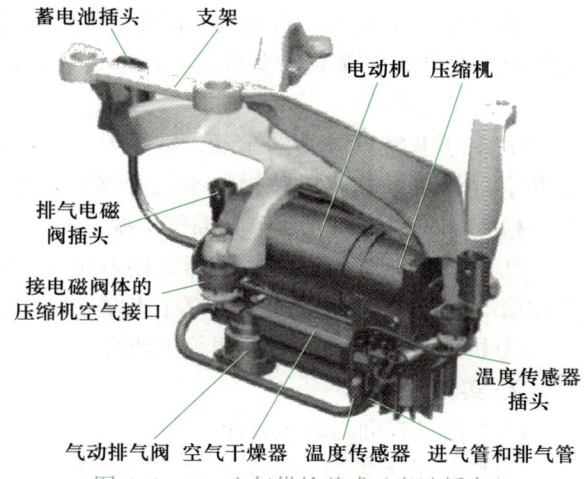

图 4-3-16　空气供给总成(奥迪轿车)

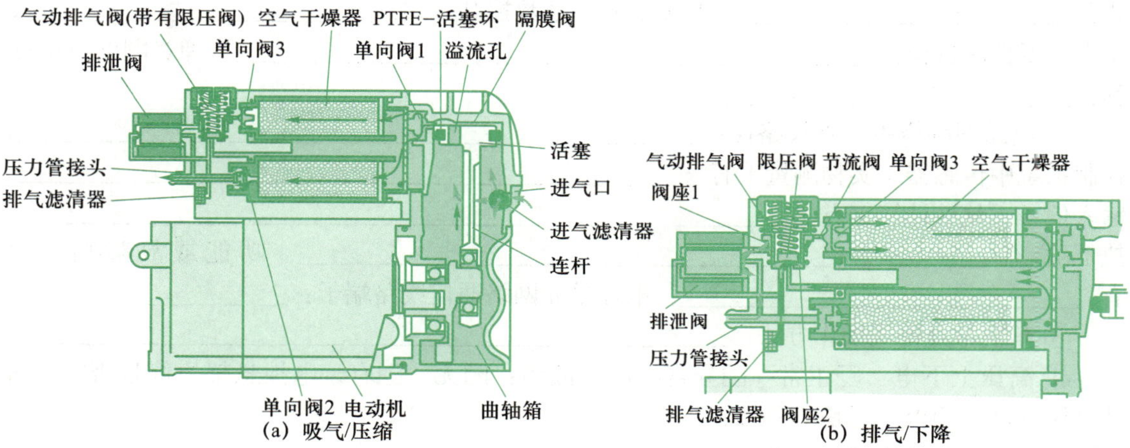

图 4-3-17　空气供给总成的工作过程

气动排气阀的作用是压力限制和保持残余压力。若在排气过程中,空气弹簧内气压低于设定值时,限压阀会自动关闭,避免空气弹簧气囊内无气压,使得气囊不正常变形而损坏。若空气压缩机压力高于设定值时,限压阀会自动打开,防止空气压缩机过载损坏。

电控悬架的控制电路中通常采用电磁阀进行气路控制;为了避免在连接压力管路时出现混淆的情况,管路上都标有颜色。

任务实施

1. 实施过程

(1) 实施准备

准备车辆设备、维修资料及拆装、测量工具。

(2) 车上部件认识与检修

① 查询维修手册,获取电控悬架的控制说明、电路图和检修事项。

②高压安全提示：查看高压故障指示灯及进行绝缘检查等，确定车辆是否有高压故障；确认电控悬架检修是否需要拆装高压部件和进行高压上、下电等。

（3）参考步骤

① 对于有空气弹簧的车辆，在举升前，需按照维修手册提供的车辆举升模式操作方法，切断空气弹簧气路，以免损坏空气弹簧；检查车身高度及进行高度调整；查找空气供给部件，检查各控制阀功能及管路漏气情况。

② 查找识别传感器和执行器，用万用表检查线路状况，用诊断仪进行故障码读取 / 数据流读取 / 主动测试 / 初始化设置等，检查技术状况。

③ 拆装空气弹簧或减振器等主要部件。

2. 实施工单

（1）信息查询与高压安全

① 电控悬架类型：□半主动　□主动，对其进行说明的维修手册查找路径：_____，控制项目：□减振器阻尼系数　□车身高度　□弹簧刚度，操纵模式：_____，减振器阻尼系数控制方式：_____，车身高度控制过程：_____。弹簧刚度控制过程：_____。

② 电路图维修手册查找路径：_____，控制系统中传感器（实物测量）有_____，输入信号（软件计算）有_____，执行器有_____，功能或故障指示灯有_____，电控单元网络通信线路端子：_____。

③ 车辆举升模式操作方法：_____。

④ 高压上下电：□正常　□异常，高压故障：□无　□有，电控悬架检修是否需要拆装高压部件：□否　□是。

（2）车上部件认识与检修

项目	内容及结果					
系统	电控单元位于_____，电控单元电源线路熔丝容量：_____□通　□断，网络通信线路：□通　□断；故障现象：_____，故障指示灯符号：_____，故障码及诊断过程维修手册说明：_____，系统正常工作数据流：_____；高度调整功能实现：□正常　□异常，溢流阀工作：□正常　□异常，管路及接头有无漏气：□无　□有					
信号源	传感器或开关或信号	安装位置（或信号发送单元）	原理类型	线路状况	信号状况	诊断仪测试（故障码 / 数据流 / 标定值等）

续表

项目	内容及结果				
执行元件	名称	安装位置	包含部件	线路状况	信号状况	诊断仪测试（故障码/数据流/测试值等）

3. 实施评价

自我收获	自我评价	教师评价
	□满意	□优秀 □良好
	□较满意	□合格
	□不满意	□不合格

习题与思考

一、判断题

1. 电控悬架能较好解决行驶平顺性和操纵稳定性间的矛盾。（　　）
2. 当在良好路面上高速行驶，电控悬架应升高车身高度，以减少空气阻力。（　　）
3. 空气弹簧改变空气室的容积可改变弹簧的刚度。（　　）
4. 车身高度传感器监测车身与悬架下臂之间的距离变化。（　　）
5. 减振器油液流过的阻尼孔越多，减振器越硬。（　　）

二、不定项选择题

1. 车身姿态控制包含工况有（　　）。
   A. 转向　　　　　B. 制动　　　　　C. 加速　　　　　D. 等速
2. 车身高度传感器类型有（　　）。
   A. 光电式　　　　B. 霍尔式　　　　C. 簧片式　　　　D. 电磁感应式
3. 影响电控悬架工作的开关有（　　）。
   A. 车门　　　　　B. 制动灯　　　　C. 模式　　　　　D. 高度
4. 磁流变减振器阻尼系数根据（　　）变化。
   A. 阻尼孔大小　　B. 阻尼孔数目　　C. 油液黏稠度　　D. 油液温度
5. 电控液流减振器阻尼系数根据（　　）变化。
   A. 阻尼孔大小　　B. 阻尼孔数目　　C. 油液黏稠度　　D. 电磁力

三、简述题

1. 电控悬架如何分类？
2. 简述电控悬架工作原理。

任务 4　车轮定位

任务引入

汽车的车轮、悬架部件以及前后车轴具有一定的相对位置，在车辆使用一段时间或更换部件后，这些位置可能会发生变化，将会影响车辆的操纵稳定性和行驶平顺性，为此，需要进行车轮定位检查调整。本任务介绍车轮定位参数及检查调整过程。

任务目标

1. 理解车轮定位的含义。
2. 理解各定位参数的含义及作用，结合车辆指出各定位参数。
3. 能结合维修资料，进行车轮定位检查调整。
4. 培养主动学习、交流学习及安全学习的能力，培育工匠精神。

知识链接

按照厂商设定的标准值对车轮位置进行恢复调整的过程称为车轮定位。车轮定位是为了保持车辆稳定的直线行驶性能和转向操纵性能以及良好的转向自动回正性能，同时减少车辆行驶中轮胎及转向系统等相关部件出现的不正常的磨损。通常用四轮定位仪来测量定位参数是否在标准值的范围，四轮定位仪显示界面如图 4-4-1 所示。

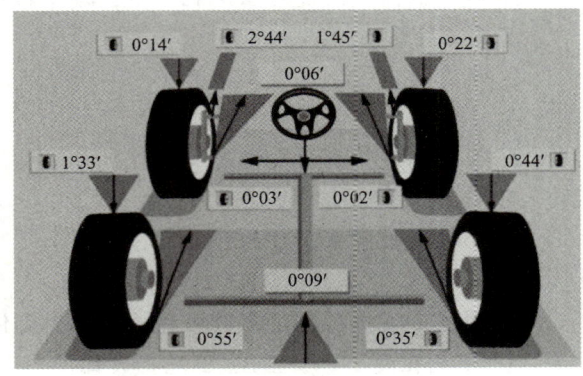

图 4-4-1　四轮定位仪显示界面

转向车轮、转向节、前轴 3 者与车架具有一定的相对安装位置，这种相对安装位置称为前轮定位。对于两个后轮，同样也存在与后轴之间的相对安装位置，称为后轮定位。前轮定位和后轮定位总称为四轮定位。四轮定位是用参数来表示的，前轮定位参数包括主销后倾角、主销内倾角、前轮外倾角、前轮前束、包容角等。后轮定位参数包括后轮外倾角、后轮前束、推力角等。

为了说明定位参数，通常设定车身中心线、轮胎（车轮）中心垂直线和转向轴线来作为参考线，如图 4-4-2 所示。车身中心线是指车身底部纵向平分的一条虚拟线；轮胎中心垂直线是指以胎面宽度中心为基点的垂直线；转向轴线（主销）是指车轮左、右偏转时环绕的线，需要根据悬架类型来确定。主销（kingpin）是传统汽车上转向轮偏转时环绕的一根较粗的销轴，目前许多采用独立悬架的汽车已经没有主销这个部件了，但在车轮定位中，仍然沿用主销这个名词，把它作为转向轮转向轴线的代名词。类似的，自行车的前转向主销与前轮在同一平面上，而汽车前转向轮主销与车轮在空间上是错开的。

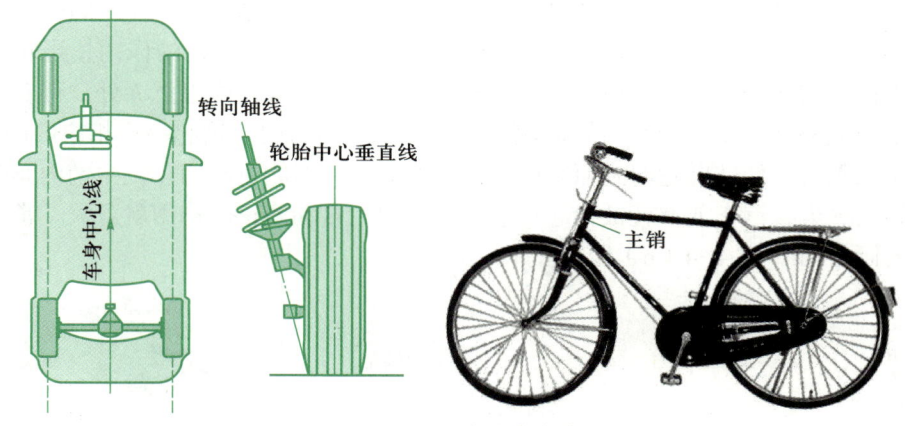

图 4-4-2　定位参考线

4.4.1　前轮定位

汽车前轮通常为转向轮，其基本定位参数有以下几个。

1. 主销后倾角

主销后倾角是转向轴线向后倾斜的角度。主销后倾角是从汽车纵向平面观察时，测量转向轴线与垂线之间的角度而得，用 γ 表示，如图 4-4-3 所示。主销上部相对垂线向后倾斜，称为正主销后倾角；向前倾斜则称为负主销后倾角。作为对比，自行车的前转向轮为正主销后倾角。

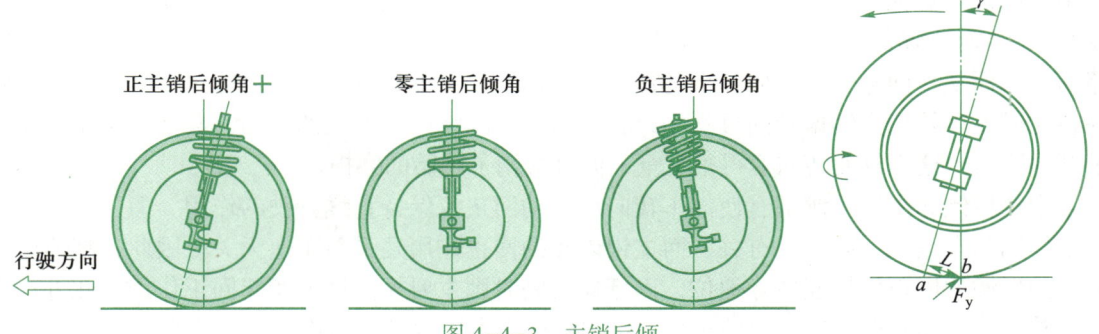

图 4-4-3　主销后倾

主销后倾能形成稳定的回正力矩：主销后倾后，它的轴线与路面的交点 a，位于车轮与路面接触点 b 之前，这样 b 点到主销轴线之间就有一段垂直距离 L。若汽车转弯时（图中所示向右转弯），则汽车产生的离心力将引起路面对车轮的侧向反作用力 F_y，通过 b 点作用于轮胎上，形成了绕主销的稳定力矩 $M=F_yL$，其作用方向正好与车轮偏转方向相反，使车轮有恢复到原来中间位置的趋势。即使在汽车直线行驶偶尔遇到干扰使车轮偏转时，主销后倾也有此种作用。由此可见，主销后倾的作用是保持汽车直线行驶的稳定性，并力图使转弯后的前轮自动回正。主销后倾角越大，车速越高，前轮的稳定性越强，但主销后倾角过大会使得在正常转向时为了克服此稳定力矩，驾驶人需要在转向盘上施加较大的力，即所谓转向盘沉重。一般 $\gamma<3°$。有些轿车和客车的轮胎气压较低，弹性较大，行驶时由于轮胎与地面的接

触面中心向后移动，引起稳定力矩增加，故主销后倾角可以减小到接近于零，甚至为负值。

2. 主销内倾角

在汽车的横向平面内，主销上部向内倾斜一个角度，转向轴线与垂线之间的夹角 β 称为主销内倾角，如图4-4-4（a）所示。主销内倾也有使车轮自动回正的作用，当转向车轮在外力作用下由中间位置偏离一个角度时，车轮的最低点将陷入路面以下 h 处，但实际上车轮边缘不可能陷入路面以下，而是将转向轮连同整个汽车前部向上抬起一个相应的高度 h，这样汽车本身的重力有使转向轮回到原来中间位置的效应，即能自动回正，主销内倾角愈大或转向轮偏转角愈大，汽车前部就被抬起得愈高，转向轮自动回正的作用就愈大。常用独立悬架的主销内倾角如图4-4-4（b）所示。

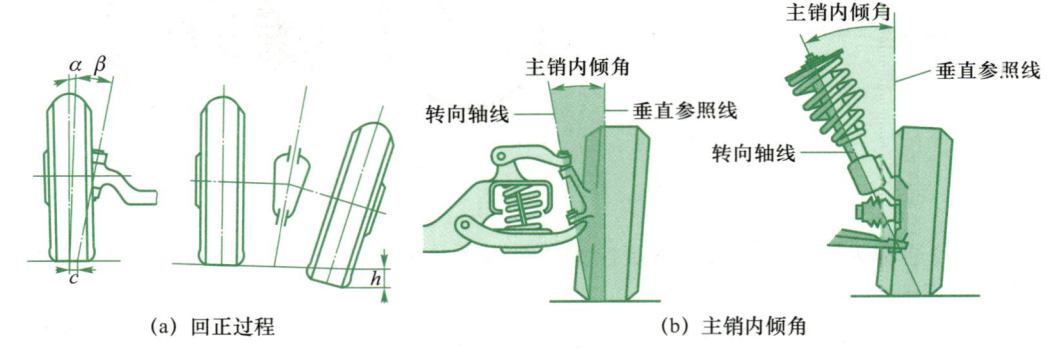

图4-4-4　主销内倾

主销内倾的另一个作用是使转向轻便，由于主销的内倾使得主销轴线与路面的交点到车轮中心平面与地面交线的距离 c 减小，转向时路面作用在转向轮上的阻力矩减小（因力臂 c 减小），从而可降低转向时驾驶人加在转向盘上的力，使转向操作轻便，同时也可以减小因路面不平而从转向轮传到转向盘上的冲击力。但 c 值也不宜过小，即内倾角不宜过大，否则在转向时，车轮绕主销偏转的过程中，轮胎与路面间将产生较大的滑动，会增加轮胎与路面的摩擦阻力，这不仅使转向变得很沉重，而且加剧了轮胎的磨损。

主销后倾和主销内倾都有使汽车转向后自动回正，保持直线行驶的作用。但主销后倾的回正作用与车速（离心力）有关，而主销内倾的回正作用几乎与车速无关。因此，高速行驶时主销后倾的回正作用起主导地位，而低速行驶时则主要靠主销内倾起回正作用。此外，直线行驶时前轮偶尔遇到冲击而偏转时，也主要依靠主销内倾起回正作用。

3. 前轮外倾角

空载时，在汽车的横向平面内，由汽车前后方向看车轮，车轮并非垂直安装，而是稍微倾斜。前轮中心平面向外倾斜一个角度 α，称为前轮外倾角，如图4-4-5所示。

车轮呈现V字形时称正外倾，而呈现八字形时称为负外倾。前轮外倾角具有提高转向操纵轻便性和车轮工作安全性的作用。为了使轮胎磨损均匀和减轻轮毂外轴承的负荷，安装车轮时预先使其有一定的外倾角，

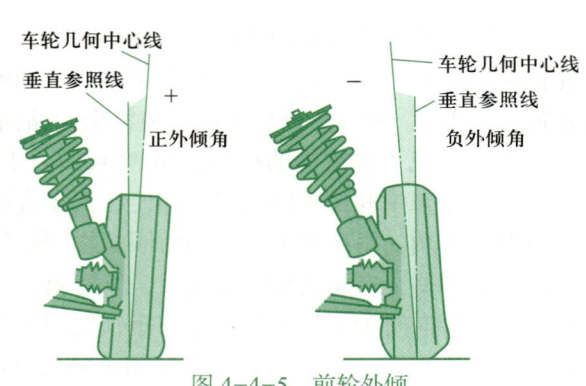

图4-4-5　前轮外倾

以防止车轮内倾。如果车辆空载时车轮安装的正好与路面垂直,则满载时车桥将因承受载荷变形而可能出现车轮内倾,这样将加速汽车轮胎的偏磨;另外,路面对车轮的垂直反作用力沿轮毂的轴向分力将使轮毂压向轮毂外端轴承,加重了外端轴承及轮毂紧固螺母的负荷,降低它们的使用寿命,严重时会损坏外端的锁紧螺母而使车轮松脱,造成交通事故。

前轮外倾角也不宜过大,否则也会使轮胎产生偏磨。前轮的外倾角是在设计转向节时确定的。设计时使转向节轴颈的轴线与水平面成一角度,该角度即为前轮外倾角。在汽车使用斜交轮胎的时期,由于使轮胎倾斜触地便于转向盘的操作,所以外倾角设计得比较大。随着汽车上扁平子午线轮胎不断普及,并由于子午线轮胎的特性(轮胎花纹刚性大,胎体比较软,胎面宽),若设定较大外倾角,会使轮胎偏磨,缩短轮胎的使用寿命。在现代汽车中,由于悬架和车桥比以往的汽车坚固,加之路面平坦,倾向于采用接近零度的外倾角,某些车辆甚至采用负外倾角,以改善转向性能。

4. 前轮前束

俯视车辆,汽车两个前轮安装后,在通过车轮轴线而与地面平行的平面内,两车轮前端略向内束,这种现象称为前轮前束。像内八字一样前端窄后端宽的称为正前束,而像外八字一样后端窄前端宽的称为后束或负前束。如图 4-4-6 所示,A 为左前轮前束角,B 为右前轮前束角,$A+B$ 为前轮总前束角;左右两车轮间后方距离 C 与前方距离 D 之差 ($C-D$) 称为前轮前束值。

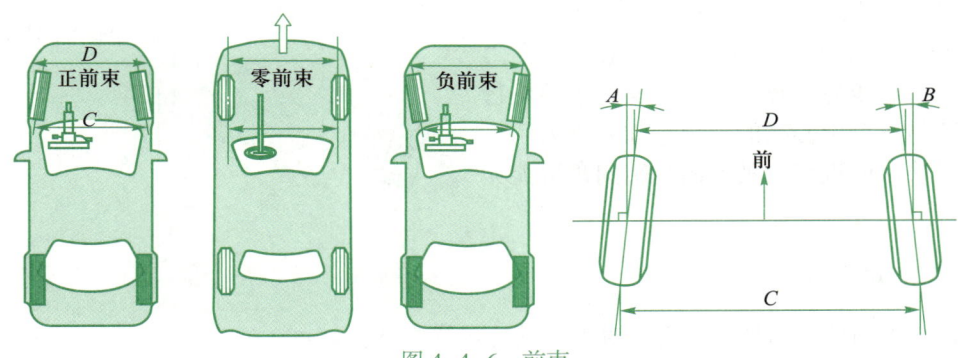

图 4-4-6 前束

正前束的作用是为了消除由车轮正外倾而引起的前轮"滚锥效应"。即车轮有了外倾角后,在滚动时,就类似于圆锥滚动,从而导致两侧车轮向外滚开。由于转向横拉杆和车桥的约束使车轮不可能向外滚开,车轮将在地面上出现边滚边向内滑移的现象,从而增加了轮胎的磨损。为了消除车轮外倾带来的这种不良后果,在安装车轮时,使汽车两前轮的中心平面不平行,两轮前边缘距离 D 小于后边缘距离 C。这样可使车轮在每一瞬时滚动方向接近于向着正前方,从而在很大程度上减轻和消除了由于前轮外倾而产生的不良后果。

前轮前束可通过改变横拉杆的长度来调整。调整时,根据各厂家规定的位置,使两轮前后距离差 ($C-D$) 或前束角 ($A+B$) 符合规定的前束值。

各定位参数之间是相互联系的,早期车辆的各定位参数一般为正值,随着轮胎及悬架性能的改善,定位参数出现了负值,车辆各定位参数标准值需要查看维修资料。

4.4.2 后轮定位

随着道路条件的改善,轿车的行驶速度越来越高,汽车后轮具有一定程度的外倾角和前束可使后轮获得合适的侧偏角，使轿车有一定的不足转向，有利于提高车辆高速行驶时的操纵稳定性。后轮一般为非转向轮，无转向轴线，其基本定位参数如下。

1. 后轮外倾角

后轮外倾角对轮胎磨损和操纵性能有影响。理想状态是四个车轮的运动外倾角为零，这样轮胎和路面接触良好，从而得到最佳的牵引性能和操纵性能。后轮外倾角随着悬架的上下移动而变化。为对载荷进行补偿，采用独立后悬架的汽车常有一个较小的正后轮外倾角，滑柱筒破坏或错位、滑柱弯曲、弹簧压缩或悬架过载等都会使后轮产生负外倾角的趋势。

2. 后轮前束

为克服后轮外倾角带来的负面影响，后轮也应该设定前束。后轮前束设定不当，后轮轮胎会产生不正常的磨损，还会引起转向不稳定和降低制动效能。像后轮外倾角一样，后轮前束会随着悬架的上下移动而变化。对于前轮驱动的汽车，前轮宜为正前束，后轮宜为负前束；四轮驱动的汽车则相反，前轮宜为负前束，后轮宜为正前束。

3. 推力角

后轮总前束角的平分线称为推力线，推力线与车身中心线之间的夹角称为推力角，又称为推进角，如图4-4-7所示。理论上，推力线与车身中心线应一致。推力角反映了后轮行驶的轨迹与车身中心线的夹角，如果推力角不正确，无法保证汽车行驶方向，转向盘可能无法回正。

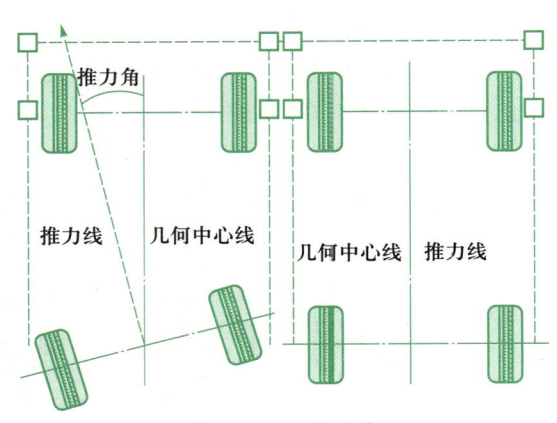

图 4-4-7　推力角

4.4.3 定位检查

通常在下列情况出现时，需要对车轮进行定位检查。

① 直线行驶时转向盘不正；② 行驶中转向盘振动、发抖或太重；③ 转向时不能自动回位；④ 行驶中左右跑偏、车身颠簸等；⑤ 轮胎呈单面、不规则或锯齿状磨损；⑥ 发生事故进行维修后；⑦ 更换新的悬架或转向系统部件后。

其中，定位参数对跑偏的影响如下。

① 主销后倾角左右不能相差过大，一般不应超过 0.5°，车辆有偏向主销后倾角较小一侧的倾向；

② 前轮外倾角左右不能相差过大，一般不应超过 0.5°，车辆有偏向前轮外倾角较大一侧的倾向；

③ 后轮外倾角左右不能相差过大，一般不应超过 0.5°，车辆有偏向后轮外倾角较小一侧的倾向；

④ 后轮推力角的绝对值不能大于 0.1°，为正值则有偏右的倾向，为负值则有偏左的倾向。

四轮定位仪是一个底盘检测设备，其最大功能是测量车轮相关角度及相对位置，以诊断底盘故障，如图 4-4-8 所示。四轮定位仪是精密检测设备，操作人员在使用前需要进行专

图 4-4-8　四轮定位仪

业培训，并认真研读四轮定位仪的使用说明书。四轮定位仪有多个品牌，但四轮定位仪的使用方法和车轮定位的工序大同小异，如图 4-4-9 所示。

如果底盘部件及车身轻微磨损或变形，则可通过相关调整来修正车轮定位参数；如果磨损或变形严重，则应先更换相关部件或者进行车身校正，然后再进行相关调整。

在进行事故车辆车身校正时，四轮定位仪不能用来测量底盘尺寸，而需要使用专用的车身测量设备来测量车辆的几个点，以便确定车辆车身是否损坏。在车身校正后，再用四轮定位仪微调定位角度，以完成维修工作。

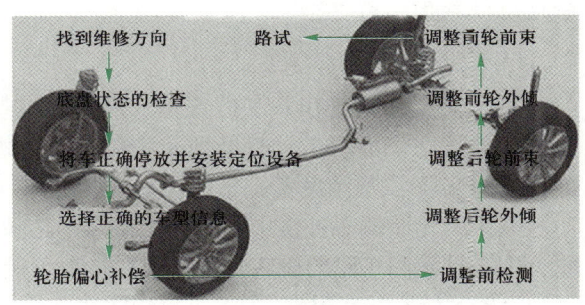

图 4-4-9　车轮定位工序

由于车型、悬架、转向系统等不同，车轮定位参数的规格也不会统一，任何车辆的车轮定位检测和调整都要参照汽车厂商提供的参数规格进行。测量车轮定位参数后，将它们与标准定位参数进行对比，如果测量值偏离标准值，则需要进行调整；如果所测参数有相应的调整机构，则应利用这些机构加以调整；如果所测参数没有调整机构，则应找出故障部件，进行修理或更换。

任务实施

1. 实施过程

（1）实施准备

准备车辆设备、维修资料及拆装、测量工具。

（2）车上部件认识与检修

① 查询维修手册，获取车轮定位的说明和定位过程。

② 高压安全提示：查看高压故障指示灯及进行绝缘检查等，确定车辆是否有高压故障；确认车轮定位检查是否需要拆装高压部件和进行高压上、下电等。

（3）参考步骤

① 初始检查。

车轮定位检查
及调整

定位检查前，首先要对车辆进行路试，判断车辆是否存在振动、跑偏、噪声或异响等问题，这些问题会影响车轮定位参数。此外，还要进行以下检查和调整，确保车轮定位检查测量值准确无误。

检查每个轮胎的充气压力与轮胎标签上的规格是否一致；检查轮胎和车轮的尺寸与轮胎标签上的规格是否一致；检查轮胎和车轮是否损坏；检查轮胎是否不规则磨损或过早磨损；检查轮胎和车轮是否跳动量过大，必要时测量车轮的动平衡；检查车轮轴承是否存在游隙或间隙过大；检查相关部件是否松动或磨损，必要时维修部件；检查车辆车身高度；检查是否存在部件僵硬或锈蚀而导致的转向系统拖滞或回正性差。

> **注意**：任何损伤或磨损严重的部件必须在进行车轮定位参数测量之前予以更换。测量前，还应考虑额外的载荷，如工具箱、试样盒等。如果这些物品通常放在车上，在进行定位测量时也应将它们保留在车上。

② 定位参数测量。

将车辆正确放置在双层剪式举升机上，检查前轮是否正确地放置在转角盘上，后轮是否正确地放置在侧滑板上；打开四轮定位仪计算机电源，开机运行；按照四轮定位仪软件操作界面提示步骤，操作设备、车辆及剪式举升机，进行测量检查。

其中的轮胎偏心补偿中的偏心是指因车轮和轮夹偏差及轮夹安装不当，传感器（探杆）的轮夹中心轴线和车轮的旋转轴线不重合。为了最大限度地消除这种偏心造成的测量误差，在软件中设置了偏心补偿程序，但这个过程往往繁琐，若车轮变形不大，轮夹良好，可不用偏心补偿。

③ 定位参数调整。

车轮定位调整顺序为先调后轮，再调前轮；后轮先调外倾角再调前束；前轮先调主销后倾角，再调外倾角，最后调整前束。

a. 后轮定位参数调整。

● 后轮外倾角。调整后轮外倾角之前，应先检查弹簧、扭杆是否弹性过弱或过载；后轴、纵臂或后控臂是否弯曲；悬架支架位置或车身尺寸是否正确。后车轮外倾角不正确的原因可能与事故有关，根据车型选择调整方法，有的使用可旋转偏心螺栓调整，有的可使用垫片调整。

● 后轮前束。调整后轮前束可以调节推力角，通常使用可调节的横拉杆或下控制臂上的偏心螺栓来调整，也可以使用售后市场提供的垫片进行调节。调节横拉杆或偏心螺栓，可以使悬架控制臂向左、右侧移动，以改变车轮的方向，从而调整后轮前束；采用垫片调整时，需要注意垫片的厚度和安装角度。

b. 前轮定位参数调整。

● 主销后倾角。如果前轮主销后倾角不在规定范围内，则检查悬架支座是否错位或前悬架是否损坏，如有必要，更换损坏的悬架部件。在有些车辆上，可以通过调整滑柱位置进行调整。

● 车轮外倾角。车轮外倾角的调整方法根据车型各有不同，主要的调整方法包括：垫片调整法、槽孔调整法和偏心螺栓调整法等。

● 前轮前束。前轮前束可通过调整转向内外横拉杆的长度进行调整，如图 4-4-10 所示。在调整前，确保转向盘处于正中位置，然后将横拉杆左、右两边的锁紧螺母松开，再根据四轮定位仪提供的资料进行调整。对于使用拉杆式转向传动机构且横拉杆位于前车轮中心之后的车辆，增加转向横拉杆的长度可以增大其前束；若转向横拉杆位于前车轮中心之前的车辆，增加转向横拉杆的长度可以减小其前束。

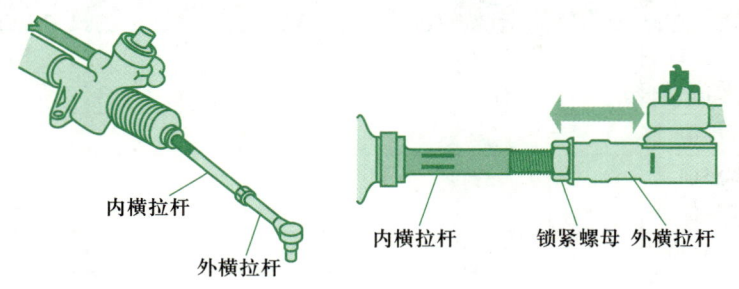

图 4-4-10　前轮前束调整

④ 6S 整理，对车辆进行路试检查。

2. 实施工单

（1）信息查询与高压安全

① 汽车品牌：_____，车型：_____，车轮定位说明及检查维修手册查询路径：_____，可调定位参数及调整方法：_____。

② 定位仪品牌：_____，包含部件：_____
_____。

③ 高压上下电：□正常　□异常，高压故障：□无　□有，车轮定位是否需要拆装高压部件：□否　□是。

（2）车上部件认识与检修

项目	内容及结果					
基本认识	前悬架类型：□独立悬架　□非独立悬架，具体类型：_____； 后悬架类型：□独立悬架　□非独立悬架，具体类型：_____； 转向轴线（主销）类型：□实体　□虚拟，虚拟线的两连接点是_____， 对照悬架，指出各定位参数：_____					
调整前检查	轮胎及车轮、转向系统、悬架部件及举升机技术状况：_____					
后轮测量及调整	定位参数数值	后轮外倾角		后轮前束			推力角
		左	右	总	左	右	
	标准值						
	调整前测量值						
	是否合格						
	调整后测量值						
	调整过程：						

续表

项目	内容及结果									
前轮测量及调整	定位参数数值	主销内倾角		主销后倾角		前轮外倾角		前轮前束		
		左	右	左	右	左	右	左	右	总
	标准值									
	调整前测量值									
	是否合格									
	调整后测量值									
	调整过程：									

3. 实施评价

自我收获	自我评价	教师评价
	□满意 □较满意 □不满意	□优秀　□良好 □合格 □不合格

习题与思考

一、判断题

1. 所有车轮都有主销的定位。（　　）
2. 左右车轮定位差值应在规定范围内。（　　）
3. 定位时需坐在车内转动方向。（　　）
4. 车辆前后轮定位参数个数相同。（　　）
5. 定位参数间无关联。（　　）

二、不定项选择题

1. 定位是调整（　　）间的相对位置。

   A. 车轮　　　　　B. 车轴　　　　　C. 车架　　　　　D. 悬架

2. 车轮定位是为了（　　）。

   A. 稳定的直线行驶　　　　　　B. 良好的转向自动回正
   C. 减少部件磨损　　　　　　　D. 增大驱动力

3. 定位参数符号有（　　）。

   A. α　　　　　　B. β　　　　　　C. γ　　　　　　D. π

4. 需要进行定位的情况有（　　）。

   A. 转向盘振动　　B. 转向时不回正　　C. 碰撞事故维修后　　D. 更换新的悬架后

5. 定位前需要检查（　　）。

   A. 胎压　　　　　B. 举升机　　　　　C. 转向系统　　　　　D. 悬架系统

三、简述题

1. 各定位参数的作用是什么。
2. 定位参数检查调整过程。

 素 养 课 堂

自强与团队

　　自强代表自我强大，对国家和个人是一样的。中华人民共和国成立以来，我们党团结带领全国人民创造了社会主义革命和建设、改革开放和社会主义现代化建设、新时代中国特色社会主义的伟大成就，国家强大起来，人民充满自豪。此外，个人自强不息、奋斗不止的例子也很多，如北京市汽车修理公司汽修专家魏俊强在生活条件差，身患疾病的情况下，从中职生到总工程师，专治车辆疑难杂症，获得全国五一劳动奖章、全国劳动模范等荣誉称号，靠的就是严于律己、自强不息、奋斗不止。

　　汽车机电维修岗位通常是由几个人组成的班组为一个团队来完成任务的。对于复杂或有安全隐患的任务，需要组员相互协助才能完成，如拆装减速器时，就需要帮助固定的、动手拆装的以及传递工具的，只有协调一致才能避免事故的发生和提高工作效率。在生产分工越来越细的今天，项目、任务的开展大都以团队的形式进行，这样可充分发挥个人的长处，团队合作的效果1加1大于2。参加团队相互学习也有助于个人成长。

项目 5

制动系统

任务 1　盘式制动器检修

任务引入

为了车辆安全行驶及停放，汽车配备了不同的制动系统，制动器是制动系统完成制动的最后部件，其中，盘式制动器广泛应用于轿车上。本任务介绍盘式制动器的工作过程、组成和检修步骤。

任务目标

1. 能查询维修手册，获取盘式制动器的信息。
2. 掌握盘式制动器的组成及工作过程。
3. 能对盘式制动器进行检修。
4. 培养主动学习、交流学习及安全学习的意识，培育工匠精神。

知识链接

车轮制动器有多种，其基本工作原理都是在制动时将车辆的动能转换为热能并散发到大气中。根据制动器摩擦副中旋转元件的结构不同，车轮制动器可分为盘式制动器和鼓式制动器。如图 5-1-1 所示。

盘式制动器主要有钳盘式和全盘式两种，钳盘式制动器按制动钳固定在支架上的结构分为定钳盘式和浮钳盘式。定钳盘式制动器应用较少，浮钳盘式制动器在轿车车轮上应用广泛。全盘式制动器在重型商用车上应用较多。

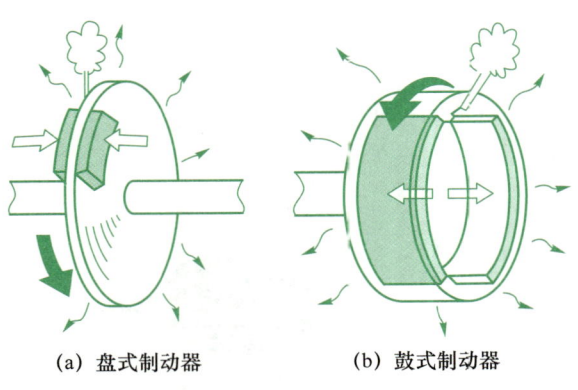

(a) 盘式制动器　　　(b) 鼓式制动器

图 5-1-1　车轮制动器

5.1.1　工作过程

1. 浮钳盘式制动器

浮钳盘式制动器主要由制动钳、制动轮缸、制动活塞、支架、导向销、制动片、制动盘和防溅板等组成，如图 5-1-2 所示。当制动踏板未被踩下时，制动活塞处于初始位置，制动片与制动盘有一定的制动间隙。当制动踏板被踩下后，制动主缸内的高压制动液进入制动轮缸，活塞在液压的作用下外移，将内侧制动片推向制动盘。与此同时，制动钳也在液压的作用下内移，将外侧制动片推向制动盘（"浮"指的是制动钳能够移动）。于是，制动盘被两

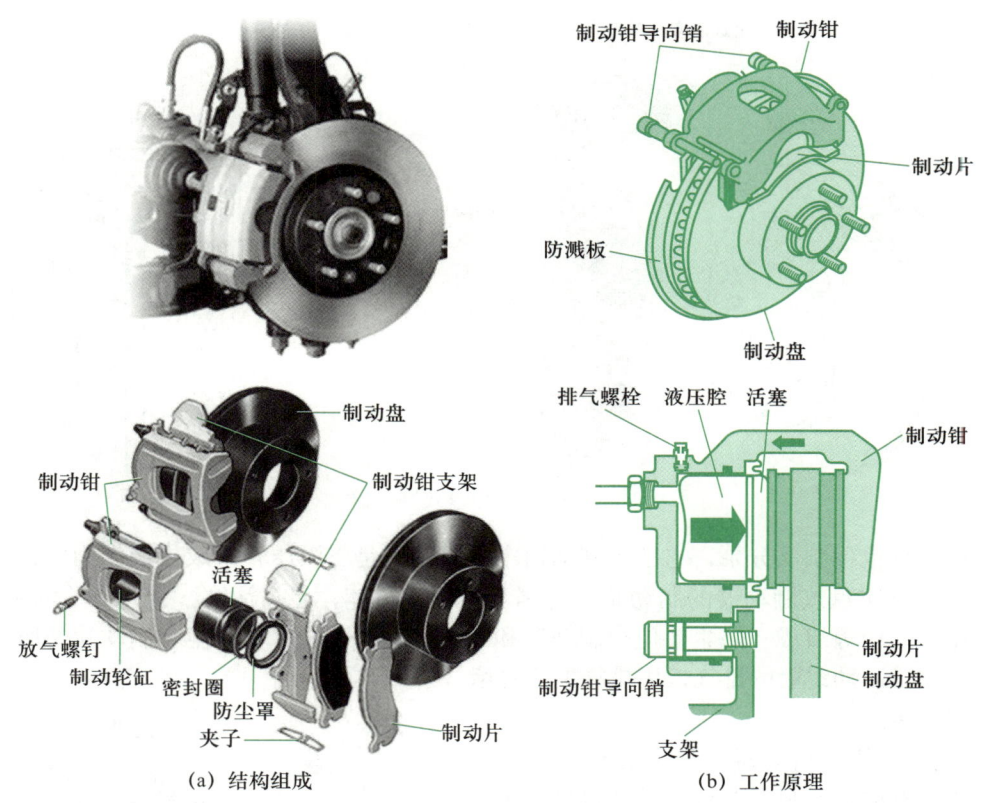

图 5-1-2 浮钳盘式制动器

侧的制动片压紧,使车轮制动。在活塞移动的过程中,缸筒内壁密封圈的刃边在摩擦力的作用下随活塞移动,使密封圈发生弹性形变。当制动踏板松开后,液压腔内的液压减小,密封圈的弹力使活塞回位,制动钳也回到初始位置,制动片与制动盘分离,制动解除。

2. 定钳盘式制动器

定钳盘式制动器制动钳固定在悬架上,钳体在制动过程中保持不动。钳体的两侧分别有 1 个或 2 个轮缸活塞,并采用密封圈密封。活塞与制动盘之间安装有制动片,且制动片与制动钳之间采用定位销定位。在制动时,高压制动液施加在制动钳两侧的活塞上,使活塞向制动盘运动,推动制动片压紧在制动盘上,制动片与制动盘之间产生摩擦力,使车轮减速,如图 5-1-3 所示。定钳盘式制动器的制动轮缸较多,且制动轮缸位于制动盘两侧,需要使用跨越制动盘的钳内油道或外部油管来连通,因此其制动钳结构较为复杂,尺寸较大。

5.1.2 组成

1. 制动钳及制动轮缸

制动钳安装在转向节或车桥凸缘,并横跨在制动盘上。浮钳盘式制动器的制动钳由支架和钳体两部分组成,支架紧固在悬架部件上,钳体通过导向销连接在支架上,并可以沿导向销左、右滑动。钳体一侧装有活塞并由密封圈密封,形成制动轮缸,活塞与制动盘之间装有制动片,钳体另一侧只有制动片,没有活塞。

动画
浮钳盘式制动器

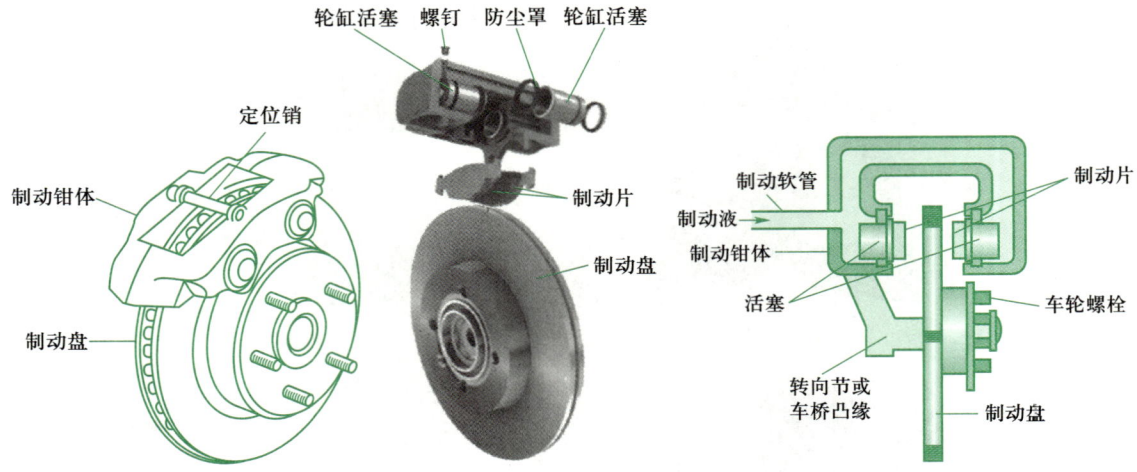

图 5-1-3　定钳盘式制动器

制动轮缸也称制动分泵，它位于制动钳中，其作用是将液压转换成机械作用力，并施加给制动片。浮钳盘式制动器的制动轮缸与制动钳制成一体，包括活塞、密封圈（油封）、防尘罩、排气螺栓等组成。防尘罩位于制动钳和活塞之间，防止水、灰尘、制动片磨屑等进入液压腔。位于制动钳上的排气口用排气螺栓封堵。

2. 制动盘

制动盘是盘式制动器中最大和最重的部件，常用耐磨的铸铁材料制成，并通过螺栓安装在轮毂上，它可与制动片相接触并产生摩擦力来阻止车轮转动。制动盘通常有两种形式，实心式和通风式，如图 5-1-4 所示。实心式制动盘是一个实心圆盘，通风式制动盘则由内带辐射式散热片的中空金属盘组成。由于通风式制动盘比实心式制动盘散热性能好，因此被越来越多的汽车采用。

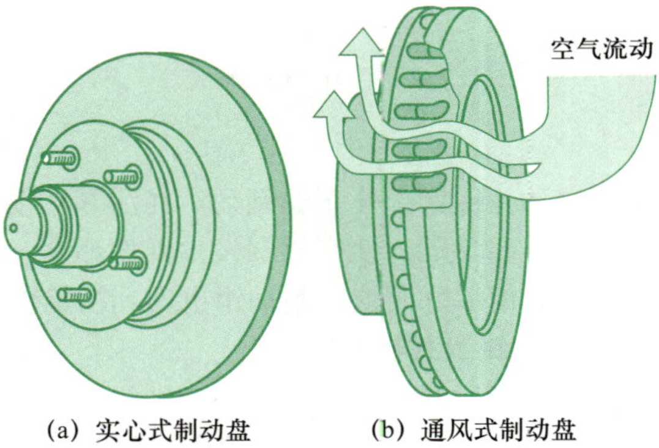

(a) 实心式制动盘　　(b) 通风式制动盘

图 5-1-4　制动盘的类型

3. 制动片

制动片的作用是与制动盘相接触产生摩擦力，阻止制动盘转动。制动片由摩擦材料和钢制底板制成，常见的固定方式有粘接、铆接和模铸粘接，如图 5-1-5 所示。

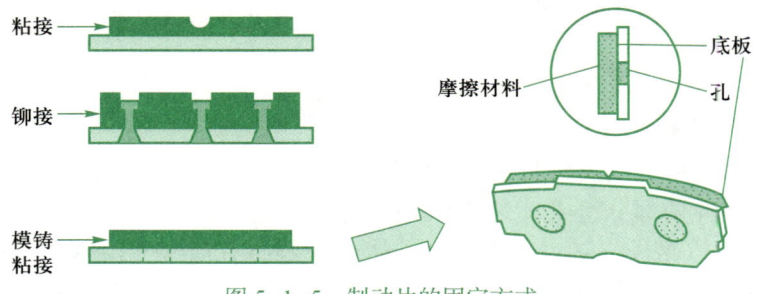

图 5-1-5　制动片的固定方式

如图 5-1-6 所示，为了防止制动热衰退，许多制动片上设计有槽缝，便于热量散发和摩擦时产生的微粒散开，制动片上的铆钉孔也起同样的作用。另外，高性能车辆的制动盘上也开有孔洞或槽缝，以便热量和水分快速散发出去，同时这些空隙的边缘也能够把制动片摩擦产生的松散微粒清除掉。

盘式制动器工作时易产生噪声，加强制动片在制动钳上的固定牢靠程度是降低噪声的主要手段。如图 5-1-7 所示，加强制动片固定牢靠程度的方法通常有以下三种：制动片底板两端设计有向外弯曲的固定凸耳；制动片底板设计有定位销孔凸耳，并用定位销固定；将制动片底板用定位弹簧固定在制动钳上。

出于安全考虑，大多数厂商会在制动片上安装磨损指示器，以便提示驾驶人何时需要更换制动片，磨损指示器有机械式和电子式两种，如图 5-1-8 所示。机械式磨损指示器是指

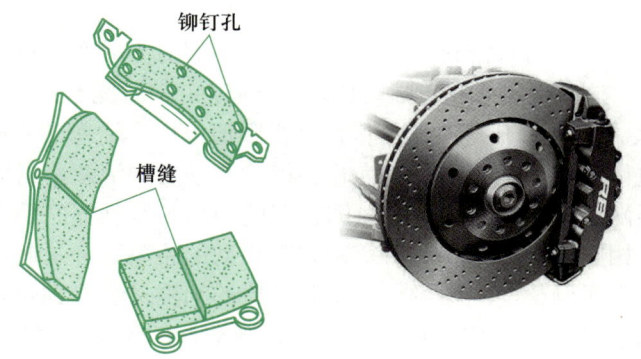

图 5-1-6　制动片与制动盘的散热方式

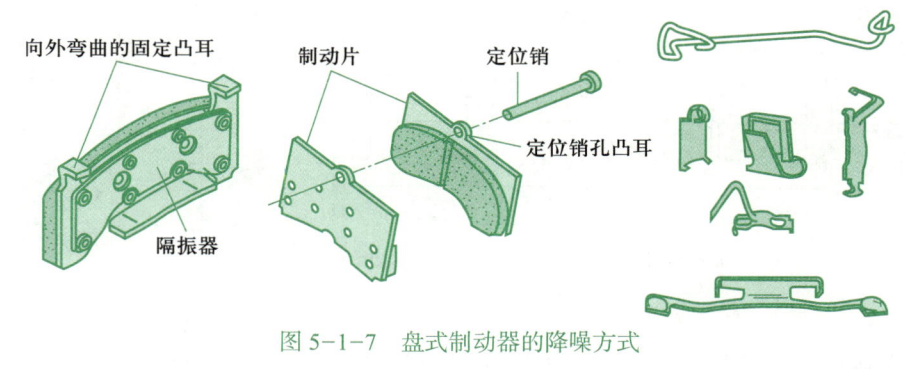

图 5-1-7　盘式制动器的降噪方式

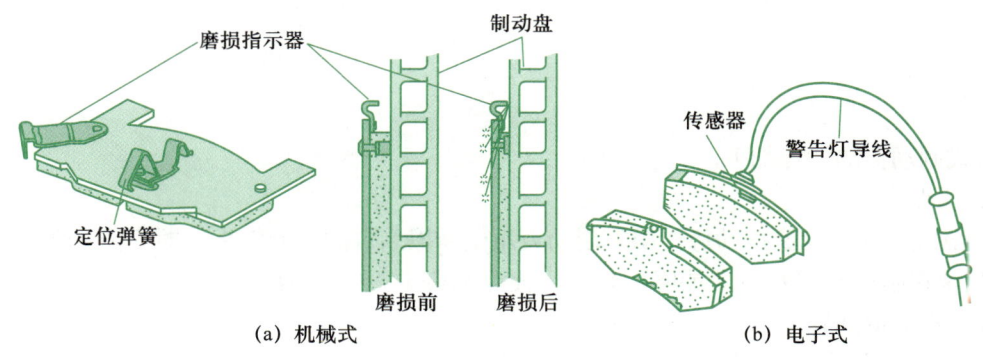

图 5-1-8　磨损指示器

一种固定在底板上的弹簧钢片，当摩擦材料磨损到一定厚度、弹簧钢片接触到制动盘时，磨损指示器就会发出刺耳的尖叫声，以提醒驾驶人；电子式磨损指示器是当摩擦材料磨损到一定程度，电路导通，通过仪表警告灯提示驾驶人。

4. 防溅板

防溅板如图 5-1-9 所示，其作用主要是保护制动盘的内侧不受泥水、小石子等的影响，而制动盘的外侧由车轮保护。大部分防溅板由冲压钢或塑料制成，并用螺栓固定在转向节或车桥上。

图 5-1-9 防溅板

5.1.3 间隙调整

如图 5-1-10 所示，因活塞密封圈形变量是有极限值的（活塞密封圈可安装于活塞外壁或缸筒内壁环槽中），这个极限值等于制动器在其间隙正常时完全制动所需要的活塞行程。如果制动器间隙过大，制动时密封圈形变量达到极限值以后，活塞在液压的作用下相对密封圈刃边移动，直到完全制动为止。解除制动后，活塞密封圈恢复，相对移动部分不能恢复，活塞被活塞密封圈拉回的距离与制动器间隙正常时活塞被拉回的距离是相同的，活塞相对活塞密封圈移动的距离弥补了制动器间隙的增大，移动量即为所调整的间隙量，于是制动器的间隙又恢复到正常值，这就是活塞密封圈调节制动器间隙的功能。故盘式制动器的活塞密封圈除了起密封作用外，还兼起活塞回位和调整间隙的作用。

动画
盘式制动器回位与调整

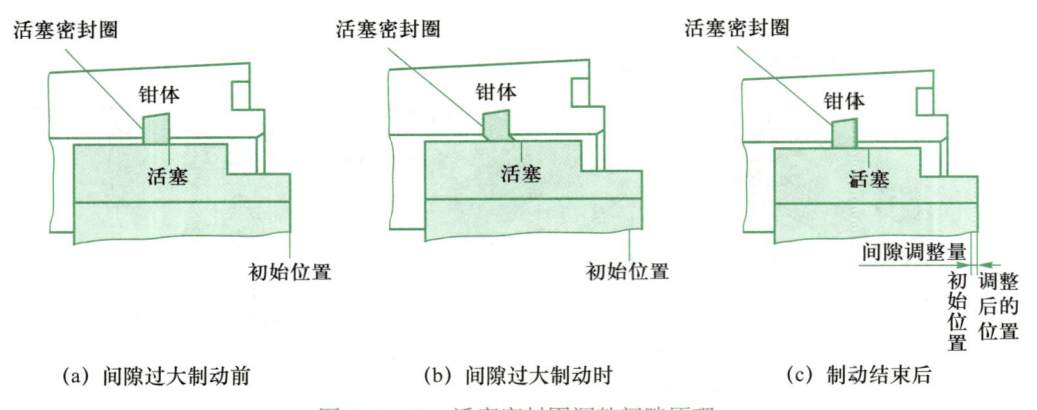

(a) 间隙过大制动前　　(b) 间隙过大制动时　　(c) 制动结束后

图 5-1-10 活塞密封圈调整间隙原理

5.1.4 特点

盘式制动器的特点如下。

1. 优点

① 盘式制动器无摩擦助势作用，制动力矩受摩擦系数的影响较小，即热稳定性好。

② 盘式制动器浸水后效能降低较少，而且只需要经过一两次制动即可恢复正常，即基本不存在水衰退问题。

③ 在输出相同制动力矩的情况下，盘式制动器尺寸和质量一般较小。

④ 盘式制动器的制动盘沿厚度方向的热膨胀量极小，不会像鼓式制动器的制动鼓的热膨胀那样使制动器间隙明显增加而导致制动踏板行程过大。

⑤ 较容易实现间隙自动调整，其他维修作业也较简便。

2. 缺点

① 效能较低，所需制动促动管路压力较高，一般要用伺服装置。

② 兼用于机械驻车制动时，需要加装的驻车制动传动装置较鼓式制动器复杂。

任务实施

1. 常见故障

制动系统常见故障有制动不灵、制动失效、制动跑偏和制动拖滞等。制动不灵的现象为汽车制动时驾驶人感到减速度不足或紧急制动时制动距离太长；制动失效的现象为踩下制动踏板，车辆不减速，即使连续踩下制动踏板也无明显减速作用；制动跑偏的现象为制动时车辆行驶方向发生偏斜，根本原因是左、右制动力不等；制动拖滞的现象为松开制动踏板后，全部或个别车轮的制动作用不能立即解除，以致影响车辆重新起步、加速或滑行。

2. 实施过程

（1）实施准备

准备车辆设备、维修资料及拆装、测量工具。

（2）车上部件认识与检修

① 查询维修手册，获取前轮盘式制动器的说明、部件拆装步骤及检查事项。

② 高压安全提示：查看高压故障指示灯及进行绝缘检查等，确定车辆是否有高压故障；确认盘式制动器检修是否需要拆装高压部件和进行高压上电等。

（3）参考步骤

① 目视检查。

a. 举升车辆，然后按规定顺序拆下前轮螺栓（在使用风动扳手等旋转类工具工作时不能戴手套）。

b. 松开钳体固定螺栓，旋转钳体，然后用铁丝钩把钳体挂在螺旋弹簧上以避免损坏制动油管和钳体下落砸伤手指，如图 5-1-11 所示。对于采用电动制动助力器（项目 5 任务 4 介绍）的车辆，需要断开蓄电池或泄压等，需要参考维修手册进行。

微课
盘式车轮制动器的拆装与检修

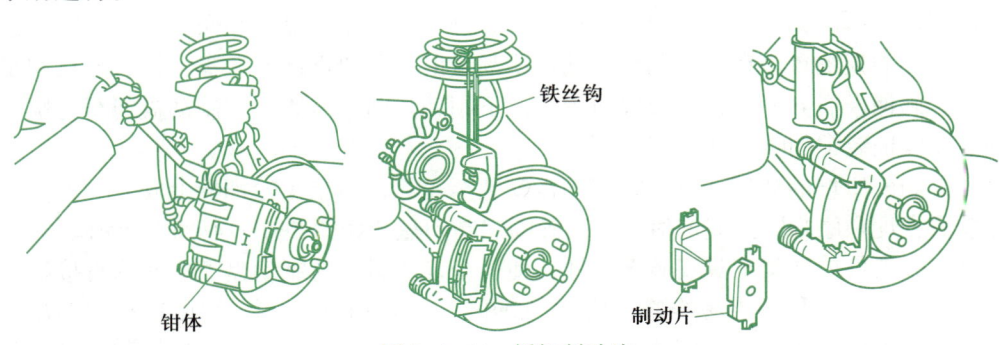

图 5-1-11 拆卸制动片

c. 说明盘式制动器制动过程。

d. 拆下两个制动片（此时不要踩制动踏板，以免制动轮缸活塞移出过多）。

e. 检查钳体和支架是否损坏、松动或锈蚀；检查制动钳排气螺栓是否松动；检查制动盘表面是否有划痕或污物（先用工业酒精或经许可的制动器清洗剂清洁制动盘的摩擦面）；检查制动片表面颜色是否正常，弹性夹的弹性是否正常；检查是否存在漏油现象；检查轮缸橡胶防尘套是否完好且有良好的弹性；检查导向销是否磨损或变形；检查钳体左右移动是否顺畅等。

② 测量检查。

a. 制动片。

如图 5-1-12 所示，在制动片多个位置测量其厚度，查看制动片是否达到磨损极限及磨损是否均匀，并根据情况进行更换。更换制动片时，同一车轮上的制动片应一起更换，左右车轮上的制动片也应一起更换。当制动片出现不均匀的磨损时，应查找故障原因并进行修理。

图 5-1-12　制动片厚度的测量

b. 制动盘。

制动盘磨损会导致其发生形变，这可通过制动盘厚度偏差测量和制动盘端面跳动量测量进行判断。

● 制动盘厚度偏差测量。

使用千分尺测量并记录制动盘圆周上均匀分布的 4 个点或更多点的厚度。操作时，应确保在制动盘摩擦面内进行测量，且每次测量时千分尺与制动盘外边缘的距离相等（参考维修手册），如图 5-1-13 所示。

计算所记录的最大厚度和最小厚度之差，得出厚度偏差值，并根据维修手册给定值判断该差值是否符合规定。如果制动盘厚度偏差值超出规定，则制动盘需要进行表面修整或更换。

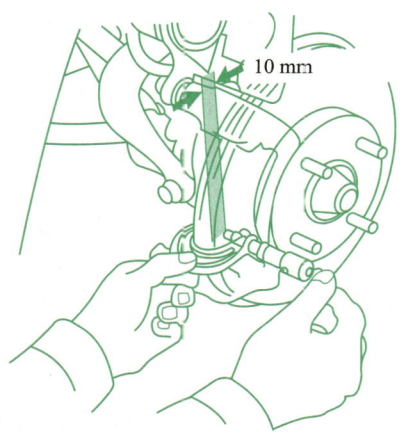

图 5-1-13　制动盘厚度偏差的测量

注意：对制动盘进行表面修整或更换后，应测量制动盘端面跳动量，以确保盘式制动器的最佳制动性能。

● 制动盘端面跳动量测量

即使制动盘厚度偏差正常，因轴承损坏或异物等导致制动盘安装倾斜，造成制动盘旋转时横摆跳动，磨损加重。在测量制动盘端面跳动量前，需要拆卸制动盘，检查轮毂和制动盘的接合面，确保没有异物、锈蚀或碎屑等。拆下制动盘前，需要标记制动盘与车轮螺栓的相对位置，以保证装配的唯一性。

对准拆卸前所作的装配标记，将制动盘安装至轮毂，并在车轮螺栓上安装垫圈，再将车轮螺母按照合理顺序紧固至规定值，以正确固定制动盘，如图 5-1-14（a）所示。

将百分表组件或同类工具安装至支柱，使百分表测量头与制动盘摩擦面垂直接触，且距离制动盘外边缘一定值（参考维修手册），如图 5-1-14（b）所示。缓慢转动制动盘，观察读数，并根据维修手册给定值判断制动盘的端面跳动量是否符合规定。如果制动盘端面跳动

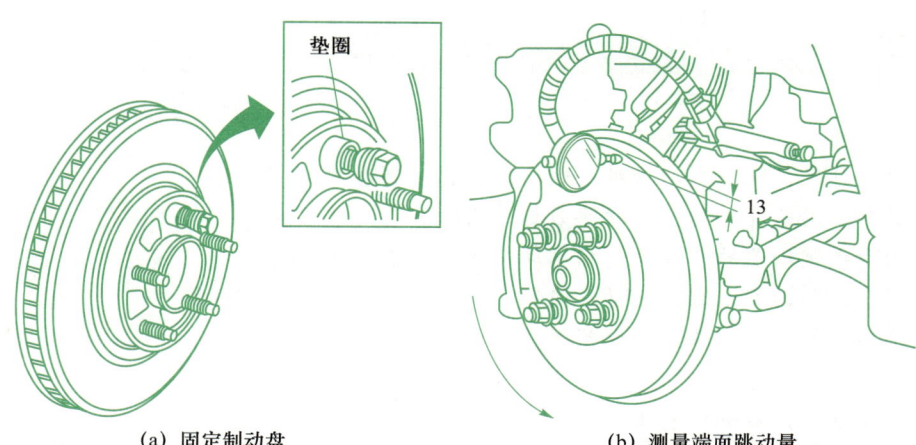

(a) 固定制动盘　　　　　　　　(b) 测量端面跳动量

图 5-1-14　制动盘端面跳动量测量

量符合规定，则安装制动钳并踩几下制动踏板，以便使制动盘固定到位，然后再拆下垫圈。如果制动盘端面跳动量不符合规定，则对制动盘进行表面修整或更换，并再次测量制动盘端面跳动量以确保盘式制动器的最佳制动性能。

③ 安装制动器并检查。

安装制动器，一人踩下然后松开制动踏板，另一人配合转动制动器，检查制动情况。

3. 实施工单

（1）信息查询与高压安全

① 前轮盘式制动器部件拆装及检查维修手册查询路径：_____。

② 高压上、下电：□正常　□异常，高压故障：□无　□有，盘式制动器检修是否需要拆装高压部件：□否　□是。

（2）车上部件认识与检修

项目	内容及结果
前轮盘式制动器	制动软管安装情况：□牢固　□松动，排气螺栓安装情况：□牢固　□松动，制动轮缸活塞个数：_____，制动钳支架固定螺栓扭矩：_____，钳体安装螺栓扭矩：_____，内外制动片能否互换：□能　□不能，钳体浮动性：□正常　□异常，导向销护套：□正常　□破损，活塞护套：□正常　□破损，轮缸是否漏油：□是　□否
	制动片厚度：_____，□正常　□异常，制动盘厚度：_____，□正常　□异常，制动盘端面跳动量：_____，□正常　□异常；活塞外移量过大，活塞压回方法：_____；
	安装后制动是否灵活：□是　□否，制动是否拖滞：□是　□否

4. 实施评价

自我收获	自我评价	教师评价
	□满意　□较满意　□不满意	□优秀　□良好　□合格　□不合格

习题与思考

一、判断题

1. 车辆停驶时,踩下制动踏板,制动器上存在制动力。(   )
2. 盘式制动器是靠挤压产生摩擦力起作用的。(   )
3. 浮钳盘式制动器的"浮"是指制动钳体可左右移动。(   )
4. 浮钳盘式制动器活塞在制动盘内侧。(   )
5. 可用砂纸打磨制动片上的摩擦材料(   )

二、不定项选择题

1. 盘式制动器组成部件有(   )。
 A. 制动盘　　　　　B. 制动钳　　　　　C. 制动片　　　　　D. 制动蹄
2. 浮钳盘式制动器使用的制动片数目是(   )个。
 A. 1　　　　　　　B. 2　　　　　　　C. 3　　　　　　　D. 4
3. 浮钳盘式制动器制动时,钳体向制动盘(   )侧移动。
 A. 外　　　　　　　B. 内　　　　　　　C. 两　　　　　　　D. 不定
4. 制动轮缸密封圈的作用有(   )。
 A. 防止漏油　　　　B. 调整制动间隙　　C. 活塞回位　　　　D. 增大制动力
5. 盘式制动器的测量检查项目有(   )。
 A. 制动片厚度　　　　　　　　　　　　B. 制动盘厚度
 C. 制动盘端面跳动量　　　　　　　　　D. 制动轮缸是否漏油

三、简述题

1. 浮钳盘式制动器工作过程。
2. 盘式制动器的优点有哪些?

 鼓式制动器检修

任务引入

鼓式制动器因其特点,在客、货车及部分轿车上使用,其组成及工作过程较盘式制动器更加复杂,也有各种类型。本任务介绍鼓式制动器组成、类型和检修步骤。

任务目标

1. 能查询维修手册,获取鼓式制动器的信息。
2. 掌握鼓式制动器的组成及工作过程。
3. 区分不同类型的鼓式制动器。

4. 理解鼓式制动器的间隙调整。
5. 能进行鼓式制动器的检修。
6. 培养主动学习、交流学习及安全学习的意识，培育工匠精神。

> **知识链接**

鼓式制动器是汽车上较早使用的一种制动器，与盘式制动器相比，其最大的优点是用较小的力就可以产生巨大的制动力，但其抗热及抗水衰退性、制动器间隙自调节性、制动方向稳定性较差。大众 ID. 车系采用后驱或四驱，后轮多采用鼓式制动器。

5.2.1　组成

鼓式制动器可以用在前轮，也可以用在后轮，主要包括制动底板、制动蹄、制动鼓、制动轮缸、回位弹簧、限位弹簧、调节器等，如图 5-2-1 所示。

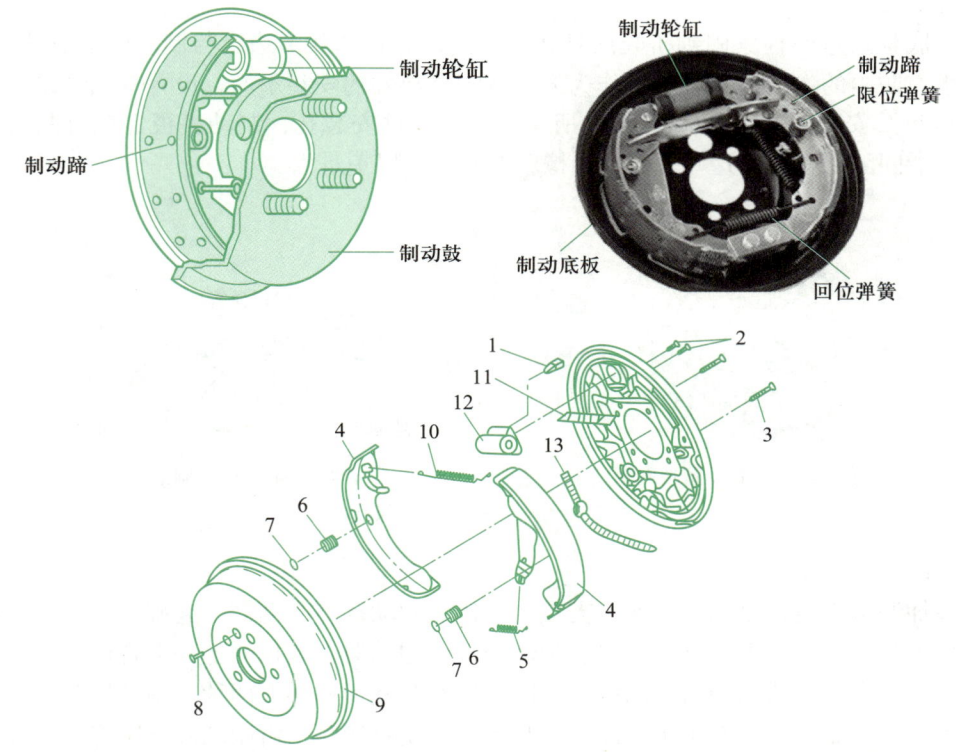

1—制动轮缸排气螺栓；2—制动轮缸安装螺栓；3—限位弹簧销；4—制动蹄；5—回位弹簧；6—限位弹簧；
7—限位弹簧帽；8—制动鼓安装螺栓；9—制动鼓；10—调节弹簧；11—调节器总成；12—制动轮缸；13—驻车拉线

图 5-2-1　鼓式制动器的组成

鼓式制动器的旋转元件是制动鼓，固定元件是制动蹄。如图 5-2-2 所示，当施加制动时，制动踏板作用力经助力器助力后传递到制动主缸。制动主缸将液压送入制动管和制动软管，在液压力的作用下，制动轮缸活塞推动制动蹄张开，使制动蹄与制动鼓内圆柱面接触，制动蹄与制动鼓之间的摩擦力迫使制动鼓的转速下降，从而降低车速，最终使车辆停止。当

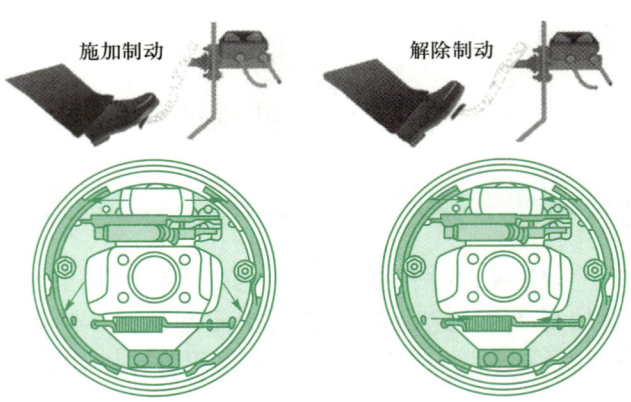

图 5-2-2 鼓式制动器工作过程

解除制动时，液压系统的液压力下降，在回位弹簧的作用下，制动轮缸活塞回位，制动蹄与制动鼓分离，两者间的摩擦力消失。

1. 制动底板

制动底板通过螺栓紧固到桥壳或悬架上，制动底板的弧形边缘与制动鼓形成迷宫密封，起到防水、防尘的作用。制动底板作为鼓式制动器部件的安装平面，设置有制动蹄支座、制动蹄支承垫及安装孔等，如图 5-2-3 所示。除了部件安装孔，制动底板上还有制动蹄观察孔及制动器间隙调整孔，这些孔通常用橡胶塞密封，以免进水。

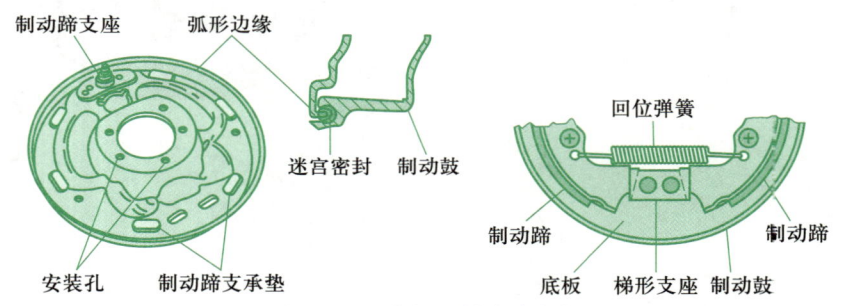

图 5-2-3 底板及制动蹄支座

（1）制动蹄支座

在施加制动力时，制动蹄支座（支点）可避免制动蹄与制动鼓一起旋转。在大多数的鼓式制动器上只有一个制动蹄支座，也有少部分鼓式制动器在底板的上、下各设置有一个制动蹄支座。不同类型鼓式制动器采用的制动蹄支座有圆柱形和梯形两种。圆柱形制动蹄支座安装在底板上方，制动蹄上有半圆形的开口与制动蹄支座接触，由制动蹄支座将制动蹄定位在底板上。梯形制动蹄支座安装在底板下方。

（2）制动蹄支承垫

制动蹄支承垫被压入制动底板，与制动蹄的侧面相接触。通常沿着制动蹄与制动底板的接触面设计有几个制动蹄支承垫。在这些支承垫表面上抹一层薄薄的高温润滑脂，可降低制动蹄与制动底板的磨损，并消除制动过程中制动蹄轻微接触制动蹄支承垫时发出的噪声。

（3）活塞限位装置

有些制动底板上安装有活塞限位装置，如图 5-2-4 所示，当拆卸制动蹄及进行维修时，其可防止制动轮缸活塞从缸筒中掉出。活塞限位装置可以与制动蹄支座一同装在制动底板上,也有的与制动底板压制成一体。

2. 制动蹄

制动蹄是鼓式制动器相对固定的部件,它与旋转的制动鼓摩擦产生制动力。常见的制动蹄由钢制蹄片铆接或粘接摩擦材料(摩擦片)制作而成,如图 5-2-5 所示。多数制动蹄是由两块 T 形断面钢板焊接在一起制成的。制动蹄外部的弯曲金属板称为基板,其上固定有摩擦材料。焊接在基板下的金属板称为腹板,腹板上通常加工有各种形状和规格的孔,用于安装制动蹄回位弹簧、限位弹簧和调节器等。通常腹板的一端直接或通过推杆与制动轮缸活塞接触,而另一端与制动蹄支座或调节器的平面或曲面接触。当施加制动力时,作用在制动蹄上的力会通过腹板转移到基板上,然后制动蹄外缘的摩擦材料与制动鼓的内表面相接触,从而产生制动力。制动蹄上摩擦材料的末端制成楔形,这样可以防止振动和降低噪声。

图 5-2-4　活塞限位装置

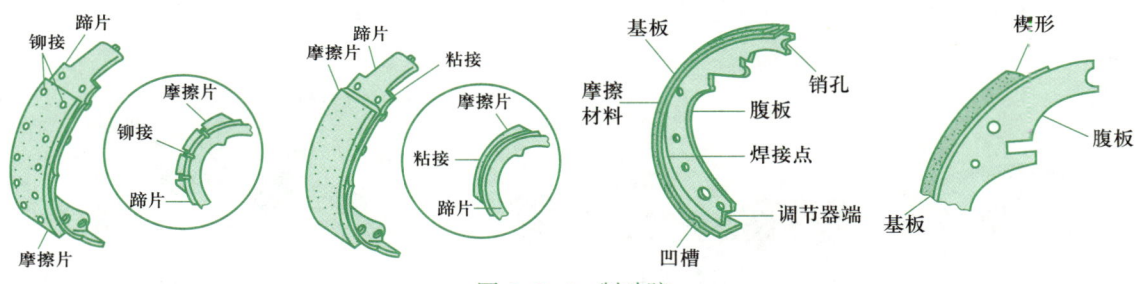

图 5-2-5　制动蹄

3. 制动鼓

在鼓式制动器中,最外端的主要部件是制动鼓,如图 5-2-6 所示。制动鼓不与制动底板相连接,而是与轮毂相连接,同车轮一起旋转。当施加制动力时,制动蹄与制动鼓的内表面摩擦,产生制动力。制动鼓为铸铁件或铸铁与钢的复合件,通过螺栓孔套在车轮螺栓上。此外,制动鼓的中心还有一个大孔,用来与轮毂中心定位。

图 5-2-6　制动鼓及安装位置

4. 制动轮缸

对制动蹄端加力使制动蹄转动张开的装置统称为制动蹄促动装置,制动蹄促动装置有轮

动画
鼓式制动器
制动轮缸

缸式、凸轮式和楔式三种形式。以液压制动轮缸作为制动蹄促动装置的制动器称为轮缸式制动器，多用于轿车；以凸轮作为制动蹄促动装置的制动器称为凸轮式制动器，其通常利用气压使凸轮转动，多用于大型汽车的气压制动系统；用楔作为制动蹄促动装置的制动器称为楔式制动器，适用于冰雪路面制动。如图 5-2-7 所示，制动轮缸（简称轮缸或分泵）固定在制动底板上，当驾驶人踩下制动踏板时，制动力迫使制动轮缸内的活塞向外移动，通过推杆或活塞将运动作用于制动蹄，迫使制动蹄向外压紧制动鼓。制动轮缸主要由缸体、防尘套、密封皮碗、活塞、弹簧、排气螺栓等组成。

① 缸体。用于封装制动轮缸总成的其他部件，是一个精密的缸筒，里面装有活塞、密封皮碗和弹簧等。

② 防尘套。防止水和尘土进入制动轮缸缸筒内部。

③ 密封皮碗。采用特殊材料制造的橡胶密封件，用于密封制动轮缸。

④ 活塞。将制动轮缸的液压力传递给制动蹄，直接或通过推杆推动制动蹄。

⑤ 弹簧。当活塞未受压时，使密封皮碗顶在活塞上。弹簧带有密封皮碗支架，用来避免变形，保证制动力释放时皮碗紧贴缸壁，防止外界空气进入制动轮缸。

⑥ 排气螺栓。安装在制动轮缸背面的孔内。排气时，液压力将系统中的空气通过排气螺栓排出。

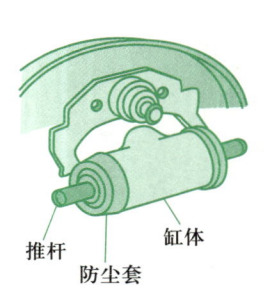

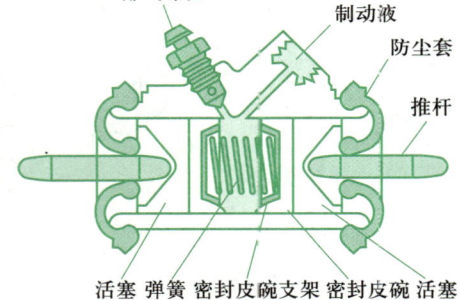

图 5-2-7　制动轮缸

5. 回位弹簧

回位弹簧的作用是在松开制动踏板时，将制动蹄与制动鼓分离，并迫使制动轮缸活塞回到缸筒的中心。当释放制动力时，制动蹄回位弹簧使制动蹄退回到工作前的位置，可避免制动拖滞，同时迫使制动轮缸中的制动液回到制动主缸及储液罐中。回位弹簧的类型、位置和数量在不同鼓式制动器上有所区别，但所有的回位弹簧都按照以下两种方法中的一种安装，一种是直接连接在两制动蹄之间，另一种则是从制动蹄连接到固定支座上，如图 5-2-8 所示。

6. 限位弹簧

限位弹簧用于保持制动蹄与制动底板的相对位置，它的结构类型较多，如图 5-2-9 所示。常用的结构是在制动底板孔和制动蹄腹板相对应的孔中安装一个钢制限位弹簧销，限位弹簧销上的弹簧夹和限位弹簧压在制动蹄腹板上，并用一个专门的垫圈将限位弹簧压缩到限位弹簧销的平头端上。另一种常用的结构是一端带有钩子的锥形螺旋限位弹簧，该弹簧穿过制动蹄腹板上的孔与底板上相应的定位孔相连。

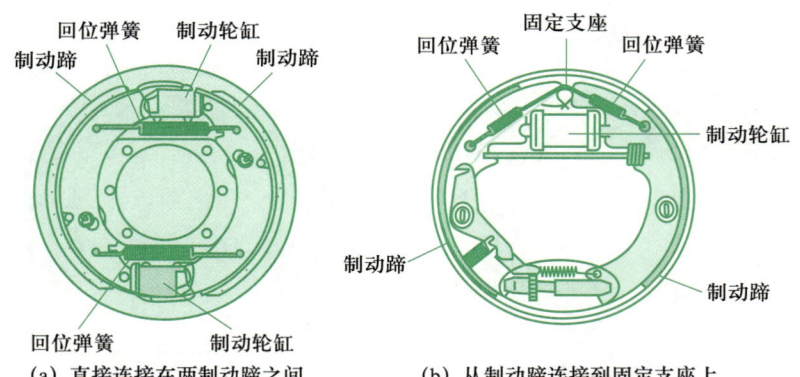

(a) 直接连接在两制动蹄之间　　(b) 从制动蹄连接到固定支座上

图 5-2-8　回位弹簧

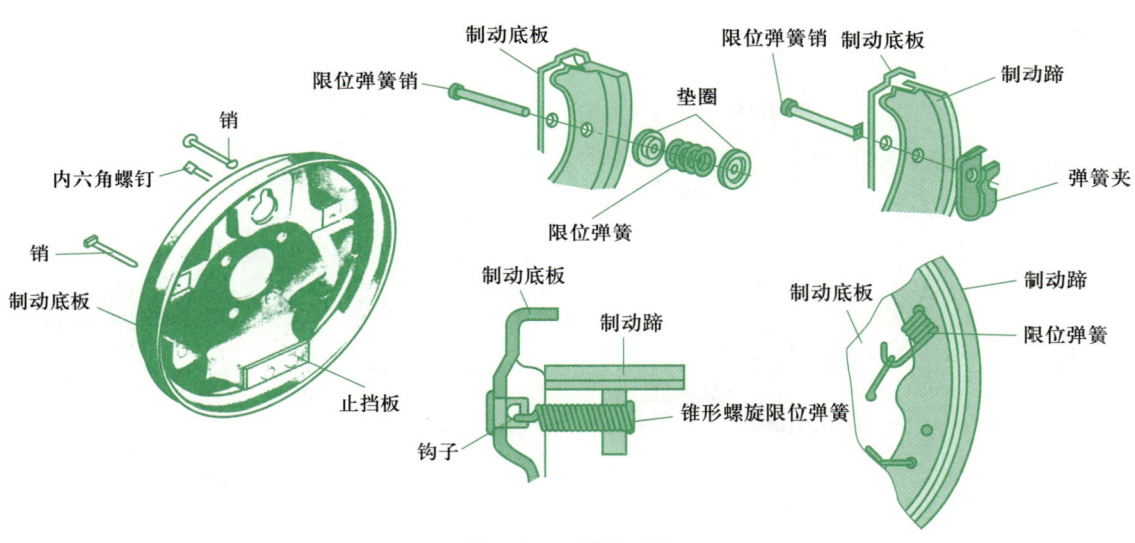

图 5-2-9　限位弹簧

当回位弹簧使制动蹄退回到工作前的位置时，限位弹簧就使制动蹄紧紧贴在制动底板的支承垫上。限位弹簧可使鼓式制动器避免产生噪声、抖动和磨损，但当施加或释放制动力时，仍然可让制动蹄向外移动或复位。限位弹簧可使制动蹄有足够的运动位移，以便在制动蹄磨损时可向外调节。

7. 调节器

随着制动蹄的磨损，制动蹄与制动鼓的间隙会增大，为了保证制动性能，应调整制动蹄与制动鼓之间的间隙，这就需要在制动蹄之间装设调节器。早期的调节器需要定期进行人工调整，而现代车辆普遍采用自动调节器，相关内容将在后文中介绍。

5.2.2　类型

按照制动蹄展开支点和制动轮缸的数目、结构，鼓式制动器有以下类型。

1. 领从蹄式制动器

如图 5-2-10（a）所示，领从蹄式制动器特点是两个制动蹄各有一个支点，一个制动蹄在制动轮缸促动力作用下张开时的旋转方向与制动鼓的旋转方向一

动画
鼓式制动器的类型

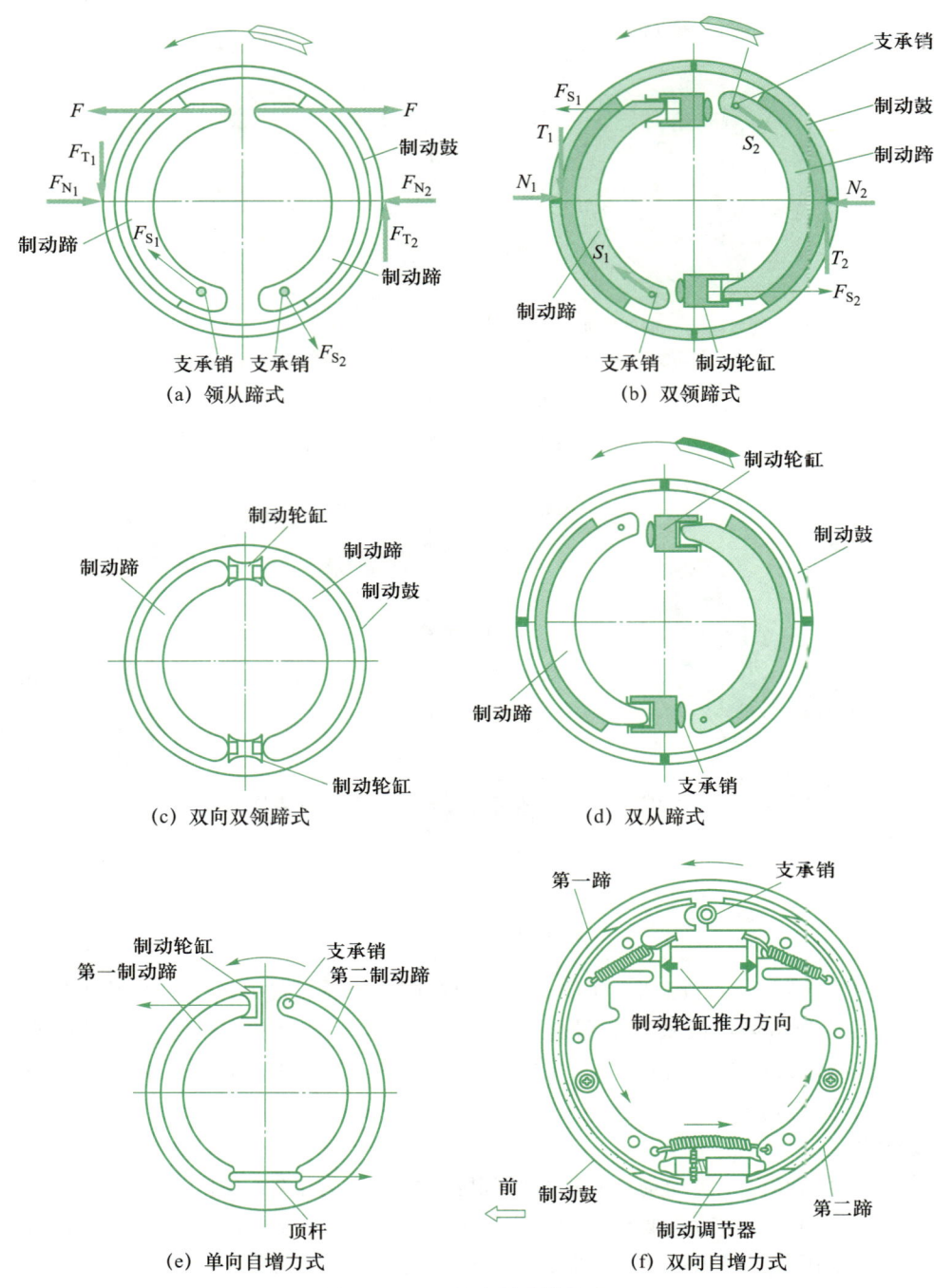

图 5-2-10 鼓式制动器的类型

致,称为领蹄;另一个蹄张开时的旋转方向与制动鼓的旋转方向相反,称为从蹄。制动鼓正向旋转,在相等的促动力 F 的作用下,两制动蹄分别绕各自的支承点紧压在制动鼓上。旋转着的制动鼓即对两制动蹄分别作用着法向反力 F_{N_1} 和 F_{N_2},以及相应的切向反力 F_{T_1} 和 F_{T_2},两制动蹄上的这些力分别与各自的支点反力 F_{S_1} 和 F_{S_2} 平衡。力 F_{T_1} 的作用结果是使领蹄1在制动鼓上压得更紧,即力 F_{N_1} 变得更大,因此制动力(摩擦力)也就越大,这就是领蹄的"增势"效应;与此相反,切向反力 F_{T_2} 则使从蹄 2 推离制动鼓,即有使 F_{N_2} 和 F_{T_2} 本身减小的趋势,这就是从蹄的"减势"效应。显然,汽车倒车,即制动鼓反向旋转时,前后蹄领从互换。这种在制动鼓正、反向旋转时,都有一个领蹄和从蹄的制动器即为领从蹄式制动器。此外,虽然领蹄和从蹄所受促动力相等,但所受制动鼓法向反力 F_{N_1} 和 F_{N_2} 却不相等,且 $F_{N_1} > F_{N_2}$,因此,领从蹄式制动器为非平衡式制动器。领从蹄式制动器每个制动蹄单独施加制动力,一个制动蹄的作用不会对另外一个制动蹄产生影响。

由于领蹄的作用力更大,所以通常领蹄比从蹄的磨损速度要快,领蹄一般要比从蹄使用更厚或表面积更大的摩擦材料,以平衡领蹄和从蹄间的磨损差异,这样两个制动蹄磨损后就能够同时更换了。

2. 双领蹄式和双向双领蹄式制动器

汽车前进时两个制动蹄均为领蹄的制动器称为双领蹄式制动器,如图 5-2-10(b)所示。双领蹄式制动器的结构特点是,每一个制动蹄都用一个单活塞制动轮缸促动。

双向双领蹄式制动器使用了两个双活塞制动轮缸,无论汽车前进还是倒车,都是双领蹄式制动器,故称双向双领蹄式制动器,如图 5-2-10(c)所示。

3. 双从蹄式制动器

汽车前进时两个制动蹄均为从蹄的制动器为双从蹄式制动器,如图 5-2-10(d)所示。双领蹄式、双向双领蹄式、双从蹄式制动器固定元件的布置方式都是中心对称,两制动蹄作用在制动鼓上的法向反力大小相等、方向相反、相互平衡,这些形式的制动器为平衡式制动器。

4. 单向自增力式制动器

如图 5-2-10(e)所示,单向自增力式制动器特点是两个制动蹄只有一个单活塞的制动轮缸,第二制动蹄的促动力来自第一制动蹄对顶杆的推力,两个制动蹄在汽车前进时均为领蹄,但倒车时能产生的制动力很小,这种形式的鼓式制动器使用较少。

5. 双向自增力式制动器

如图 5-2-10(f)所示,双向自增力式制动器特点是两个制动蹄的上方有一个双活塞制动轮缸,制动轮缸的上方还有一个制动蹄支承销,两制动蹄的下方用调节器(顶杆)相连。无论汽车前进还是倒车,都与单向自增力式制动器相近,故称双向自增力式制动器。车辆前进时,其制动鼓逆时针转动,则前制动蹄为第一蹄,后制动蹄为第二蹄;车辆后退时,后制动蹄为第一蹄,前制动蹄为第二蹄。由于车辆大部分时间是前进,第一蹄(或第二蹄)通常是指车辆前进方向的第一蹄(或第二蹄)。当车辆向前行驶时,第一蹄被压向转动的制动鼓,与领从蹄式制动器中的领蹄一样,摩擦力使第一蹄更紧地压在制动鼓上,形成"增势"作用。在制动底板下端没有设置固定的支点,而是采用了可移动的调节器,因此第一蹄的推力传给第二蹄。由于第二蹄在制动底板上端有支点,第二蹄的下端便压向制动鼓。这样,第一蹄的推力传给第二蹄,使第二蹄也形成"增势"作用。第二蹄提供的制动力大于第一蹄;因此第二蹄(车辆前进方向)的摩擦材料比第一蹄的要长一些。第一蹄帮助第二蹄起作用称为伺服,所以这种制动器也称为伺服式制动器。这种形式的制动器为非平衡式制动器。

以上各类型鼓式制动器各有优缺点。就制动效能而言,在基本结构参数和制动轮缸工作压力相同的条件下,自增力式制动器对摩擦助势的效果利用最为充分,产生的制动力最大，然后依次是双领蹄式制动器和领从蹄式制动器；但自增力式制动器对摩擦系数的依赖性很大，一旦制动器沾水、沾油后制动效能明显下降，因而其制动性能不稳定；领从蹄式制动器虽然制动效能较低，但结构简单、制造成本低、制动效能受摩擦系数的影响相对较小，制动较平顺，仍使用广泛；双领蹄式制动器的制动效能、制动稳定性和制动平顺性介于两者之间，其特有优点是具有两个对称的轮缸，最宜布置双回路制动系统。

5.2.3　间隙调整

制动器间隙是指在不制动时，制动鼓和制动蹄摩擦片之间的间隙。制动器间隙过小，不能保证完全解除制动；间隙过大，制动器反应时间过长，直接威胁到行车安全。鼓式制动器在使用过程中，随着摩擦片的磨损，制动器间隙会变大，因此要求鼓式制动器应检查和调整间隙。鼓式制动器早期的汽车采用手动调整，目前大都采用自动调整，自动调整可以保证制动器间隙始终处于最佳状态。

1. 领从蹄式制动器

领从蹄式制动器常使用的自动调节器有星轮式、棘齿棘爪式、导柱扇齿式等。

（1）星轮式

图 5-2-11（a）所示为星轮式自动调节器的结构，并有领蹄设计和从蹄设计。图 5-2-11（b）所示的是领蹄设计，当未施加制动力时，棘片保持在原位置上；当施加制动力时，领蹄向外朝制动鼓移动，调节弹簧使安装在制动蹄上的棘片绕转动轴向下摆动，带动星轮转动，调节制动器推杆长度，从而调节制动器间隙；当释放制动力时，回位弹簧拉回制动蹄，棘片回到静止位置。如果制动蹄磨损严重，棘片就会咬合星轮的下一个轮齿，在下一次施加制动力时，再做进一步的调节。

图 5-2-11（c）所示的星轮式自动调节器是从蹄设计，其结构与领蹄设计的相似，但是该设计是在释放制动时进行调节。当未施加制动力时，调节弹簧的张力使从蹄和棘片保持在原位置上；当施加制动力时，从蹄向外朝制动鼓移动，调节弹簧拉动棘片绕转动轴向上摆动，但不转动星轮；当释放制动力时，回位弹簧将制动蹄拉回。如果制动蹄磨损严重，棘片将咬合星轮上的轮齿，棘片回位使星轮旋转，从而对制动器间隙进行调节。

（2）棘齿棘爪式

图 5-2-12 所示为棘齿棘爪式自动调节器，其部件主要包括棘齿杠杆和棘爪，它们安装在领蹄上。棘爪上的调节弹簧使棘爪与棘齿杠杆保持接触，以便保持互锁位置。当施加制动力时，制动蹄向外张开，调节推杆拉动棘齿杠杆，迫使其绕与领蹄顶部相连处向里移动。如果制动蹄磨损严重，棘齿杠杆的底部将跳过一个或更多的齿咬合在棘爪上。当释放制动力时，棘齿杠杆推动调节器推杆，将把制动蹄分得更开，以减小制动鼓与制动蹄之间的间隙。

（3）导柱扇齿式

图 5-2-13 所示为导柱扇齿式自动调节器，它包括带齿调节推杆、调节扇齿、调节弹簧三个基本部件。带齿调节推杆的导柱下侧是齿柱，齿柱与调节扇齿侧面咬合，而调节扇齿的销安装在带齿调节器推杆的凹槽中，调节扇齿可以绕销转动。另外，调节扇齿穿过领蹄腹板开孔，并保持连接，调节弹簧使调节扇齿与齿柱接触，以保持调节位置。

当施加制动力时，领蹄向外移动，如果制动蹄磨损严重，制动蹄腹板开孔的边缘会将调节扇齿向外拉。此时，调节扇齿被迫与齿柱分开，然后调节弹簧使调节扇齿旋转，直到调节

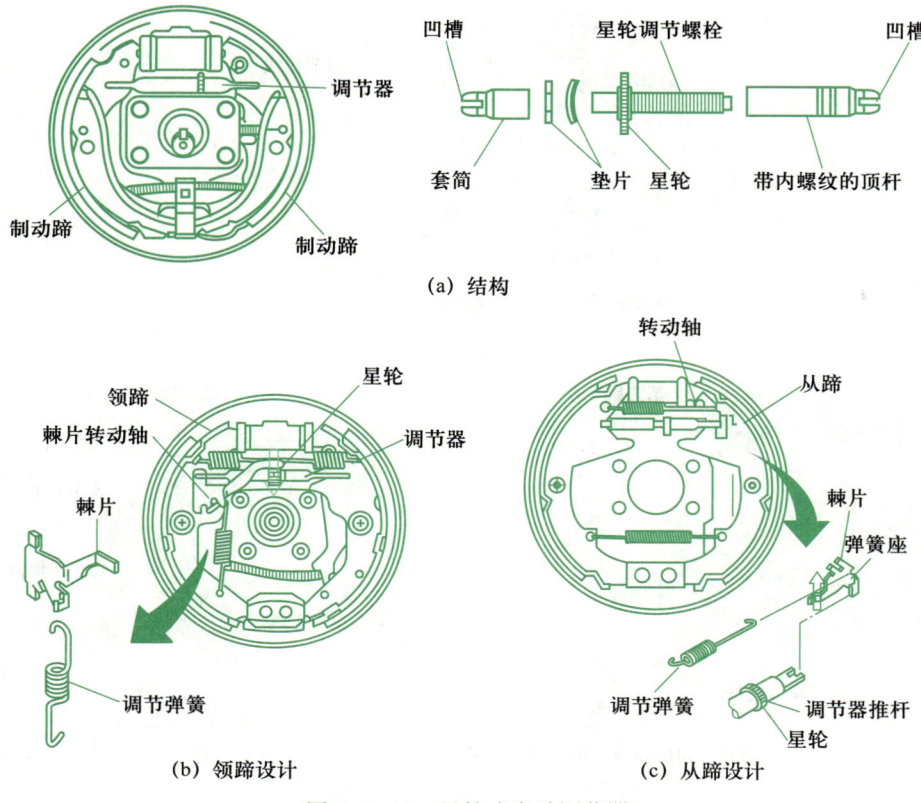

图 5-2-11 星轮式自动调节器

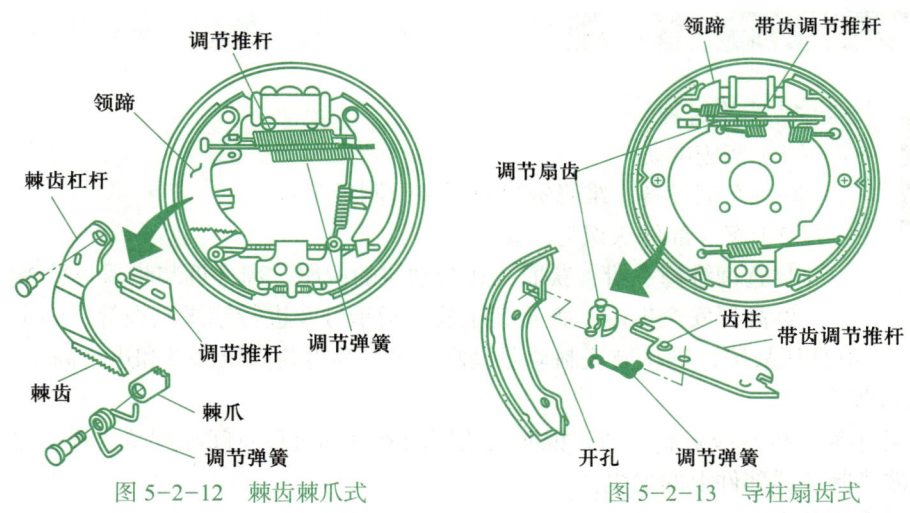

图 5-2-12 棘齿棘爪式　　　图 5-2-13 导柱扇齿式

扇齿与齿柱接合。当释放制动力时,调节扇齿与领蹄复位,调节扇齿啮合齿柱,调节扇齿保持在新的延伸位置,使制动蹄分得更开,以减小制动鼓与制动蹄之间的间隙。

2. 伺服式制动器

伺服式制动器通常使用拉线式、拉杆式或连杆式的星轮式自动调节器,如图 5-2-14 所示,它们都装在第二蹄上,且只有汽车倒车行驶过程中才进行调节。

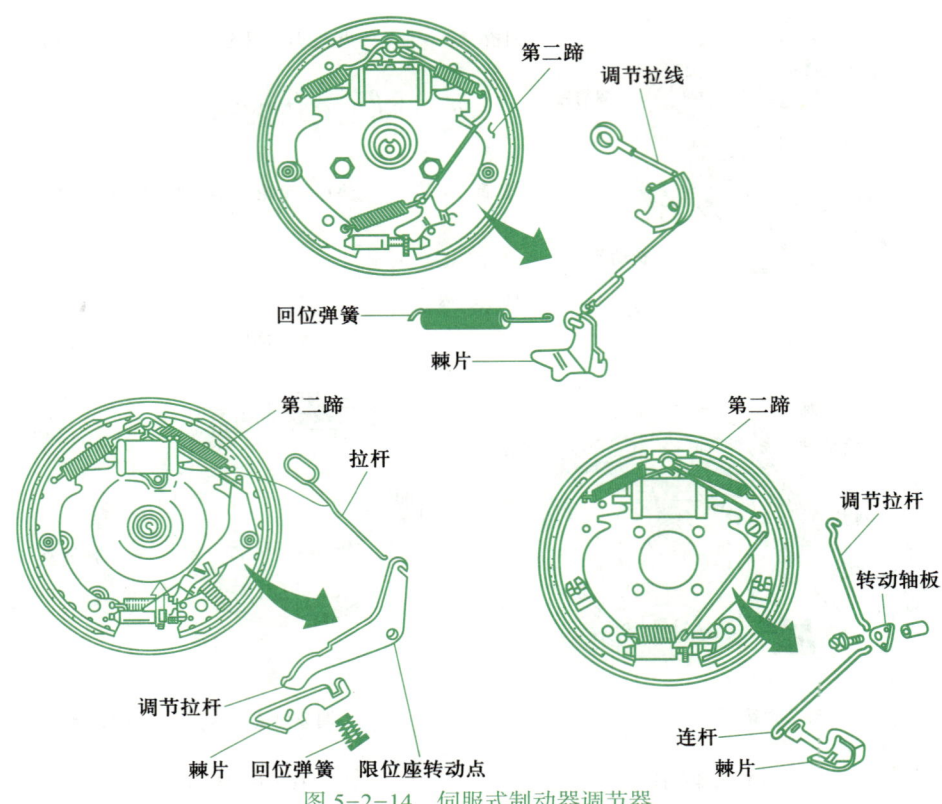

图 5-2-14 伺服式制动器调节器

任务实施

1. 实施过程

（1）实施准备

准备车辆设备、维修资料及拆装、测量工具。

（2）车上部件认识与检修

① 查询维修手册，获取鼓式制动器的说明、部件拆装步骤及检查事项。

② 高压安全提示：查看高压故障指示灯及进行绝缘检查等，确定车辆是否有高压故障；确认鼓式制动器检修是否需要拆装高压部件和进行高压上电等。

微课
鼓式车轮制动器的拆装与检修

③ 参考步骤。

a. 举升车辆，拆装鼓式制动器，说明鼓式制动器制动过程及间隙调整过程。注意：用湿抹布清理鼓式制动器部件上的粉尘。

b. 鼓式制动器检查。

检查制动蹄滑动区域是否有异常磨损；检查制动蹄和制动底板及固定件之间接触表面是否有异常磨损；检查制动蹄和制动底板及固定件是否锈蚀；检查摩擦片表面是否有裂纹和脱落，是否有较明显的沟槽，是否有硬化或者油污；测量摩擦片厚度，如果小于规定值，更换新的制动蹄，如图 5-2-15 所示；清洁制动鼓，检查是否有划伤、裂纹、变形情况，测量制动鼓内径及圆度，如果超过最大值，更换制动鼓，如图 5-2-16 所示；检查摩擦片与制动鼓接触面积，如图 5-2-17 所示，不应小于规定值；检查制动轮缸是否漏油，制动轮缸防尘罩是否破损；检查间隙调节机构工作情况。

c. 安装制动器，一人踩下然后松开制动踏板，另一人配合转动制动器，检查制动情况。

2. 实施工单

（1）信息查询与高压安全

① 鼓式制动器部件拆装及检查维修手册查询路径：_____。

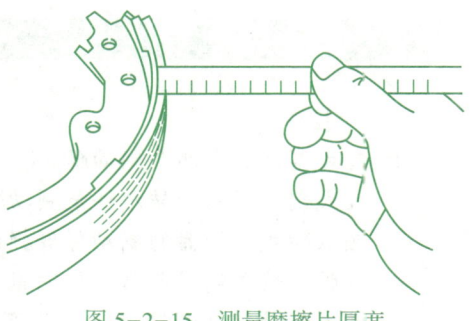

图 5-2-15　测量摩擦片厚度

② 高压上下电：□正常　□异常，高压故障：□无　□有，鼓式制动器检修是否需要拆装高压部件：□否　□是。

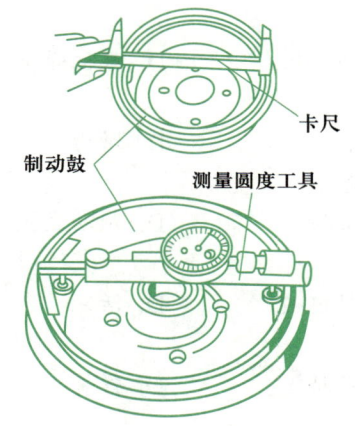

图 5-2-16　测量制动鼓内径及圆度

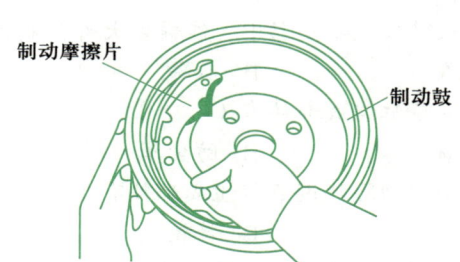

图 5-2-17　检查摩擦片与制动鼓接触面积

（2）车上部件认识与检修

项目	内容及结果
鼓式制动器	类型：_____，制动蹄个数：_____，制动轮缸个数：_____，制动活塞个数：_____，制动鼓：□正常　□划伤　□裂纹　□变形　□锈蚀，放气螺栓安装情况：□牢固　□松动，活塞护套：□正常　□破损，轮缸是否漏油：□是　□否，制动蹄限位销钉安装情况：□牢固　□松动，制动蹄回位部件：_____，制动间隙调整方式及部件：_____，间隙调节过程：_____。制动蹄厚度：_____□正常　□异常，制动鼓内径：_____□正常　□异常，接触面积：□正常　□异常；安装后制动是否灵活：□是　□否，制动是否拖滞：□是　□否

3. 实施评价

自我收获	自我评价	教师评价
	□满意	□优秀　□良好
	□较满意	□合格
	□不满意	□不合格

习题与思考

一、判断题

1. 鼓式制动器有两个制动蹄。（   ）
2. 鼓式制动器的旋转元件是制动蹄。（   ）
3. 领从蹄式制动器的制动蹄磨损速率相同。（   ）
4. 伺服式鼓式制动器第一蹄助推第二蹄起作用。（   ）
5. 鼓式制动器制动蹄回位是靠密封圈。（   ）

二、不定项选择题

1. 鼓式制动器的摩擦副是（   ）。
   A. 制动鼓   B. 制动盘   C. 制动片   D. 制动蹄
2. 鼓式制动器组成部件有（   ）。
   A. 制动蹄   B. 制动鼓   C. 制动轮缸   D. 限位弹簧
3. 鼓式制动器上可有（   ）弹簧。
   A. 限位   B. 回位   C. 调节   D. 增力
4. 领从蹄鼓式制动器中，能提供大部分制动力的是（   ）。
   A. 领蹄   B. 从蹄   C. 领从蹄   D. 制动底板
5. 制动轮缸组成部件有（   ）。
   A. 缸体   B. 防尘罩   C. 密封皮碗   D. 活塞
6. 星轮制动间隙调节器组成部件有（   ）。
   A. 星轮   B. 棘轮   C. 转动轴   D. 弹簧
7. 鼓式制动器的检查项目有（   ）。
   A. 摩擦片厚度   B. 制动鼓内径
   C. 制动蹄和制动鼓接触面积   D. 制动鼓圆度

三、简述题

1. 各种类型鼓式制动器的结构特点是什么。
2. 伺服式鼓式制动器的工作过程。

 制动液压系统检修

 任务引入

为了将驾驶室内的制动踏板力传递到车轮上的制动器，进而产生制动力，乘用车大都采用液压系统来完成力的转换与传递。液压系统部件损坏，将直接影响制动性能。本任务介绍制动液压系统的组成、工作过程和检修步骤。

任务目标

1. 能查询维修手册，获取制动液压系统的信息。
2. 能识别制动液压系统的布置方式。
3. 掌握制动主缸的工作过程。
4. 能进行制动液压系统部件的检查与更换。
5. 培养主动学习、交流学习及安全学习的意识，培育工匠精神。

知识链接

制动液压系统将驾驶人施加在制动踏板上的作用力转换成液压力，并传递给各个车轮制动器。在这个过程中，它放大了制动踏板的作用力，并调节前、后车轮制动力的大小。制动液压系统主要由制动管路、制动主缸、制动轮缸和制动液等组成。现代汽车都使用双回路制动液压系统，当一条回路的管路出现泄漏后，汽车仍然能够获得部分制动力，这提高了汽车的安全性。双回路制动液压系统的管路有两种常见布置形式，即前后分布式和对角分布式，如图5-3-1所示。在前后分布式制动液压系统回路中，制动主缸的两出口分别通向前轮制动轮缸和后轮制动轮缸；在对角分布式制动液压系统回路中，制动主缸的一个出口同时连接左前轮制动轮缸和右后轮制动轮缸，另一出口同时连接右前轮制动轮缸和左后轮制动轮缸。目前，在各制动轮缸的管路上串联有管路压力调节装置（在项目5任务5中介绍），完成主动安全控制。

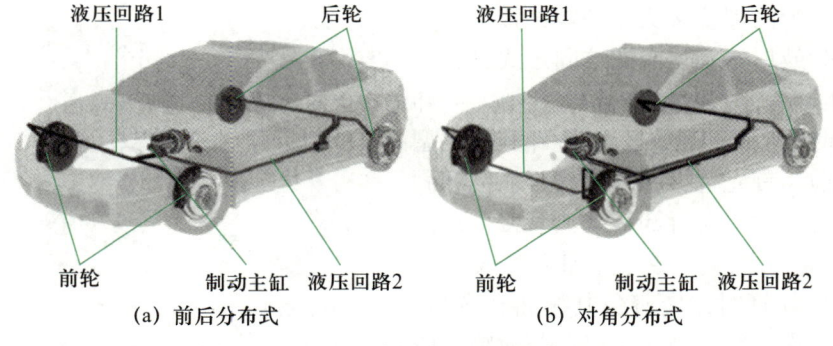

(a) 前后分布式　　(b) 对角分布式

图 5-3-1　双回路制动液压系统布置形式

汽车制动时，前轮提供大部分的制动力，后轮提供小部分的制动力。对于前后分布式制动液压系统，如果与前轮制动轮缸相连的制动管路出现泄漏，车辆不但会丧失大部分的制动力，而且紧急制动时还可能出现侧滑、甩尾等。对于对角分布式制动液压系统，任一液压回路的管路出现泄漏，车辆仍能获得50%的制动力。

5.3.1　制动管路

制动管路将各个制动轮缸连接到制动主缸，是液压回路的重要组成部件。制动管路由金属管（通常称为制动管）和软管（通常称为制动软管）组成，它们都是高压管。

1. 制动管

制动管固定在车身或车架上，用于相对位置固定的两部件间的连接。它一般是双壁金属管，且表面镀锌或镀锡，以防止生锈和被腐蚀。

为了承受液压系统的高压，制动管端部加工成喇叭口接头。喇叭口接头有两种类型，即双重喇叭口接头和ISO（国际标准）喇叭口接头，如图5-3-2所示，它们之间不能够互换。双重喇叭口接头用于英制标准的管道和接头上，其接头螺栓一般呈金色、银色或黄铜色。ISO喇叭口接头也称为气泡喇叭口接头，用于公制管道和接头上，其接头螺栓一般呈绿色或蓝色。

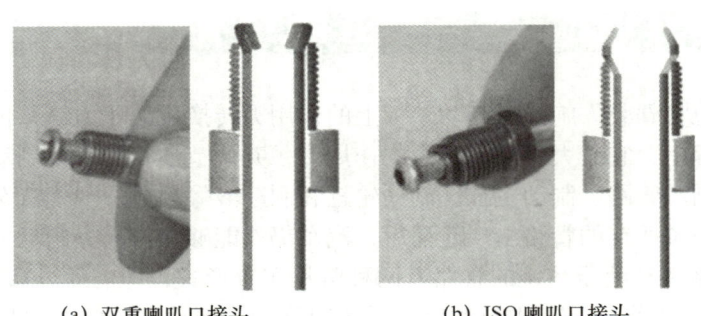

(a) 双重喇叭口接头　　(b) ISO 喇叭口接头

图 5-3-2　喇叭口接头的类型

2. 制动软管

制动软管用于制动管和制动轮缸之间的连接，以适应制动轮缸相对于车身或车架的跳动。制动软管由多层复合材料制成，其两端设计有金属管接头。制动软管接头有多种形式，从螺纹上可分为内螺纹接头和外螺纹接头，从特点上可分为鼓形接头、内螺纹固定式接头和外螺纹转动式接头，如图5-3-3所示。拆卸这些管接头时按以下顺序进行：拆卸其他类型的管接头之前，首先要拆卸鼓形接头；拆卸固定式管接头之前，要先拆卸转动式管接头；拆卸外螺纹管接头之前，要先拆卸内螺纹管接头。拆装制动软管时，应避免其扭曲和弯折。制动软管若出现裂纹、鼓包、泄漏等故障，应立即更换。

 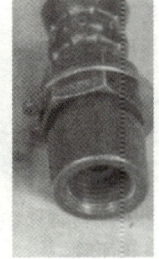 

(a) 鼓形　　(b) 内螺纹固定式　(c) 外螺纹转动式

图 5-3-3　制动软管管接头的类型

5.3.2　制动主缸

动画
制动主缸构造与工作原理

制动主缸是汽车制动液压系统的核心，制动时驾驶人踩制动踏板的力通过制动主缸转换成制动液的液压力，制动主缸部件的损坏会引起制动管路中液压力的异常变化，从而导致汽车的制动性能下降。

制动主缸也称制动总泵，安装在助力器上，它将助力器输出的推力转换成液压力，这种液压力通常称为制动压力。在制动压力的作用下，制动轮缸活塞将制动片压向制动盘（或制动蹄压向制动鼓），并产生摩擦力使车轮制动，该摩擦力就是制动器制动力。当制动片（或制动蹄）产生足够的摩擦力后，制动主缸帮助产生平衡制动所需的压力。此外，制动主缸还有如下功能：在制动片或制动蹄磨损时保持系统充满制动液，防止空气中的水分等污染物进入制动液压系统。

制动主缸有单腔式和双腔式两种类型，分别用于单、双回路制动液压系统。早期的汽车使用单腔式制动主缸，这种制动主缸如果发生泄漏（如管路破裂、皮碗撕裂等），则制动系统完全失效。因此，现代汽车都使用串联双腔式制动主缸，它能保证两条液压回路的工作互不影响，且各工作腔可按不同排量设计。

串联双腔式制动主缸有两个工作腔，它由储液罐、带密封膜片的储液罐盖、缸体、活塞及皮碗、回位弹簧等组成，如图5-3-4所示。

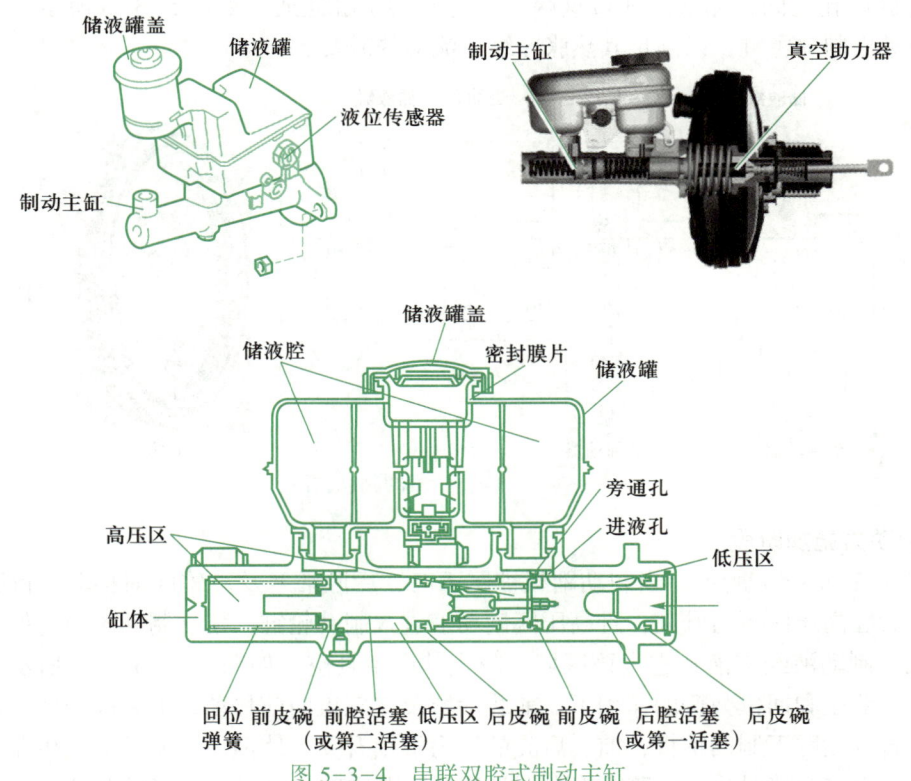

图 5-3-4 串联双腔式制动主缸

储液罐位于制动主缸上部，其内装有一定量的制动液。储液罐内部用隔板隔开，以保证制动主缸的每一个工作腔有独立的储液腔。为了便于观察制动液液位，储液罐一般呈半透明状。储液罐顶部设计有储液罐盖，在储液罐盖与储液罐之间有密封膜片，以防止水分及污染物等进入制动液。储液罐盖和密封膜片上设计有通气孔，用来防止储液罐因液位下降造成真空，影响制动液的流动。同时密封膜片可随着储液罐中液位的变化而上、下移动。制动液液位应该在最高液位与最低液位线之间，储液罐上装有液位传感器，检测制动液液位，当液位过低时，浮式传感器或磁性簧片开关接通仪表盘上的警告灯电路。

制动主缸的缸体呈筒状，它与每一个储液腔之间加工有两个孔，分别为旁通孔和进液孔。回位弹簧、活塞及皮碗等都安装在制动主缸的缸筒内，且它们可以滑动。串联双腔式制动主缸有两个活塞,分别称作前腔活塞(或第二活塞)和后腔活塞(或第一活塞),每个活塞上安装有前、后皮碗,前皮碗前方区域为高压区,前、后皮碗之间的区域为低压区。回位弹簧将两个活塞及皮碗保持在初始位置。有些制动主缸后工作腔的旁通孔和进液孔上方还安装有快速充液阀,这种制动主缸称作快速充液主缸,它与低阻力盘式制动器配合使用,以快速消除盘式制动器的间隙,提高制动响应性。

在一次完整的制动过程中,制动主缸的工作可分为三个阶段,即静止阶段、制动力施加阶段和释放阶段。

1. 静止阶段

当制动踏板未被踩下时,制动主缸活塞及皮碗处于静止状态,且各个活塞的前皮碗位于旁通孔与进液孔之间,储液罐通过这两个孔与制动主缸连通,如图 5-3-5 所示,制动液可以自由地进出制动主缸,以满足其热胀冷缩后流动的需要。

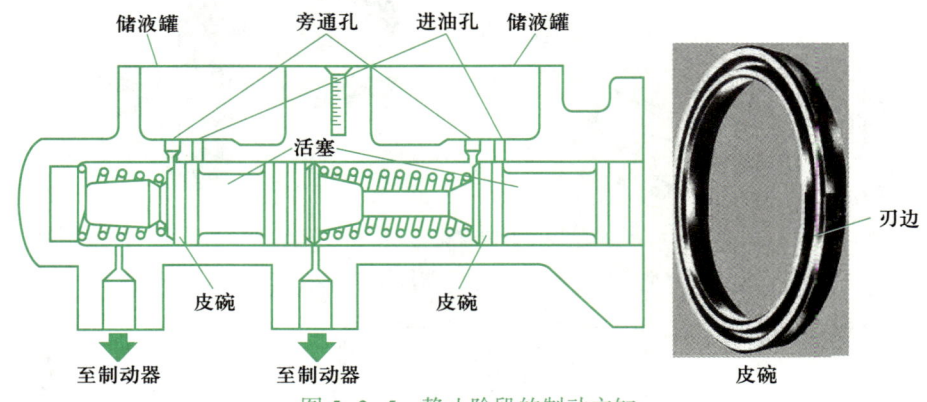

图 5-3-5 静止阶段的制动主缸

2. 制动力施加阶段

如图 5-3-6(a)所示,当制动踏板被踩下时,后腔活塞及皮碗向前移动,待旁通孔被关闭后,后腔高压区压力升高,且高压区制动液进入制动轮缸,建立制动压力。但低压区的压力降低,制动液经进液孔进入该区域,防止其产生真空,如图 5-3-6(b)所示。与此同时,在后腔液压和回位弹簧的作用下,前腔活塞及皮碗也向前移动,前腔高压区的压力也随之升高。若继续踩下制动踏板,前、后腔的压力继续升高,使前、后制动器产生制动力。此外,皮碗刃边在前移时受到缸壁摩擦力而张开,使得皮碗前部高压腔密封更好。

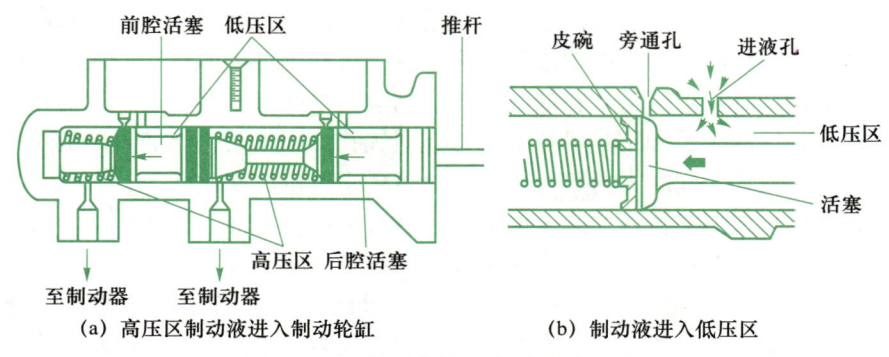

(a)高压区制动液进入制动轮缸 (b)制动液进入低压区

图 5-3-6 制动力施加阶段的制动主缸

若与后腔连接的制动管路发生泄漏，后腔不能建立液压力，后腔活塞将直接顶在前腔活塞上，并推动前腔活塞前移，前腔依然可以建立制动液压力。若与前腔连接的制动管路发生泄漏，前腔不能建立制动液压力，前腔活塞直接顶到制动主缸缸体上，于是后腔仍然可以建立制动压力。

3. 释放阶段

当松开制动踏板后，制动主缸前、后活塞以及皮碗、制动轮缸活塞在各自回位部件的作用下回位。但是，由于制动液的黏性和制动管路阻力的影响，制动液不能及时流回制动主缸并填充因活塞后移而产生的空间，因此在旁通孔开启之前，制动主缸前、后腔高压区都将产生一定的真空度，而此时低压区的压力大于高压区的压力，于是低压区的制动液便从皮碗与缸壁间的间隙进入高压区以填补真空（皮碗刃边在后移时受到缸壁摩擦力收缩），同时，储液罐中的制动液经进液孔进入低压区，如图5-3-7（a）所示。当活塞完全回位后，旁通孔已经开启，由制动管路中回流而多出来的制动液便经旁通孔进入储液罐，如图5-3-7（b）所示。

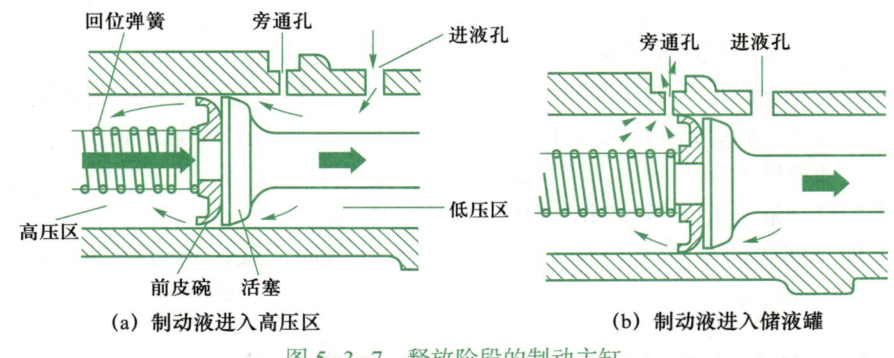

图 5-3-7　释放阶段的制动主缸

制动时，制动主缸的液压力经制动管路到制动轮缸作用到制动器上，从而产生制动力。制动轮缸集成于制动器中，已在制动器检修相关任务中介绍。

5.3.3　制动液

制动液填充在整个制动液压系统中，担负着制动液压系统传力和润滑的重任，其质量的好坏直接影响制动液压系统工作的可靠性。因此，制动液应满足以下要求。

① 低温流动性良好，保证制动液压系统在严寒季节能正常工作。
② 高温下不易汽化，防止因制动器的高温使液压管路中产生气阻而导致制动系统失效。
③ 不会使制动液压系统的金属件腐蚀，不会使橡胶件老化、硬化或膨胀。
④ 能够良好地润滑制动液压系统中的运动部件。
⑤ 吸湿性差而溶水性良好。

现代汽车大多使用合成制动液，它由基础油和添加剂组成。合成制动液能在一个宽的温度范围内保持稳定，具有较高的沸点（通常在204℃以上）和较低的凝点（通常达到 −45.56℃），且品质变化小，不会引起金属件和橡胶件损坏。制动液的沸点包括干沸点和湿沸点，干沸点也称平衡回流沸点，是指制动液未吸收湿气的沸点；湿沸点也称湿平衡回流沸点，是指制动液吸收了水分后的沸点。如果制动液中混入过量水分，就会降低制动液的沸点，水分能够使制动液的抗气阻能力大大下降，直接影响制动液的低温流动性，在低温条件下容易造成制动失灵。

制动液的型号通常按照美国联邦机动车安全标准（FMVSS 116）命名，目前制动液的使用型号有 DOT3、DOT4、DOT5.1、DOT5，它们的干沸点和湿沸点见表 5-3-1。型号 DOT 越大，制动液沸点越高；在理想条件下，型号 DOT 越小，制动液寿命越长。

表 5-3-1　制动液的干沸点和湿沸点

制动液型号	DOT3	DOT4	DOT5.1	DOT5
干沸点 /℃	205	230	260	260
湿沸点 /℃	140	155	180	180

制动液有一定的毒性，特别是对眼睛和皮肤的刺激比较大，更换制动液或维修制动系统时，操作人员应穿防护服，并佩戴防护手套和安全防护眼镜。由于制动液会污染环境，所以不能随意排放，应按有关部门的要求回收、储存及处理。另外，为了确保制动液的工作性能，在进行与制动液相关的维修时还应注意以下事项。

① 按厂商的要求使用规定型号的制动液，并定期更换。
② 制动液应储存在原装的储存瓶中并密封好，禁止使用其他容器存放制动液。
③ 打开制动液储液罐或制动主缸储液罐前，应清理其周围的灰尘、水等。
④ 如果制动液储液罐干涸了，则需要清洗或更换储液罐。
⑤ 禁止用制动液储液罐存放制动液以外的任何物品。
⑥ 禁止使用回收的制动液（包括制动液压系统排气时回收的制动液）或从其他车辆储液罐中吸取的制动液。

任务实施

1．实施过程
（1）实施准备
准备车辆设备、维修资料及拆装、测量工具。
（2）车上部件认识与检修
当制动系统功能异常时，必须对制动系统进行维修，而制动系统维修通常从液压系统开始。

① 查询维修手册，获取制动液压系统的说明、部件拆装步骤及检查事项。
② 高压安全提示：查看高压故障指示灯及进行绝缘检查等，确定车辆是否有高压故障；确认制动液压系统部件检修是否需要拆装高压部件和进行高压上电等。
③ 参考步骤。
a. 制动液检查。
制动液是制动液压系统传递力的媒介，其数量和品质直接影响制动系统的功能，因此制动液的检查包括液位检查和品质检查。
● 液位检查。
如果制动指示灯点亮，就应检查制动液液位，具体检查步骤如下：观察制动液液面高度是否在最高刻线和最低刻线之间；如果制动液液面低于最低刻线，则应添加制动液使液面高度正常；踩下制动踏板 5~10 次，检查制动主缸缸体是否存在渗漏或表面是否潮湿，与助力器及储液罐之间是否出现渗漏；如果制动主缸缸体没有损坏，那么在一定时间后再检查制动液的液面高度；如果制动液液面高度已经降得很低了，则应检查制动液压系统是否存在外部泄漏。

- 品质检查。

如果制动液的水含量超标，其沸点会降低；如果制动液中铜含量超标、混有矿物油或石油基液体（如机油、汽油、自动变速器油等），那么制动系统中的橡胶件将会膨胀，从而导致制动系统工作异常。因此，制动液品质主要从颜色、沸点、含铜量、是否含矿物油或石油基液体等方面进行检查或检测。

颜色检查。正常的制动液颜色为琥珀色（DOT5 为紫色），且呈半透明状。如果制动液的颜色为黑色或咖啡色，应更换制动液。

沸点检测。制动液的沸点可用制动液沸点测试仪检测。

含铜量检测。制动液中的含铜量通常用铜试纸检测，将试纸的颜色与比色卡对比，判断制动液的含铜量，确定制动液是否需要更换。

矿物油及石油基液体检测。制动液（除型号 DOT5 外）溶于水，而矿物油和石油基液体不溶于水。这个特性可以帮助检测制动液中是否含有矿物油和石油基液体。操作时，从储液罐中取少量（约 1 mL）制动液添加到装有水的泡沫聚丙烯杯子中，若制动液完全溶于水，则说明制动液未被矿物油或石油基液体污染；若出现油花，则说明制动液中含有矿物油或石油基液体，同时可以看到液面附近的泡沫聚丙烯被石油基液体分解。

如果制动液被矿物油和石油基液体污染或含铜量超标，就需要将制动液排放干净，彻底冲洗制动液压系统，并更换制动液压系统中所有的橡胶件或相关总成。

- 识读制动液液位指示灯电路图，检查相关部件及线路。

b. 部件检查。

部件检查主要包括以下内容：检查制动管及管接头是否存在裂纹、弯折、扭曲、泄漏等情况；检查制动软管能否自如弯曲，是否有碎屑、杂物、裂纹、渗漏、切痕、鼓包、挠性软点等；检查制动轮缸和卡钳是否有腐蚀、渗漏和损坏等。

c. 渗漏测试。

为了确认制动液压系统是否存在渗漏，可以对其进行如下测试：确认真空助力正常，踩下制动踏板并保持至少 15 s；测量制动踏板与地板之间的距离，应符合规定。如果制动踏板位置低于规定值，说明制动液压系统存在外部或内部的渗漏。

d. 制动液是否混有空气测试。

如果制动液压系统存在外部泄漏，制动液可能混入空气。另外，在进行制动液压系统维修时，制动液也可能混入空气。混有空气的制动液会导致制动力变小，制动距离变长，并且踩下制动踏板时感觉很软。测试制动液是否混有空气的步骤如下：给储液罐加满制动液，轻轻拧上储液罐盖（不要拧紧）；由另一位维修技师踩下制动踏板约 20 次，最后一次踩住制动踏板保持不动；取下储液罐盖；快速地释放制动踏板；观察储液罐中的制动液是否出现喷涌现象。若出现喷涌现象，则表明制动液中混有空气，这就需要对制动液压系统进行排气操作。

e. 制动液压系统排气。

对制动液压系统进行维修之后,应按照厂商的要求进行排气。对于采用电动助力(在项目 5 任务 4 中介绍)的车辆,需要参考维修手册进行。

- 人工法。

微课
更换制动液

人工法排气不需要使用专用工具,但需要两位维修技师共同操作。操作时,一位维修技师踩下制动踏板若干次,然后踩住不放;此时,另一位维修技师拧开相应的排气螺栓,让系统中混有的空气排出,然后再拧紧排气螺栓,如图 5-3-8 所示。不断重复这个操作,直到排气口中不再有气泡冒出。注意:如果踩下制动踏板用力过大,可能导致制动主缸损坏,因此踩下制动踏板时不要总是踩到底。

- 真空法。

真空法排气是利用真空泵将制动液压系统中空气排出。操作时,先将真空泵接在排气螺栓上,然后抽真空,再把排气螺栓拧开,低压就会把制动液和空气一起抽出,如图 5-3-9 所示。重复这个操作,直到排气口中不再有气泡冒出。与此同时,不断给储液罐添加制动液,保证其液面高度正常。在排气过程中,制动液压系统内部产生真空,这可能导致密封件损坏。因此,有一些制造厂家不建议使用真空法排气。

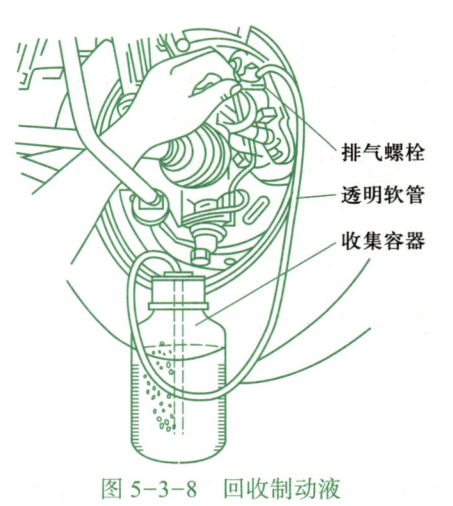
图 5-3-8 回收制动液

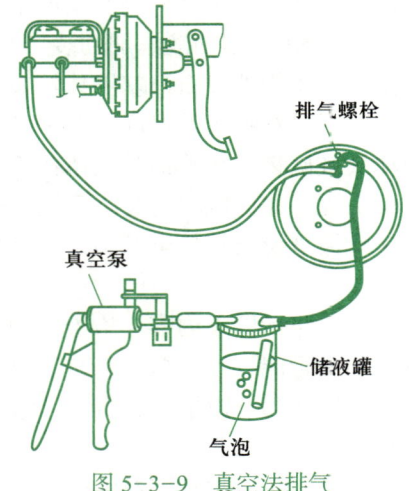
图 5-3-9 真空法排气

- 重力法

重力法排气是指制动液在重力作用下流动,从而推动制动液压系统中的空气排出。操作时,打开储液罐盖,拆下排气螺栓,让制动液从排气口流出。重力法排气可在大多数车上有效使用,但需要很长时间才能完成。

为规范操作、提高效率,某些厂商推荐使用压力排气装置,采用压力法排气:先安装专用设备给制动主缸内制动液加压和补充制动液,无须踩下制动踏板,一人给制动轮缸排气。

f. 制动主缸的更换

注意: 戴上安全防护眼镜,防止制动液伤害眼睛;给车辆盖上防护罩,不要使制动液滴漏在油漆表面上,防止损伤车辆油漆。

更换步骤：拆卸制动主缸，如图 5-3-10 所示；将储液罐和制动主缸分离；将储液罐安装到更换的新制动主缸上；用专用工具进行制动主缸台架排气；安装制动主缸。

g. 制动管及制动软管的更换

不同位置使用的制动管和制动软管是不同的，更换时必须保证所更换的新制动管和制动软管是应用在该位置的。通常需要使用管扳手安装和封堵好各开口。

（3）车下部件认识与检修

① 拆解制动主缸。

拆下储液罐；在虎钳上放置铝板，固定住制动主缸，用手将活塞向内推到底，拆下限位螺栓，如图 5-3-11 所示；用手将活塞向内推并用卡环钳拆下卡环，如图 5-3-12 所示；水平拉出第一活塞，如图 5-3-13 所示；在工作台上放置两块等高的垫块，并在垫块上放一块布，然后对着木块轻轻地敲击制动主缸凸缘，直到第二活塞竖直的滑出制动主缸，如图 5-3-14 所示；也可用气枪向储液罐与制动主缸连通孔充高压空气将活塞冲出的方法，注意不要对着人冲出，以免发生事故。

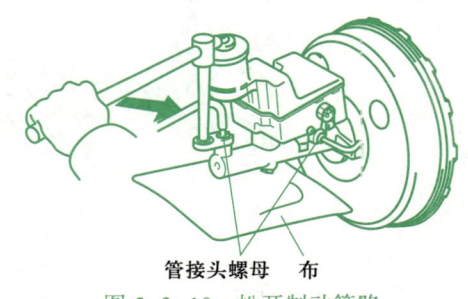

图 5-3-10　松开制动管路

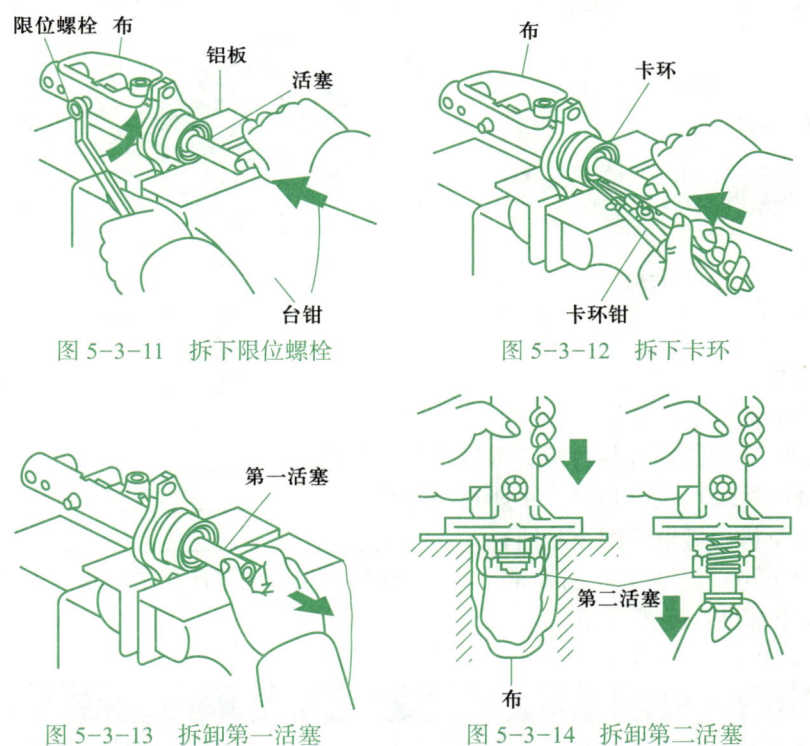

图 5-3-11　拆下限位螺栓　　图 5-3-12　拆下卡环

图 5-3-13　拆卸第一活塞　　图 5-3-14　拆卸第二活塞

② 检查制动主缸。

用干净的制动液清洁制动主缸，再用高压空气吹干净各部件，如图 5-3-15 所示；检查制动主缸内壁是否生锈或有刮痕，检查皮碗是否有磨损或破裂，检查活塞弹簧是否有弯曲变形、生锈或断裂等现象，如图 5-3-16 所示。

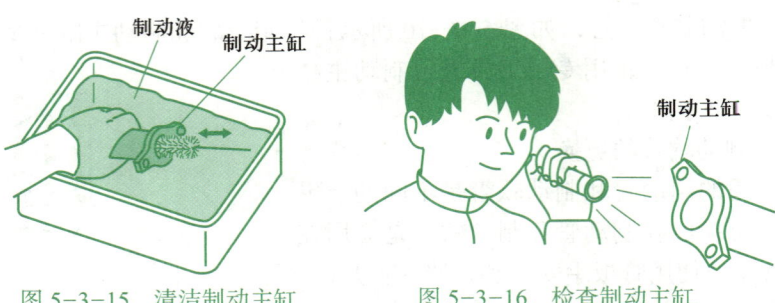

图 5-3-15 清洁制动主缸　　图 5-3-16 检查制动主缸

③ 组装制动主缸。

固定制动主缸，更换新的活塞皮碗，并在图 5-3-17 所示位置涂抹橡胶润滑脂；用手将活塞推到底，然后安装限位螺栓和卡环，如图 5-3-18 所示；安装储液罐。

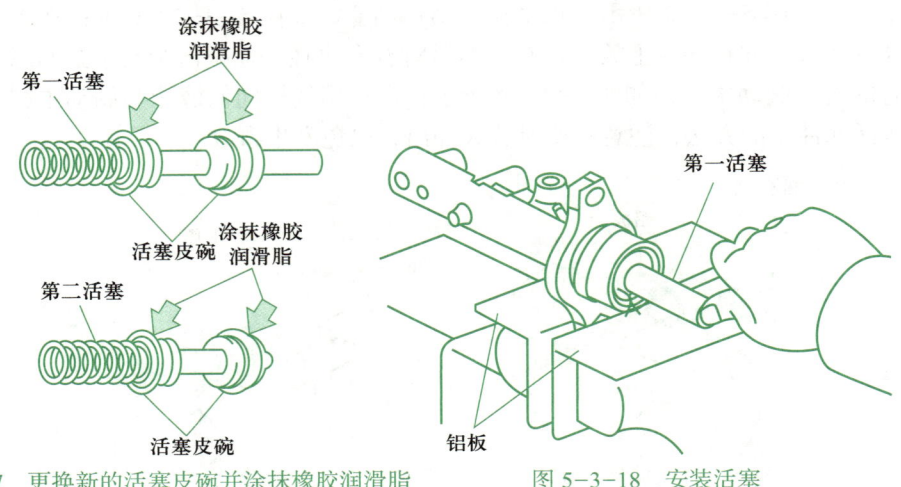

图 5-3-17 更换新的活塞皮碗并涂抹橡胶润滑脂　　图 5-3-18 安装活塞

2. 实施工单

（1）信息查询与高压安全

① 制动液压系统部件拆装及检查维修手册查询路径：_____。

② 制动液压系统排气过程维修手册查询路径：_____。

③ 制动液位指示灯电路图查找路径：_____。

④ 高压上下电：□正常　□异常，高压故障：□无　□有，制动液压系统部件检修是否需要拆装高压部件：□否　□是。

（2）车上部件认识与检修

项目	内容及结果
制动液压系统	制动主缸至液压控制单元管路数目：_____，液压控制单元至制动轮缸管路数目：_____，管路布置形式：_____；制动液品牌与型号：_____，液位：□正常　□不足，油质：□正常　□异常，制动管路：□正常　□扭曲　□松动　□折断　□其他，制动液渗漏：□无　□有，制动液不足指示灯符号：_____，液位传感器信号传输控制单元：_____，传感器情况：□正常　□异常，制动液不足和指示灯联动：□正常　□异常

续表

项目	内容及结果
制动液压系统	制动液压系统是否混有空气：□是　□否，排气方法、所用工具及排气顺序：_____

（3）车下部件认识与检修

项目	内容及结果
制动主缸	与每个储液腔之间加工有_____个小孔，缸筒内壁：□光滑　□有划痕， 活塞及皮碗数目：_____，状态：□正常　□变形　□损伤　□松动　□老化， 回位弹簧数目：_____，状态：□正常　□变形　□损伤。

3. 实施评价

自我收获	自我评价	教师评价
	□满意 □较满意 □不满意	□优秀　□良好 □合格 □不合格

习题与思考

一、判断题
1. 制动主缸将推力变为液压力。(　　)
2. 现代汽车制动液压系统通常使用双回路。(　　)
3. 双腔制动主缸两工作腔有独立的储液腔。(　　)
4. 主缸中的皮碗刃边安装时没有方向要求。(　　)
5. 制动液型号用 DOT 表示。(　　)

二、不定项选择题
1. 制动液压系统包括(　　)。
 A. 制动主缸　　　B. 制动轮缸　　　C. 制动管路　　　D. 制动液
2. 制动主缸组成部件有(　　)。
 A. 缸体　　　　　B. 活塞　　　　　C. 皮碗　　　　　D. 回位弹簧
3. 对角分布式液压回路，任一液压回路的管路泄漏，车辆仍能获得(　　)的制动力。
 A. 25%　　　　　B. 50%　　　　　C. 100%　　　　　D. 0
4. 对制动液的要求有(　　)。
 A. 低温流动性良好　　　　　　　　B. 高温下不易汽化
 C. 不使橡胶件老化硬化　　　　　　D. 溶水性好
5. 制动排气方法有(　　)。
 A. 人工法　　　　B. 压力法　　　　C. 重力法　　　　D. 真空法

三、简述题
1. 简述一次完整的制动过程中，制动主缸内部的工作情况。
2. 简述制动液使用注意事项。

任务 4　制动助力系统检修

任务引入

制动力的大小决定了汽车的制动效能，要获得较大的制动力，驾驶人施加在制动踏板上的作用力也必须足够大，这对驾驶人体力和体能的要求比较高。为了降低驾驶人的操纵强度，提高行车安全，现代汽车都设计有制动助力系统。本任务介绍两种制动助力系统的组成、工作过程和检修步骤。

任务目标

1. 能查询维修手册，获取制动助力系统的信息。
2. 掌握真空制动助力系统的组成及工作过程。
3. 掌握电动制动助力系统的组成及工作过程。
4. 能对制动助力系统进行检修。
5. 培养主动学习、交流学习及安全学习的意识，培育工匠精神。

知识链接

制动助力系统有真空式和电动式等。真空制动助力系统利用真空泵或发动机进气歧管产生的真空与大气压力差来增大制动踏板对制动主缸活塞的作用力，以提供助力；电动制动助力系统利用电动机驱动机械部件来增大制动主缸内的液压力，以实现助力。制动助力系统是一种辅助系统，它失效以后，制动系统依然能够工作，但驾驶人需要对制动踏板施加更大的作用力才能进行有效制动。

5.4.1　真空制动助力系统

真空制动助力系统的组成如图 5-4-1 所示，其核心部件是真空助力器和电动真空泵。

1. 真空助力器

如图 5-4-2 所示，真空助力器位于制动踏板和制动主缸之间，它有单膜片式和双膜片式两种结构，它们的工作原理是相似的。真空助力器的所有部件都集成在一个总成内，它主要由动力腔、控制阀及单向阀等组成。动力腔向制动主缸活塞施加作用力，它由前壳、后壳、膜片毂、膜片、膜片回位

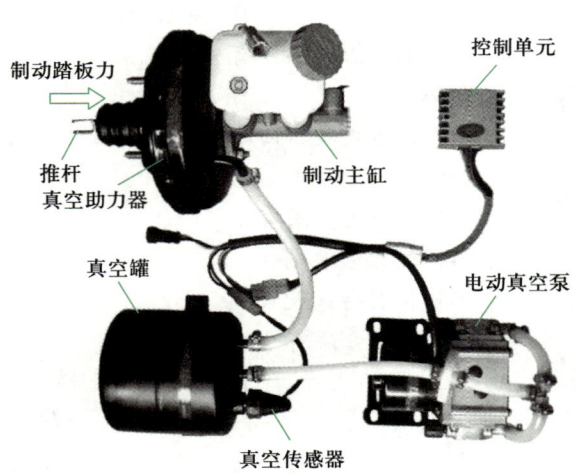

图 5-4-1　真空制动助力系统的组成

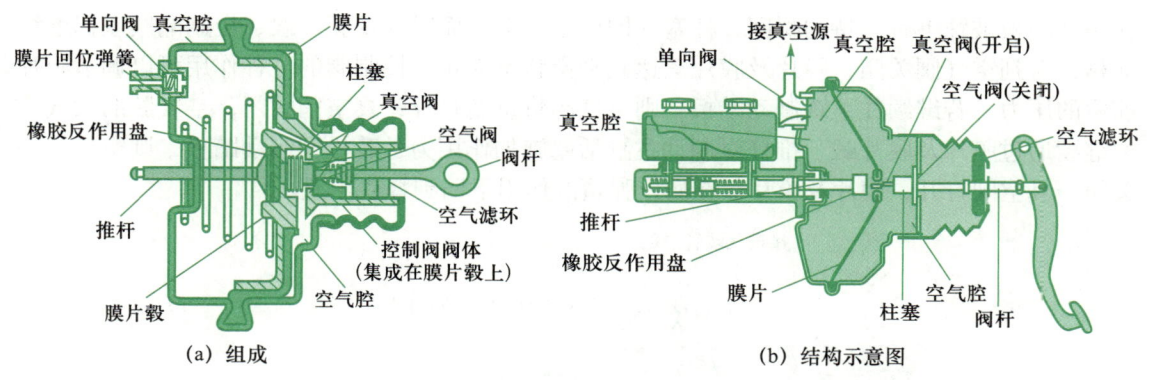

图 5-4-2 单膜片式真空助力器

弹簧、橡胶反作用盘、推杆等组成，其中膜片将真空助力器分为前后两个腔，分别为真空腔和空气腔。控制阀控制动力腔施加给制动主缸活塞作用力的大小，它主要由柱塞、真空阀、空气阀、阀杆（是推杆的一段，用于控制助力器内部的阀）等组成，这些部件都集成在膜片毂上。单向阀安装在真空助力器前壳上或真空软管中，它允许真空助力器中的空气单向进入进气歧管。当进气歧管的真空丧失时，单向阀可以保持真空助力器内有足够的真空，以提供两次以上的制动助力。

动画
真空助力器

真空助力器工作模式如下。

（1）释放模式

释放模式是指真空助力器在制动踏板松开状态下的工作模式，如图 5-4-3 所示。在此模式下，制动踏板松开，阀杆处于释放位置，柱塞被固定在后方位置，真空阀开启，空气阀关闭，真空腔和空气腔连通，且与大气隔开。真空腔和空气腔的空气经单向阀被进气歧管真空抽出，两者都处于真空状态，膜片两侧的压力相等，膜片回位弹簧将膜片保持在靠后位置，推杆对制动主缸活塞不施加作用力。

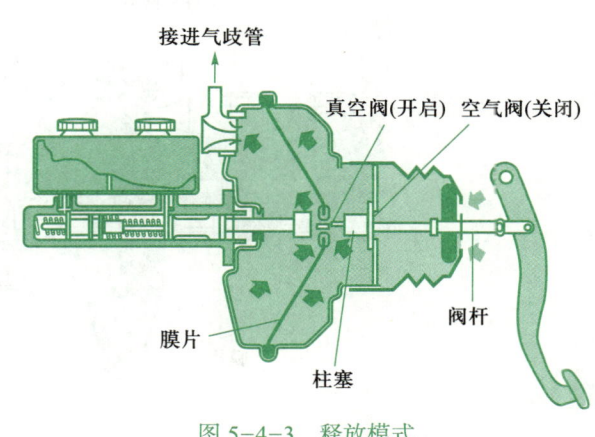

图 5-4-3 释放模式

（2）施加作用力模式

施加作用力模式是指真空助力器在制动踏板被踩下过程中的工作模式，如图 5-4-4 所示。在此模式下，制动踏板被踩下，阀杆及柱塞向前移动，关闭真空阀并开启空气阀，外界空气进入空气腔，而真空腔仍保持真空。于是膜片两侧产生压力差，膜片后方的大气压力推动膜片及膜片毂、推杆向前移动，这就给制动主缸活塞施加了作用力，实现制动助力。同时阀杆也通过橡胶反作用盘对推杆施加一个作用力，阀杆及制动踏板也受到相应的反作用力，这使得驾驶人踩下制动踏板有一定的踏板支撑感。

（3）保持模式

保持模式是指真空助力器在制动踏板被踩下且保持状态的工作模式，如图 5-4-5 所示。

在制动踏板被踩下且保持的瞬间,柱塞立即停止移动,而膜片及膜片毂、控制阀阀座仍继续前移,直到空气阀关闭,膜片及膜片毂达到平衡状态为止。控制阀的这种作用可以调节膜片前后的压力。若继续往下踩制动踏板,则空气阀将重新打开,真空阀关闭。空气腔的大气压力继续通过膜片及膜片毂、推杆对制动主缸活塞施加作用力;若松开制动踏板,则空气阀将关闭,真空阀打开,膜片及膜片毂在回位弹簧的作用下回到释放位置。

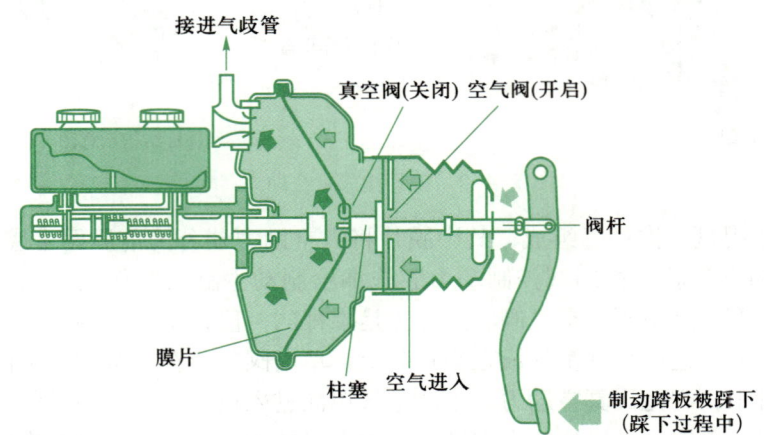

图 5-4-4 施加作用力模式

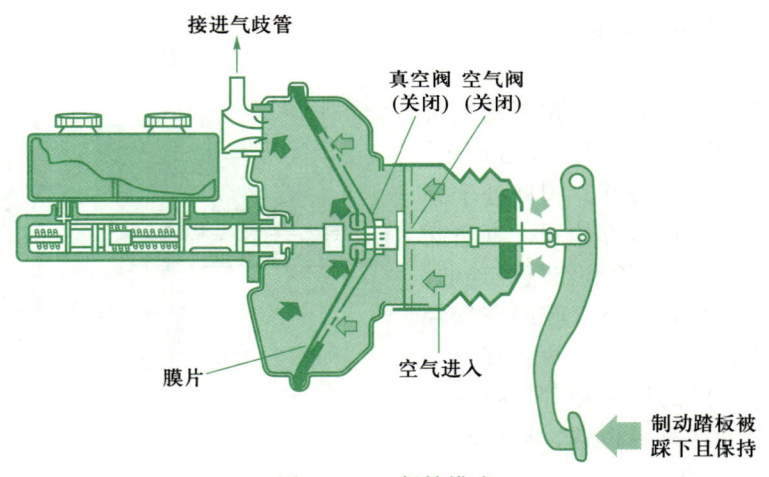

图 5-4-5 保持模式

真空助力器助力建立与释放过程如图 5-4-6 所示。

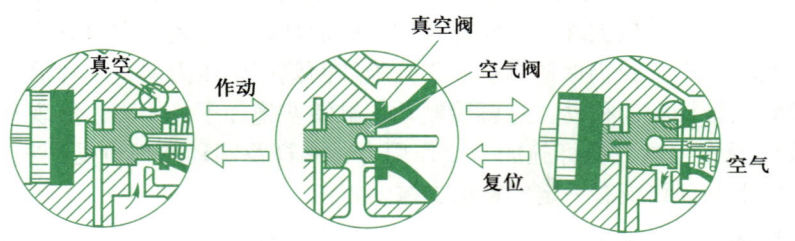

(a) 未踩下时,真空阀打开,空气阀关闭　(b) 真空阀和空气阀均关闭　(c) 真空阀关闭,空气阀打开

图 5-4-6 真空助力器助力建立与释放过程

2. 电动真空泵

纯电动汽车上没有发动机产生真空，通常采用电动真空泵（Electronic Vacuum Pump，EVP）来产生真空使真空助力器工作。如图 5-4-7 所示，电动真空泵包括电机和泵体，电动真空泵的工作受控制单元控制，控制单元根据安装在制动助力系统上的真空传感器的信号控制电动真空泵继电器的闭合或断开，当制动助力系统中的真空度低时，电动真空泵运转；当真空度高时，电动真空泵停止运转。

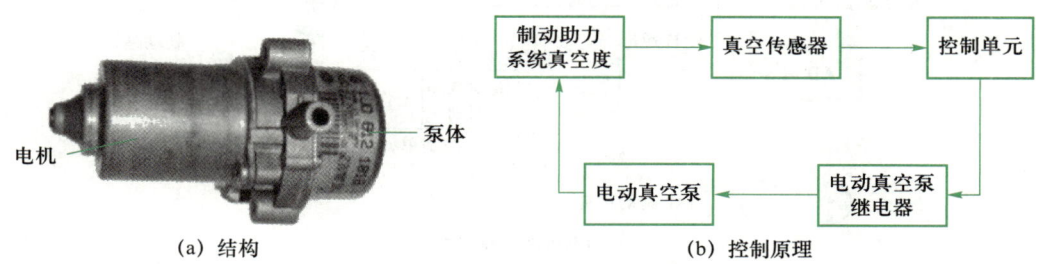

图 5-4-7 电动真空泵结构与控制原理

5.4.2 电动制动助力系统

1. 电动制动助力器

使用电机代替真空产生助力，可克服真空制动助力系统的助力不足、不稳及结构复杂等缺点。2013 年，德国博世公司推出了电动制动助力产品 iBooster（也有称为 eBooster），第 1 代产品完成度不高，在国内没有使用；第 2 代产品将二级蜗轮蜗杆减速改为一级齿轮丝杠减速，如图 5-4-8 所示，使其体积大幅度缩小，控制精度也有所提高。第 2 代 iBooster 有四个产品系列，助力大小在 4.5～8 kN。

iBooster 通过制动踏板位置传感器检测制动踏板的位移，进而计算出驾驶人需求的制动力，然后伺服电机产生的扭矩经过齿轮-梯形丝杠减速增扭机构，将电机的转动转化为制动主缸活塞的水平运动而产生制动压力，实现制动助力。通过标定 iBooster 助力大小，制动踏板特性可以在运动与舒适之间调节，也就是所谓的软件定义制动踏板特性，制动踏板推杆与执行机构制动主缸活塞推杆之间通过间隙的方式进行一定程度的解耦。iBooster 通常与车身电子稳定系统（Electronic Stability Program，ESP）（在项目 5 任务 5 中介绍）配套使用，ESP 在 iBooster 失效时起助力作用。因为 ESP 也是一套电动液压系统，也有可能失效，

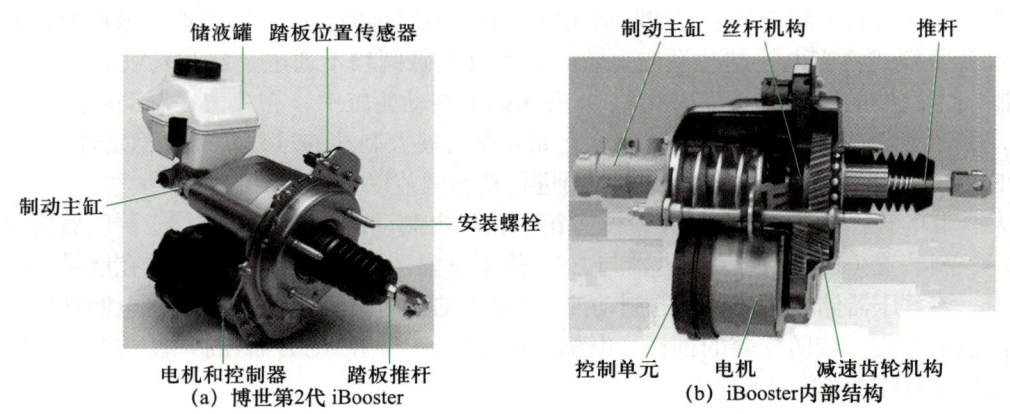

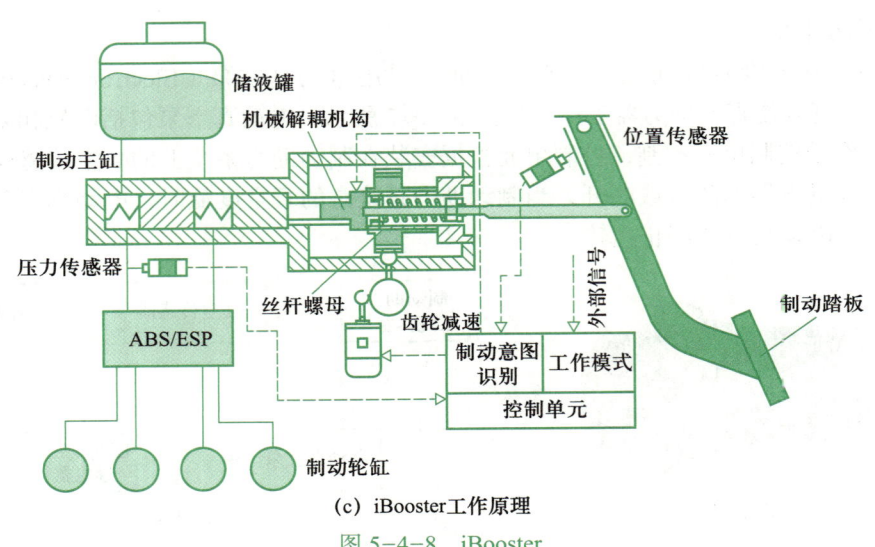

(c) iBooster工作原理

图 5-4-8 iBooster

且 ESP 在设计之初只是为 AEB 类紧急制动场景设计的，所以不能作为常规制动。博世在第 2 代 iBooster 推出后，便针对 L3 和 L4 级自动驾驶设计了一套线控集成动力制动系统（Integrated Power Brake，IPB），实现完全解耦，较多车型应用此系统。该系统就是将 iBooster 和 ESP 合二为一，其体积大大缩小，质量也降低不少，并且相对 iBooster 而言成本也大大降低。

博世 IPB 系统由储液罐、双腔制动主缸、伺服缸、制动踏板及位移传感器、踏板感模拟器、电机、隔离阀、压力传感器以及四组进、出液阀等组成。其实物图、组成框图及原理图如图 5-4-9 所示。在正常制动助力模式时，驾驶人踩下制动踏板，位移传感器采集制动踏板位移信号，控制单元发出控制指令，隔离阀 1、2、3、4、5 均上电工作，此时隔离阀 1、4 关闭，隔离阀 2、3、5 打开，驾驶人踩制动踏板后制动液进入制动主缸和踏板感模拟器并建立压力，该压力的主要目的是给驾驶人反馈踏板感，踏板力—踏板行程曲线由制动主缸和踏板感模拟器的特性决定，不同的厂家可以根据不同的喜好个性化定制踏板感模拟器特性。然后电机开始转动，经过减速增扭机构推动伺服缸活塞建压（iBooster 中电机用于减速增扭后推动主缸活塞建压），制动液分别从隔离阀 2、3 流入四个制动轮缸中建立制动轮缸制动压力。在正常制动助力模式下，隔离阀 1、4 上电关闭，阻断了制动主缸和制动轮缸之间的液压通路，同时利用踏板感模拟器给驾驶人适宜的踏板感，通过建立伺服缸压力来完成制动轮缸建压，这就达到了制动踏板力和制动轮缸制动压力解耦的效果。同样地，该构型方案也具备失效备份模式，当电控制动系统失效时，所有电磁阀均不通电，此时驾驶人踩下制动踏板，制动主缸中的制动液经隔离阀 1、4 进入四个制动轮缸中，靠人力在制动轮缸建立制动压力，保证车辆具有一定的制动减速度。如果在驾驶人制动的过程中需要稳定性系统干预，ABS/ESP 通过对各制动轮缸压力或驱动力进行动态调节以实现车辆的稳定。

大众 ID. 车系机电助力制动系统配置第二代机电制动助力器（eBKV），蓄压器集成在电子稳定控制装置（ESC）中，助力器与 ESC 独立布置，如图 5-4-10 所示。在能量回收制动过程中，该蓄压器储存制动系统的制动液，不需要制动系统外部蓄压器。机电制动助力器外部元件包括外壳、带防尘套的推杆、电机及齿轮装置、制动助力器控制模块 J539、储液罐、制动总泵（双腔）。

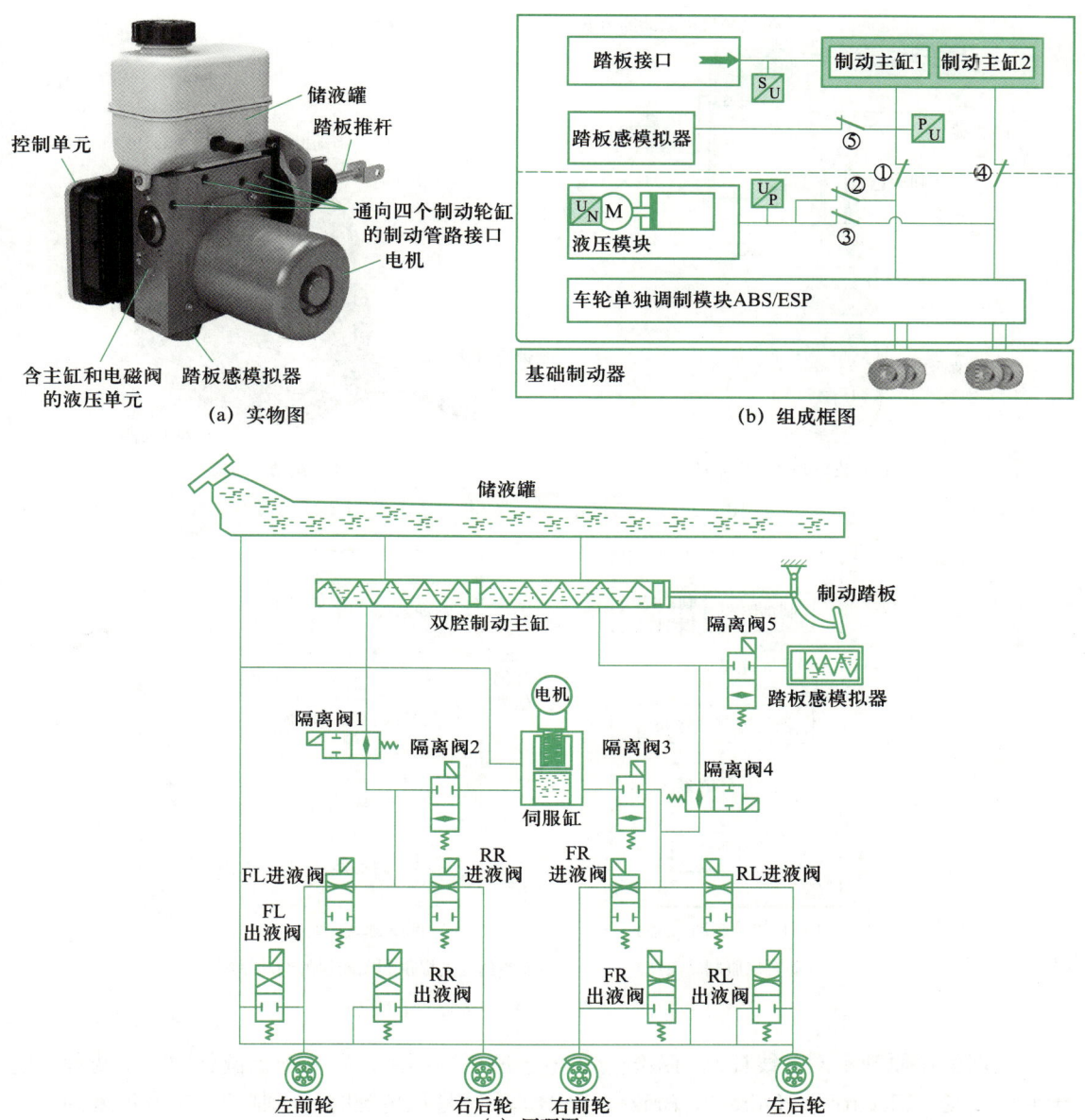

图 5-4-9 博世 IPB 系统

2. 线控制动系统

线控制动系统制动电机的助力大小由控制单元根据采集信息控制,这使得制动主缸的液压由驾驶人和电机共同提供或完全由电机提供,也即制动踏板和制动主缸液压是半解耦或全解耦关系。这种制动系统的制动踏板与制动系统之间没有任何刚性连接或液压连接,制动踏板仅仅只连接一个制动踏板位置传感器,原有的制动踏板机械信号变为电控信号,驾驶人的制动意图传递给控制系统和执行部件,并根据一定的算法模拟踩下制动踏板的感觉反馈给驾驶人的系统称为线控制动系统(Brake By Wire,BBW)。线控制动系统是汽车智能化的关键技术,传统制动系统与线控制动系统的区别如图 5-4-11 所示。

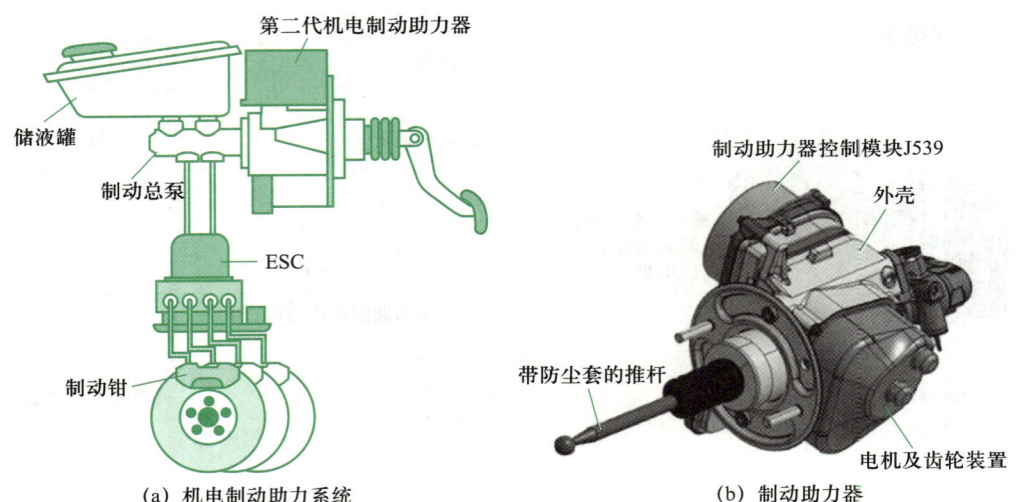

(a) 机电制动助力系统　　　　　　　　　(b) 制动助力器

图 5-4-10　大众 ID. 车系机电制动助力系统及制动助力器

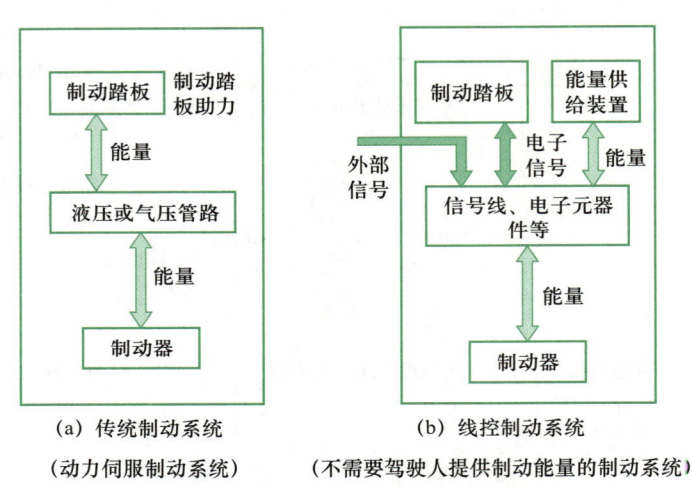

(a) 传统制动系统　　　　　　　　(b) 线控制动系统

（动力伺服制动系统）　　（不需要驾驶人提供制动能量的制动系统）

图 5-4-11　传统与线控制动系统的区别

　　根据工作原理不同，线控制动系统分为电子液压制动系统和电子机械制动系统两种。电子液压制动（Electronic Hydraulic Brake，EHB）系统是从传统的液压制动系统发展来的。但与传统制动系统的不同点在于，EHB 系统以电子元件替代了原有的部分机械元件，将电子系统和液压系统相结合，是一个先进的机电液一体化系统，其控制单元及执行机构布置集中。因为使用制动液作为制动力传递的媒介，也称为集中式、湿式制动系统。类型上，EHB 系统分为电机+泵直接驱动（如博世 iBooster）和电机+高压蓄能器间接驱动（如爱德克斯 ECB）；在结构形式上，有分立式（Two Box）和整体式（One Box），主要区别是主动增压模块（电机驱动）和分泵压力调节模块（ESP）是否集成一起。

　　如图 5-4-12 所示，EHB 系统主要由电子踏板、ECU 和液压制动系统等部分组成。电子踏板是由制动踏板和制动踏板位置传感器组成的。制动踏板位置传感器用于检测制动踏板位移，然后将位移信号转换成电信号传给 ECU，实现踏板位移和制动力按比例进行调控。当正常工作时，制动踏板与制动器之间的液压连接断开，备用阀处于关闭状态，ECU 通过传感

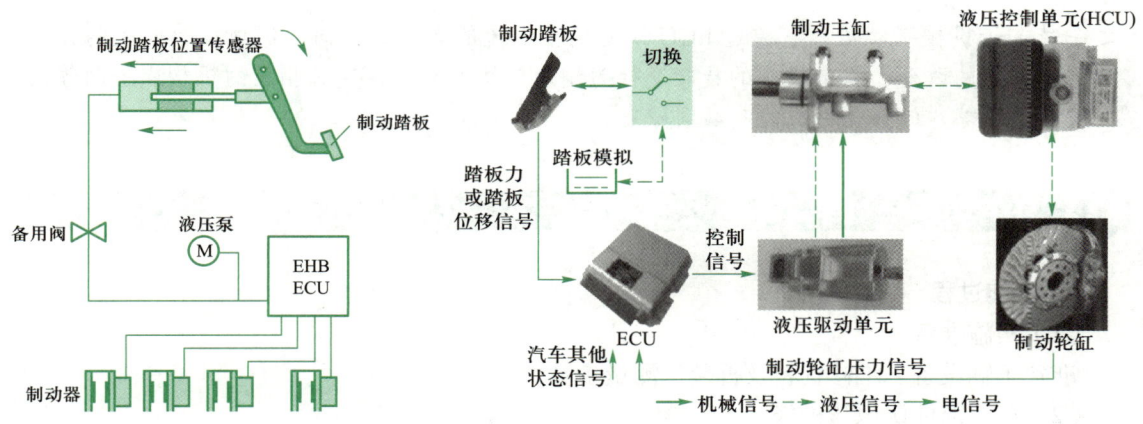

图 5-4-12　EHB 系统

器信号判断驾驶人的制动意图，并通过电机驱动液压泵进行制动。当电子系统发生故障时，备用阀打开，EHB 变成传统的制动液压系统，制动踏板输入信号后驱动制动主缸中的制动液通过备用阀流入连接各个车轮制动器的制动轮缸，进入常规的制动液压系统制动模式，保证车辆制动的安全；踏板模拟器用于产生对应于制动主缸液压的反作用力，使驾驶人有一定的踏板支撑感。EHB 系统能通过软件集成，如防抱死制动系统（ABS）和车身电子稳定系统（ESP）等功能模块，可以进一步提高行车的安全性及舒适性。

> **扩展知识**
>
> ### 电子机械制动系统
>
> 电子机械制动（Electronic Mechanical Brake，EMB）系统作为纯机械系统，基于一种全新的设计理念，完全摒弃了传统制动系统的制动液及液压管路等部件，由电机驱动产生制动力，每个车轮上安装一个可以独立工作的电子机械制动器，也称为分布式、干式制动系统。这种制动系统制动更迅速，制动力的传递效率得到提升，但存在执行机构复杂的问题，42V 电源、传感器、MCU 以及功能安全等也对 EMB 系统的进一步商业化提出了要求。EMB 系统具有诸多优点，但缺少备用制动系统和技术支持，短期内很难大批量应用，但却是未来发展的方向。EMB 系统已应用于电子驻车制动，将在项目 5 任务 7 中介绍。
>
> EMB 系统主要由电子机械制动器、ECU 和传感器等组成，如图 5-4-13 所示。EMB 系统工作时，ECU 接收制动踏板传来的制动踏板位移信号，计算出踩下制动踏板的速度信号并结合车辆速度、加速度等其他电信号，明确汽车行驶状态，分析各个车轮上的制动需求，计算出各个车轮的最佳制动力矩大小后，输出对应的控制信号，分别控制各车轮上电子机械制动器中工作电机的电流大小和转角，通过电子机械制动器的减速增矩以及运动方向转换，将电机的转动转换为制动钳块的夹紧，产生足够的制动摩擦力矩。EMB 系统的关键部件

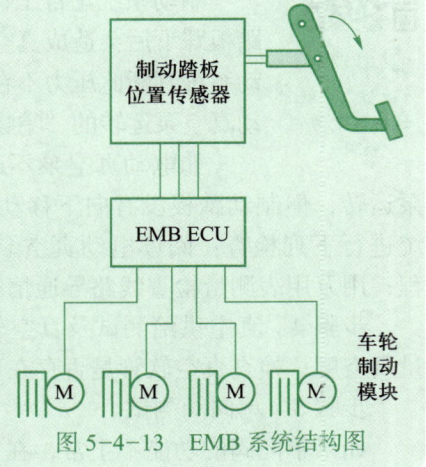

图 5-4-13　EMB 系统结构图

之一是电子机械制动器,它通过 ECU 改变输出电流的大小和方向,实现执行电机的力矩和运动方向的改变,将电机轴的旋转变换为制动钳块的开合,通过相应的机构或控制算法补偿由于摩擦片的磨损造成的制动间隙变化。

任务实施

1. 实施过程

(1)实施准备

准备车辆设备、维修资料及拆装、测量工具。

(2)车上部件认识与检修

① 查询维修手册,获取制动助力系统的说明、部件拆装步骤及检查事项。

② 高压安全提示:查看高压故障指示灯及进行绝缘检查等,确定车辆是否有高压故障;确认制动助力系统部件检修是否需要拆装高压部件和进行高压上、下电等。

微课
真空助力器的就车检查

③ 参考步骤。

a. 真空制动助力系统检修。

当制动系统出现与真空制动助力系统相关的故障时,首先应进行真空制动助力系统性能检查,然后根据需要对真空制动助力系统及相关附件进行测试或检查。具体步骤如下。

步骤1 查找真空制动助力系统组成部件。

步骤2 真空制动助力系统性能检查。

真空制动助力系统性能检查是指检查真空制动助力系统的工作情况是否正常,其操作步骤如下:使车辆处于静止状态,关闭起动开关,反复踩下制动踏板,消除真空助力器中的真空;保持制动踏板踩下,上高压电,若制动踏板下移很短的距离后停止,且不需要很大的力就能保持,则表明真空制动助力系统工作正常;若制动踏板不移动,则表明真空制动助力系统工作异常。

微课
制动助力系统传感器故障检修

步骤3 真空泵和控制功能检查。

制动系统正常工作时,电动真空泵会保持真空压力在 50～70 kPa,由于制动踏板踩下后会造成真空管路的真空度下降,当接收到真空压力传感器信号时,制动系统判断此压力不在保持压力范围内,会自动启动电动真空泵,此时可听到电动真空泵运转的"嗡嗡"声,并在 3 s 左右后真空度达到设定值时停止运转。

如电动真空泵不运转,则说明电动真空泵控制电路出现故障;若电动真空泵运转,但制动踏板没有向下移动,则说明电动真空泵失效(空转)。对电动真空泵控制系统进行下列检查:阅读电动真空泵控制系统说明及识读控制电路图,说明电动助力控制过程;用万用表测量检查线路导通情况;用诊断仪进行故障码、数据流读取及主动测试等。

步骤4 真空供给测试及真空软管检查。用真空计在真空口及真空助力器真空进口处测量真空度;检查真空软管是否存在弯扭打结、阻塞、渗漏或开裂,如有,应更换。

步骤5 单向阀测试。

如果单向阀的功能不正常,在突然熄火时,真空助力器会因为没有足够的真空度而不能提供有效的制动助力。单向阀的测试步骤如下：关闭起动开关，让车辆静止 5 min 以上，踩下制动踏板，真空助力器中应该保留足够的真空度来进行至少三次制动助力；若真空助力器不能提供有效制动助力，则将单向阀从真空助力器或真空软管上拆下；在单向阀与进气歧管连接的一端使用空气喷枪吹气，气流应不能通过单向阀，反向吹气，气流应该可以通过单向阀；在单向阀与助力器连接的一端使用手动真空泵抽真空，应该能够建立起真空。

如果测试结果不满足以上要求，则单向阀失效，应该更换。

步骤 6　真空助力器的拆装。

参照维修手册，进行真空助力器的拆装更换。有些真空助力器的推杆或阀杆长度是可以调节的，安装时需要检查其长度并调节。如果推杆太长，制动主缸的操作就会不正常，可能造成制动器拖滞；如果推杆太短，制动时会产生噪声，并导致制动距离偏长。阀杆的长度主要影响制动踏板的高度和行程。

b. 电动制动助力系统检修

- 阅读电动助力控制系统说明及识读控制电路图，说明电动助力控制过程，在车上找寻相关部件；比较检查断开和连接插接器状态下的制动助力功能。
- 用万用表测量检查线路导通及信号情况。
- 用诊断仪进行故障码、数据流读取及主动测试等。
- 连接诊断仪，车辆上路行驶，读取数据流。

c. 制动踏板检查。

制动踏板行程是指制动踏板被踩下后相对于地板或转向盘移动的距离。助力器的阀杆或推杆的长度调节不当会导致制动踏板行程异常。此外，制动片或者制动蹄过度磨损、制动液渗漏、液压系统中存在空气等也会导致制动踏板行程异常。制动踏板行程检查的步骤如下：关闭起动开关，反复踩下制动踏板，消除真空助力器中的真空；在制动踏板上安装踩力测量器，如图 5-4-14（a）所示；测量和记录未踩下制动踏板时制动踏板与地板之间的距离，如图 5-4-14（b）所示；在踩力测量器上施加规定的作用力踩下制动踏板，并测量和记录制动踏板与地板的距离，如图 5-4-14（c）所示；两次测量距离的差值即为制动踏板行程，参考维修手册判断制动踏板行程是否正常。

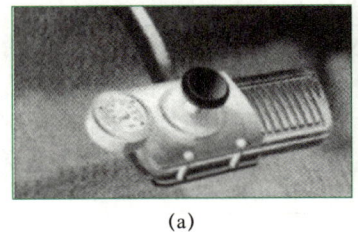 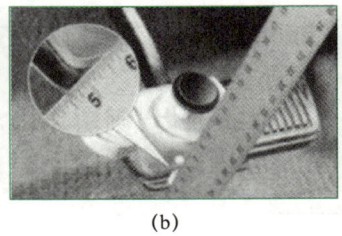 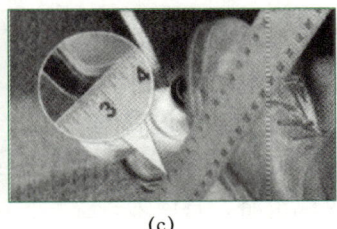

(a)　　　　　　　　　　　(b)　　　　　　　　　　　(c)

图 5-4-14　制动踏板行程检查

制动踏板自由行程是指制动踏板在触动推杆之前所移动的距离。如果制动踏板没有自由行程，则制动主缸可能在未踩下制动踏板的状态下就施加了制动力，这将引起制动器过热、制动片过早被磨损或制动灯误点亮；如果制动踏板自由行程太大，则制动踏板在触动推杆之前移动的距离太长，制动效能变差。制动踏板自由行程检查的方法与制动踏板行程检查的方法相似。操作时，在制动踏板旁放一把直尺，用手轻压制动踏板直到有轻微阻力感为止，测量此过程中制动踏板移动的距离，如图 5-4-15 所示，该距离就是制动踏板的自由行程。若制动踏板自由行程异常，应检查真空助力器阀杆、制动踏板枢轴、阀杆衬套等的磨损情况，参照维修手册进行调整。

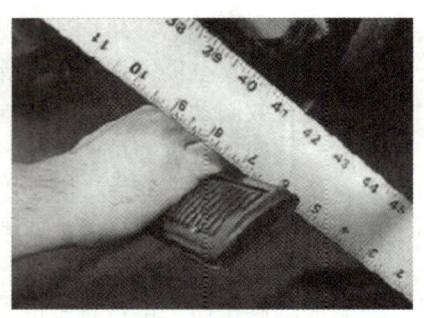

图 5-4-15　制动踏板自由行程检查

2. 实施工单

（1）真空制动助力系统

① 信息查询与高压安全。

a. 电动真空助力控制系统说明查询路径：_____。

b. 控制电路图查询路径：_____，

可知系统组成：_____，

控制过程：_____；

真空泵电机所受控制方式：□开关　□控制单元，控制单元名称_____。

c. 高压上下电：□正常　□异常，高压故障：□无　□有，真空制动助力系统检修是否需要拆装高压部件：□否　□是。

② 车上部件认识与检修。

项目	内容及结果
真空制动助力系统	真空源：□发动机　□真空泵，助力性能：□正常　□异常，单向阀工作：□正常　□异常；真空泵工作：□正常　□异常，控制单元电源线路熔丝容量：_____，状态：□通□断，网络通信端子号：_____，传感器与控制单元间线路：□通　□断，控制单元与真空泵电机间线路：□通　□断，继电器：□正常　□异常；故障现象：_____，故障码及诊断过程维修手册说明：_____，故障指示灯符号：_____；正常数据流：_____；真空泵电机能否主动测试性：□能　□否；制动踏板行程：_____，自由行程：_____，调整方法：_____

（2）电动制动助力系统

① 信息查询与高压安全。

a. 控制系统说明查询路径：_____，获取到：□组成　□控制项目或策略，具体为：_____。

b. 控制电路图查询路径：_____，

可知系统组成：_____，

控制过程：_____。

c. 高压上下电：□正常　□异常，高压故障：□无　□有，电动制动助力系统检修是否需要拆装高压部件：□否　□是。

② 车下部件认识与检修。

项目	内容及结果
电动制动助力系统	该系统与防抱死制动系统及车身稳定系统控制单元：□集成一体　□分开独立，能否进行线路测量：□能　□否；控制功能：□正常　□异常，该系统控制单元电源线路熔丝容量：_____　状态：□通　□断，网络通信端子号：_____；故障现象：_____，故障码及诊断过程手册说明：_____，故障指示灯符号：_____；正常数据流：_____

3. 实施评价

自我收获	自我评价	教师评价
	□满意 □较满意 □不满意	□优秀　□良好 □合格 □不合格

习题与思考

一、判断题

1. 助力器失效，将不能使车辆制动。(　　)
2. 助力器工作时不受驾驶人控制。(　　)
3. 真空助力器内有 3 个控制阀。(　　)
4. 电动真空泵可独立于驱动电机工作。(　　)
5. 车辆下电，反复踩下制动踏板，可消除真空助力器中残余的真空。(　　)

二、不定项选择题

1. 真空助力器组成部件有（　　）。
   A. 膜片　　　　　B. 控制阀　　　　C. 回位弹簧　　　D. 橡胶反作用盘
2. 电动真空泵包含（　　）。
   A. 电动机　　　　B. 泵体　　　　　C. 真空传感器　　D. 控制部件
3. 真空助力器位于（　　）和（　　）之间。
   A. 制动踏板　　　B. 制动轮缸　　　C. 制动主缸　　　D. ABS 泵
4. 德国博世公司推出的线控制动产品有（　　）。
   A. Boosteri　　　B. PBI　　　　　C. iBooster　　　D. IPB
5. 属于 EHB 系统组成部件的有（　　）。
   A. 电子踏板　　　B. ECU　　　　　C. 液压执行机构　D. 制动液

三、简述题

1. 简述真空助力器工作过程。
2. 简述 EHB 系统工作过程。

任务 5　电控制动系统检修

任务引入

为了使汽车在各工况下具有良好的制动性能，需要控制各车轮的制动力，可以采用电控制动系统对管路压力进行调节和分配来实现。同时，借助对车轮制动力的控制，能改善车辆的驱动及行驶稳定性。电控制动系统也是实现驾驶辅助系统工作的基础。本任务介绍电控制动系统的组成及工作过程和检修。

任务目标

1. 能查询维修手册，获取电控制动系统的信息。
2. 理解制动时车轮的受力和运动。
3. 掌握 ABS/EBD 的组成及工作过程。
4. 掌握 TCS/ESP 的组成及工作过程。
5. 掌握 ABS/EBD/TCS/ESP 间的区别与联系。
6. 能对 ABS/EBD/TCS/ESP 进行检查与诊断。
7. 培养主动学习、交流学习及安全学习的意识，培育工匠精神。

知识链接

当前，汽车电控制动系统包括防抱死制动系统（Antilock Braking System，ABS）、电子制动力分配系统（Electric Brake Distribution，EBD）、牵引力控制系统（Traction Control System，TCS）、车身电子稳定系统（Electronic Stability Program，ESP）、电子制动辅助系统（Electronic Brake Assistant，EBA）及上坡辅助系统（Hill-start Assist Control，HAC）等，它们属于车辆的主动安全装置。其中，ABS 是基础和车辆的标配，然后通过软件功能加强或加装硬件，扩展出了其他控制功能，如图 5-5-1 所示。这些控制系统的工作方式大都是对制动轮缸油压的控制，对制动时车轮的受力和运动分析是掌握这些控制系统的基础。

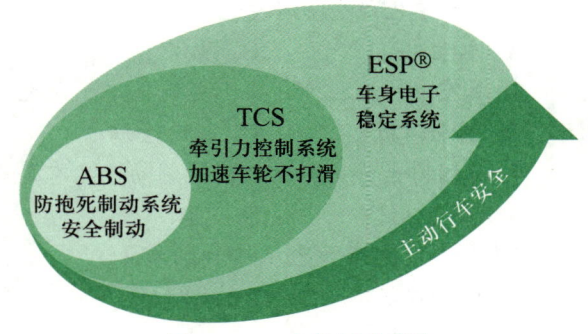

图 5-5-1　电控制动系统

5.5.1　制动分析

当汽车需要制动时，驾驶人踩下制动踏板，使制动主缸建立起制动液压，制动轮缸活塞在该制动液压的作用下向外移动，推动制动蹄张开或制动片压紧。在制动蹄与制动鼓之间或制动片与制动盘之间产生摩擦力，该摩擦力所产生的制动力矩使车轮转速降下来。车轮转速降低后，由于惯性作用，汽车车身仍要以原来的速度前进，于是在车轮和路面之间产生摩擦力。

由上述可知，汽车制动时车轮上所受到的力有：制动器制动力 $F_μ$ 和地面制动力 F_{Xb}。制动器制动力阻碍车轮的转动，使车轮转速降低；而地面制动力阻碍车轮在地面上的滑动，使汽车行驶速度降下来。由此可见，汽车制动的实现取决于两方面的因素：一是制动器制动力；二是地面制动力。两者随制动踏板力 F_p（P 为踏板行程）增大的变化如图 5-5-2 所示，制动器制动力 $F_μ$ 在制动器结构一定的情况下可较大范围增加，而地面制动力 F_{Xb} 受地面附着力 $F_φ$ 的限制，是有最大值的。

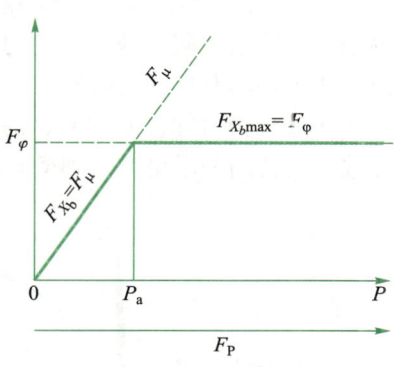

图 5-5-2 制动力变化情况

在车辆的制动过程中车轮会产生三种运动状态，如图 5-5-3 所示。一是车轮纯滚动，路面产生的印痕与胎面花纹基本一致，此时车速 v 等于轮速 $rω$；二是车轮边滚边滑，路面产生的印痕可以辨认出轮胎花纹，但花纹逐渐模糊，此时车速大于轮速；三是车轮抱死滑移，路面产生的印痕粗黑，此时轮速等于 0。

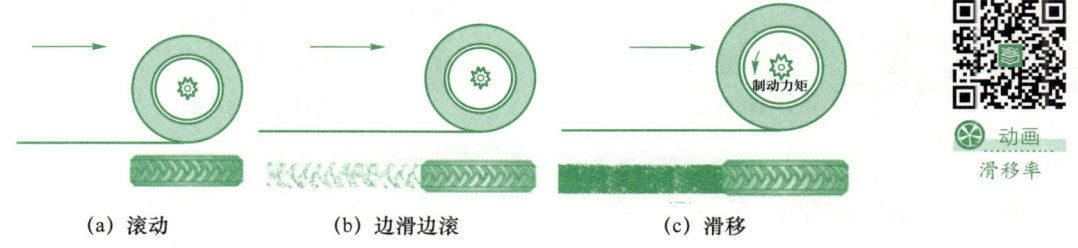

(a) 滚动　　　　　　(b) 边滑边滚　　　　　　(c) 滑移

图 5-5-3 制动时车轮运动状态

汽车在制动时，车速与轮速之间产生速度差，车轮会发生滑动现象。通常用滑移率表示汽车车轮在地面上滑动的程度。滑移率是指汽车在制动过程中，车轮的滑动位移占总位移的比例。滑移率可用下式表示：

$$S = \frac{v - rω}{v} × 100\%$$

式中，S 为滑移率；v 为车轮中心速度；r 为未制动时车轮半径；$ω$ 为车轮角速度。

车轮纯滚动时，$v=rω$，滑移率 $S=0$；车轮纯滑动时，$ω=0$，滑移率 $S=100\%$；车轮边滚边滑时，$v>rω$，滑移率 $0<S<100\%$。

图 5-5-4 所示为路面附着系数（摩擦系数）与车轮滑移率的关系。可以看出，纵向附

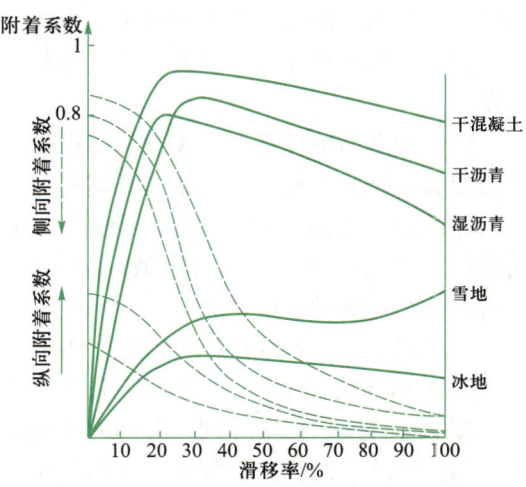

图 5-5-4 附着系数与滑移率关系

着系数在滑移率为 0～10% 时迅速增大，在 10%～30% 时达到最大；当滑移率超过 30% 后，纵向附着系数逐渐减小；当滑移率达到 100%（车轮抱死）时，纵向附着系数仅为其最大值的 3/4。侧向附着系数随滑移率增大而急剧减小，当滑移率达到 100% 时，侧向附着系数几乎为 0。当滑移率控制在 20% 左右时，车轮与路面间的纵向附着系数最大，可获得最大地面制动力，能最大限度地缩短制动距离，获得最佳制动性能；同时，侧向附着系数也保持较大值，使车辆具有良好的抗侧滑能力和制动时转向操纵能力，能达到最理想的控制效果。

通过分析可知，制动时，前后轴如制动力过大，车轮抱死，侧向附着系数为 0，将分别导致失去转向和甩尾（受到横向路面不平或侧风等干扰时），如图 5-5-5 所示。

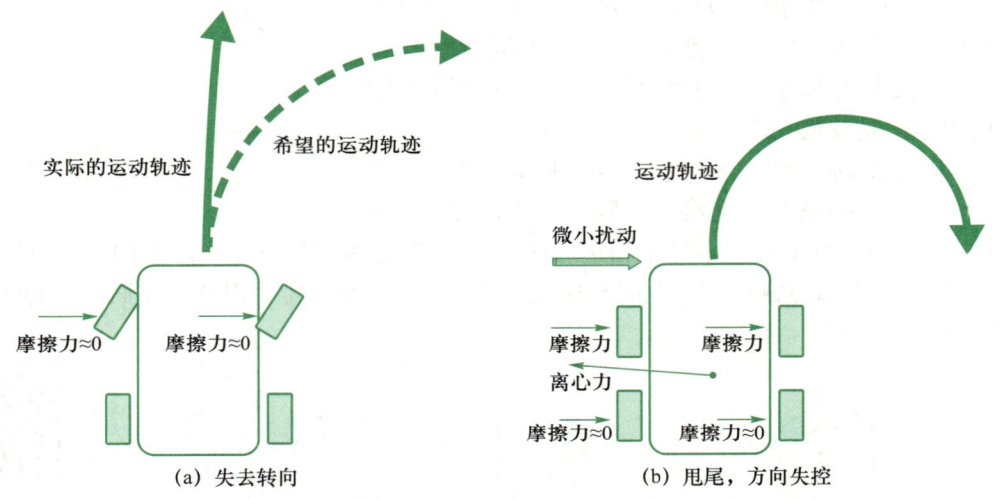

图 5-5-5 前、后轴抱死行驶工况

5.5.2 ABS/EBD

1. ABS

在汽车制动防抱死系统出现之前，制动器制动力矩的大小仅与驾驶人的操纵力、制动力的分配调节以及制动器的尺寸和形式有关。这样在紧急制动时，不可避免地会出现车轮在地面上抱死滑移的现象，容易发生交通事故；在潮湿路面或冰雪路面上制动时，这种现象更容易发生。

汽车制动防抱死系统（ABS）能根据路面状况，自动调节车轮的制动力，防止因车轮抱死而使其在路面上滑移。ABS 使车轮处于边滚边滑的状态，提高了汽车制动过程的方向稳定性、转向控制能力，缩短了制动距离。ABS 是在传统制动系统的基础上采用电子控制技术，实现制动力自动调节的一种电液一体化装置，可以精确控制四个车轮的滑移率保持在 20% 左右，使车辆制动效能最大化。

按照制动系统的传力介质不同，ABS 可分为气压式、液压式和气液组合式。气压式和气液组合式 ABS 主要用于大中型客车或货车，轿车、厢式汽车和轻型载货汽车则采用液压式 ABS。

按照部件安装位置不同，ABS 可分为整体式和分离式，制动主缸与液玉控制单元制成一体称为整体式，制动主缸与液压控制单元分离称为分离式。

按照控制方案不同，ABS 可分为轮控式、轴控式和混合式。轮控式 ABS 每个车轮的制动力均根据各自的车轮转速传感器信号单独进行控制。轴控式 ABS 根据一个车轮转速传感器（或轴转速传感器）信号同时控制同一车轴上两个车轮的制动力。轴控式 ABS 又分为低选控制（由附着系数低的车轮来控制制动力）和高选控制（由附着系数高的车轮来控制制动力）。混合式 ABS 同时包含轮控式和轴控式两种控制方式。

按照控制通道（能够独立进行制动压力调节的制动管路称为控制通道）数目不同，ABS 可分为单通道式、双通道式、三通道式和四通道式四种形式，四通道式 ABS 的液压控制单元如图 5-5-6 所示。

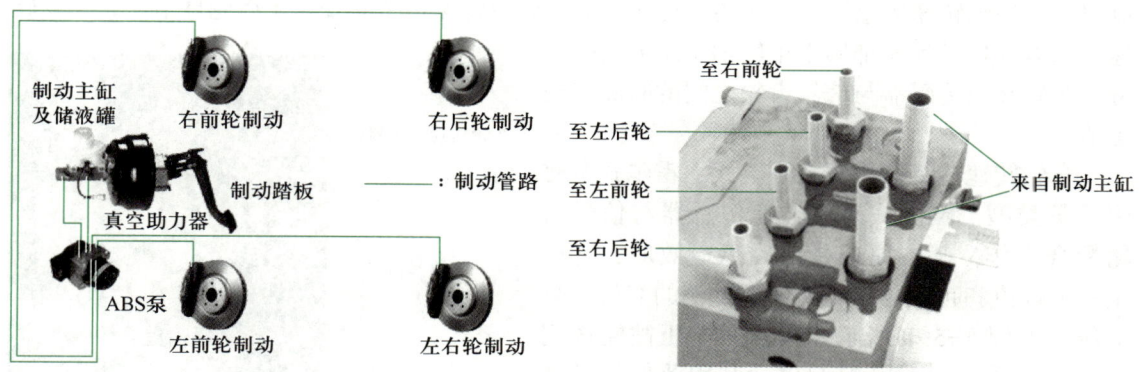

图 5-5-6　四通道式 ABS 的液压控制单元

（1）ABS 的组成

ABS 除了传统的液压系统部件，还包括 ABS 控制单元（ABS ECU）、车轮转速传感器、液压控制单元（ABS 泵）及 ABS 故障指示灯等，如图 5-5-7 所示。

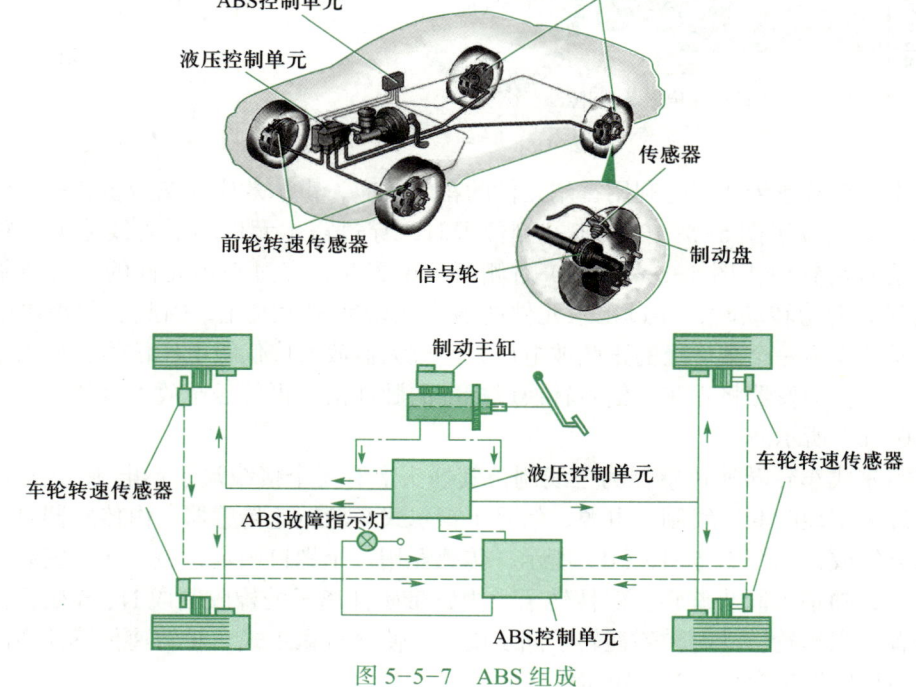

图 5-5-7　ABS 组成

1）ABS 控制单元

ABS 控制单元由输入电路、数字控制器、输出电路和警告电路组成，其主要功能是接收四个车轮转速传感器的输入信号，并进行比较、分析和判别处理，计算出车轮的滑移率，一旦车轮滑移率超出理想滑移率范围，ABS 控制单元则向液压控制单元内的电磁阀和电动液压泵发出指令，通过控制电磁阀的通断来调节车轮制动轮缸的制动压力，防止车轮抱死。

2）车轮转速传感器

如图 5-5-8 所示，车轮转速传感器用于检测车轮的转速，并把转速信号输送给 ABS 控制单元。前轮转速传感器一般安装于转向节上；后轮转速传感器安装于后轮球节上，车轮转速传感器和信号齿轮都属于车轮轴承总成的一部分，车轮转速传感器与信号齿轮之间的间隙有规定值。

车轮转速传感器通常有磁电式、霍尔式及磁阻式等类型。磁电式车轮转速传感器与信号齿轮配合工作，基本原理是电磁感应效应，它产生一个幅值和频率与车轮转速成比例的交流信号电压，如图 5-5-9 所示。该信号电压被输送到 ABS 控制单元，ABS 控制单元利用此信号计算车轮的转速。

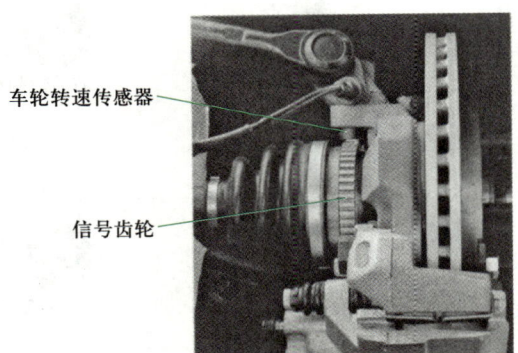

图 5-5-8　车轮转速传感器安装位置

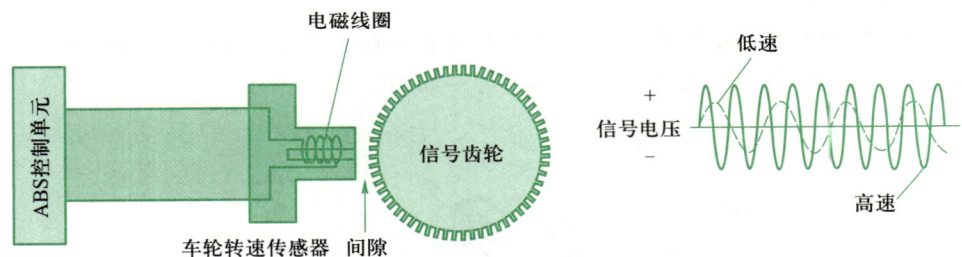

图 5-5-9　磁电式车轮转速传感器及信号电压

霍尔式车轮转速传感器是利用霍尔元件的霍尔效应，霍尔效应如图所示 5-5-10（a）所示。当信号齿轮位于图 5-5-10（b）左侧位置时，穿过霍尔元件的磁力线分散，磁场相对较弱；当信号齿轮位于图 5-5-10（b）右侧所示位置时，穿过霍尔元件的磁力线集中，磁场相对较强。齿轮转动时，穿过霍尔元件的磁力线密度发生变化，因此引起霍尔电压的变化，霍尔元件输出一个毫伏级的正弦波电压，经放大器放大成伏级电压信号，输入施密特触发器，由施密特触发器将正弦波信号转换成标准的脉冲信号再传送至放大级放大后输出，如图 5-5-10（c）所示。

传统霍尔式车轮转速传感器为三线制，其插头上有三个接线端子：电源、信号和搭铁。近年来，许多车型配套二线制（电源、信号）霍尔式车轮转速传感器，由传感器自身及磁性转子两部分组成，如图 5-5-10（d）所示，传感器用一个螺钉固定，磁性转子安装在轮毂轴承的端面上，随轴承同步旋转。磁性转子由内置带磁性离子的橡胶制成 N、S 极且按圆周方向均匀布置。当车轮转动时，磁性转子同步旋转，使穿过霍尔式车轮转速传感器内的霍尔元件的磁力线密度发生变化，产生霍尔电压。

(a) 霍尔效应

(b) 基本原理

(c) 霍尔信号处理电路及信号形状

(d) 实物

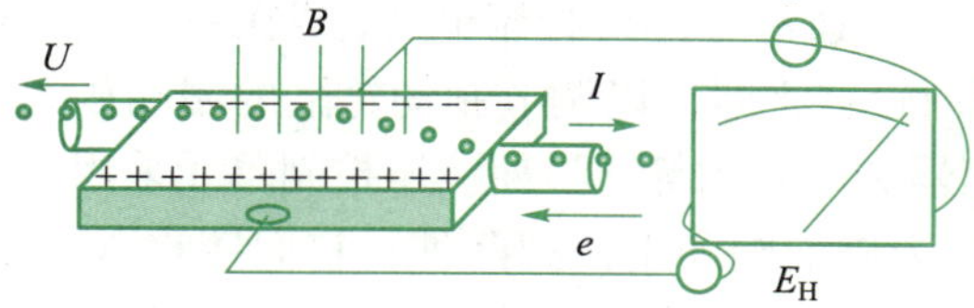

图 5-5-10　霍尔效应及霍尔式车轮转速传感器

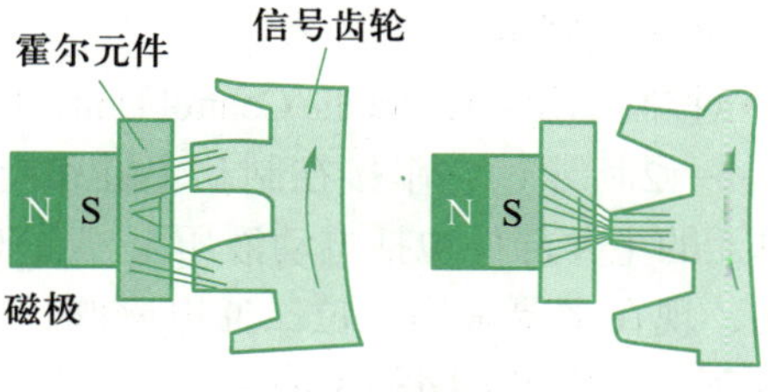

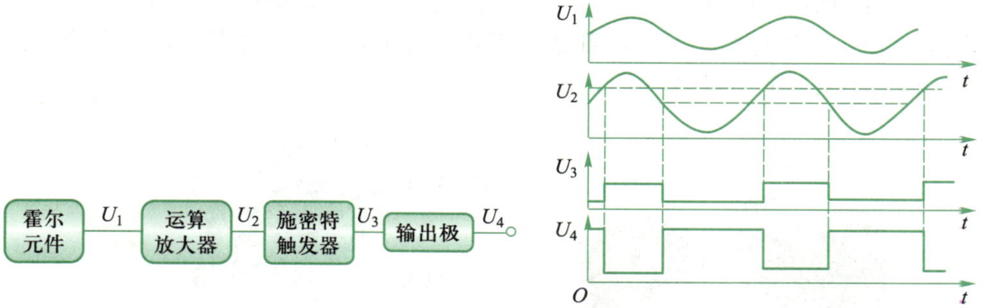

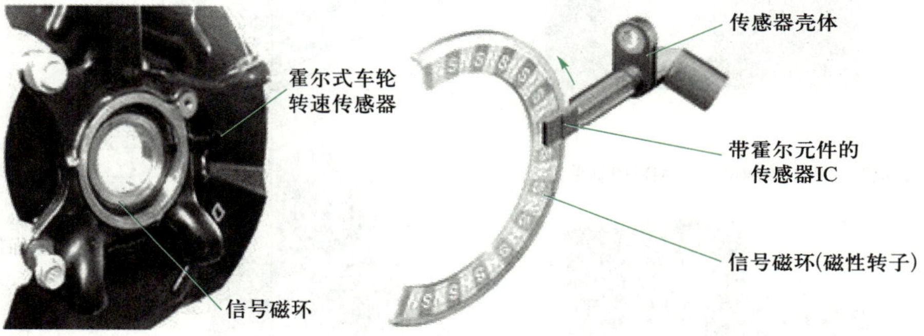

在某些车上采用磁阻式车轮转速传感器，主要由磁阻元件、转子、印刷电路板和磁环等组成，如图 5-5-11 所示。其工作原理是，与轴连在一起的多级磁环旋转引起磁通的变化，使集成电路内的磁阻元件的电阻值也发生变化。当流向磁阻元件（MRE）的电流方向与磁力线方向平行时，其电阻值最大；电流方向与磁力线方向垂直时，其电阻值最小。在磁环上 N 极与 S 极交替排列，随着磁环的回转使其磁力线方向不断地变换，伴随每一次回转，在内置磁阻元件的集成电路（IC）中发出数个脉冲信号，该信号即车轮转速信号。磁通量的变化与磁环转速成正比，这样可以利用磁阻元件电阻值的变化检测出磁环旋转引起的磁通变化，将电压的变化输入到比较器中进行比较，再由比较器输出的信号控制晶体管的导通和截止，这样就可以检测出车轮转速。

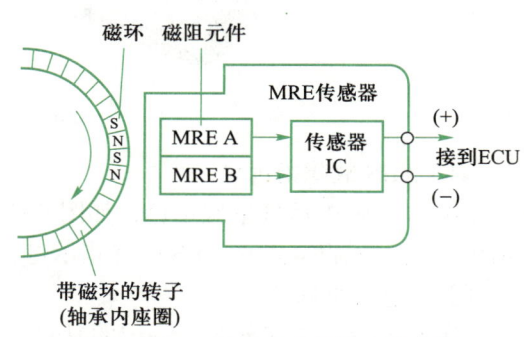

图 5-5-11　磁阻式车轮转速传感器

3）液压控制单元

液压控制单元（Hydraulic Control Unit，HCU）通常与 ABS 控制单元集成在一起，是执行器，如图 5-5-12 所示，它串接在制动主缸和制动轮缸之间，以调节制动轮缸的制动压力。液压控制单元的主要部件包括电动液压泵、蓄压器和电磁阀等。早期液压控制单元采用三位三通电磁阀，现在主要采用二位二通电磁阀，分为进油阀和出油阀两种，它们接收 ABS 控制单元的指令，打开或关闭相关油路，控制制动液进入或排出制动轮缸。进油阀为常开阀，在断电状态下其内部通道打开，在通电状态下其内部通道关闭；出油阀为常闭阀，在断电状态下其内部通道关闭，在通电状态下其内部通道打开。蓄压器分为低压蓄压器和高压蓄压器，低压蓄压器用于 ABS，高压蓄压器用于 TCS 或 ESP。

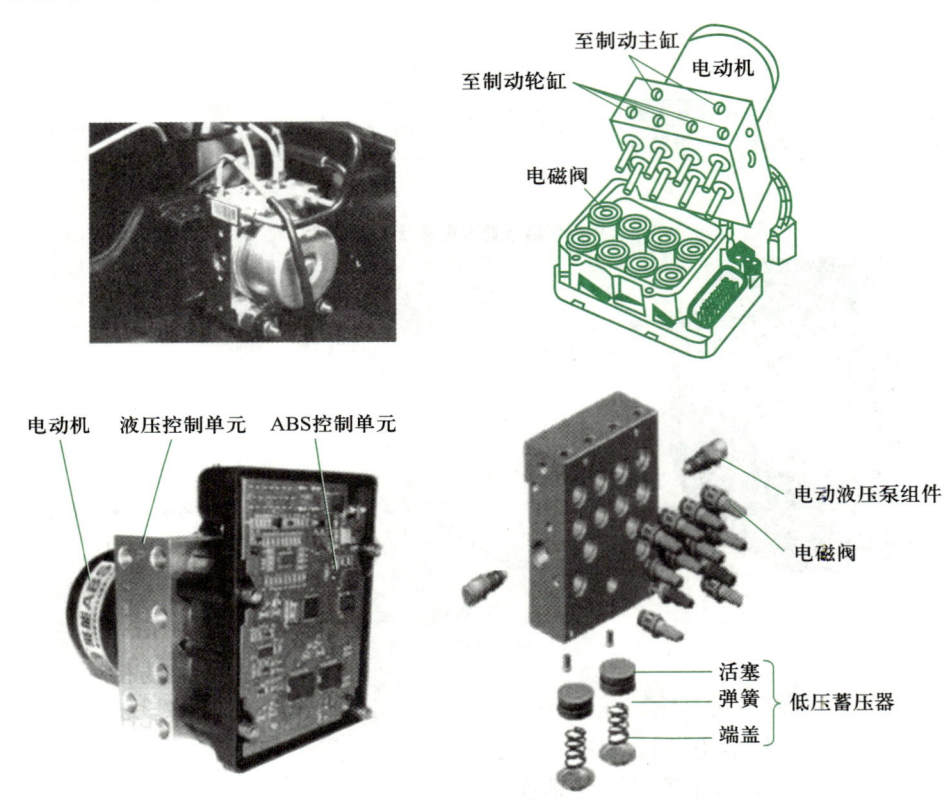

图 5-5-12 液压控制单元

4）ABS 故障指示灯

ABS 故障指示灯呈琥珀色，如图 5-5-13 所示。ABS 通常出现故障或下列异常现象时，ABS 控制单元将会点亮 ABS 故障指示灯，以提示驾驶人进行维修。

① 电动液压泵工作超过一定的时间。

② 未收到四个车轮中任何一个车轮转速传感器信号。

③ 电磁阀工作超过一定时间或是检测到电磁阀断路或短路。

图 5-5-13 ABS 故障指示灯及制动系统警告灯

起动开关刚被打开时，ABS故障指示灯会点亮，此时ABS控制单元对电动液压泵、电磁阀及车轮转速传感器等进行自检。如果系统没有异常现象，起动后ABS故障指示灯将熄灭，否则，ABS故障指示灯将常亮。另外，制动警告灯（红色）也由ABS控制单元控制，制动指示灯常亮，说明制动液不足或蓄压器中的压力不足，此时常规制动系统和ABS均不能正常工作，且也会点亮ABS故障指示灯。

（2）ABS的工作原理

ABS的循环工作可以分为四个过程，即建压过程（常规制动过程）、保压过程、减压过程和增压过程。ABS控制单元检测到制动踏板被踩下（通常通过制动踏板位置传感器采集该信号）且车速大于某一设定值时，才会启动ABS系统。它通过车轮转速传感器信号计算车速和滑移率，控制电动液压泵和电磁阀的通、断电，进而控制制动轮缸制动液的进出，实现ABS工作的四个过程，完成车辆制动防抱死。

ABS工作原理

1）建压过程

在制动的初始阶段，制动系统处于常规建压过程。此时，ABS的执行元件不工作，进油阀开启，出油阀关闭，制动主缸的制动液经进油阀直接进入制动轮缸，来自制动主缸的制动压力全部施加在制动轮缸上，如图5-5-14（a）所示。与此同时，ABS控制单元持续采集车轮转速传感器信号并计算车轮的滑移率。在建压过程中，车轮转速降低，车轮的滑移率不断增大。

2）保压过程

当ABS控制单元检测到车轮的滑移率处于理想范围时，ABS将进入保压过程。此时，ABS控制单元给进油阀通电，使其关闭进油通道；出油阀保持断电，制动轮缸通向电动液压泵的油道关闭，制动轮缸的制动压力保持不变，如图5-5-14（b）所示。保压过程可出现在增压或建压过程之后，也可出现在减压过程之后，以获得最大的制动力。在增压或建压之后的保压过程中，车轮转速下降，滑移率增大；在减压之后的保压过程中，车轮转速上升，滑移率减小。

3）减压过程

当ABS控制单元检测到车轮的滑移率超出理想滑移率范围时，ABS将进入减压过程。此时，ABS控制单元同时给进油阀、出油阀及电动液压泵通电，进油阀关闭、出油阀开启，且电动液压泵工作。制动轮缸中的制动液经过蓄压器流向电动液压泵，电动液压泵再将制动液输送回制动主缸，如图5-5-14（c）所示。在减压过程中，制动轮缸的制动压力减小，车轮转速升高，滑移率减小。

4）增压过程

当ABS控制单元检测到车轮的滑移率低于理想滑移率范围时，ABS将进入增压过程。此时，进油阀和出油阀断电，进油阀开启，出油阀关闭，制动主缸和电动液压泵同时向制动轮缸补充制动液，如图5-5-14（d）所示。在增压过程中，制动轮缸制动压力增大，车轮转速下降，滑移率增大。

在建压过程结束以后，ABS不断地进行保压、减压、增压，如图5-5-13（e）所示，直到车辆完全停稳或制动解除。ABS的制动效能与其调节频率有关，调节频率越高，制动效能就越好。早期的ABS调节频率一般为每秒5~8次，目前ABS的调节频率已大大提高，有的可达每秒100次以上。在ABS工作的过程中，由于电动液压泵间断地将制动液输送回制

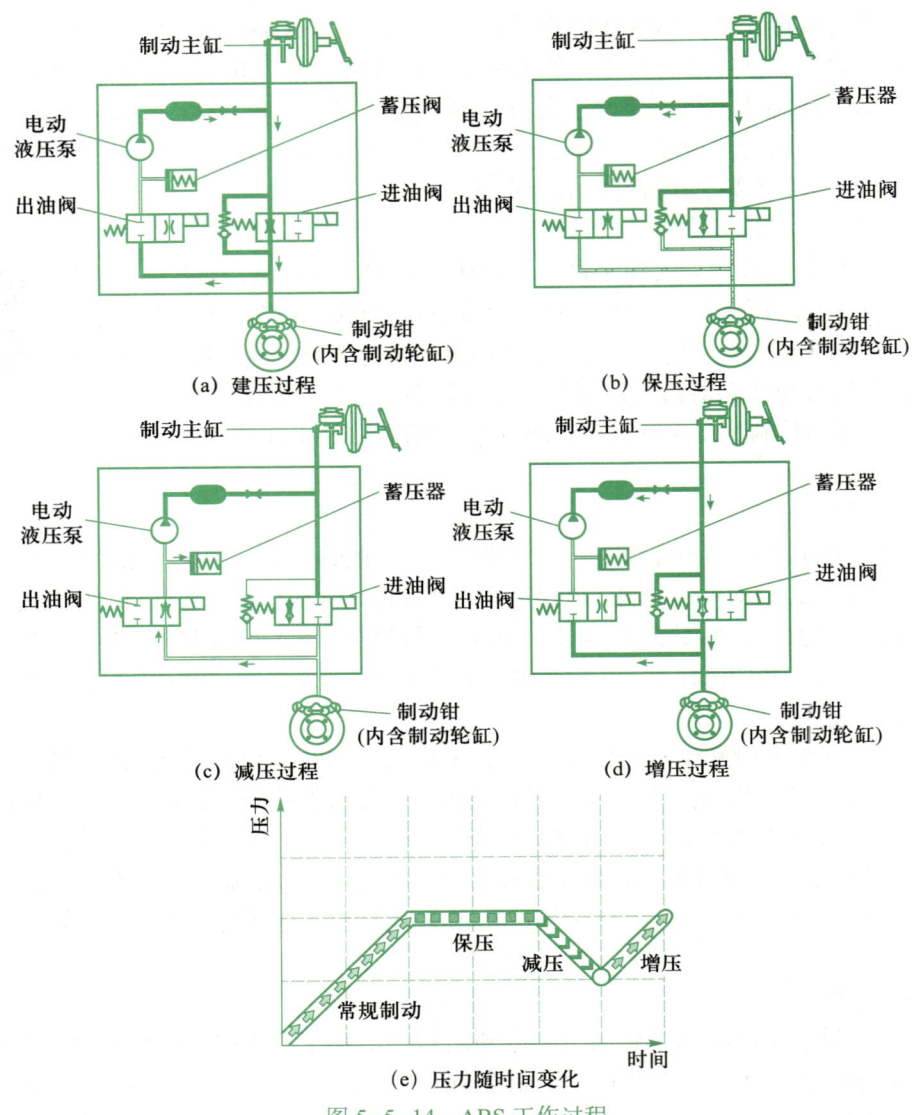

图 5-5-14 ABS 工作过程

动主缸,产生的脉动油压作用在制动踏板上,驾驶人往往会感觉到制动踏板在"颤动"。另外,ABS 的电动液压泵和电磁阀在工作过程中产生噪声也是正常的。

2. EBD

电子制动力分配系统(EBD)集成在 ABS 控制总成中,取代了传统制动液压系统中的比例阀,它能够合理地分配前、后轮的制动力,防止车辆制动时甩尾,并且能使车辆在不同的路面上获得最佳的制动效果,缩短制动距离,提高制动灵敏度和协调性。

EBD 与 ABS 共用所有硬件,它只是在 ABS 控制单元中添加了控制程序。车辆制动时,ABS 控制单元通过车轮转速传感器信号来计算前、后轮的滑移率,当发现前、后轮滑移率差值达到界限值,而滑移率又未达到 ABS 开始工作的临界点时,ABS 控制单元将控制液压控制单元内的电磁阀动作,对后轮制动轮缸的制动压力进行调节,但此时电动液压泵不工作。如果车轮在 EBD 控制下仍要抱死，ABS 控制单元将自动转入 ABS 控制，并使 EBD 停止工作。如图 5-5-15 所示，多人乘坐时 EBD 会增大后轮制动力，提高制动效能。高版本的 ABS 中包含转弯制动控制（Curve Brake Control，CBC）功能，在转弯制动时，由于离心力和车身侧倾，使外侧车轮受到的载荷比内侧大，CBC 与 ABS 配合工作，分别控制每个车轮制动缸的压力，实现最优的制动力分配，减少过度转向和不足转向的危险。

EBD 也有故障指示灯，某些汽车使用制动指示灯作为 EBD 故障指示灯，有些车辆有专用的 EBD 故障指示灯。当 EBD 出现故障时，其故障指示灯和 ABS 故障指示灯都会点亮。

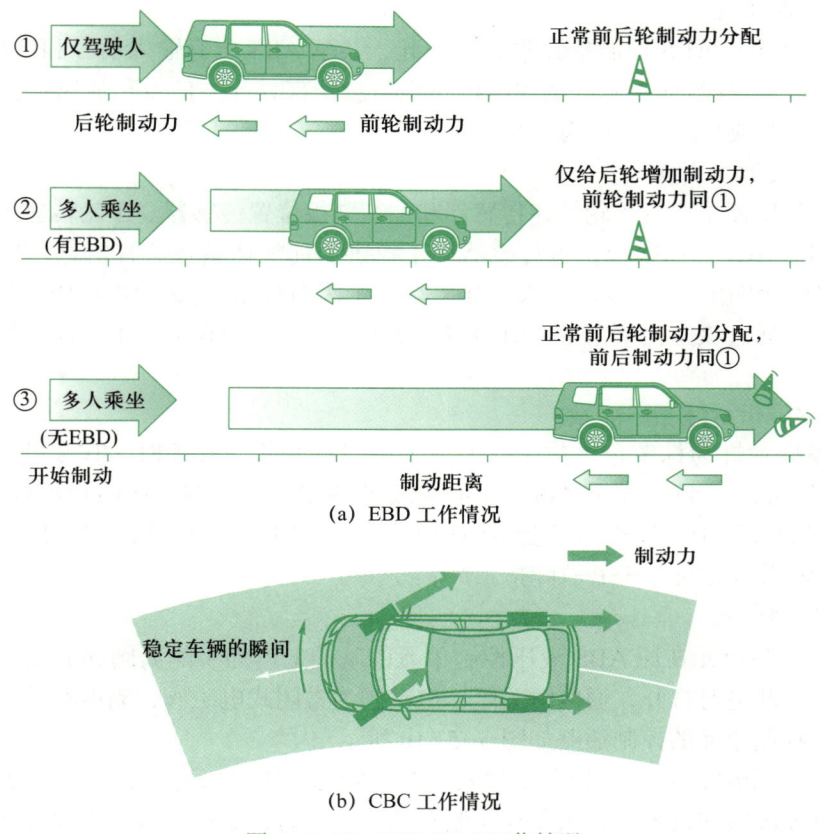

图 5-5-15　EBD/CBC 工作情况

5.5.3　TCS/ESP

1. TCS

牵引力控制系统的英文缩写通常为 TCS，也有些厂商将其缩写为 ASR、TRC 等。TCS 能够在车辆起步、加速或湿滑路面行驶时控制驱动轮滑转率，以维持车辆行驶的稳定性和提供最适当的驱动力。TCS 的防滑原理与 ABS 非常相似，它们都是通过控制液压控制单元来调节车轮的制动力，从而调节车轮滑转率，以保持车轮与地面的最佳附着力，但是它们之间存在以下不同之处。

① ABS 对所有车轮起作用，控制它们的滑移率；TCS 只对驱动轮起作用。

② ABS 的目的是防止制动时车轮抱死滑移，提高制动效率和安全性；而 TCS 的目的是

防止驱动轮原地滑转,改善驱动轮与路面的附着力,提高车辆牵引力。

③ ABS 只有在车辆行驶过程中驾驶人踩下制动踏板后才工作;而 TCS 是在整个行驶过程中都处于警戒状态,一旦驱动轮出现滑转,便自动投入工作。

(1) TCS 的组成

现代轿车大多将 ABS 与 TCS 整合在一起,共享电子组件和系统部件,并且通过车载网络与其他系统共享信息,以提高控制精度和灵敏度。TCS 部件包括 TCS 控制单元、传感器、TCS 开关、TCS 故障指示灯、液压控制单元等。

1) TCS 控制单元

TCS 控制单元与 ABS 控制单元集成在一起,共享 ABS 所有输入信号和液压控制单元。此外 TCS 还需要一些附加信号,例如电机扭矩信息、TCS 开关信号和加速踏板信号等,这些信息可通过专线或总线进行传输。

2) 传感器及 TCS 开关

TCS 用的传感器主要有车轮转速传感器和加速踏板位置传感器。车轮转速传感器信号用于计算车轮滑转率,加速踏板位置传感器用于提供当前加速踏板位置信息。TCS 参考这两个信号来改善驱动轮的加速性能。TCS 开关是一个瞬时接触开关,用于关闭牵引力控制功能。即使驾驶人通过该开关禁用了牵引力控制功能,系统也会在下一个工作循环重新启用该功能。

3) TCS 故障指示灯

TCS 故障指示灯为棕黄色,位于仪表板上。当打开起动开关时,TCS 进行自检,TCS 故障指示灯将点亮 3~4 s。如果系统发生故障或 TCS 被禁用,TCS 故障指示灯将持续点亮。在牵引力控制的过程中,该指示灯会不断地闪烁。随着 ESP 的广泛使用,TCS 功能内嵌于 ESP,TCS 故障指示灯变为 ESP 故障指示灯。

4) 液压控制单元

TCS 液压控制单元在原 ABS 液压控制单元的基础上增加了隔离阀和启动阀。隔离阀为常开式电磁阀,断电时打开,通电时关闭;启动阀为常闭式电磁阀,断电时关闭,通电时打开。TCS 液压控制单元的控制油路如图 5-5-16 所示。

当 TCS 不工作时,隔离阀和启动阀处于断电状态,隔离阀打开,启动阀关闭,制动主缸的油液经过隔离阀和进油阀进入驱动轮制动轮缸。此时,制动系统可以通过此油路进行常规制动和制动防抱死。

当对滑转的驱动轮进行制动时,TCS 给隔离阀和启动阀通电,同时驱动电动液压泵向驱动轮制动轮缸施加制动压力。启动阀打开,制动主缸的油液可以通过启动阀补充给电动液压泵;隔离阀关闭,可以阻止电动液压泵的油液流回到制动主缸。与 ABS 的工作过程一样,TCS 也有增压、保压和减压三个过程。TCS 在工作过程中电磁阀的状态见表 5-5-1。

表 5-5-1 TCS 工作过程中电磁阀的状态

工作过程	电磁阀类别			
	隔离阀	启动阀	进油阀	出油阀
增压过程	ON	ON	OFF	OFF
保压过程	ON	ON	ON	OFF
减压过程	ON	ON	ON	ON

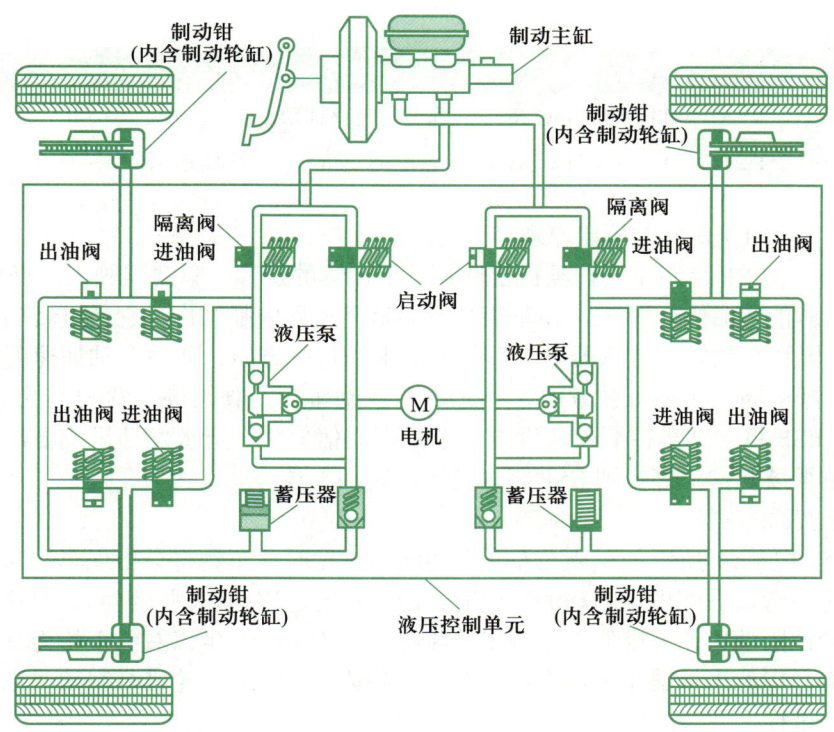

图 5-5-16 TCS 液压控制单元的控制油路

（2）TCS 的控制原理

TCS 控制单元在车辆行驶过程中不断检测车轮转速传感器等的输入信号。在车辆加速过程中，如果检测到驱动轮正向滑转，TCS 控制单元将通过总线向整车控制模块发出降低扭矩请求信号。如果整车控制模块无法完全解决驱动轮滑转，TCS 就会主动给滑转的驱动轮施加制动力，以阻止驱动轮滑转。此时动力将通过差速器传递给有更大附着力侧的驱动轮。TCS 在工作过程中，所有非驱动轮的进油阀都关闭，以确保非驱动轮处于自由滚动状态。

2. ESP

车身电子稳定系统（ESP）或电子稳定控制系统（Electronic Stability Controller，ESC）能够主动纠正车辆在高速或湿滑路面上行驶时的转向过度和转向不足，避免车辆偏航现象，同时它还集成了 ABS 和 TCS 的功能。电子稳定控制能够提高驾驶安全性，优化操控性及驾驶舒适性，并通过对车辆横向和纵向的动态控制，提高 ABS 和 TCS 的性能。电子稳定系统在不同车型中的名称见表 5-5-2。

表 5-5-2 电子稳定控制在不同车型中的名称

车型	名称
奔驰、奥迪	ESP（Electronic Stability Program，车身电子稳定系统）
宝马	DSC（Dynamic Stability Control，动态稳定性控制）
丰田、雷克萨斯	VSC（Vehicle Stability Control，汽车稳定性控制）
三菱	ASC/AYC（Active Stability Control/Active Yaw Control，主动稳定控制/主动横摆控制）

续表

车型	名称
本田	VSA（Vehicle Stability Assist，车身稳定性辅助）
沃尔沃	DSTC（Dynamic Stability and Traction Control，动态循迹防滑控制）

动画
ESP

（1）ESP 的控制原理

ESP 控制车辆行驶稳定性是一个连续的过程，只要驾驶人未操作 ESP 开关禁止其工作，则 ESP 在车辆行驶的整个过程中都工作。它通过转向盘转角传感器和车轮转速传感器确定驾驶人要求的行驶方向，通过多轴加速度传感器来计算车辆的实际行驶方向。当 ESP 检测到车辆行驶轨迹与驾驶人的要求不符时，ESP 将向整车控制模块发送一个数据通信信号，请求发动机或电机减小输出扭矩。如果车辆继续侧向滑移，则 ESP 将进行主动制动干预。

1）转向过度的调整

如图 5-5-17（a）所示，车辆在左转弯道转向过度时，车辆将会出现车头向弯道左侧快速移动、车尾向弯道右侧甩尾的趋势。此时，ESP 将通过制动车辆外侧的右前轮来纠正这种错误。右前轮被制动后，速度低于左侧车轮速度，车辆将会产生以右前车轮为支点向弯道右侧偏转的趋势，以此来抵消车辆过度向左转向的趋势。ESP 对车轮进行制动时也有增压、保压、减压三个过程。

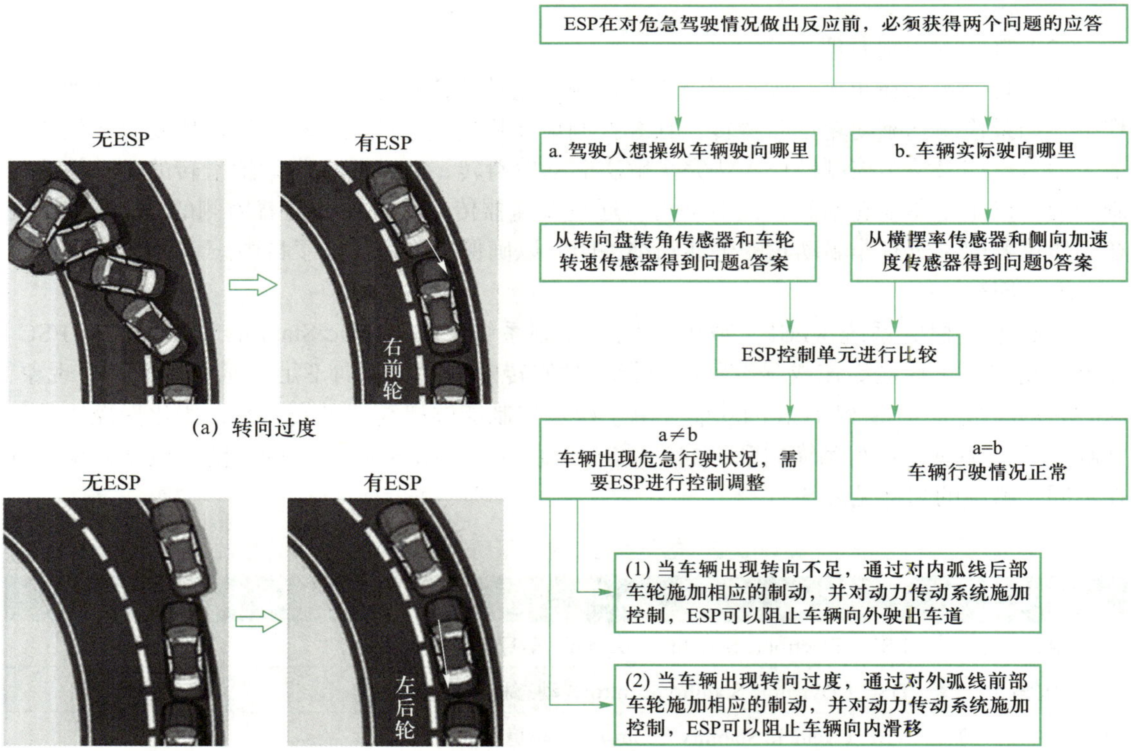

图 5-5-17 ESP 工作过程

(a) 转向过度

(b) 转向不足

(c) 工作原理

2）转向不足的调整

如图 5-5-17（b）所示，车辆在左转弯道转向不足时，车辆将会冲向弯道外侧，ESP 将制动除右前车轮外其他三个车轮（不同车辆作用车轮数目不同，其中左后车轮的制动力最大），使车辆回到正常行驶轨迹上。

ESP 工作原理如图 5-5-17（c）所示。

（2）ESP 的组成

ESP 包括 ABS 和 TCS 所用的硬件，还包括 ESP 开关和制动压力传感器、转向盘转角传感器、多轴加速度传感器等，如图 5-5-18 所示。

1）制动压力传感器

如图 5-5-19 所示，制动压力传感器内置或外置于液压控制单元上，有压阻式、压电式及电容式等类型。ESP 利用此传感器测量制动压力变化的大小和速度，以调节作用于制动轮缸的制动压力。

2）转向盘转角传感器

转向盘转角传感器是 ESP 系统工作的核心部件，已在项目 3 任务 2 中介绍过。

3）多轴加速度传感器

多轴加速度传感器是横向加速度传感器、纵向加速度传感器和偏航率传感器的集合体，如图 5-5-20 所示，也称惯性测量单元（IMU）。它通常安装在中控台下方的车架上，也有的直接集成在安全气囊控制模块中，这些安装位置一般是车辆的质心。

横向加速度传感器和纵向加速度传感器用来检测车辆横向和纵向的运动加速度，

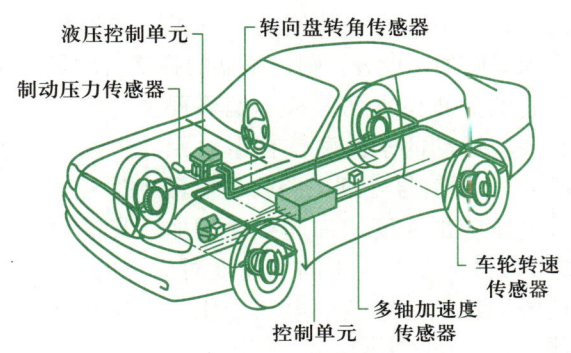

图 5-5-18 ESP 控制系统组成

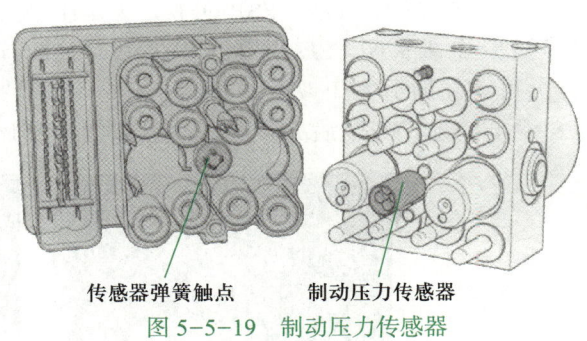

图 5-5-19 制动压力传感器

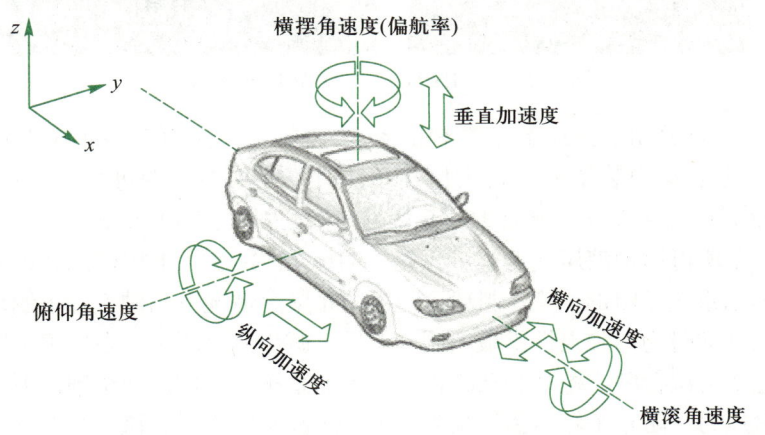

图 5-5-20 多轴加速度传感器

偏航率传感器也称为横摆角速度传感器或陀螺测速仪，通过检测汽车在转弯行驶或加速行驶时绕其垂直轴的转动，得到汽车实际横摆率。

霍尔式加速度传感器的工作原理如图 5-5-21 所示，在传感器中使用"弹性"固定的弹簧—质量系统，传感器有一个竖放的带状弹簧，一端夹紧，另一端固定着永久磁铁，以作为振动质量。在永久磁铁上面是带有信号处理集成电路的霍尔元件，在下面有一块铜制阻尼板。如果传感器感受到横向加速度 α，则传感器的弹簧—质量系统离开它的静止位置而偏移。偏移程度与加速度大小有关。运动的永久磁铁在霍尔元件中产生霍尔电压 U_H，经信号处理电路处理后输出信号电压，信号电压随加速度增加而线性增加。其输出在静态时为 2.5 V 左右，正的加速度对应正的电压变化，负的加速度对应负的电压变化，具体参数因传感器不同而有所不同。

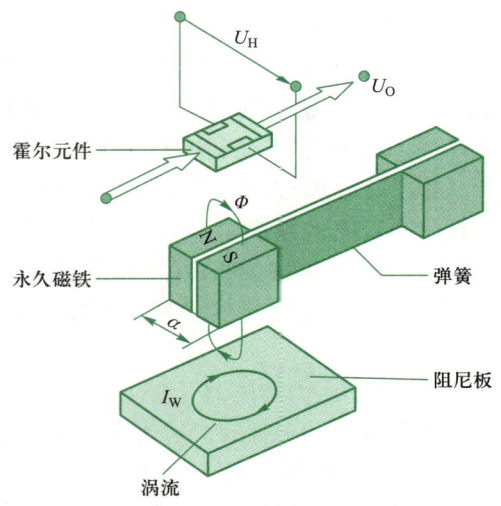

U_H—霍尔电压；U_O—供电电压；
Φ—磁通量；α—检测的横向加速度

图 5-5-21　霍尔式加速度传感器工作原理

4）ESP OFF 开关

如图 5-5-22 所示，ESP OFF 开关是用来关闭 ESP 功能的，不同车辆安装位置不同。如果驾驶人想要关闭 ESP，按此开关即可，同时仪表上的 ESP 关闭指示灯会亮起。再次按下此开关可重新激活 ESP 功能，使得工作条件满足时，ESP 起作用。如果驾驶人忘记重新激活 ESP，再次起动车辆后 ESP 可被重新激活。ESP 正在介入时，系统将无法被关闭。

 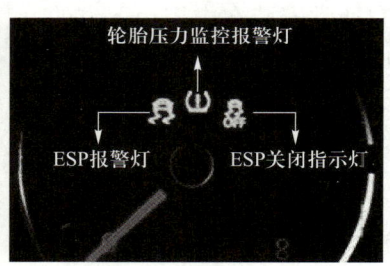

图 5-5-22　ESP OFF 开关及 ESP 指示灯

下列情况有必要关闭 ESP，不需要 ESP 参与工作：① 在积雪路面或松软路面上，为让车轮自由转动，需要动力装置输出较大扭矩，此时不需要对车轮进行制动；② 安装了防滑链的车辆，车轮大小发生变化，转速测量值发生变化，影响 ESP 工作。

基于 ESP，车辆可增加液压制动辅助系统（HBA 或 BAS）、上坡辅助系统（HAC 或 HHC）以及液压助力辅助系统（HBB）等。制动辅助可防止紧急情况下驾驶人踩下制动踏板的力度不足，在需要紧急制动时为驾驶人提供最大制动辅助，减少制动距离。在坡道上踩制动踏板静止后，当驾驶人想要再次行驶，松开制动踏板去踩加速踏板时，坡道起步辅助系统继续在四个车轮上施加制动液压力，防止车轮后溜。当驱动力大于起步阻力时，该系统会立即释放车轮上的制动液压力，让车辆起步。液压助力辅助系统能够在真空助力不足时，由 ESP 提供液压制动力。

> 任务实施

1. 实施过程

（1）实施准备

准备车辆设备、维修资料及拆装、测量工具。

（2）车上部件认识与检修

① 注意事项。

- 电控制动系统必须由专业的技师进行维修，并更换原厂零部件；
- 诊断电控制动系统前，应排除常规制动系统故障；
- 电控制动模块总成只能整体更换，不能拆解或部分更换以及互换；
- 插拔电控制动系统线束前，关闭点火开关；
- 维修或更换制动管路时，应进行制动系统减压程序；
- 连接液压控制单元管路时，应确保连接正确，连接错误会导致严重事故。

② 查询维修手册，获取电控制动系统的说明和检修事项。

③ 高压安全提示：查看高压故障指示灯及进行绝缘检查等，确定车辆是否有高压故障；确认电控制动系统部件检修是否需要拆装高压部件和进行高压上下电等。

④ 参考步骤。

a. 目视检查。

检查制动液液位是否过低；检查制动管路或管接头是否漏油或弯折；检查熔断器和熔丝是否完好；检查蓄电池接线柱是否腐蚀或松动；检查车轮转速传感器线路连接是否正常；检查车轮转速传感器信号齿圈是否被污染或损坏；检查部件安装是否松动或是否存在加装件。

b. 阅读 ABS/EBD/TCS/ESP 说明及识读控制电路图，了解控制项目及策略，在车上查找系统组成部件，用万用表、示波器及诊断仪测量线路、信号及性能状况（非专用诊断仪可能会无法进行有关检查测试）。

电控制动系统具有自检功能，当点火开关接通时，控制模块会对其系统电路进行自检，此时故障指示灯点亮几秒钟，若系统无故障，则故障指示灯熄灭。如果故障指示灯一直不亮，说明故障指示灯及其线路可能存在故障；如果故障指示灯常亮，说明电控制动系统存在故障；如果制动指示灯常亮，说明制动液不足，应检查制动液液位。

当电控制动系统故障指示灯常亮时，需要使用故障诊断仪读取相关故障代码，然后按照维修手册相关故障代码的诊断流程进行故障诊断和排除。

电控制动系统出现故障往往是由于部件损坏或失效、线束连接中断或松动造成的。此时，应根据故障现象检查相关部件。检查步骤如下。

步骤1　车轮转速传感器检查。

车轮转速传感器是电控制动系统最重要的传感器之一，其存在故障会导致电控制动系统停止工作或工作异常。车轮转速传感器的故障多集中于电路故障，如传感器线束连接器接触不良、导线破损等，其次是传感器安装不当、脏污或信号受到电磁干扰等。常见的车轮转速传感器的检查方法包括电阻测量、信号检测及诊断仪检测等。

- 电阻测量。大多数磁电式车轮转速传感器的电阻值范围通常为 $800 \sim 1\,400\,\Omega$，使用数字万用表的欧姆挡测量传感器线圈电阻是否在正常范围。如果车轮转速传感器为磁阻式或霍尔式，则只能借助示波器检测其信号是否正常来判断传感器的好坏。

- 信号检测。检测车轮转速传感器的输出信号是判断传感器好坏的最有效方法，根据传感器结构的不同，检测方法可以是用电压表测量信号电压，用电流表测量信号电流，也可以是用示波器检测其信号波形。磁电式车轮转速传感器可以使用电压表直接测量其输出信号电压是否处于正常范围，而霍尔式和磁阻式轮速传感器则需要使用示波器来测量其信号波形。使用示波器检测车轮转速传感器信号时需要举升车辆，在保证车轮转速传感器线束连接正常的情况下，将示波器表笔分别接入传感器的信号输出线路和接地线路。设置示波器相关功能后，打开起动开关，转动车轮，示波器应能显示该车轮转速传感器的波形。如果无波形，则需要进一步检查该车轮转速传感器的参考电压是否正常、传感器与信号齿轮之间的间隙是否过大或是否粘有金属杂物。如果波形不连续或波形不均匀，则说明该车轮转速传感器已损坏或信号齿轮上的轮齿出现缺损。另外，弯曲的车轴或轮毂也会导致传感器信号异常，信号的强度或占空比可能呈现与车轮转速相关的周期性变化。

- 诊断仪检测。在路试车辆过程中，使用诊断仪可以直观读取四个车轮的转速和信号波形。所有的轮速传感器都应该显示同样的速度，如果数据流中存在车轮速度差异，则说明轮速差异较大的轮速传感器工作异常，应仔细检查相关线路和传感器装配是否正常。

步骤2　执行器检查。

在检查液压控制单元时，一般要根据厂商建议，使用专用诊断仪对液压系统进行检测。检查内容包括液压系统排气和电磁阀测试。与常规液压系统排气不同的是，电控制动系统常规排气只能排出系统管路中存在的空气，而使用专用诊断仪排气则可以排出液压控制单元内部的空气。电磁阀测试可以帮助维修人员诊断液压控制单元内部电磁阀工作是否正常。测试电磁阀时，需要选择专用诊断仪的电控制动系统控制功能，按照诊断仪的提示进行操作。液压控制单元的具体检查方法和操作步骤可参考相关维修手册。

步骤3　传感器学习。

在电控制动系统中，控制单元采集制动踏板位置传感器信号，通过计算制动踏板被踩下的速率来识别驾驶人的意图。因此，当更换制动踏板位置传感器后，需要对制动踏板位置进行重新学习；控制单元采集偏航率传感器信号，用来识别车辆实际运行轨迹，当更换偏航率传感器后，控制单元需要重新学习偏航率传感器初始位置；转向盘转角传感器的标定学习可参照项目3任务2中的内容进行。

2. 实施工单

（1）信息查询与高压安全

① 控制系统说明查询路径：_____，可获取到控制系统的：□组成　□控制项目或策略_____。

② 控制电路图查询路径：_____，获取到系统开关有_____，传感器（实物测量）有_____，工作信号（软件计算）有_____，执行器有_____，功能或故障指示灯有_____，控制单元网络通信线路端子：_____。

③ 高压上、下电：□正常　□异常，高压故障：□无　□有，电控制动系统部件检修是否需要拆装高压部件：□否　□是。

（2）车上部件认识与检修

项目	内容及结果				
系统	ABS/EBD/TCS/ESP 配置情况：_____，判断依据：□开关　□指示灯　□维修手册　□其他_____，控制单元位于_____，控制单元电源线路熔丝容量：_____，状态：□通　□断，网络通信线路：□通　□断；故障码及诊断过程维修手册说明：_____，故障指示灯符号：_____，正常数据流：_____				
信号源	传感器或开关或信号	安装位置（或信号发送单元）	原理	线路状况	信号状况	故障诊断仪测试结果（故障码/数据流/标定等）
执行器	名称	安装位置	包含组件	线路状况	信号状况	诊断仪测试结果（故障码/数据流/主动测试等）

3. 实施评价

自我收获	自我评价	教师评价
	□满意 □较满意 □不满意	□优秀　□良好 □合格 □不合格

习题与思考

一、判断题

1. ABS/ESP 属于主动安全系统。（　　）
2. 只要踩下制动踏板，ABS 就开始起作用。（　　）
3. ABS/TCS 针对的车轮相同。（　　）
4. ESP 可在未踩下制动踏板时起作用。（　　）
5. 制动时车轮抱死的根本原因是制动器制动力大于地面制动力。（　　）
6. 在某些情况下，需要限制 ESP 起作用。（　　）
7. 滑移率是用来衡量制动时车轮滑移运动所占比例的。（　　）
8. 霍尔式车轮转速传感器可以用万用表进行电阻测量判断。（　　）
9. 转向盘转角传感器损坏不会影响 ESP 工作。（　　）
10. ABS 泵电机在增压阶段工作。（　　）
11. 诊断电控制动系统前，应先排除常规制动系统故障。（　　）

12. 横摆角速度传感器是用来测量车辆实际运动状态值的。(　　)
13. ESP 在 ABS 基础上增加了电磁阀。(　　)
14. EBD 在 ABS 之后作用。(　　)
15. ABS 要把制动轮滑移率控制在 50% 左右。(　　)

二、选择题

1. ABS 组成部件有（　　）。
   A. 车轮转速传感器　　B. 控制单元　　C. 液压控制单元　　D. 故障指示灯
2. ESP 相对 ABS 增加了（　　）。
   A. 制动压力传感器　　　　　　　　B. 转向盘转角传感器
   C. 横摆角速度传感器　　　　　　　D. 车身高度传感器
3. 故障诊断仪可对 ABS/ESP 部件进行（　　）。
   A. 故障码读取　　B. 数据流读取　　C. 主动测试　　D. 标定对中
4. 车轮转速传感器使用时，需要保证（　　）。
   A. 安装到位　　B. 表面清洁　　C. 线路正常　　D. 信号齿轮无损
5. 右转向不足时，ESP 主要对（　　）车轮施加制动力。
   A. 左前　　B. 右前　　C. 左后　　D. 右后

三、简述题

1. 简述 ABS 工作过程。
2. 简述 ESP 工作过程。

任务 6　再生制动系统认知

任务引入

有电机参与驱动的车辆，在某些行驶工况下，电机处于发电状态，增加动力蓄电池的电量，同时产生的电磁转矩可起到制动作用。本任务介绍再生制动系统与传统液压制动系统形成的复合制动系统的工作过程，并说明回馈制动控制的策略与实现过程。

任务目标

1. 能查询维修手册，获取再生制动系统的信息。
2. 能理解复合制动系统的工作过程。
3. 了解电机回馈制动控制。
4. 能进行再生制动系统功能测试。
5. 培养主动学习、交流学习及安全学习能力，提高综合运用能力。

> 知识链接

电动汽车的关键部件是动力蓄电池，动力蓄电池储存能量的多少是决定电动汽车续驶里程的重要因素。但是目前动力蓄电池相关技术仍然是电动汽车发展的瓶颈，未能取得突破性进展，电动汽车的续驶里程还不能满足用户的需求。研究表明，在城市行驶工况大约有50%甚至更多的驱动能量在制动过程中损失掉，郊区行驶工况也有至少20%。因此制动能量回收是提高汽车能量利用效率的有效措施，对汽车的节能和环保有着不可替代的作用，对提高电动汽车的续驶里程具有重要意义。

5.6.1 复合制动系统

能量回馈制动系统也称为再生制动系统（Regenerative Braking System，RBS），再生制动系统是电动汽车所独有的，是利用减速行驶时电机处于发电状态，将车辆的部分动能转换为电能储存在储能装置中，如各种蓄电池、超级电容和超高速飞轮，实现能量的循环利用，最终增加电动汽车的续驶里程，同时产生的一定制动力矩。电动汽车能量转换如图5-6-1所示。如果储能装置已经完全储满能量，再生制动就不能实现，所需的制动力就只能由常规的液压制动系统来提供。

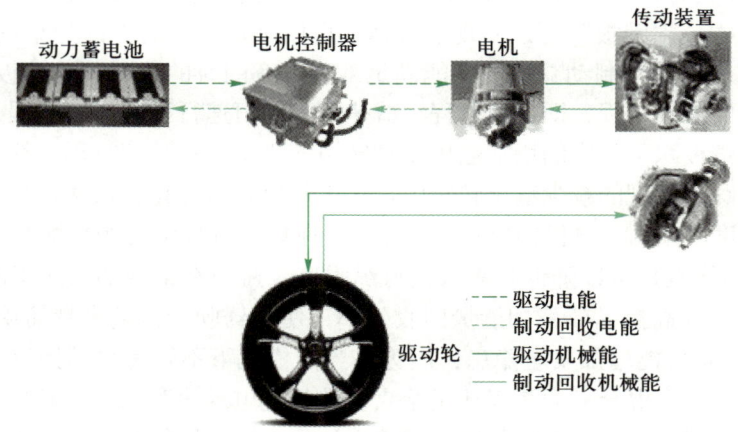

图 5-6-1 电动汽车能量转换

电动汽车的再生制动力矩通常不能像传统燃油汽车中的制动系统一样提供足够的制动减速度。正常减速时，再生制动的力矩通常保持在最大负荷状态；高速巡航时，驱动电机一般是在恒功率状态下运行，驱动力矩与驱动电机的转速或者车辆速度成反比。因此，恒功率下驱动电机的转速越高，再生制动的能力就越低；低速时，电动汽车的动能不足以为驱动电机提供能量来产生最大的制动力矩，因而再生制动能力也就会随着车速降低而减小。图5-6-2所示为电动汽车的再生制动和液压制动能

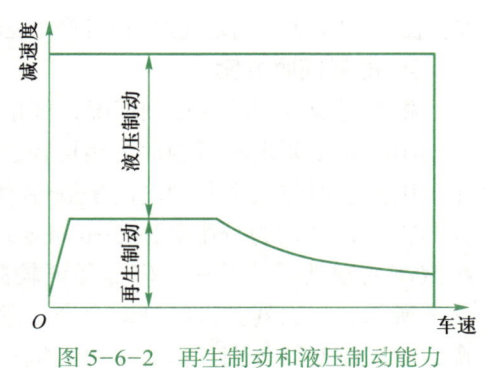

图 5-6-2 再生制动和液压制动能力随车速变化曲线

力随车速变化的曲线。所以，在电动汽车上再生制动系统和液压制动系统通常共同存在，形成了复合制动系统。复合制动系统关键技术问题主要有制动稳定性、能量回收充分性、制动踏板平稳性和制动协调兼容性 4 个方面。

复合制动系统制动介入、能量回收方案、再生制动策略和能量回馈影响因素如下。

1. 制动介入

一般可将能量回收的工况分为 2 种：一种是滑行工况，不需要踩下制动踏；另一种是制动工况。前者没有液压机械制动的参与，依靠电机对车辆进行制动；后者当驾驶人踩下制动踏板时，电机制动与液压机械制动共同对汽车进行制动。两种工况对应的控制策略不同，约束条件也不同。

从驱动电机制动介入信号源判断，可分为加速踏板型（松开加速踏板作为电机制动介入信号源）和制动踏板型 2 种复合制动系统。在没有踩下制动踏板的情况下，驾驶人减小踩下加速踏板的力时，系统认为驾驶人有减速的需求，这时候通过 ECU 发送指令，车辆实现制动能量回收，这个功能称为"单踏板"。"单踏板"就是一种集成了加速和制动功能的踏板，用来控制车辆的加、减速。其工作原理是：一旦松开加速踏板，再生制动系统就会介入工作，通过回收动能降低车速，即它可以依靠单个踏板实现汽车的起步、加速、稳态、减速和停车全过程，并在减速过程中同时实现能量回收，改变了传统的加、减速双踏板布置形式。"单踏板"驾驶模式并不是只有一个踏板，其踏板系统由一个"主踏板"和一个"辅助减速踏板"组成，其中"主踏板"可以实现加减速，可以满足日常的大部分车辆操作；"辅助减速踏板"是在"主踏板"制动减速度不能满足驾驶人意图时的紧急制动踏板。其中，"主踏板"分为三个主要控制行程，即加速行程、减速行程和恒速行程。加速行程是驾驶人踩下踏板的过程，随着踏板踩下程度的增加输出驱动转矩随之增大；减速行程是驾驶人松开踏板的过程，随着踏板踩下程度的减少输出转矩由正转矩到负转矩变化；恒速行程是驾驶人松开踏板到某一踩下程度区间内，电机输出转矩为零或是刚好与外界阻力相平衡。

"单踏板"的优点是可以降低驾驶人的操纵强度，避免在常规加减速工况中频繁切换踏板，提高舒适性；提高操纵效率和能量回收效率，使得驾驶变得越来越简单，越来越智能。"单踏板"的缺点是可能增加安全隐患，因为在当前模式下不管是手动挡汽车还是自动挡汽车，不管是燃油汽车、混合动力汽车还是绝大多数的纯电动汽车的制动都是往下踩的，突然换成单踏板模式，遇到紧急情况时很容易习惯性地往下踩，即使意识到了也有可能一时反应不过来，这样一来反而大大增加了行车的安全隐患。宝马 i3、雪佛兰 Bol EV、特斯拉 Model X、长安 EV460、名爵 EZS 和日产 Leaf 等电动汽车都采用"单踏板"，如图 5-6-3 所示。

2. 能量回收方案

根据对液压制动的控制情况，能量回收方案有串联制动和并联制动 2 种。

串联制动要求液压制动力矩可控，通过合理分配液压制动力矩和电机再生制动力矩的大小，以能量回收效率及制动的平顺性为控制目标，当再生制动力达到最大值时，液压制动才参与工作，制动力分配如图 5-6-4（a）所示。串联制动的控制策略较复杂，且需要改变传统汽车的制动系统结构，但能保证较高的能量回收效率。串联制动的控制过程如图 5-6-4（b）所示，根据驾驶人的制动命令，考虑到为保持车辆的稳定制动而需求的前后轮制动力平衡，制动控制器分别计算需要由电机和液压制动系统提供的制动力，并给液压制动系统和电机控制器发出指令。电机能够提供的制动力矩是与电机转速相关的函数，该力矩反馈回制动

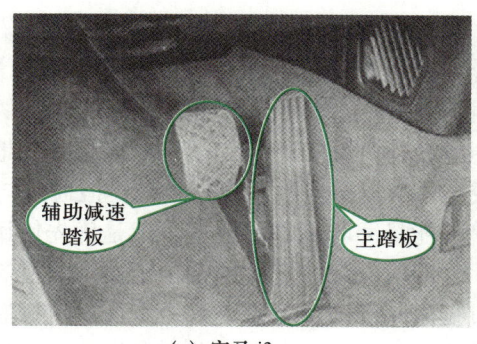
(a) 宝马 i3

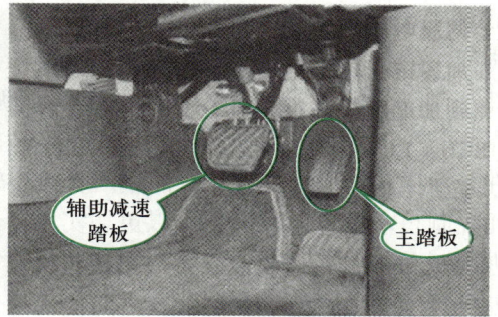
(b) 日产 Leaf

图 5-6-3　电动汽车的"单踏板"

控制器。如果没有达到需求的制动力矩，则需要由液压制动系统予以弥补。由此可见，在串联制动中，通过电机制动和液压制动之间的协调控制，可以最大化地利用电机的制动力矩，其能量回收效率较高。

并联制动的液压制动过程不可控，再生制动过程可控，只需要对电机制动力矩进行控制，再生制动和液压制动按一定比例分配，两种制动同时存在，其制动力分配如图 5-6-4（c）所示。并联制动对传统液压制动的改动少，结构简单，控制参数少，容易实现，在城市行驶工况下能回收相当可观的制动能量。并联制动的控制原理如图 5-6-4（d）所示，根据驾驶人的命令，电机控制器确定需要加在液压制动系统上的电机制动力矩，其大小由制动主缸压力确定。同样，电机制动力矩是与电机转速相关的函数。因此，能够加在液压制动系统上的电机制动力要根据汽车的静态制动力分配关系、电机力矩特性、驾驶人的感觉和轮胎与路面附着极限综合确定。很明显，由于缺乏主动制动控制功能，在电机制动和液压制动系统之间不能进行协调控制，并联制动对电机制动力矩使用不充分，能量回收率较低。

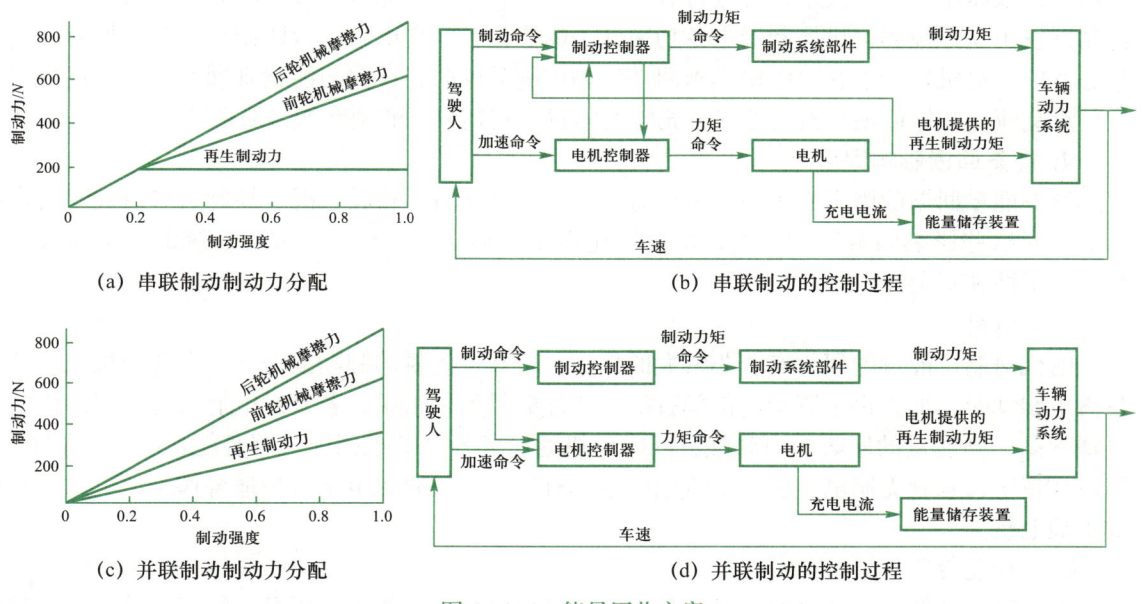

图 5-6-4　能量回收方案

3. 再生制动策略

典型的再生制动策略有理想制动力分配策略、最佳能量回收策略及并行能量回收策略 3 种。理想制动力分配策略的控制目标是使车辆按照理想制动力分配曲线分配前后轴的制动力，在此前提下尽可能多地回收制动能量。理想制动力分配策略的优点是能充分利用地面附着条件，保证制动的稳定性，且能量回收效率较高；缺点是控制系统较复杂，但通过与 ABS 防抱死控制技术整合，该策略可以更加实用。最佳能量回收策略的控制目标是优先使用再生制动进行制动，使汽车获得最高的能量回收效率，同时保证一定的制动稳定性。其控制思想是当电机再生制动力能满足制动需求时，仅通过再生制动力进行制动，否则通过机械制动力矩提供额外的制动力，同时为防止后轴先于前轴抱死，前后轴制动力分配曲线应在理想制动力分配曲线下方。最佳能量回收策略可以最大限度地回收制动能量，但控制系统复杂，需要同时对电机再生制动力和机械制动力进行精确控制，制动稳定性较差，当路面附着条件变化时，可能发生单个车轮先抱死的情况。并行能量回收策略，根据制动减速度需求将制动过程分为 3 个部分：① 当制动强度较小时，仅通过再生制动可满足制动需求，此时机械制动不起作用，电机制动单独提供制动力；② 当制动强度在一定范围，仅通过再生制动不足以满足制动需求，此时电机制动和机械制动同时起作用，电机制动力矩先逐渐增大，然后逐渐减小；③ 当制动强度较大时，认为此时是紧急制动，为避免电机力矩对 ABS 造成干扰，此时禁止再生制动。并行再生制动控制策略只需要对电机制动力进行控制，控制参数少，控制系统易实现，可靠性较高，再生制动失效后，机械制动仍能提供安全有效的制动，在制动频繁的城市工况下能量回收效率高，因而技术可行，适合现阶段开发电动汽车时采用。

图 5-6-5 所示为一种并行的再生/液压制动系统结构，在汽车需要减速时，制动踏板提供制动信号，电动液压泵使制动液增压产生所需的制动力，并将信号传递到整车控制器。整车控制器根据汽车运行状况及其他控制模块的状态，确定电动汽车上的再生制动力矩和前、后轮上的液压制动力，决定是否进行制动能量回馈，并分配能量回馈制动力矩的大小，电机控制器发出指令控制电机控制器中各功率开关的操作，实现电机的再生制动。在能量回馈制动过程中，电机控制器在对电机实施回馈制动控制的同时，还要与能量管理系统实时进行双向信息交流，在保证动力蓄电池安全充电的同时，实现较大的制动能量回馈效果。

4. 能量回馈影响因素

影响能量回馈的因素有很多，主要有电机、储能装置、行驶工况、控制策略以及驱动形式等。对这些影响因素进行分析，可以优化再生制动系统，有效地提高系统的能量回收效率、稳定性和安全性。

（1）电机。

电机对制动能量的回收有着非常大的作用，若其可提供的制动能力强，则调配机械制动与再生制动时，加大再生制动的份额就能够增加能量的回馈量；若其发电能力强，即电机的电功率高，则能量的回收能力就强；同时电机的机械效率等也同样限制着能量的回收能力。所以在现阶段永磁无刷电动机、交流感应电动机以及开关磁阻电动机最适合作为纯电动汽车的驱动电机。

（2）储能装置

现阶段车载储能装置主要有动力蓄电池、燃料电池、超级电容以及超级飞轮等几种，其中使用较多的是动力蓄电池。储能装置的荷电状态（SOC）直接制约着能量回收量，是最主

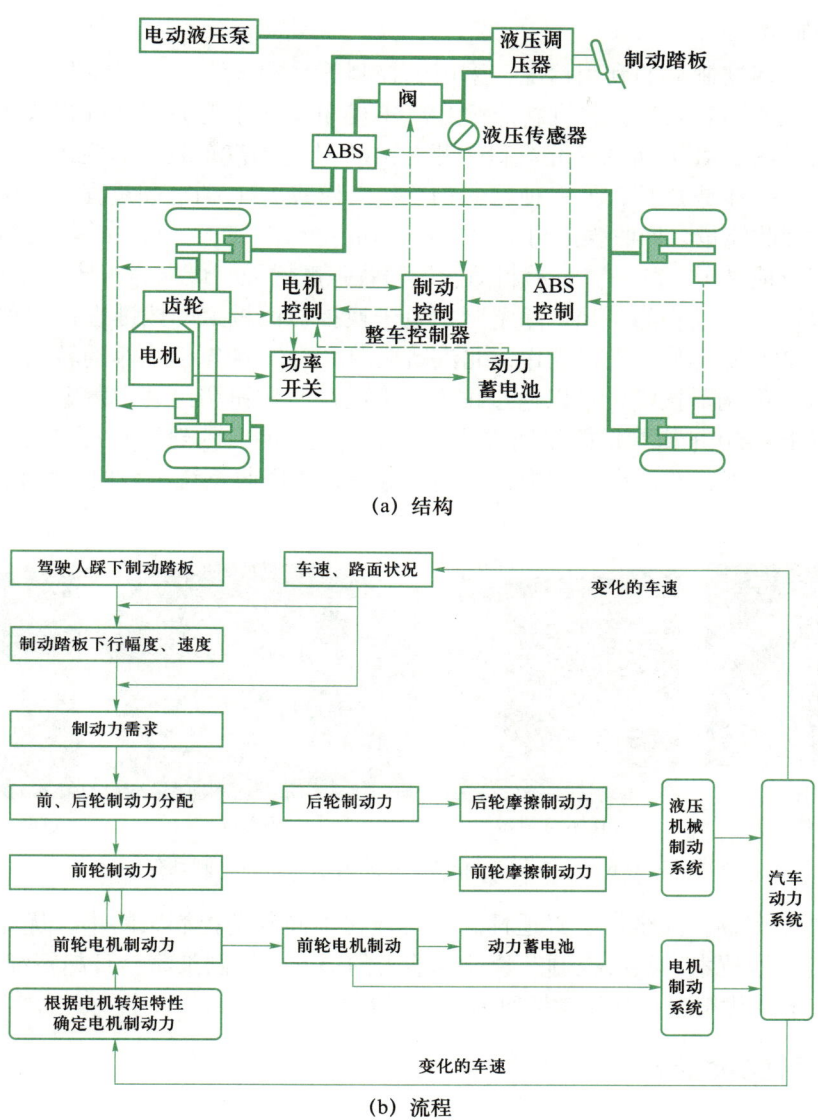

(a) 结构

(b) 流程

图 5-6-5　再生/液压制动系统

要的影响因素。若储能装置电量充足,则制动能量就不能进行回收;若储能装置充电电流超过其允许范围或者电机输出的电功率超过储能装置最大的充电功率,也无法回收制动能量。

(3) 行驶工况及速度

制动频率较高的工况,如城市行驶工况中车辆需要频繁起步与停车,此时回收的制动能量较多;制动频率较低的工况,如高速公路行驶工况中车辆很少进行减速制动,此时只有较少的能量回收。

(4) 控制策略

当电机和储能装置确定后,制动能量的回馈量由其控制策略决定。控制策略确定了机械制动与再生制动之间的分配关系,确定了储能装置的充电和放电状态,同时也确定了制动过程中制动能量的回馈量。

（5）驱动形式

对驱动电机回馈制动的利用情况，采用的控制策略和方法是各新能源汽车生产厂商整车控制系统的核心内容之一，北汽新能源 EV160 纯电动汽车能够在滑行和减速制动时实现制动能量回收。图 5-6-6 所示是北汽新能源 EV160 纯电动汽车装配的旋钮式换挡手柄，其前进挡分 2 种，一种是 D 挡，另一种是 E 挡（经济模式）。E 挡行驶过程中，松开加速踏板时，车辆自动回收能量，回收强度可通过换挡旋钮左上方"E＋"和"E－"进行选择，在仪表中会进行相应地显示。"E＋"表示制动能量回收强度增强，最大为 3 挡；"E－"表示制动能量回收强度减小，最小为 1 挡。除了利用电子换挡器面板上的按键进行制动能量回收强度的调节，为了方便驾驶人进行操作，北汽新能源 EV160 纯电动汽车的转向盘上还设置了制动能量回收强度调节按键，可以通过仪表盘上的调节按钮调出动力蓄电池输出电流值进行观测。吉利 EV450 车型制动能量回收强度可以通过控制台的驾驶模式开关进行调节，调节等级为弱、中、强，并可在仪表中显示当前等级；当回收系统失效时，黄色 ESC 故障灯亮起。

 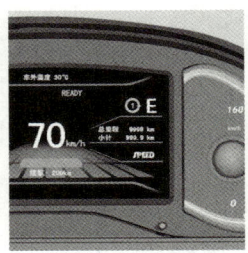  

（a）挡位　　　　　　（b）仪表显示　　　　　（c）强度调节　　　　　（d）回收电流指示

图 5-6-6　北汽新能源 EV160 纯电动汽车再生制动控制

不同类型的车辆，安全性、舒适性、经济性在不同制动控制策略中，优先级会有所不同。但随着传感器技术和核心控制芯片计算能力的提升，控制策略会日趋精细化、复杂化，全部重要性能的最优组合是制动能量回馈的不懈追求。

5.6.2　回馈制动控制

1. 策略

根据电机的工作特性和性能目标，现阶段较常见的电机回馈制动策略有最大再生回馈功率控制、最大制动回馈效率控制和制动力矩再生制动控制等。

（1）最大再生回馈功率控制

不考虑储能装置的充电能力，最大再生回馈功率控制通过控制电机的电枢电流来控制再生制动时能量的回收量，当电流 $I=0.5E/R$（E 为反电动势，R 为绕组电阻）时为最大再生回馈功率，此时电机的转速呈指数规律下降；由于这种方式要求在制动时回馈功率远小于储能装置充电功率，能量回收效率很低，因此只适应于微型电动车。

（2）最大制动回馈效率控制

最大制动回馈效率控制通过控制最大制动回馈效率时电机的电枢电流来控制能量的回收量，此时电机的转速以抛物线规律下降；虽然这种方式在制动时回馈效率是最高的，但是所消耗的时间比较长，且制动效能也比较差。

（3）制动力矩再生制动控制

以所需的制动力矩为基准，制动力矩再生制动控制电机电枢电流随操作指令变换而变化，从而调节电机制动力矩，此时电机转速呈线性下降。这种方式下的制动近似传统的摩擦制动，故制动平顺性好且回收效率较高，比较容易实现控制。

2. 实现过程

电机的驱动和再生制动本质上是电磁力的作用，电机的工作受整车控制器和电机控制器控制，驾驶人操纵的加速踏板和制动踏板是主要的触发信号，当驾驶人踩下制动踏板时，电机控制器根据整车控制器的指令，调低定子旋转磁场频率。转子由于惯性，依旧用原来的转速旋转，电机的反电动势高于定子端电压，当动力蓄电池的电量、温度等条件都允许充电时，制动产生的能量就可以存储到动力蓄电池中去，电流方向与驱动时相反，定子绕组所产生的电磁转矩与转子的旋转方向相反，转子受力减速，电机处于制动状态。

回馈制动时会有两种情况：一种是制动初期，电机转速高，转速超过基准速度，产生的电动势高于动力蓄电池电压，此时通过驱动器整流回馈直接向动力蓄电池回馈电能，同时提供用于制动的电磁转矩，如下坡时。另一种是更多的时候出现在车速没有超过基准速度的减速过程中，此过程中电机处于发电状态，将电机减速过程中的部分动能回馈到动力蓄电池，其发电电压应高于动力蓄电池电压才能输出电功率，所以需要对制动过程进行有效控制。其基本控制原理为升压斩波。

（1）升压斩波原理

Boost 变换器电路结构如图 5-6-7 所示，通过对功率管 VT_1 的 PWM（脉宽调制）开关控制，达到控制输电压的目的，又称作升压斩波变换器。下面通过分析一个 PWM 周期的工作状态来分析其工作原理。

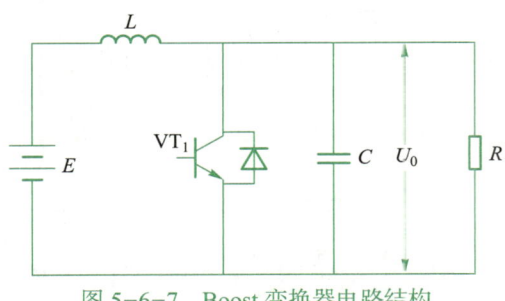

图 5-6-7 Boost 变换器电路结构

在 VT_1 导通期间，电源通过 VT_1 向电感 L 充电，电流逐渐升高，直到 VT_1 关断时达到最大值，VT_1 关断后直至该周期结束，电源与电感共同向负载供电，电流逐渐减小。在 VT_1 导通的时间周期内是电源 E 向电感储存能量的过程，而后一阶段电感处于释放能量的状态。把同一周期内的 VT_1 导通区间与关断区间的电流变化量进行比较，可以得到

$$U_0 = E/(1-a)$$

根据上式可知，通过调节 VT_1 的控制信号 PWM 占空比 a 可以调节输出电压。因为 $a<1$，由上式可知，输出电压 $U_0>E$，即输出电压高于电源电压，所以称此种结构的电路为升压斩波电路。电感的储能作用是产生泵升电压的主要原因。

有两种方法将这一原理在电机能量回馈制动控制中应用：一种是在全桥驱动器和动力蓄电池之间加上升压 Boost 变换器；另一种则是利用驱动器本身的 PWM 调制产生类似 Boost 变换器的功能。后一种方式利用驱动器本身的 3 个负半桥 VT（或 IGBT）达到这一目的，不需要外加电路。电动汽车多采用后一种方式。

（2）三相能量回馈控制

三相永磁电机在进行升压、能量回馈、实现再生制动时，需要进行换相控制，采用单

侧斩波的控制方式，即在回馈制动过程中，封锁上桥臂，只对功率桥的下桥臂进行 PWM 控制，起到与 Boost 变换器相同的效果。在每一个控制周期内，只对反电动势最大的相所对应桥臂的功率管进行 PWM 控制，通过控制占空比，可以对回馈电流进行调节，从而控制制动转矩的大小，实现驾驶人对回馈制动强度的调整。

与 Boost 变换器的工作过程类似，在一个 PWM 开关周期内，永磁电机的能量回馈控制过程也分为两个阶段。

① 续流阶段。在续流阶段，三相永磁电机的电流流向如图 5-6-8（a）所示。VT_2 导通为电流提供续流通道。在此阶段，电能将存储于三相绕组的电感中。

② 回馈阶段。在 VT_2 关断期间，在反电动势与三相绕组寄生电感的共同作用下，之前存储于三相绕组内的能量与反电动势一起向动力蓄电池共同回馈能量。在此阶段的电流流向如图 5-6-8（b）所示。VT_2 关断，电流经 VD_1 回馈至动力蓄电池，同样存在通过 VD_4 和 VD_6 流向 B 相和 C 相的电流通路。忽略电机相电阻的影响，充电过程中产生的泵升电压随着 PWM 控制的占空比的增大而增大。

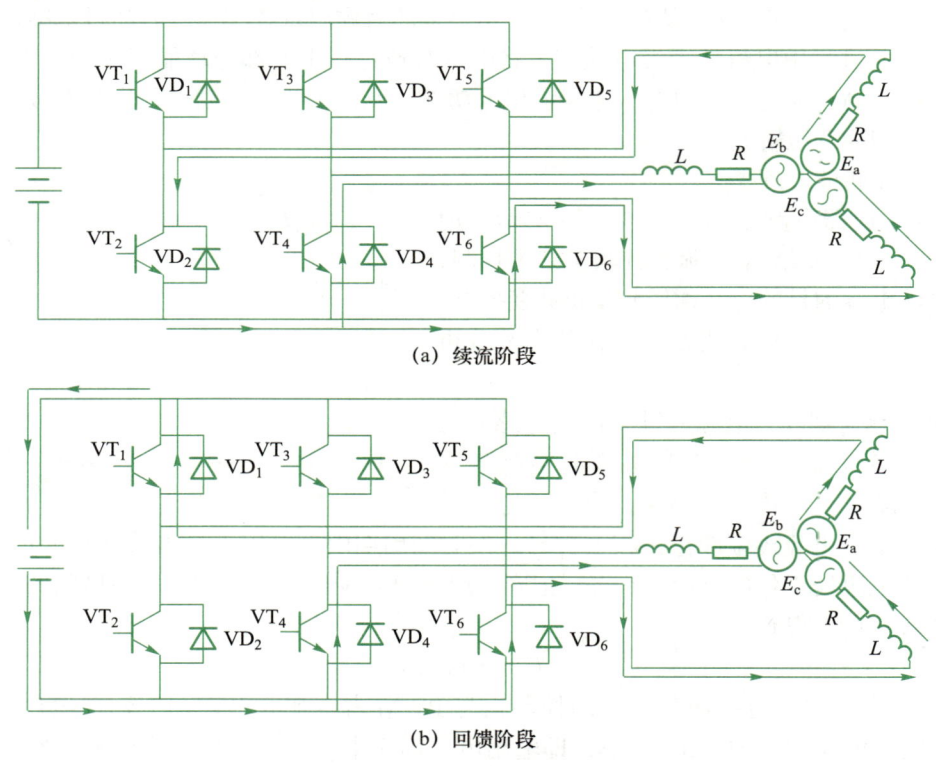

图 5-6-8　三相能量回馈控制

任务实施

1. 实施过程

（1）实施准备

准备车辆设备、维修资料及拆装、测量工具。

(2) 车上部件认识与检修

① 查询维修手册,确定有无再生制动系统的说明及检查事项。

② 高压安全提示:查看高压故障指示灯及进行绝缘检查等,确定车辆是否有高压故障。

③ 参考步骤

制动能量回收功能一般在车辆制动或滑行时起作用,能量回收情况无法直接进行观察,但可以通过车辆其他部件状态或故障诊断仪进行间接观察。能量回收测试需要经验丰富的驾驶人在实车上进行,要求场地为空旷、行人少的路段。测试过程中可比较是否进行能量回收及不同回收强度下的制动性能。

a. 制动时的能量回收测试。

起动车辆后,首先,将车辆加速至高速,松开加速踏板,踩下制动踏板;然后,在不同制动能量回收强度下,观察组合仪表功率表是否为负值,信息显示屏上的能量流方向是否由车轮回流至动力蓄电池,并通过故障诊断仪读取相关数据。

b. 惯性滑行时的能量回收测试。

首先,将车辆开到长坡上,在车辆下长坡时缓慢松开制动踏板,使车辆利用惯性滑行;然后,在不同制动能量回收强度下,观察组合仪表功率表是否为负值,信息显示屏上的能量流方向是否由车轮回流至动力蓄电池,并通过故障诊断仪读取相关数据。

对吉利 EV450 进行制动时强等级能量回收测试如图 5-6-9 所示。

(a) 调节回收强度旋钮

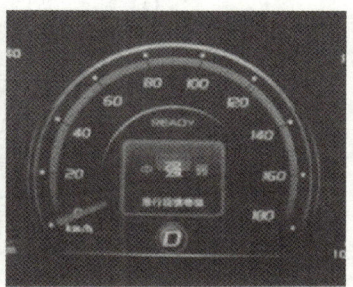
(b) 显示强度等级

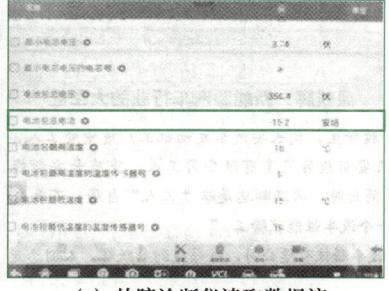
(c) 故障诊断仪读取数据流

图 5-6-9 能量回收测试

2. 实施工单

(1) 信息查询与高压安全

① 再生制动维修手册说明:□无 □有,功能测试说明:□无 □有。

② 高压上下电:□正常 □异常,高压故障:□无 □有。

(2) 车上部件认识与检修

项目	内容及结果
再生制动	再生制动控制开关或挡位:□无 □有,回馈强度调节方式:□无 □按键 □旋钮 □其他_____;再生制动状态显示方式:□无 □电流值 □能量流 □其他_____;功能测试:比较是否进行再生制动,故障诊断仪读取的制动状态或数据:_____,制动感受:_____

3. 实施评价

自我收获	自我评价	教师评价
	□满意	□优秀　□良好
	□较满意	□合格
	□不满意	□不合格

习题与思考

一、判断题

1. 再生制动和液压制动能力与车速的关系相同。（　　）
2. 制动能量回收情况可直接进行观察。（　　）
3. 采用"单踏板"的车辆只有一个踏板。（　　）
4. 再生制动强度不可控制。（　　）
5. 驱动电机处于制动状态是因为控制器调高了定子旋转磁场频率。（　　）

二、不定项选择题

1. 复合制动系统关键技术问题有（　　）。
   A. 制动稳定性　　　　　　　　　B. 能量回收充分性
   C. 制动踏板平稳性　　　　　　　D. 制动协调兼容性
2. 典型的再生制动策略有（　　）。
   A. 理想制动力分配　　　　　　　B. 最佳能量回收
   C. 并行能量回收　　　　　　　　D. 最大制动回馈效率
3. 并行能量回收策略，电机制动和机械制动在（　　）同时起作用。
   A. 制动强度小时　　　　　　　　B. 制动强度大时
   C. 制动强度在一定范围时　　　　D. 任何时候
4. 影响回馈能量的因素有（　　）。
   A. 驱动形式　　B. 电机类型　　C. 电池荷电状态　　D. 车速
5. 回馈制动电流可通过（　　）电路形成。
   A. 降压斩波　　B. 升压斩波　　C. 整流　　　　　　D. 逆变

三、简述题

1. 简述不同能量回收方案工作时的区别。
2. 简述驱动电机能量回馈实现过程。

任务 7　驻车制动系统检修

任务引入

汽车停驶后，需要安全停放，以防移动造成事故，这就需要一套驻车制动系统来进行保证。驻车制动系统在不同车辆上配置不同。本任务介绍各驻车制动系统的组成、工作过程和检修步骤。

任务目标

1. 能查询维修手册，获取驻车制动系统的信息。
2. 能识别驻车制动系统的类型。
3. 掌握各驻车制动系统的组成及工作过程。
4. 能对驻车制动系统进行检查与诊断。
5. 培养主动学习、交流学习及安全学习的意识，培育工匠精神。

知识链接

驻车制动的作用是使停驶后的汽车驻留原地不动；便于坡道起步；当行车制动失效后临时使用或配合行车制动器进行紧急制动。

驻车制动系统包括驻车制动器和驻车操纵及传动机构。驻车制动系统和行车制动系统共用制动器，驻车制动系统靠后轮制动器内的静摩擦力来达到控制车辆移动的目的，两套制动系统的操纵及传动机构是相互独立的。按工作方式分类，驻车制动系统有机械式和电子式两种。

5.7.1 机械式

机械驻车制动系统如图 5-7-1 所示，主要由驻车制动手柄、拉线调整器、平衡器、驻车制动拉线、驻车制动器和驻车制动指示灯等部件组成。驻车制动指示灯安装在组合仪表内，当将钥匙置于"ON"位置时，如果驻车制动手柄处于制动位置，驻车制动指示灯将会点亮。驻车制动指示灯开关通常安装在驻车制动手柄总成上，当拉起驻车制动手柄后，驻车制动指示灯开关闭合。

动画
驻车制动

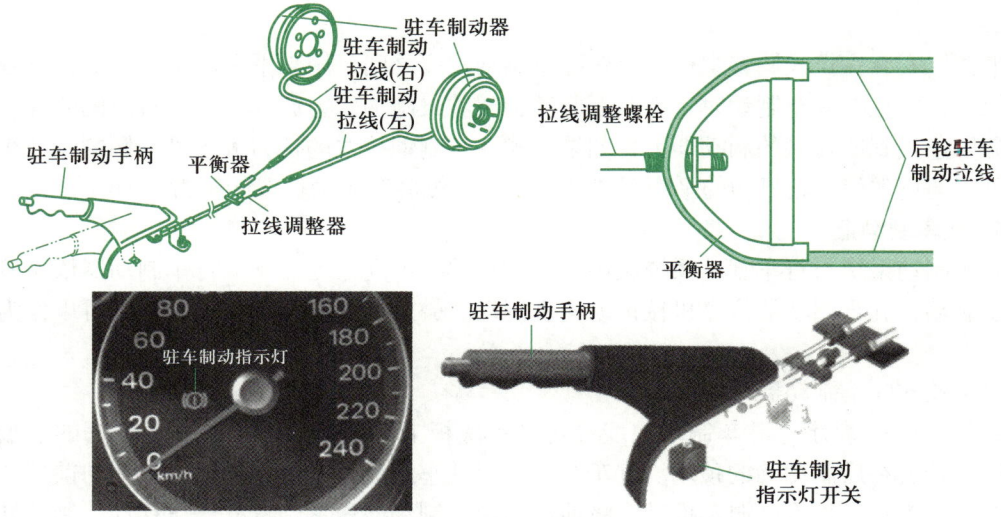

图 5-7-1 机械驻车制动系统

1. 驻车制动手柄

驻车制动手柄是驾驶人手动操纵驻车制动的部件，其结构如图 5-7-2（a）所示。如图 5-7-2（b）所示，如果要实施驻车制动，只需要用手拉起驻车制动手柄即可。拉起驻车制动手柄时，锁止棘爪随之向上移动，锁止棘爪下端的齿与棘轮接触，并与棘轮的齿开始啮合，锁止棘爪上的齿与棘轮的齿每啮合一次就发出一次响声，此时应听到"咔咔"的啮合声。一般拉动听到 6 或 7 次响声，驻车制动拉线被拉紧并被锁止，车辆两个后轮制动器处于制动状态。

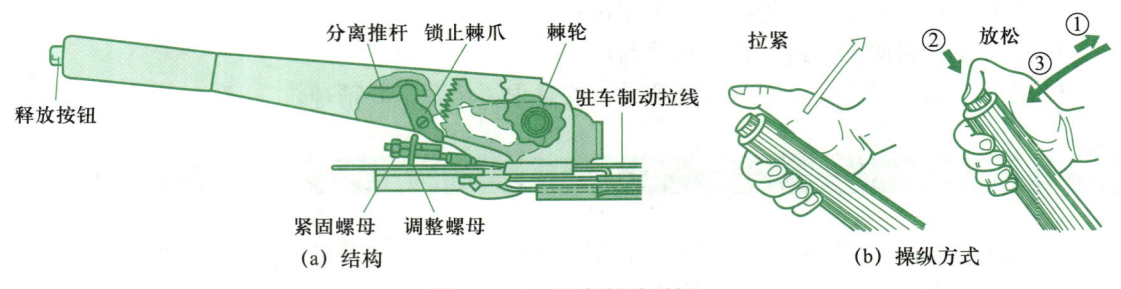

图 5-7-2　驻车制动手柄

释放按钮用来释放锁紧的驻车制动拉线。当按下释放按钮时，与按钮相连接的分离推杆向下推动锁止棘爪。锁止棘爪是一个杠杆机构，在分离推杆的推动下，棘爪下端顺时针转动，锁止棘爪下端的齿与棘轮的齿脱离，驾驶人就可以向前方推动驻车制动手柄，驻车制动拉线处于释放状态，驻车制动解除。

2. 拉线调整器

拉线调整器用来调节驻车制动拉线的松紧度，以适应驻车制动器间隙的变化。如果驻车制动拉线过紧，就不能保证彻底解除驻车制动；如果驻车制动拉线过松，将会导致驻车制动手柄行程太长，使得驾驶人操作不方便，同时也会推迟制动器起作用的时间。拉线调整器一般安装在驻车制动拉线与棘轮机构连接处。多数车辆装有驻车制动拉线自调整装置，也有一些车辆驻车制动拉线仍采用手工调节。

3. 平衡器

平衡器安装在拉线调整螺栓和后轮驻车制动拉线之间，用来平衡两个后轮的驻车制动拉线的拉力，并且在驻车制动时，平衡器能够将驾驶人施加的力放大。左、右两侧的驻车制动拉线分别连接到所在侧的制动器上，如果一侧驻车制动拉线的拉力大于另一侧的，驻车制动拉线可以通过类似滑轮机构的平衡器滑动，平衡两侧驻车制动拉线的拉力。

4. 驻车制动器

驻车制动系统与行车制动系统共用一个制动器，不同之处在于，行车制动器依靠液压传动实现制动，驻车制动器依靠机械传动实现制动。鼓式制动器和盘式制动器都可以作为驻车制动器。

（1）鼓式驻车制动器

如图 5-7-3 所示，驻车制动拉线穿过制动底板上的拉线孔连接到制动杠杆的下端，而制动杠杆铰链在后制动蹄的顶端。驻车制动时，驻车制动拉线将制动杠杆下端向前拉，上端以平头销为支点，将推杆向左推动，将前制动蹄与制动鼓压紧，推杆停止移动，制动杠杆又

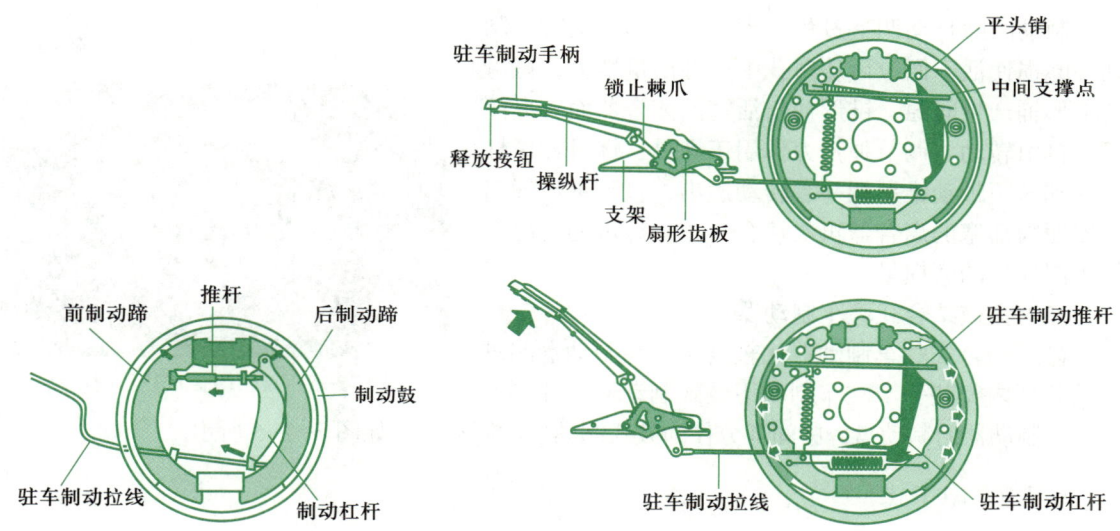

图 5-7-3 鼓式驻车制动器

以中间支撑点作为支点，上端向右移动，使后制动蹄也与制动鼓压紧。松开驻车制动拉线，在复位弹簧的作用下，制动蹄恢复原位。

（2）盘式驻车制动器

后轮制动钳里装有特殊的机械机构驱动活塞，驱动机构有螺杆螺母式、凸轮促动式、偏心轴和推杆促动式及钢球促动式等类型。

如图 5-7-4 所示为螺杆螺母驱动盘式驻车制动器，驻车制动杆与制动钳内的螺杆相连，螺杆与螺母配合，螺母外花键与锥形桶内花键配合，锥形桶装在浮动钳的活塞内部，活塞端面通过键与制动摩擦片接合。当施加驻车制动时，制动杆转动螺杆。螺母被旋出，在花键导向下移向锥形桶，螺母推动锥形桶压向活塞，当锥形桶和活塞的离合器面接合后，推动活塞伸出。由于螺母与锥形桶通过花键连接，锥形桶通过离合器与活塞接合，制动片安装在制动钳上，所以这些部件都不能转动，只能轴向推动活塞伸出。这样活塞推动内侧制动片压向制动盘，浮动钳受到活塞的反作用力，带动外侧制动片压向制动盘，实施驻车制动。当不需要驻车制动时，驻车制动拉线得到释放，回位弹簧带动制动杆逆时针转动，活塞向右侧移动，制动片与制动盘分离，制动解除。

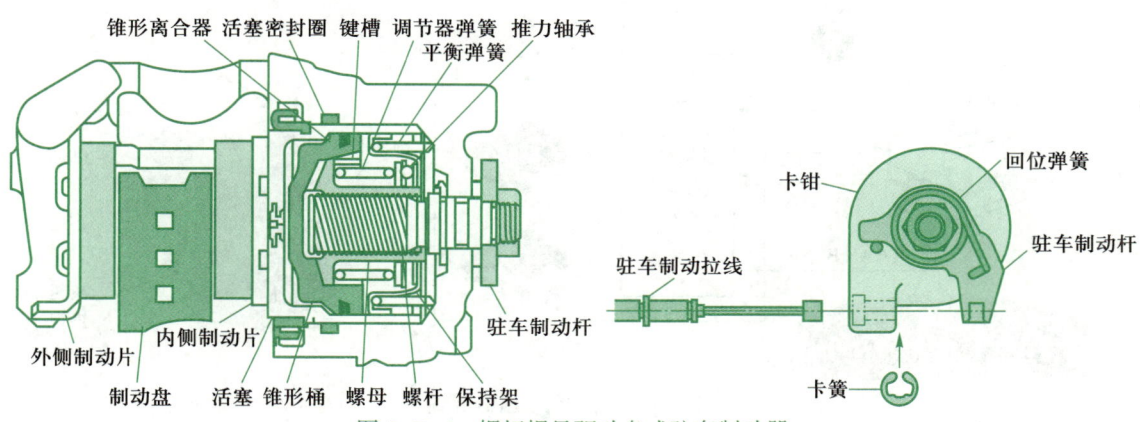

图 5-7-4 螺杆螺母驱动盘式驻车制动器

制动间隙自动调整过程：当释放驻车制动时，制动片磨损使活塞回位后从钳孔中的伸出量增大，螺母与锥形桶产生间隙，锥形桶与活塞的离合器面分离而可以自由转动，调节弹簧力作用于螺母，螺母在螺杆上受到转矩带动锥形桶一起转动旋出，直到锥形桶离合器面与活塞的离合器再次接合为止，螺母的旋出量等于制动片的磨损量。

（3）盘鼓结合式驻车制动器

盘鼓结合式驻车制动器比较复杂，在制动盘凹进去的毂部内安装一个驻车制动用鼓式制动器，外部作为盘式制动器的制动盘，中间部分作为鼓式制动器的制动鼓，如图5-7-5所示。

图 5-7-5 盘鼓结合式驻车制动器

5.7.2 电子式

电子驻车制动（Electrical Park Brake，EPB）系统是一种机电一体化产品，它取消了驻车制动手柄，简化了装配和调整过程，比机械驻车制动系统操作更简便，制动更安全。EPB系统的应用可以使汽车内部空间得到扩展，同时也提高了驾乘的舒适性。EPB系统主要分为拉索式EPB系统和线控式EPB系统两类，拉索式EPB系统将操纵手柄取消，用电控单元控制的电机直接驱动两后轮驻车制动拉索。拉索式EPB系统与手动驻车制动相比，减少了驻车制动的操作，并取消了驾驶舱内的驻车制动手柄的安装空间。但是，由于拉索式EPB系统拉索驱动单元的安装及噪声隔离等较困难，拉索老化及制动力的稳定性差原因，常常引起制动器过载，因此很少使用。大众ID.车系多采用拉索式EPB系统，通过左右两个驻车电机及拉索对鼓式制动器作用实现驻车。线控式EPB系统除了具有方便操作及空间占用少外，其安装成本低，机构简单且可靠性高，左右驻车制动器可单独控制，控制精度高、耐用、质量轻，因此应用广泛。

线控式EPB系统包括EPB控制单元（独立或集成于ABS/ESP控制器）、驻车制动卡钳、EPB开关等，如图5-7-6所示。部分车辆电子驻车制动还与P挡的操纵或车门状态是联动的，挂入P挡或打开驾驶人侧车门，车辆将自动驻车。

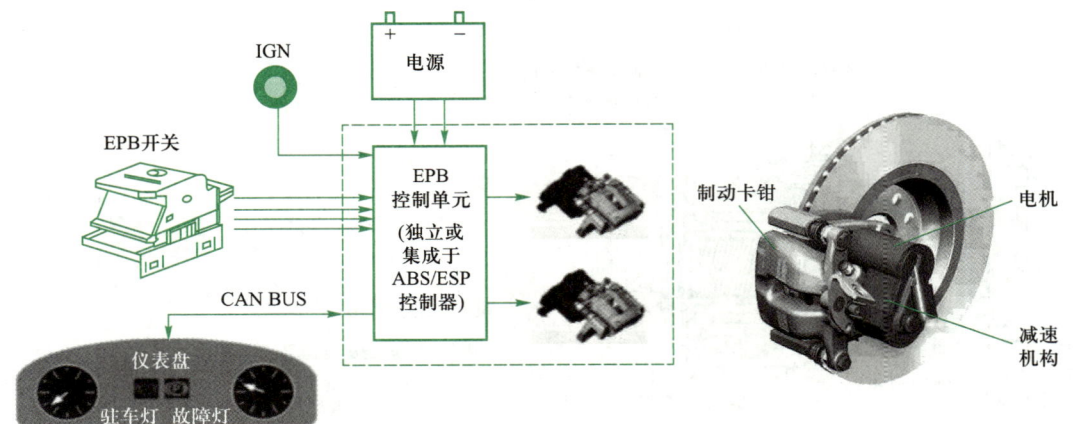

图 5-7-6 线控式 EPB 系统

制动卡钳兼顾驻车制动和行车制动功能，具体过程如下。

① 电机机械制动驻车过程。当驻车制动时，控制单元驱动驻车制动电机，电机带动齿形带，齿形带带动斜盘减速器转动，减速器驱动输出轴螺杆转动，螺杆驱动推力螺母向前移动，当推力螺母与活塞接触时，活塞向外移出，推动制动片压紧制动盘，产生制动。同时油封在活塞伸出时，产生向外的变形。当控制单元检测到电流消耗超过规定值时，控制电机停止转动，完成驻车制动，如图5-7-7（a）所示。当解除驻车制动时，电机反向旋转，螺杆将推力螺母旋回，变形的油封恢复原状带动活塞复位，制动片与制动盘分离。

② 液压制动驻车过程。当汽车行驶状态紧急制动时，操纵驻车按钮，驻车制动单元通过ABS/ESP控制单元增加制动液压力，制动器内液压推动活塞伸出，进行车轮制动，如图5-7-7（b）所示。当完成制动操作后，控制单元控制制动管路液压下降，活塞在其油封变形恢复的回力作用下收回，解除制动。

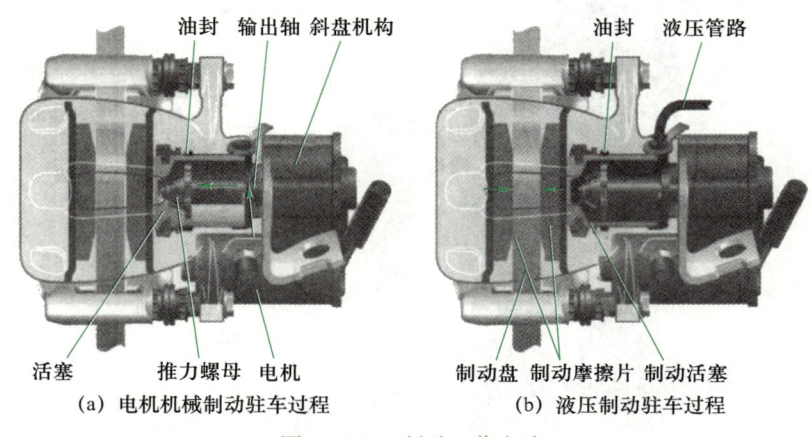

图5-7-7　制动工作方式

制动卡钳作为执行器，是一个机电单元，集成在后轮制动器中。机电单元中的电机接收控制单元的驻车指令开始转动，通过齿轮机构和轴驱动，使制动片压紧制动盘。机械制动驻车时，活塞只需要运动很小的行程，因此传动机构应用减速机构。大众车系的驻车制动器减速机构的传动比为150∶1，即电机转150圈，减速器输出轴转1圈。减速机构由齿形带轮减速机构、斜盘减速机构和轴驱动机构三部分组成。

1. 齿形带轮减速机构

该减速机构由电机齿形带轮、齿形带和大带轮组成，其传动比为3∶1，如图5-7-8所示。电机齿形带轮通过齿形带带动大齿轮转动，大齿轮为斜盘的驱动输入端。该减速机构也有用多级外啮合齿轮代替的。

2. 斜盘减速机构

斜盘减速机构由大带轮、斜盘锥齿轮和输出锥齿轮组成，其传动比为50∶1，如图5-7-9所示。斜盘锥齿轮装于塑料壳体内，斜盘锥齿轮工作时为摇动状态，其上的两个凸缘位于壳体内槽中，保证斜盘摇动时不发生绕轴转动。

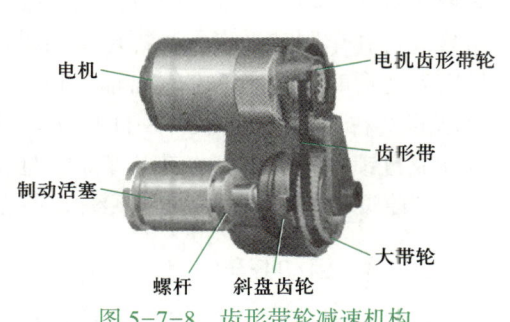

图5-7-8　齿形带轮减速机构

由于斜盘减速机构存在噪声大、效率低、安装空间大等缺点，现在的斜盘减速机构逐渐被行星齿轮机构所取代，如图 5-7-10 所示。该行星齿轮机构由两排单级行星齿轮机构串联而成，大齿形带轮为输入齿轮，它与第一排行星齿轮机构的太阳轮固定连接，第一排行星齿轮架为输出元件，其与第二排行星齿轮机构的太阳轮固定连接，第二排行星架为输出元件，其与输出齿轮固定连接，由输出齿轮驱动驻车制动器的螺杆机构。两排行星齿轮机构的齿圈为固定元件。经过两级行星齿轮机构减速后可达到 50∶1 的传动比。

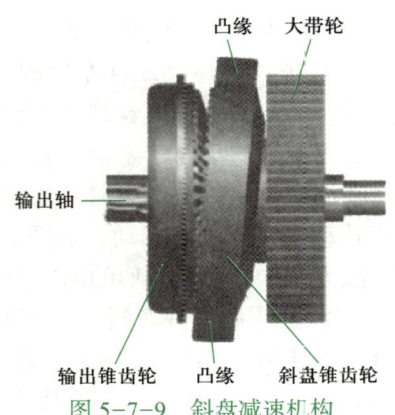

图 5-7-9　斜盘减速机构

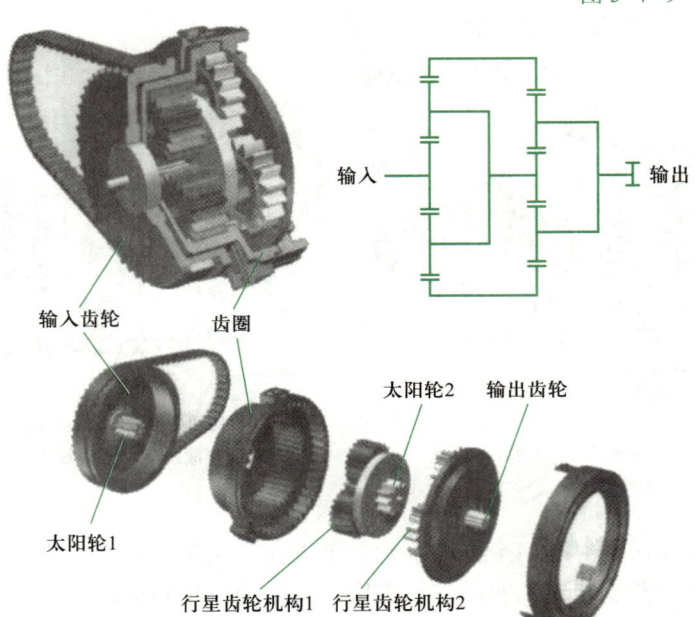

图 5-7-10　行星齿轮减速器

3. 轴驱动机构

轴驱动机构由输出轴和推力螺母组成，输出轴由输出锥齿轮直接驱动，通过推力螺母把旋转运动转变成轴向直线运动。当推力螺母伸出时推动活塞压靠制动盘进行驻车制动，当推力螺母退回时，活塞在其油封恢复变形时解除制动。输出轴的转动方向决定推力螺母的左右运动，如图 5-7-11 所示。轴驱动机构被设计成自锁方式，一旦电动驻车系统处于驻车制动状态，即使没有电流流过电机，系统仍能保持锁止状态。

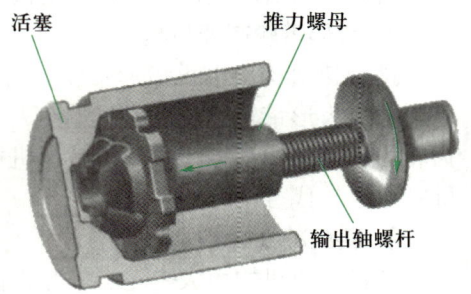

图 5-7-11　轴驱动机构

5.7.3　自动驻车

自动驻车（Auto Hold）基于 ESP 和 EPB 系统，是指车辆行驶中停车后自动驻车的功能。一般在等待红绿灯短暂停车并且很快就会起步时，驻车制动由 ESP 控制制动系统来完成，时间较长的话，EPB 会介入进行制动。这样，驾驶人不需要长时间踩着制动踏板，也能够避免车辆不必要的滑行，尤其在坡道起步时可以防止溜车。只要系了安全带，并打开了 Auto Hold 功能，行驶中停车（如遇到红灯），驾驶人踩下制动踏板停车后，Auto Hold 会自动驻车制动（相当于一直踩着制动踏板，即使在 D 挡，也不需要一直脚踩制动踏板，车辆始终处于制动状态）；当需要解除制动状态，只需轻点加速踏板，驾驶人只管起步，系统会自动关闭驻车制动。Auto Hold 操纵开关及指示灯如图 5-7-12 所示。

 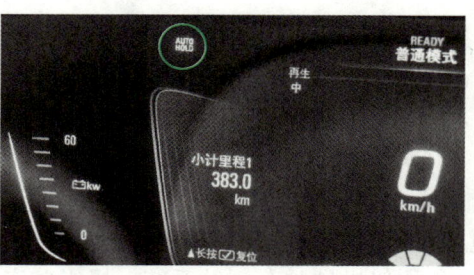

图 5-7-12　Auto Hold 操纵开关及指示灯

Auto Hold 的工作模式有开启、关闭、激活、解除和强行退出等。Auto Hold 需要通过传感器采集车辆运行状态信息，再结合自动驻车制动按钮及车辆制动力情况，如果需要实施自动驻车控制，控制单元对执行器发出自动驻车指令，首先会对制动系统四个制动器进行控制，并点亮自动驻车指示灯；当自动驻车系统需要 EPB 接管时，启动驻车电机驱动电路，控制后驻车电机转动，并点亮电子驻车指示灯；当系统出现故障时，点亮相关故障指示灯或者蜂鸣报警。

任务实施

1. 实施过程

（1）实施准备

准备车辆设备、维修资料及拆装、测量工具。

（2）车上部件认识与检修

① 查询维修手册，获取驻车制动系统的说明、部件拆装步骤及检查事项。

② 高压安全提示：查看高压故障指示灯及绝缘检查等，确定车辆是否有高压故障；确认驻车制动部件检修是否需拆装高压部件和高压上下电等。

③ 参考步骤。

a. 机械驻车制动系统检查。

步骤 1　检查驻车制动工作灯。钥匙置于 ON 位置，拉起驻车制动手柄，观察驻车制动指示灯是否正常亮起，然后释放驻车制动手柄，观察驻车制动指示灯是否正常熄灭。

步骤 2　检查驻车制动功能。如图 5-7-13 所示，举升车辆，拉起驻车手柄使汽车处于驻车制动状态，用手转动后轮，正常应该转不动。然后松开驻车手柄，用手转动后轮，车轮应该能自由转动。

微课
驻车制动器的调整

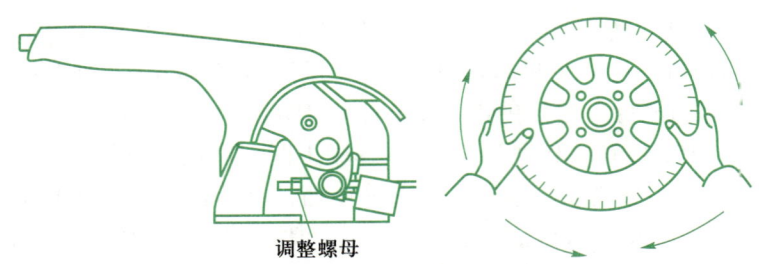
调整螺母
图 5-7-13 检查驻车制动的效能

步骤 3　检查驻车制动手柄工作情况。拉起驻车制动手柄，数"咔咔"声出现的次数，正常应该为 6 次左右，拉起和放下驻车制动手柄数次，检查有无卡滞，如果异常需要检查调整。

步骤 4　拆装检查驻车制动传动部件及制动片或制动蹄。

步骤 5　识读驻车制动指示灯电路，用万用表检查线路情况，用故障诊断仪相应功能检查其技术情况。

b. 电子驻车制动系统检查。

步骤 1　类似机械驻车制动系统，操纵驻车按键，检查电子驻车制动指示灯及驻车制动功能。

步骤 2　识读电路图，查找部件，说明工作过程；用万用表检查线路情况，用故障诊断仪相应功能检查其技术情况（非专用诊断仪可能无法进行有关检查测试）。

步骤 3　更换后制动片。

步骤 4　拆解驻车制动卡钳总成，观察内部结构；短时间对电机通电观察工作情况，注意不要长时间通电，会烧损电机。

c. 自动驻车检查。

步骤 1　识读电路图，查找部件，说明工作过程；用万用表检查线路情况，用故障诊断仪相应功能检查其技术情况。

步骤 2　功能检查：在空旷道路，按要求进行自动驻车，测试是否正常。

2. 实施工单

车辆驻车制动类型：□机械式　□拉索式　□线控式，判断依据：_____。

（1）机械驻车制动系统

① 信息查询与高压安全。

a. 机械驻车制动系统说明维修资料查询路径：_____，拉线松紧调整过程：_____。

b. 高压上下电：□正常　□异常，高压故障：□无　□有，机械驻车制动系统检修是否需要拆装高压部件：□否　□是。

② 车上部件认识与检修

项目	内容及结果
机械驻车制动系统	驻车制动手柄操纵：□顺畅　□卡滞　□其他_____，驻车制动手柄操纵行程"咔咔"声数目：□正常　□异常，驻车制动器类型：□鼓式　□盘式，驻车制动功能：□正常　□异常，指示灯开关位于_____，指示灯开关与指示灯工作联动：□正常　□异常，指示灯开关线路：□正常　□异常

（2）电子驻车制动系统

① 信息查询与高压安全。

　a. 电子驻车制动系统说明维修资料查询路径：_____，获取到 □组成 □控制项目或策略_____，

　b. 控制电路图查询路径：_____。

　可知系统组成：_____，

　控制过程：_____。

　c. 更换后制动片的保养模式操作步骤：_____，

　驻车制动应急解除方法：_____。

　d. 高压上、下电：□正常　□异常，高压故障：□无　□有，电子驻车制动系统检修是否需要拆装高压部件：□否　□是。

② 车上部件认识与检修

项目	内容及结果
电子驻车制动系统	EPB 控制单元位于_____，是否集成于 ABS/ESP 控制单元：□是　□否，控制单元网络通信端子号：_____，
	控制单元电源线路熔丝容量：_____，状态：□通　□断；驻车制动开关位于_____，控制单元开关与指示灯工作联动：□正常　□异常，驻车制动功能：□正常　□异常，开关与控制单元间线路：□正常　□异常，驻车执行电机与控制单元间线路：□正常　□异常
	故障指示灯符号：_____，故障码及诊断过程手册说明：_____ _____；系统正常数据流：_____；驻车制动电机是否能主动测试：□是　□否
自动驻车	自动驻车开关位于_____，其控制单元是否集成于 ABS/ESP 控制单元：□是　□否，开关与控制单元间线路：□正常　□异常，开关与指示灯工作联动：□正常　□异常，开关状态在故障诊断仪上显示：□正常　□异常，道路自动驻车功能：□正常　□异常。工作模式有_____。

3. 实施评价

自我收获	自我评价	教师评价
	□满意	□优秀　□良好
	□较满意	□合格
	□不满意	□不合格

习题与思考

一、判断题

1. 驻车制动系统用来使车辆停驶时安全停放。（　　）
2. 鼓式驻车制动器两制动蹄同时起作用。（　　）
3. 盘式驻车式制动器需要特殊的驱动机构。（　　）
4. 线控式电子驻车制动系统可工作在行车制动模式。（　　）

5. 自动驻车用于行驶中短暂使车辆停驶。（　　）

二、不定项选择题

1. 驻车制动操纵方式有（　　）。
A. 手柄　　　　　　B. 拔杆　　　　　　C. 按键　　　　　　D. 声控
2. 盘式驻车制动器促动装置类型有（　　）。
A. 凸轮促动式　　　　　　　　　　　B. 钢球促动式
C. 偏心轴和推杆促动式　　　　　　　D. 螺杆螺母促动式
3. 属于机械驻车制动系统组成部件的有（　　）。
A. 驻车制动手柄　　B. 驻车制动拉线　　C. 制动器　　　　　D. 平衡器
4. 属于线控式电子驻车制动系统组成部件的有（　　）。
A. 开关　　　　　　B. 控制模块　　　　C. 电机　　　　　　D. 减速机构
5. 属于自动驻车组成部件的有（　　）。
A. 开关　　　　　　B. ESP　　　　　　C. EPB　　　　　　D. 指示灯

三、简答题

1. 简述机械驻车制动系统工作过程。
2. 简述线控式电子驻车制动系统工作过程。

任务 8　先进驾驶辅助系统检修

任务引入

　　先进驾驶辅助系统是智能汽车向自动驾驶迈进的重要一步，较为典型的巡航控制系统和车道保持辅助系统分别对汽车的纵向和横向运动进行控制，它们本质上是对车辆驱动/制动系统和转向系统的控制，环境感知传感器技术是实现汽车智能化的基本要求。本任务对这些系统和技术进行介绍。

任务目标

1. 能查询维修手册，获取先进驾驶辅助系统的信息。
2. 能理解巡航控制系统和车道保持辅助系统的工作过程。
3. 能识别巡航控制系统和车道保持辅助系统组成部件。
4. 能运用已学的技能进行巡航控制系统和车道保持系统故障分析处理。
5. 培养综合应用知识和技能的能力，培育工匠精神。

知识链接

　　先进驾驶辅助系统（Advanced Driver Assistance System，ADAS）是当前汽车智能化的

发展成果。ADAS 是利用环境感知技术采集汽车、驾驶人和周围环境的动态数据并进行分析处理，通过提醒驾驶人或执行器介入汽车操纵以实现驾驶安全性和舒适性的一系列技术的总称，根据驾驶辅助的程度，先进驾驶辅助系统有警示类和控制类之分。当前，L2&2.5 级自动驾驶同时具备自适应巡航控制功能和车道保持辅助控制功能，如图 5-8-1 所示。

(a) 自适应巡航控制系统

(b) 车道保持控制系统

图 5-8-1　先进驾驶辅助系统

5.8.1　定速巡航控制系统

定速巡航控制系统（Cruise Control System，CCS）能按驾驶人设定的车速，不用踩加速踏板就自动控制车辆保持设定车速行驶。

定速巡航控制系统具有以下功能。

① 保持设定车速。　汽车行驶路况较好时，驾驶人按下设置键，系统以设定车速为目标车速匀速行驶。

② 微调目标车速。　可以通过操纵按键来对车速进行微调，以达到所希望的车速。

③ 车速恢复。　在主动或被动解除巡航控制之后，系统未断开主开关之前，驾驶人可以通过按下恢复键来使车辆恢复上次所设定车速。

④ 解除巡航控制。　汽车在巡航行驶时，如果车速在 1 s 之内的变化过大（如车速误差大于 15 km/h）时，巡航系统将自动退出控制状态；驾驶人踩下制动踏板将解除巡航控制。

1. 组成与操纵方式

定速巡航控制系统主要由巡航控制开关、传感器、控制单元及执行器 4 部分组成。定速巡航控制系统一般使用驱动电机的转速信号和车轮转速传感器的车速信号，定速巡航控制单元负责接收处理这些输入信号，从而控制驱动电机的输出转矩，以平稳控制车速。定速巡航控制单元通常集成于整车控制单元里。驾驶人在驾驶车辆时，通过操作巡航操纵开关来进行定速巡航系统的开启与关闭以及设置巡航车速。

常见的定速巡航操纵开关有控制杆式、转向盘按键式，还有其他一些设计得比较个性的位置和方式，如图 5-8-2 所示。当驾驶人开启定速巡航处于待命状态，按下开关中的 SET 键就可以设定速度，不同品牌车型的速度限制是不一样的，大多数车型都是车速超过 30 km/h 或 40 km/h 可以设定；CNL 为取消挡位，RES 为恢复功能挡位，CNL 和 RES 功能是为了临时取消巡航后再次恢复到之前的设定，即在巡航状态下按取消巡航按键或者是踩下制动踏板后，按下此功能键可以恢复到之前设定的车速。部分车型的恢复功能更为人性化，即取消定速巡航后，如果车速再次达到之前预设的速度，则定速巡航会重新启动。

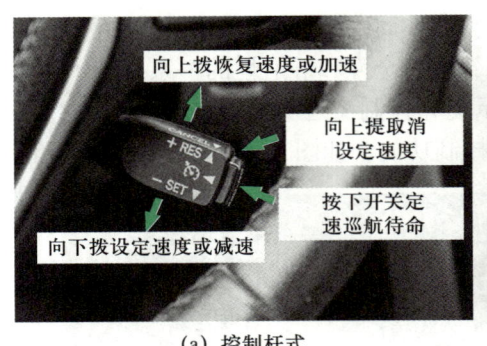 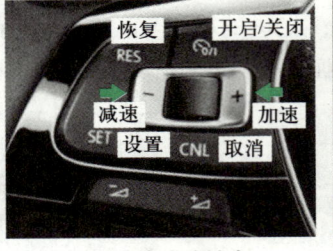 

(a) 控制杆式　　　　　　　(b) 转向盘按键式　　　　　　(c) 指示灯

图 5-8-2　定速巡航操纵开关及指示灯

2. 工作过程

汽车在定速巡航行驶过程中，控制单元有两个不同的输入信号，其中一个是驾驶人设定的车速信号，另外一个是汽车实际行驶的车速反馈信号，如图 5-8-3 所示。当测出的实际车速高于或者低于驾驶人所设定的车速时，控制单元就会自动把这两种信号进行比较，得出两种信号之差，即误差信号，再将误差信号放大处理后就成为加速踏板信号，将这一信号传给整车控制器（VCU）及电机控制器（MCU），驱动电机开始工作，改变实际车速，从而得到驾驶人所设定的车速。例如，在平坦的路面上，车速为 v 时，按下设定开关进入巡航，这时系统控制驱动电机达到某一转速，一旦遇到上坡路，行驶的阻力就会增加，如果不进行驱动转矩调节，车速就会下降，但是车辆如果在巡航中，巡航控制系统增加驱动转矩，使车速稳定在 v，重新取得动力平衡。当遇到下坡路时，行驶的阻力变小，巡航控制系统减小驱动转矩或进行再生制动或液压制动，使汽车的车速保持平稳。所以，当汽车的行驶阻力发生变化时，车速的变化范围是很小的，车辆保持恒速行驶。当汽车速度低于或高于设置的限值时，定速巡航系统不工作。

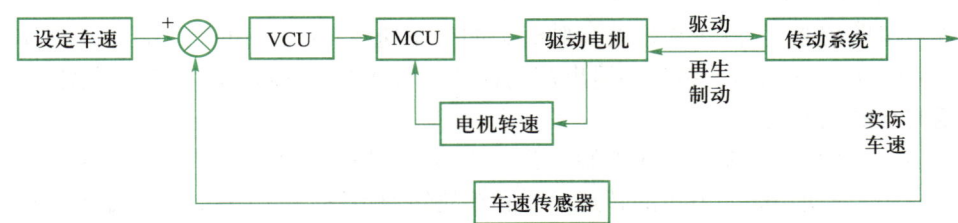

图 5-8-3　定速巡航系统工作过程

5.8.2　自适应巡航控制系统

汽车自适应巡航控制（Adaptive Cruise Control，ACC）系统是在定速巡航控制系统基础上发展起来的新一代先进驾驶辅助系统。它将汽车定速巡航控制系统和车辆前向撞击报警系统（Forward Collision Warning System，FCWS）有机结合起来，既有定速巡航控制系统的全部功能，还可以通过车载雷达等传感器监测汽车前方的道路交通环境，一旦发现当前行驶车道的前方有其他前行车辆，将根据本车和前车之间的相对距离及相对速度等信息，对车辆进行纵向速度控制，使本车与前车保持安全距离行驶，避免追尾事故发生。更为先进的全速自适应巡航控制系统不仅能在高速环境下保持与前车的安全距离，还能在低速甚至静止状态下自动跟车和起停，极大地提升了驾驶的便捷性和安全性。

电动汽车 ACC 系统由信息感知单元、电子控制单元、执行单元和人机交互界面等组成，如图 5-8-4（a）所示。电动汽车相对于燃油汽车，其 ACC 系统的信息感知单元没有节气门位置传感器，执行单元没有加速踏板控制器和挡位控制器，相应增加电机控制器和再生制动控制器。信息感知单元将传感器测量的距离、速度和加速度等信号输入到电子控制单元；电子控制单元对主车行驶环境及运动状态进行分析、计算、决策，输出驱动或制动转矩；执行单元用于完成电子控制单元的指令，通过控制驱动电机和制动执行器来调节主车的行驶速度；人机交互界面为驾驶人对系统的运行进行观察和干预控制提供操作界面。

电动汽车 ACC 系统的工作过程如图 5-8-4（b）所示。驾驶人启动 ACC 系统后，汽车在行驶过程中，安装在汽车前部的车距传感器持续扫描汽车前方道路，同时车轮转速传感器采集车速信号。如果主车前方没有车辆或与前方目标车辆距离很远且目标车辆速度很快时，控制模式选择模块就会激活巡航控制模式，ACC 系统将根据驾驶人设定的车速和车轮转速传感器采集的本车速度自动调节电机转矩，使得主车达到设定的车速并巡航行驶；如果目标车辆存在且离主车较近或速度很慢，控制模式选择模块就会激活跟随控制模式，ACC 系统将根据驾驶人设定的安全车距和车轮转速传感器采集的本车速度计算出期望车距，并与车距传感器采集的实际距离比较，自动调节电机再生制动或液压制动等使得汽车以一个安全车距稳定地跟随前方目标车辆行驶。同时，ACC 系统会把汽车目前的一些状态参数显示在人机交互界面上，方便驾驶人进行判断，ACC 系统也装有紧急报警系统，在 ACC 系统无法避免碰撞时及时警告驾驶人并由驾驶人处理紧急状况。

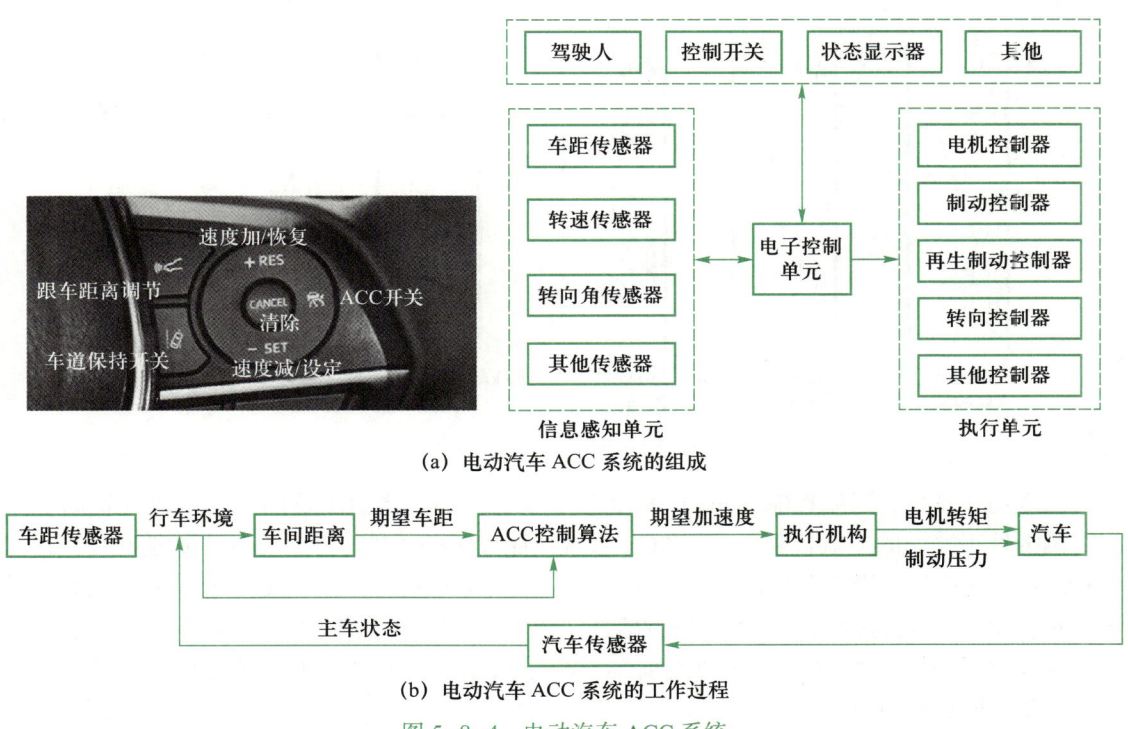

(a) 电动汽车 ACC 系统的组成

(b) 电动汽车 ACC 系统的工作过程

图 5-8-4　电动汽车 ACC 系统

ACC 系统的状态可分为 ACC 关闭状态、ACC 等待状态和 ACC 工作状态三种。ACC 系统状态转换如图 5-8-5 所示，上角标"a"表示自检以后的手动或自动操作。手动切换可实现 ACC 的关闭与开启状态的转换，系统检测到错误后将自动关闭 ACC。

① ACC 关闭状态。 直接的操作动作均不能触发 ACC 系统。

② ACC 等待状态。 ACC 系统没有参与车辆的纵向控制，但可随时被驾驶人触发而进入工作状态。

③ ACC 工作状态。 ACC 系统控制本车的速度和车间时距。车间时距是指本车驶过连续车辆的车间距所需的时间间隔，它等于车间距与车速之比。

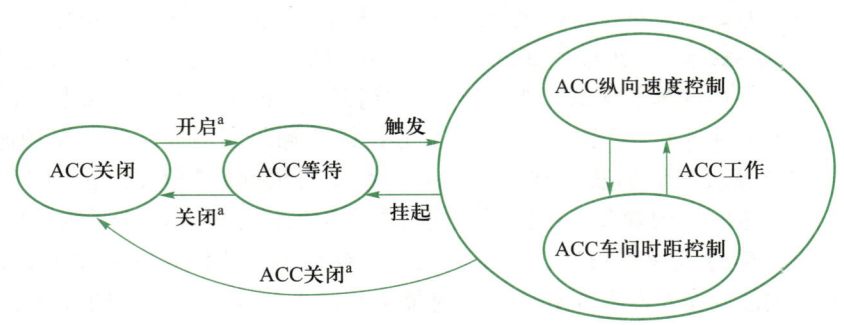

图 5-8-5　ACC 状态转换

ACC 系统工作模式如图 5-8-6 所示，共有 4 种典型的操作，即巡航控制、减速控制、跟随控制和加速控制。图中假设当前车辆设定车速为 100 km/h，目标车辆行驶速度为 80 km/h。

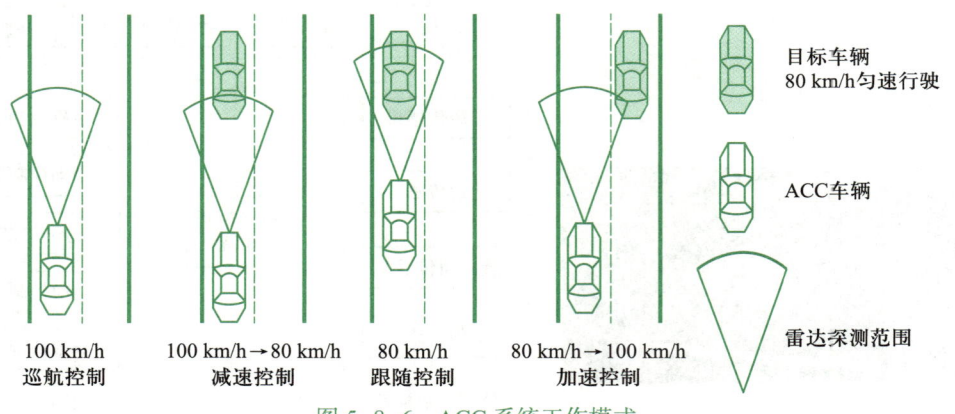

图 5-8-6　ACC 系统工作模式

① 巡航控制。 巡航控制是 ACC 系统最基本的功能。当前车辆前方无行驶车辆时，当前车辆将处于普通的巡航行驶状态，ACC 系统按照设定的行驶车速对车辆进行巡航控制。

② 减速控制。 当前车辆前方有目标车辆，且目标车辆的行驶速度小于当前车辆的行驶速度时，ACC 系统将控制当前车辆进行减速，确保两车间的距离为所设定的安全距离。

③ 跟随控制。 当 ACC 系统将当前车辆车速减至目标值之后采用跟随控制，且与目标车辆以相同的速度行驶。

④ 加速控制。 当前方的目标车辆加速行驶或发生变道，或当前车辆移线行驶使得前方

又无行驶车辆时，ACC 系统将对当前车辆进行加速控制，使当前车辆恢复到设定的车速。在恢复行驶速度后，ACC 系统又转入对当前车辆的巡航控制。当驾驶人接管车辆后，ACC 系统自动退出对车辆的控制。

当汽车进入自适应巡航状态后，驾驶人不用一直踩着加速踏板，只要握好转向盘，控制行驶方向即可。如果驾驶人预见前方的路况比较复杂，担心 ACC 系统不能正确处理，只需要轻踩制动踏板就可以解除 ACC 系统对车速的控制权。对于带辅助转向功能的自适应巡航控制系统，当汽车进入自适应巡航状态后，驾驶人既不用踩着加速踏板，也不用握转向盘，汽车能够自动跟随前车行驶。在遇到信号灯或者突发状态下，驾驶人踩下制动踏板或加速踏板，或者转动转向盘，车辆便回到驾驶人的掌控。

5.8.3 车道保持辅助系统

车道偏离报警（Lane Departure Warning，LDW）系统是一种通过报警或振动等方式辅助驾驶人减少因汽车车道偏离而发生交通事故的系统。车道偏离报警系统主要由信息采集单元、控制单元和人机交互单元等组成。当车道偏离报警系统开启时，系统利用安装在汽车上的摄像头获取车辆前方的道路图像，控制单元对图像进行分析处理，从而获得汽车在当前车道的位置参数，车辆状态传感器会及时收集车速、车辆转向状态等车辆运动参数，控制单元的决策算法比较车道线和车辆的行驶方向，判定车辆是否发生车道偏离。当检测到汽车距离当前车道线过近有可能偏入临近车道或驶离本车道而驾驶人并没有打转向灯时，人机交互界面在偏离车道 0.5 s 之前发出警告或转向盘开始振动，提醒驾驶人注意纠正这种无意识的车道偏离，及时回到当前行驶车道上，为驾驶人提供更多的反应时间，从而尽可能地减少车道偏离事故的发生。如果驾驶人打开转向灯，正常进行变道行驶，则车道偏离报警系统不会做出任何提示。

车道保持辅助（Lane Keeping Assist，LKA）系统在车道偏离报警系统的基础上对转向和制动系统协调控制，其工作过程如图 5-8-7 所示。当系统正常工作时，信息采集单元通过车载传感器采集车速信号、转向盘转角信号以及汽车速度信息，电子控制单元对信息进行处理，比较车道线和汽车的行驶方向，判断汽车是否偏离行驶车道。当汽车行驶可能偏离车道时，发出报警信息；当汽车距离偏离侧车道线小于一定阈值或已经有车轮偏离出车道线时，电子控制单元计算出辅助操舵力和减速度，根据偏离的程度控制转向盘和制动器的控制模块，施加操舵力和制动力使汽车稳定地回到正常轨道；若驾驶人打开转向灯，正常进行变道行驶，则系统不会做出任何提示。

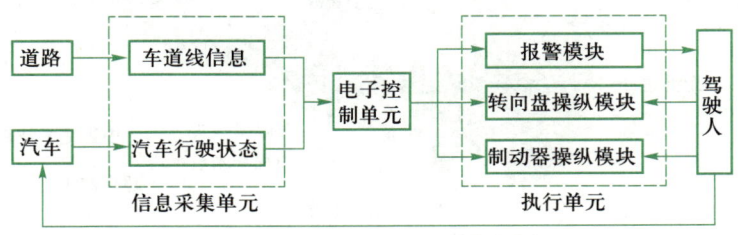

图 5-8-7 LKA 系统工作过程

5.8.4 环境感知传感器

智能汽车用传感器种类如图 5-8-8 所示,环境感知传感器主要用于采集汽车行驶环境的外部数据,汽车状态传感器则用于采集汽车自身运行数据,二者各司其职并且协同工作。没有一种传感器能够单独完成复杂的环境感知任务,智能汽车通常是根据场景需求,选择激光雷达、毫米波雷达、超声波雷达、摄像头、卫星定位与惯性导航传感器中的若干种进行组合,并通过信息融合,克服各种类型传感器的局限性,保证各传感器在任何时刻都能为车辆运行提供冗余可靠的环境信息。环境感知信息通常采用高速 CAN 网络或更高传输速度的网络进行传输。

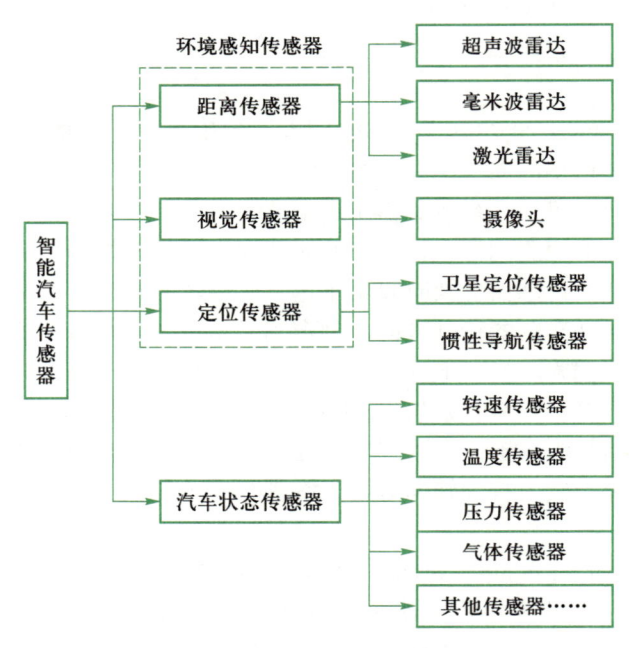

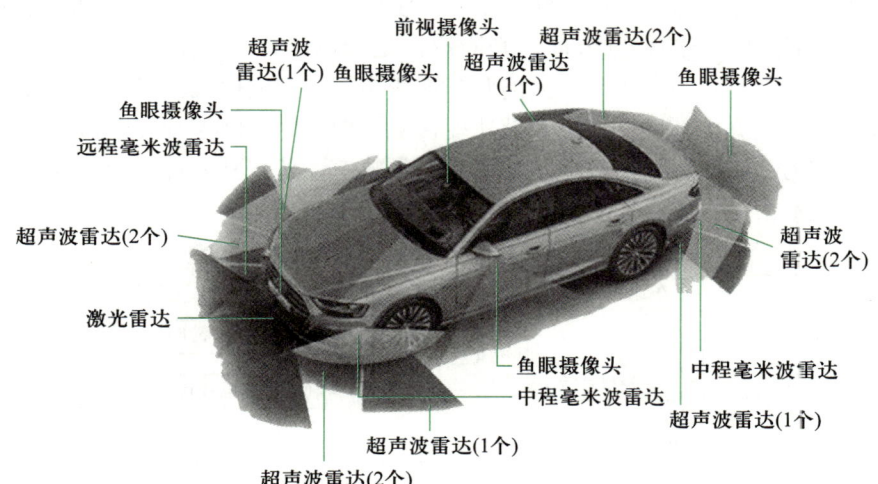

图 5-8-8 智能汽车用传感器种类及位置(奥迪 A8)

不同类型的环境感知传感器,具有各自的优点与缺点,它们的性能对比见表 5-8-1。

表 5-8-1　环境感知传感器性能对比

相关能力	超声波雷达	摄像头	激光雷达	毫米波雷达
远距离探测能力	弱	强	强	强
夜间工作能力	强	弱	强	强
全天候工作能力	弱	弱	弱	强
受气候影响	小	大	大	小
恶劣环境（烟雾、雨雪）工作能力	一般	弱	弱	强
温度稳定度	弱	强	强	强
车速测量能力	一般	一般	弱	强
目标识别能力	弱	强	一般	弱
避免虚报警能力	弱	一般	一般	强
硬件低成本可能性	高	一般	低	一般

随着传感器越来越智能化，其提供的电子信号的含义越来越复杂，即使传感器自身没有故障，仍不能保证其在接入系统后就正常工作，因此越来越多的汽车传感器在安装、更换、检修甚至 ECU 掉电以后，要对传感器进行匹配和标定。

传感器标定是确定传感器输入量与输出量之间的关系，包括静态、动态特性下的内参标定与外参标定。静态特性是指在静态信号作用下，传感器输出量与输入量之间的一种函数关系；动态特性是指传感器在测量快速变化的输入信号情况下，输出量对输入量的响应特性。

内参标定一般指将传感器读数校正至实际数值处，通过修正变换进行，更关注准确度。不同的传感器有不同的标定内容，例如视觉传感器内参标定主要关注像素、色温、畸变等，距离传感器内参标定主要关注距离检测值与实际值差值是否在误差范围内。通常内参标定在工厂进行。

外参标定一般指传感器与外界工作环境进行参数融合的标定。例如定位传感器通常自身有一个坐标系，在不同传感器数据融合的过程中，数据在不同坐标系下的转换需要使用 2 个坐标系的外参，通常为旋转矩阵 R 和平移矩阵 T。通常，对特定厂家的传感器，标定是在特定场景下用软件或专用工具按规定方法进行的。标定传感器时必须要遵守的一个原则是：用精度高的测量规范对精度低的测量规范进行校正。

> **扩展知识**
>
> ### 自动紧急制动系统
>
> 自动紧急制动（Autonomous Emergency Braking，AEB）系统，是车辆在非自适应巡航的情况下正常行驶时，检测前方的障碍物，如驾驶人未在第一时间解除危机、制动过晚或与前方车辆或及行人距离过小时进行制动的系统，它是汽车主动安全技术，主要作用是减少或者避免汽车追尾。该系统不同的汽车生产厂家有不同的名字，如丰田的 PCS，奔驰的 pre-safe 系统以及本田的 CMBS 等，但工作原理是相同的。
>
> AEB 系统主要分为信息采集模块、控制模块、执行模块 3 个部分。通过前置摄像头、激光雷达或者毫米波雷达等装置识别车辆前方障碍物，随后将本车与前方障碍物状态信息

实时传输至 AEB 系统的控制模块，控制模块根据车辆运动状态信息，计算并判断出本车的危险等级。当系统判定本车与前方存在碰撞风险时，以灯光、声音或振动等方式向前方发出警告，若前方未采取有效措施，系统会自动控制车辆进行紧急制动。

当前 AEB 系统的使用具有局限性：首先，AEB 系统对工作速度有着极大的限制，车速越快，AEB 系统起到的作用越差；其次，AEB 识别车辆较快，但对行人和骑车人需要比较长的探测时间，碰撞时车速仍然比较高；第三，AEB 系统很难及时识别被前车或侧车遮挡情况下突然出现的车辆、行人和骑车人；第四，AEB 系统盲区明显，车辆转弯，迎面而来的交叉车流或转弯车，对面来车突然变道等情况下，AEB 基本无效；第五，对于以摄像头为核心的 AEB 系统，恶劣天气、低照度情况或高亮度情况下很难发挥效果。

任务实施

1. 实施过程

（1）实施准备

准备车辆设备、维修资料及拆装、测量工具。

（2）车上部件认识与检修

① 查询维修手册，获取巡航控制系统和车道保持辅助系统的说明、电路图及检修事项。

② 高压安全提示：查看高压故障指示灯及进行绝缘检查等，确定车辆是否有高压故障；确认巡航控制系统和车道保持辅助系统检修是否需要拆装高压部件和进行高压上下电等。

③ 参考步骤。

a. 查找巡航系统和车道保持辅助系统组成部件位置，检查线路导通及部件技术情况；提前设置故障，用故障诊断仪读取故障码及进行分析处理；用故障诊断仪读取数据流。

b. 标定或校准环境感知传感器，尝试道路功能验证。

2. 实施工单

（1）信息查询与高压安全

① CCS/ACC/LKA 系统说明及电路图维修手册查询路径：＿＿＿＿＿＿＿＿＿＿＿＿；

环境感知传感器电路图维修手册查询路径：＿＿＿＿＿＿＿＿＿＿＿＿＿＿＿＿＿＿。

② 高压上下电：□正常　□异常，高压故障：□无　□有，CCS/ACC 和 LKA 系统检修是否需要拆装高压部件：□否　□是。

（2）车上部件认识与检修

项目	内容及结果
CCS/ACC/LKA 系统	CCS/ACC 开关位于＿＿＿＿＿＿＿＿＿＿＿＿，其上的按键用途：＿＿＿＿＿＿＿＿＿＿＿＿＿＿＿＿＿＿＿＿＿＿＿＿＿＿，其线路导通情况：＿＿＿＿＿＿＿＿＿＿＿＿＿＿＿＿＿＿＿＿＿＿＿＿＿＿＿＿＿； LKA 开关位于＿＿＿＿＿＿＿＿＿＿＿＿，其上的按键用途：＿＿＿＿＿＿＿＿＿＿＿＿＿＿＿＿＿＿＿＿＿＿＿＿＿＿， 其线路导通情况：＿＿＿＿＿＿＿＿＿＿＿＿＿＿＿＿＿＿＿＿＿＿＿＿； 故障指示灯或警告灯符号及用途：＿＿＿＿＿＿＿＿＿＿＿＿＿＿＿＿

续表

项目	内容及结果			
CCS/ACC/LKA 系统	故障现象：_____，故障指示灯符号：_____，故障码及诊断过程手册说明：_____； 系统正常数据流：_____			
环境感知传感器	所在网络名称及线路导通情况：_____			
	名称	标定或校准场景	标定或校准工具	标定或校准过程

3. 实施评价

自我收获	自我评价	教师评价
	□满意 □较满意 □不满意	□优秀　□良好 □合格 □不合格

习题与思考

一、判断题

1. 踩下制动踏板，CCS 系统会停止工作。（　　）
2. 巡航控制系统工作时，可不用踩加速踏板。（　　）
3. 转向灯开关打开时，LKA 系统不会干预。（　　）
4. 超声波雷达的远距离探测能力最强。（　　）
5. 标定传感器时需用精度低的测量规范对精度高的测量规范进行校正。（　　）

二、不定项选择题

1. CCS 系统功能有（　　）。
   A. 保持设定车速　　B. 微调目标车速　　C. 车速恢复　　D. 解除巡航控制
2. ACC 系统工作模式有（　　）。
   A. 巡航控制　　B. 减速控制　　C. 跟随控制　　D. 转向控制
3. 电动汽车 ACC 系统可执行（　　）控制。
   A. 驱动　　B. 挡位　　C. 转向　　D. 制动
4. 汽车 LKA 系统可执行（　　）控制。
   A. 报警　　B. 转向　　C. 制动　　D. 驱动
5. 常用环境感知传感器有（　　）。
   A. 超声波雷达　　B. 摄像头　　C. 激光雷达　　D. 毫米波雷达

三、简述题

1. 简述 ACC/LKA 系统工作过程。
2. 简述环境感知传感器性能差别。

素养课堂

沟通与服务

汽车作为消费品，使用中不可避免地出现问题，某些问题是因设计不科学或生产制造质量不良引起的。有些厂商针对出现的这些问题服务很到位，及时召回，消除消费者顾虑，合理解决问题，赢得了消费者的满意和信任，对车辆品牌和公司的运行影响不大；而个别厂商存在隐瞒、敷衍或不作为等行为，如车辆出现某类问题，厂商不承认自身问题，把问题归于消费者的不当使用，不处理问题，这样就容易出现组团维权事件，造成舆论影响，影响品牌形象，造成业绩下降，甚至使得售后公司无法正常营业。因此，作为从事汽车售后服务的人员，要有为客户服务的意识和责任，硬的方面确保维修质量，软的方面及时沟通处理。

参考文献

[1] 上汽通用汽车有限公司. 汽车转向与悬架系统及检修［M］. 北京：高等教育出版社，2017.

[2] 上汽通用汽车有限公司. 汽车制动系统及检修［M］. 北京：高等教育出版社，2016.

[3] 杨智勇，金艳秋，翟进. 汽车底盘电控系统原理与检修一体化教程［M］. 北京：机械工业出版社，2021.

[4] 侯红宾，缑庆伟. 汽车底盘故障诊断与修复［M］. 北京：人民交通出版社股份有限公司，2018.

[5] 武忠，曹勋，韩卫国. 汽车行驶、转向与制动系统检修［M］. 2版. 北京：机械工业出版社，2023.

[6] 陈晓明，杜志彬，侯海晶. 智能网联汽车技术基础［M］. 北京：机械工业出版社，2020.

[7] 崔胜民. 智能网联汽车新技术［M］. 2版. 北京：化学工业出版社，2021.

[8] 瑞佩尔. 图解混合动力汽车结构·原理与维修［M］. 北京：化学工业出版社，2017.

郑重声明

高等教育出版社依法对本书享有专有出版权。任何未经许可的复制、销售行为均违反《中华人民共和国著作权法》，其行为人将承担相应的民事责任和行政责任；构成犯罪的，将被依法追究刑事责任。为了维护市场秩序，保护读者的合法权益，避免读者误用盗版书造成不良后果，我社将配合行政执法部门和司法机关对违法犯罪的单位和个人进行严厉打击。社会各界人士如发现上述侵权行为，希望及时举报，我社将奖励举报有功人员。

反盗版举报电话　（010）58581999　58582371
反盗版举报邮箱　dd@hep.com.cn
通信地址　北京市西城区德外大街4号
　　　　　高等教育出版社知识产权与法律事务部
邮政编码　100120

读者意见反馈

为收集对教材的意见建议，进一步完善教材编写并做好服务工作，读者可将对本教材的意见建议通过如下渠道反馈至我社。

咨询电话　400-810-0598
反馈邮箱　gjdzfwb@pub.hep.cn
通信地址　北京市朝阳区惠新东街4号富盛大厦1座
　　　　　高等教育出版社总编辑办公室
邮政编码　100029

资源服务提示

授课教师如需获得本书配套教辅资源，请登录"高等教育出版社产品信息检索系统"（http://xuanshu.hep.com.cn/）搜索下载，首次使用本系统的用户，请先进行注册并完成教师资格认证。

高教社汽车专业QQ群号：363480943